लोकतंत्र के सात अध्याय

वाणी द्वारा लोक-चिंतन ग्रंथमाला

के कुछ और प्रकाशन :

आधुनिकता के आईने में दलित

भारत का भूमंडलीकरण

लोक-चिंतक ग्रंथमाला

राजनीति की पूरी किताब

विख्यात राजनीतिशास्त्री रजनी कोठारी

की चुनी हुई रचनाओं का संकलन

लोकतंत्र के सात अध्याय

लोक-चिंतन

ग्रंथमाला

संपादक

अभय कुमार दुबे

श्रृंखला संपादक

विजय बहादुर सिंह, योगेंद्र यादव

वाणी प्रकाशन

CSDS

विकासशील समाज अध्ययन पीठ

(सी.एस.डी.एस.)

वाणी प्रकाशन
4695, 21-ए, दरियागंज, नयी दिल्ली 110 002

फ़ोन : +91 11 23273167 फ़ैक्स : +91 11 23275710

शाखाएँ

अशोक राजपथ, पटना 800 004, बिहार

कॉफ़ी हाउस कैम्पस, महात्मा गांधी मार्ग, इलाहाबाद 211 001, उत्तर प्रदेश

महात्मा गांधी अन्तरराष्ट्रीय हिन्दी विश्वविद्यालय, वर्धा 442 001, महाराष्ट्र

www.vaniprakashan.com
marketing@vaniprakashan.in
sales@vaniprakashan.in

Loktantra Ke Sat Adhyay
Edited by Abhay Kumar Dubey

ISBN : 978-93-5229-928-7
Social Science

संस्करण 2002, 2005
तृतीय संस्करण 2023

मूल्य : ₹ 695

सिटी प्रेस, दिल्ली-110 095 में मुद्रित

वाणी प्रकाशन का लोगो मक़बूल फ़िदा हुसेन की कूची से

बशीरुद्दीन अहमद की स्मृति में

अनुक्रम

लोक-चिंतन ग्रंथमाला

भारतीय समाज-विज्ञान की खोज

लोक-चिंतन ग्रंथमाला देश और दुनिया को भारतीय भाषाओं में समझने-समझाने की एक शुरुआत है। इसके तहत समकालीन भारत और दुनिया के कुछ सामयिक और बुनियादी मुद्दों पर ग्रंथ प्रकाशित किये जायेंगे। ये ग्रंथ विकासशील समाज अध्ययन पीठ (सेंटर फॉर द स्टडी ऑव डेवलपिंग सोसायटीज, या सी.एस.डी.एस.) की १९६३ से आज तक की विचार-यात्रा को प्रतिबिंबित करेंगे और साथ ही इस विचार-परंपरा को एक नया आयाम देने की कोशिश भी करेंगे।

समकालीन भारत का बौद्धिक जगत दूर-दूर तक एक द्विभाजन का शिकार नजर आता है। पहली नजर में यह खाई एक भाषायी फाँक जैसी दिखायी देती है—एक ओर अंग्रेजी और दूसरी ओर समस्त भारतीय भाषाएँ। समाजशास्त्र, यानी समाज के बारे में गंभीर, दीर्घकालिक, शास्त्रीय मनन-चिंतन सिर्फ अंग्रेजी में होता है। भारतीय भाषाओं में मौलिक समाजशास्त्रीय लेखन के प्रयास बिरले ही होते हैं। न तो उसके अनुकूल माहौल है, न ही संस्थागत सुविधाएँ। बीच-बीच में एकाध अंग्रेजी की समाजशास्त्रीय रचना अनुवाद के रूप में भारतीय भाषाओं में सामने आ जाती है। लेकिन एकाध अपवाद को छोड़ कर समाज-चिंतन के नाम पर हिंदी में या तो सतही अखबारी लेखन मिलता है या फिर कुछ सस्ती पाठ्य पुस्तकें। हिंदी में गंभीर और परिष्कृत लेखन या तो साहित्यिक रचनाओं की शक्ल ले लेता है, या फिर साहित्य-मीमांसा की। बौद्धिक श्रम का यह विचित्र विभाजन इतना गहरा और

व्यापक है कि एकदम सहज और सामान्य दिखने लगा है। इसलिए जब-जब समाज, राजनीति और अर्थव्यवस्था जैसे विषयों पर भारतीय भाषाओं में सोच विकसित करने की बात चलती है, तब-तब वह अक्सर अंग्रेजी के समाजशास्त्र का अनुवाद उपलब्ध कराने तक सीमित होकर रह जाती है। हर कोई मानकर चलता है कि असली चुनौती अंग्रेजी में लिखे समाजशास्त्रीय ज्ञान को हिंदी के सरल बुद्धि पाठक तक संप्रेषित करने की है।

दरअसल अंग्रेजी और भारतीय भाषाओं का अंतर केवल एक भाषायी फाँक नहीं है। यह अनुभूति, अभिव्यक्ति और ज्ञान के दो संसारों का अंतर है। अंग्रेजी और भारतीय भाषाओं के चिंतन की विषय-वस्तु, विधा, प्रेरणा-स्रोत और अवधारणात्मक सूत्र एक-दूसरे से बुनियादी तौर पर भिन्न हैं। इनके सामाजिक दायरे एक दूसरे से जुदा हैं। इसलिए इस फाँक की वजह से सिर्फ हिंदी का जगत ही नहीं अंग्रेजी की दुनिया भी गरीब हो गयी है। अगर हिंदी का पाठक नये और ताजा समाजशास्त्रीय सोच से वंचित हुआ है तो दूसरी तरफ सिर्फ अंग्रेजी तक सीमित समाजशास्त्र खुद समाज की जड़ों से कट गया है। भारत में और भारत के बारे में छपने वाले समाजशास्त्रीय विश्लेषण अमूमन देसी ज्ञान-परंपराओं और अवधारणाओं से अनभिज्ञ रहते हैं। ये अध्ययन अक्सर एक महानगरीय और अभिजात वर्ग के सामाजिक अनुभव के तंग दायरे में कैद रहने के साथ ही जमीन पर हो रहे सामाजिक परिवर्तन और जनांदोलनों से अनछुए भी रहते हैं। भारतीय समाज और चिंतन को बाँटनेवाली इस खाई के चलते सही मायने में एक भारतीय समाजशास्त्र का जन्म ही नहीं हो पाया है।

पिछले दो दशकों में इस खाई को पाटने की जरूरत और संभावना, दोनों एक साथ बढ़े हैं। हिंदी और अन्य भारतीय भाषाओं में पाठकों का एक नया तबका तैयार हुआ है। तमाम दिशाओं और व्यवसायों से आये लोगों को मिलाकर बना यह तबका आज जमीन पर विचारों का मुख्य उपभोक्ता और उत्पादक है। इसमें अध्यापक, विद्यार्थी, पत्रकार, स्वतंत्र लेखक और सामाजिक, सांस्कृतिक और राजनीतिक कार्यकर्ता शामिल हैं। यह अंग्रेजी से अनभिज्ञ नहीं है, लेकिन मूलत: हिंदी या अन्य भारतीय भाषाओं में सोचता और स्वयं को व्यक्त करता है। कभी-कभार अंग्रेजी सामग्री का उपभोग कर सकने के बावजूद अपनी वैचारिक खुराक के लिए यह तबका भारतीय भाषाओं पर निर्भर करता है। पिछले दो दशकों में इसका आकार बढ़ा है और हाशिये पर पड़ी जातियों और समुदायों ने भी इसमें दाखिला पाया है। भारतीय समाज और लोकतंत्र के रंग-रूप में हुई तबदीलियों ने इस मानस को झकझोरा है, इसके स्थापित मानकों और वैचारिक आलस्य को चुनौती दी है और बने-बनाये वैचारिक खाँचों को तोड़ा है। पाठकों के इस तबके को खबरों और उनके विश्लेषण, दोनों की भूख है। पिछले दशक में भारतीय भाषाओं के अखबारों में अभूतपूर्व विस्तार ने इस वर्ग की खबरों की भूख को तो किसी तरह पूरा किया है, लेकिन विश्लेषण की जरूरत को पूरा करने लायक सामग्री आज भी उपलब्ध नहीं है।

विकासशील समाज अध्ययन पीठ १९६३ में अपनी स्थापना के बाद से ही समाजशास्त्र की देसी व्याख्या के प्रयास में लगी रही है। यहाँ कार्यरत विद्वानों ने एक तरफ तो पश्चिम से उधार ली गयी औपनिवेशिक विचार-पद्धतियों का खंडन-मंडन किया और दूसरी ओर समाजशास्त्र को विशेषज्ञों की इजारेदारी बनाये रखने की कोशिशों को भी चुनौती दी। ज्ञान और राजनीति के अटूट रिश्ते की शिनाख्त करते हुए इन विद्वानों ने जनांदोलनों के अनुभवों और शास्त्रीय ज्ञान-परंपराओं के बीच सेतु की भूमिका निभाने की कोशिश की। अंग्रेजी समाजशास्त्र की स्थापित अवधारणों को बुनियादी चुनौती देनेवाला यह अधिकांश लेखन अंग्रेजी में ही हुआ। इस लिहाज से इस विचार-परंपरा को भारतीय भाषाओं तक ले जाने का यह प्रयास अध्ययन पीठ की जीवनधारा की एक स्वाभाविक कड़ी समझी जानी चाहिए। कुछ वर्ष पहले भी इस अध्ययन पीठ की तरफ से एक ऐसा ही प्रयास हुआ था। साधनों और संस्थागत सुविधाओं की कमी की वजह से वह प्रयास केवल एक पुस्तक तक सीमित होकर रह गया। लेकिन उस पुस्तक के परिचय में लिखी संपादक की यह पंक्तियाँ आज भी इस नयी ग्रंथमाला के उद्देश्य को स्पष्ट करती हैं :

> 'ग्रंथमाला का यह पहला प्रकाशन ज्ञान, कर्म और शब्द की त्रिवेणी के पुराविष्कार की कोशिश है, एक ऐसे समय में, जब यह तीनों धाराएँ परस्पर विमुख दिशाओं में बढ़ती हुई दिखायी पड़ रही हैं, और जिसके फलस्वरूप तीनों ही निरर्थक होती जा रही हैं : शास्त्रीय ज्ञान किताबों और गोष्ठियों में कैद दिखता है, कर्म निराधार, मूल्यहीन, सिद्धांतहीन और दृष्टिहीन है : और शब्द की जड़ें न ज्ञान में, न कर्म में, न अंतर्मन में।'

वाणी प्रकाशन के सहयोग से पाठकों तक पहुंच रही इस ग्रंथमाला में विकासशील समाज अध्ययन पीठ में लिखे गए श्रेष्ठ समाजशास्त्रीय शोध को अनुवाद की बजाय पुनर्लेखन की रचनात्मक प्रक्रिया के माध्यम से हिंदी में लाया जाएगा। साथ ही इस ग्रंथमाला के माध्यम से हिंदी में मौलिक अनुसंधान को बढ़ावा देने का प्रयास भी किया जायेगा। आशा है कि हमारा यह प्रयास केवल हिंदी तक सीमित नहीं रहेगा और देर-सबेर हम इसमें अन्य भारतीय भाषाओं को भी शामिल कर सकेंगे।

—विजय बहादुर सिंह, योगेंद्र यादव

शृंखला संपादक

स्मृति–शेष

बशीरुद्दीन अहमद : लोकतांत्रिक चेतना के अध्येता

आशीष नंदी

भारत में लोकतंत्र के विकास का अध्ययन करने वाली यह पुस्तक बशीरुद्दीन अहमद को इसलिए समर्पित नहीं की गयी है कि कभी वे विकासशील समाज अध्ययन पीठ के निदेशक थे या इस पुस्तक में संकलित कुछ लेखों के रचयिताओं के दोस्त थे। दरअसल, लोकतंत्र के ये सात अध्याय संभव ही नहीं हो सकते थे यदि बशीरुद्दीन अहमद ने साठ के दशक में रजनी कोठारी और धीरूभाई शेठ के साथ मिल कर राजनीतिशास्त्र को उसकी तत्कालीन एकरसता, वैचारिक हवाबाजी और उपदेशमूलक टीका–टिप्पणियों से उबार कर कठोर यथार्थ की कसौटी पर न कसा होता। इसी प्रक्रिया में अपने मित्रों के बीच बशीर के नाम से लोकप्रिय इस समाज–वैज्ञानिक ने भारतीय लोकतंत्र का एक ऐसा आँकड़ा बैंक बना डाला जो दुनिया के सबसे बड़े और विविधता–संपन्न लोकतंत्र के बारे में जमीनी जानकारियों का विश्व का सबसे बड़ा कोश बन गया। इस तरह उन्होंने भारत में राजनीति के अध्ययन के तौर–तरीकों को पूरी तरह बदल डाला। बशीर के प्रयासों से पहली बार भारतीय लोकतांत्रिक चेतना के वास्तविक आयामों का पता चला। समाज–वैज्ञानिकों की आने

वाली पीढ़ियाँ इस निर्णायक योगदान के लिए बशीरुद्दीन अहमद की हमेशा कृतज्ञ रहेंगी।

करीब छत्तीस साल पहले राजनीतिशास्त्र की दुनिया राजनीतिक संस्थाओं, संविधान, राजनयिक इतिहास और राजनीतिक जीवनियों तक ही सीमित थी। बशीर इस बौद्धिक अनुशासन को एकदम नये क्षेत्र में ले गये। उन्होंने राजनीति के प्रत्यक्ष अनुभव का जायजा लेने की ठानी और सर्वेक्षणों के जरिये सीधे आम जनता की लोकतंत्र-संबंधी अनुभूतियों तक पहुँचे। उन्होंने पता लगाया कि सिद्धांतों के पूर्वनिर्धारित दायरों के बाहर लोकतंत्र का असली भागीदार क्या सोचता है। पश्चिमी समाज-विज्ञान से उधार ली गयी सैद्धांतिक प्रस्थापनाओं के आधार पर होने वाली कक्षा की पढ़ाई के विपरीत बशीर ने जनता से बातचीत के आधार पर निकाले गये नतीजों की बिना पर लोकतांत्रिक चेतना के विकास-क्रम को खोज निकालने का जोखिम उठाया। यह प्रयास जोखिम-भरा इसलिए था क्योंकि अकादमीय क्षेत्रों में जमे बैठे परंपरानिष्ठों की तरफ से इसकी प्रासंगिकता पर हमले होने के पूरे अंदेशे थे। ऐसा हुआ भी। बशीर पर अमेरिकी समाज-विज्ञान की नकल करने के आरोप तो लगे ही, उनके बारे में यह भी कहा गया कि वे भारतीय लोकतंत्र से संबंधित आँकड़े अपने विश्लेषण के जरिये दुश्मन देशों को भी उपलब्ध करा रहे हैं। सत्तर के दशक के आखिर तक बशीर और उनके साथियों को एक तरफ दक्षिणपंथी उग्रराष्ट्रवादियों के लांछनों का शिकार बनना पड़ा और दूसरी तरफ रूढ़िवादी वामपंथियों ने भी उन्हें नहीं छोड़ा। केंद्रीय शिक्षा मंत्री से लेकर विश्वविद्यालयों पर छाये हुए भौंड़े राजनीतिशास्त्र के महारथियों ने उनके ऊपर आक्रमण किया। लेकिन इन हास्यास्पद और तुच्छ इलजामों से बेपरवाह हो कर वे अपने काम में लगे रहे। उन्होंने कोठारी और शेठ के साथ मिल कर १९६७ और १९७१ के आम चुनावों के सर्वेक्षण-आधारित अध्ययन करके भारतीय लोकतंत्र पर विश्व के अन्य लोकतंत्रों के मुकाबले तुलनात्मक दृष्टि डालने की शुरुआत की।

इन अध्ययनों ने पहली बार विश्लेषकों के सामने भारत के लोकतांत्रिक अनुभव की जीवंत तस्वीर पेश की कि लोकतांत्रिक प्रक्रिया में भागीदारी की असली स्थिति क्या है, लोग इस व्यवस्था के बारे में क्या सोचते हैं और उन्हें क्या पसंद या नापसंद है। बशीर ने अन्य सहयोगी लेखकों के साथ मिल कर भारतीय दलितों और अमेरिकी अश्वेतों का बेहतरीन तुलनात्मक अध्ययन भी तैयार किया। अर्जुन की तरह बशीर की निगाह भारतीय लोकतंत्र की कार्य-शैलियों, सरोकारों और आंतरिक खामियों-खूबियों पर ही टिकी रहती थी। जब मृत्यु ने उन्हें हमसे छीना तो वे खराब स्वास्थ्य के बावजूद कुछ समय पहले तक अपने इसी प्रिय कार्य में व्यस्त थे, यानी उस समय भी वे बालसुलभ उत्साह से १९९६ के आम चुनाव के अध्ययन से प्राप्त आँकड़ों के विश्लेषण में जुटे हुए थे। बशीर ने इस अध्ययन में सक्रिय भागीदारी की थी। वैसे भी यह अध्ययन काफी-कुछ १९७१ में किये गये उन्हीं के अध्ययन पर आधारित था।

बशीर को लोकतंत्र के भारतीय संस्करण की क्षमताओं और टिकाऊपन पर अगाध विश्वास था और इस यकीन की बुनियाद में कोई विराट सभ्यतामूलक दृष्टि न हो कर वह ठोस जानकारी थी जो उन्होंने लोकतंत्र के असली भागीदारों के साथ अन्योन्यक्रिया के जरिये हासिल की थी। राजनीति की नब्ज पर उनकी उँगलियाँ किसी निस्पृह चिकित्सक की तरह टिकी रहती थीं और वे अपने अनुमान को जज्बाती और वैचारिक आग्रहों से प्रभावित नहीं होने देते थे। यही कारण है कि आपातकाल के संगीन क्षणों में जहाँ उन्हें इस बात का यकीन था कि इंदिरा गाँधी का दमनकारी शासन ज्यादा दिन चलने वाला नहीं है वहीं जनता पार्टी के शासन के बारे में उनकी भविष्यवाणी थी कि वह इंदिरा की वापसी का रास्ता साफ कर रहा है। मैं उनके इस दूसरे अनुमान से सहमत नहीं था। मुझे उनका वह कटाक्ष आज तक याद है जब उन्होंने कहा था कि तुम अपनी बात पर जमे रहना पर अपने इनकम टैक्स का हिसाब साफ रखना क्योंकि इस बार इंदिरा गाँधी हिसाब साफ करने के मूड में भी हो सकती हैं।

समय की तेज धार में समाज-वैज्ञानिकों की ख्याति बहुत ज्यादा दिनों तक नहीं टिक पाती पर बशीरुद्दीन अहमद का योगदान कई पीढ़ियों तक प्रासंगिक रहने वाला है। वे एक पूर्णरूप से समर्पित, निहायत प्रतिभाशाली और नये-नये रास्ते खोजने के लिए उत्सुक राजनीतिशास्त्री थे। **लोकतंत्र के सात अध्याय** के प्रकाशन के अवसर पर उनकी स्मृति अध्ययन पीठ के भारतीय भाषा कार्यक्रम के लिए प्रेरणा का स्रोत बनी हुई है क्योंकि बशीरुद्दीन अहमद के बिना आजाद भारत की लोकतांत्रिक चेतना की थाह लेना असंभव था।

संपादन और अनुवाद के बारे में

लोक-चिंतन ग्रंथमाला और पाठकों का अंतर्संबंध वैसा नहीं होगा जैसा हिंदी में सामान्य तौर पर प्रकाशित होती रहने वाली पुस्तकों और उनके पाठकों के बीच हुआ करता है। यह पुस्तक शृंखला उस पाठक वर्ग को संबोधित है जो राजनीतिक रूप से सचेत, ज्ञानार्जन की दृष्टि से उत्सुक और गंभीर चिंतन-मनन के प्रति रुझान रखने वाला है। इसके प्रकाशन के पीछे अध्ययन पीठ और वाणी प्रकाशन का यह विश्वास काम कर रहा है कि हिंदी-क्षेत्र में ऐसे पाठक वर्ग की रचना आपात-काल के खिलाफ सत्तर के दशक के मध्य में हुए संघर्ष से शुरू हुई थी जो उसके बाद भारतीय समाज के बेहद तेज रफ्तार से हुए सघन राजनीतिकरण के कारण नये चरण में पहुँच गयी है। एक ऐसे चरण में जब आम लोग न सिर्फ राजनीति और समाज-परिवर्तन की प्रक्रिया में सीधी भागीदारी करते हैं बल्कि उसकी बारीकियों के बारे में जानना भी चाहते हैं। ज्ञान-पिपासा रखने वाले मुट्ठी-भर लोग विश्वविद्यालयों और शोध संस्थानों में हमेशा मौजूद रहते हैं पर जब उन जैसे व्यक्ति समाज के अन्य सोपानों पर भी मिलने लगें तो समझ लीजिये कि एक पाठक वर्ग तैयार हो रहा है और उसकी बौद्धिक भूख को तृप्त करने की जिम्मेदारी किसी न किसी को निभानी ही पड़ेगी।

इस ग्रंथमाला की सामग्री संकलन, अनुवाद, सार-संक्षेप और फिर संपादन की बहुस्तरीय प्रक्रियाओं के बाद पाठकों के पास पहुँची है। अधिकतर अनुवाद और सार-संक्षेप अंग्रेजी से ही किये गये हैं लेकिन अन्य भारतीय भाषाओं (जैसे, मराठी और गुजराती) से भी सीधे हिंदी में भाषांतर किया गया है। मूलतः हिंदी में तैयार किये गये विमर्श की भी इस सामग्री में उल्लेखनीय हिस्सेदारी है। ग्रंथमाला की तैयारी के लिहाज से विकासशील समाज अध्ययन पीठ और उसके सहयोगी

संस्थानों में काम करने वाले या काम कर चुके समाज-विज्ञानियों को दो श्रेणियों में रखा जा सकता है। पहली और संख्यात्मक लिहाज से बड़ी श्रेणी उन विद्वानों की है जिनका बुनियादी अकादमीय प्रशिक्षण और सारा काम अंग्रेजी में है। उन्हें अपनी मातृभाषाओं में लेखन करने का मौका कतई नहीं मिला। अभ्यास और इच्छा की कमी के कारण उन्होंने भारतीय भाषाओं में समाज-विज्ञान रचने की तरफ कदम भी नहीं बढ़ाया। ये लोग हिंदी या दूसरी भारतीय भाषाएँ पढ़ कर समझ सकते हैं और कम से कम अपनी रचना के अनुवाद या सार-संक्षेप की प्रामाणिकता सुनिश्चित करने में सक्षम हैं। दूसरी श्रेणी में वे अध्येतागण आते हैं जो बाकायदा द्विभाषी हैं। वे ज्यादातर लेखन अंग्रेजी में करते हैं लेकिन बीच-बीच में भारतीय भाषाओं में अभिव्यक्ति के मौके का भी सदुपयोग करते रहते हैं। यह श्रेणी छोटी लेकिन इस ग्रंथमाला की दृष्टि से अत्यंत महत्त्वपूर्ण है। दोनों ही श्रेणियों में एक बात सकारात्मक रूप से समान है कि वे समाज-विज्ञान को हिंदी और भारतीय भाषाओं में लाने की दीर्घकालीन और श्रमसाध्य परियोजना को आगे बढ़ाने के लिए प्रतिबद्ध हैं। दूसरी श्रेणी के विद्वानों के आलेख या तो मूलतः हिंदी में लिखे गये हैं या उन्होंने अपनी अंग्रेजी रचनाओं के आधार पर उन्हें खुद नये सिरे से हिंदी में लिखा है। जाहिर है कि ऐसे लेख हिंदी के सुविज्ञ पाठकों को एकदम अलग स्वाद देंगे। इसी से मिलता-जुलता एहसास पाठकों को उन लेखों को पढ़ कर होना चाहिए जिनका सार-संक्षेप किया गया है। यह संक्षेपण तो है पर आमतौर पर मूल रचना को आधे से ज्यादा छोटा नहीं किया गया है। संक्षेपण प्रामाणिक है क्योंकि लेखक ने स्वयं पढ़ कर उस पर अपनी मुहर लगायी है। ग्रंथमाला में कुछ ऐसे लेख भी शामिल किये गये हैं जिन्हें एक ही विषय-वस्तु से संबंधित लेखों के छोटे-छोटे अंशों को मिला कर तैयार किया गया है। पाठकों को यदा-कदा साक्षात्कार की विधा का इस्तेमाल भी दिखेगा। मुझे उम्मीद है कि संपादन की इन कई शैलियों के इस्तेमाल से बौद्धिक आस्वादन में विविधता आयेगी और कम कलेवर में अधिक सामग्री उपलब्ध हो सकेगी। पाठक अधिक संतुष्ट होंगे।

मुश्किल तब आती है जब हम संपादन और अनुवाद के मैदान में उतरते हैं और जब हमें दिखायी पड़ता है कि भाषा और ज्ञान-परंपरा के लिहाज से हम उतने वैभवशाली नहीं हैं। बहुत कम ऐसा है जो बना-बनाया उपलब्ध है और न जाने कितना नये सिरे से बनाना है। मसलन, समाज-विज्ञान में प्रयुक्त होने वाली सैद्धांतिक और मानकीय शब्दावली हमारे पास है ही नहीं। पारिभाषिक शब्दकोशों की कमी नहीं है पर उसकी टकसाल में ढाले गये सिक्के पाठकों के बाजार में नहीं चल पा रहे हैं क्योंकि उनसे ज्यादा लोकप्रिय और ग्राह्य तो अंग्रेजी की शब्दावली हो चुकी है। 'ऑन्टॉलजी' एक ऐसे ही शब्द का उदाहरण है जिसे अंग्रेजी में समझना ज्यादा आसान लगता है। जैसे ही इसका शब्दकोशीय अनुवाद 'सत्तामीमांसा' के रूप में किया जाता है वैसे ही यह अनूदित पाठ को समृद्ध करने के बजाय संप्रेषणगत व्यवधान बन जाता है। दूसरी बाधा समाज-विज्ञान की रचनाएँ

पढ़ने के पाठकीय अभ्यास की कमी से उभरती है। अखबारी लेखन पढ़ते रहने के कारण पाठक सीधे-सरल और छोटे वाक्य पढ़ने का इस कदर अभ्यस्त हो चुका है कि लंबे और जटिल वाक्य सामने आते ही उसकी शिकायत होती है कि यह तो भारी लेखन है। विचित्र बात यह है कि अंग्रेजी पढ़ते समय पाठकगण यह शिकायत नहीं करते। दरअसल, यह दिमागी समस्या हिंदी पत्रकारिता के कुछ पुरोधाओं के इस गलत आग्रह के कारण पैदा हुई है कि हिंदी सहज घोषणात्मक वाक्यों की भाषा है। सरलीकृत हिंदी की माँग करने वाला यह पाठक अनुवादक से अपेक्षा करता है कि वह जटिल वैचारिक लेखन को भी छोटे-छोटे वाक्यों में तोड़ कर पेश करेगा। बेचारा अनुवादक यह माँग पूरी करने के चक्कर में पाता है कि उसने वाक्य तो तोड़ दिये और काफी-कुछ तात्पर्य भी स्पष्ट कर दिया लेकिन मूल लेखन की बारीकियाँ और उसकी अंतर्निहित एकात्मक अर्थवत्ता हाथ से निकल गयी। पश्चिमी बौद्धिक प्रभावों के कारण यही पाठक महत्त्वपूर्ण अवधारणात्मक शब्दों को कुछ खास रूढ़ हो चुके अर्थों में ही समझता है जबकि हमारे यहाँ समाज-वैज्ञानिक विश्लेषण में उनका प्रयोग भिन्न और कहीं व्यापक तात्पर्य के लिए करना पड़ता है। इसका सबसे उदाहरण 'सेकुलर' शब्द की जगह प्रचलित हो चुका शब्द 'धर्मनिरपेक्ष' है जिसका लोकप्रिय अर्थ धर्मों या पंथों के आपसी और राज्य से संबंधों का निकलता है। लेकिन भारतीय समाज-विज्ञान को सेकुलर शब्द का इस्तेमाल जाति-धर्मनिरपेक्ष अर्थों में करना पड़ता है यानी सेकुलर होने की प्रक्रिया न केवल दो धर्मों के आपसी संबंधों का निर्धारक तत्त्व हो सकती है बल्कि वह एक धर्म के भीतर विभिन्न समुदायों के आपसी संबंधों को भी परिभाषित कर सकती है। सेकुलराइजेशन और भी आगे जा कर जातीयता संबंधी आग्रहों में हुई आधुनिकतावादी तब्दीलियों को व्यक्त करने का माध्यम बन सकता है।

तीसरी तरह की दिक्कत हिंदी के भीतर व्याप्त कई तरह की सुविधाजनक बन चुकी गलतफहमियों के कारण उभरती है। आमतौर पर 'जातिवादी' गोलबंदी और 'जातीय' गोलबंदी के बीच के भारी अंतर का बहुत से अखबारी लेखकों और पाठकों के लिए कोई महत्त्व नहीं है। असमिया, बंगाली या तमिल जातीयताओं के नाम हैं और ब्राह्मण, ठाकुर या वैश्य जातियों के नाम हैं। इसी तरह 'सवर्ण' शब्द को लेकर भी काफी समस्या है। हिंदी के कई लेखक अपनी रचनाओं में और आम लोग आपसी बातचीत में 'सवर्ण' शब्द का इस्तेमाल सिर्फ पहले तीन वर्णों के लिए करते हैं जैसे कि शूद्र वर्ण उस दायरे में आता ही न हो। होना यह चाहिए कि उपनयन का अधिकार रखने वाले वर्णों के लिए 'द्विज' शब्द का प्रयोग किया जाये और शूद्र जातियों के लिए 'गैर-द्विज' का इस्तेमाल हो। जाहिर है कि अंत्यज या अछूत या दलित जातियाँ इस व्यापक दायरे में आते हुए भी समय-समय पर अपने लिए अलग अभिव्यक्ति की माँग करेंगी।

इसी बिंदु पर सवाल उठता है कि क्या इन तमाम मुश्किलों का तोड़ निकाल

लेने से समाज-विज्ञान का हिंदी में प्रस्तुतीकरण आसान हो जायेगा? इसका जवाब यह है कि इन तकनीकी सतर्कताओं के बाद भी ऐसा तब तक नहीं हो सकता जब तक अंग्रेजी का लेखक अपने अनुवादक को पूरी छूट या स्वायत्तता नहीं देगा। स्वायत्तता की सीमा मूल लेखक की निगाह में अनुवाद-कर्म की हैसियत पर निर्भर करती है। इसी संदर्भ में वाल्टर बेंजामिन के कथन की उपयोगिता सामने आती है। वे अनुवादक के लिए मूल पाठ से परे जाने की सिफारिश करते हैं। वे अनुवादक को लगभग भड़काते हुए प्रोत्साहित करते हैं कि वह ऐसा जरूर करे और मूल लेखक पर जिम्मेदारी डालते हुए लगते हैं कि उसे मूल पाठ की दूसरी भाषा में सांस्कृतिक पुनर्रचना देखने के लिए दिमागी रूप से तैयार हो जाना चाहिए। इसके लिए लेखक को मूल पाठ की वाक्य-रचना का मोह छोड़ना पड़ेगा। दरअसल, यह स्वायत्तता मिलते ही अनुवादक के व्यक्तित्व में गुणात्मक परिवर्तन हो जाता है और वह मूल पाठ का गुलाम न रह कर एक अनुशासित सह-रचयिता का रूप ले लेता है। यह सह-रचयिता मूल कृति के उत्तर-जीवन का निर्माता होता है। मूल कृति के जीवन का यह दूसरा चरण पहले चरण से नैसर्गिक रूप से जुड़ कर उसका विस्तार बन जाता है। ऐसा हर अनुवाद संपादक का काम सहज कर देता है। कृति नये पाठकों के हाथों में जाती है। उसका प्रभामंडल और सामाजिक उपयोगिता कई गुना बढ़ जाती है।

अनुवाद मूल कृति का पुनरुत्पादन नहीं, पुनर्रचना है। चित्र जैसी कलाकृति का तो पुनरुत्पादन ही संभव है पर अनुवादक एक समूचे पाठ को एक दूसरी भाषा में, दूसरी लिपि में, दूसरी वाक्य-रचना में और दूसरी संस्कृति के जगत में रचता है। परकाया-प्रवेश जैसी कार्रवाई के नतीजे में जो काया बनती है उसके प्रामाणीकरण के लिए मूल काया कहीं और मौजूद रहती है। इस तरह दो पाठ बन जाते हैं। अनुवाद अगर स्वायत्तता के साथ किया गया है तो फिर पाठक के लिए मूल का अस्तित्व नहीं रहना चाहिए। एक बहुभाषी देश में अगर एक भारतीय भाषा, जैसे हिंदी, में स्वायत्त अनुवाद संपन्न हो जाये तो फिर दूसरी भारतीय भाषाओं में उसके अनुवाद की मुश्किलें बहुत कम हो जानी चाहिए। वैसे भी भारतीय भाषा परिवार की भाषाओं को अंग्रेजी के मुकाबले किसी घरेलू भाषा से अर्थग्रहण करने में ज्यादा सुविधा होगी। हिंदी से मराठी या कन्नड़ में या गुजराती में अनुवादपरकता बहुत बढ़ जानी चाहिए।

मैं अपने अनुभव से कह सकता हूँ कि विकासशील समाज अध्ययन पीठ से जुड़े जिन दो श्रेणियों के विद्वानों का ऊपर जिक्र किया गया है, वे काफी-कुछ वाल्टर बेंजामिन की अनुवाद संबंधी अनुशंसाओं के हामी लगते हैं। अध्ययन पीठ के भारतीय भाषा कार्यक्रम के कई सकारात्मक पहलुओं में यह सर्वाधिक महत्त्वपूर्ण है। इन विद्वानों के सहयोग और अनुवाद के अन्य अनुभवों का निचोड़ निकाल कर इस ग्रंथमाला के पाठकों की सुविधा के लिए यहाँ एक छोटी सी शब्दावली दी जा रही है जिसका मकसद समाज-विज्ञान में अक्सर इस्तेमाल किये जाने वाले शब्दों

से जुड़ी उन धारणाओं को स्पष्ट करना है जिनके तहत हमने उन्हें इस्तेमाल किया हैं। हालाँकि मानकीकरण होना बहुत जरूरी है लेकिन फिलहाल हमारा आग्रह किसी एक शब्द को ही इस्तेमाल करने का नहीं है क्योंकि हिंदी में यह समाजशास्त्र की पहली संगठित और नियोजित शुरुआत है। इसलिए शब्द और उसके विकल्प को भी दिया गया है। कहीं-कहीं जरूरत के मुताबिक कुछ शब्दों या धारणाओं के आसपास बन चुके विचार-जगत का भी संक्षेप में परिचय देने का प्रयास किया गया है। हो सकता है कि ऐसे परिचय में विज्ञ-पाठकों को कुछ पहलू छूटे हुए लगें। दरअसल, इस शब्दावली को पुस्तक-माला की सामग्री के अनुपूरक के रूप में देखा जाना चाहिए, न कि समाजशास्त्र के स्वतंत्र कोश की तरह। जैसे-जैसे इस शृंखला में पुस्तकें जुड़ेंगी, यह शब्दावली बढ़ती चली जायेगी। हमें उम्मीद ही नहीं पक्का यकीन है कि जल्दी ही हिंदी-जगत समाजशास्त्रीय अध्ययन में रच-बस जायेगा और उसे इस तरह की छोटी-पूरी मदद की आवश्यकता भी नहीं रह जायेगी।

—अभय कुमार दुबे

परिचय

भारतीय होता हुआ लोकतंत्र

अभय कुमार दुबे

पचास साल पहले इस देश ने लोकतंत्र को चुना था। सात अध्यायों में बँटी यह किताब बताती है कि इन पचास सालों में इस देश ने लोकतंत्र को कैसे अपनाया। ये पृष्ठ उस चालू बहीखाते की तरह हैं जिसमें उस समागम का ब्योरा दर्ज है जो आधुनिकतावादी पश्चिम की उदारतावादी विचारधाराओं और सहस्राब्दियों पुराने भारतीय समाज के बीच लगातार हो रहा है। शरीर में जिस जगह बायीं तरफ दिल धड़कता है, आधुनिक भारत में लोकतंत्र और लोकतांत्रिक राजनीति का स्थान वही है, भले ही देश में पिछले कुछ वर्षों से दक्षिणपंथी राजनीति का बोलबाला हो गया हो। कुछ बौद्धिक आग्रहों के कारण यह विरोधाभास भारतीय लोकतंत्र की तस्वीर को एक अवांछित रंग में डुबो देता है, हालाँकि इस तस्वीर का यथार्थ जिन रंगों से मिल कर बना है वे अंतर्विरोधी और विरोधाभासी शैली में ही संयोजित हुए हैं। अपने शास्त्रीय रूप में यह लोकतंत्र सार्विक मताधिकार के जरिये हितों की होड़ पर आधारित बहुलतावाद की कृति के रूप में ही परिभाषित होना चाहिए। शास्त्रीय तौर पर ऐसा तभी हो सकता है जब भारतवासी आधुनिक सेकुलर अर्थों में अपनी निजता के स्वयं मालिक बन कर उभरें और उनका वजूद महज उनके समुदाय, जाति, धर्म या जातीयता का विस्तार न रहे। लेकिन भारत में लोकतंत्र की स्थापना सिर्फ व्यक्तिपरक नागरिकता के संदर्भ में न होकर अधिकांशतः सामुदायिक संदर्भों

में ही हुई है। यह एक बुनियादी अंतर्विरोध है। इन सात लेखों में यही बताने का साहसिक प्रयास किया गया है कि दुनिया के किसी भी समाज से अधिक बहुसांस्कृतिक और भुलभुलैया की तरह लगनेवाली विविधताओं से संपन्न यह समाज लोकतंत्र के शास्त्रीय विचार के साथ अन्योन्यक्रिया के दौरान किस तरह बदल रहा है और दूसरी तरफ इस समाज के प्रभाव से लोकतंत्र के विचार में क्या परिवर्तन घटित हो रहे हैं।

यह विमर्श साहसिक इसलिए है कि इसने भारतीय लोकतंत्र के बारे में की गयी तकरीबन सभी प्रचलित व्याख्याओं से भिन्न प्रतिमानों का इस्तेमाल किया है और परिणामस्वरूप पूरी तरह भिन्न नतीजे प्राप्त किये हैं। मसलन, जिस परिघटना की आमतौर पर राजनीति में जातिवाद कह कर निंदा की जाती है वह इस विमर्श की निगाह में जातियों का राजनीतिकरण है और उसकी यहाँ एक सकारात्मक प्रवृत्ति की तरह व्याख्या की गयी है। एक आधुनिक समरूप राष्ट्र-राज्य में भारत के रूपांतरण की असफलता के इलजाम को ठुकराता हुआ यह आख्यान इस उम्मीद से परिपूर्ण है कि विविधता ही इस राष्ट्र के देह-धारण की प्रमुख शर्त है और रहेगी। नेहरू युग के जिस अवसान को राजनीतिक स्थिरता के अंत और सतत संकट की शुरुआत के रूप में चिह्नित किया जाता है, उसकी यह पुस्तक लोकतांत्रिक राजनीति में व्यापक जनता की भागीदारी बढ़ने के प्रस्थान-बिंदु के रूप में शिनाख्त करती है। आर्थिक और प्रशासनिक क्षेत्रों में कमोबेश साफ तौर पर मिली असफलताओं की बिना पर भारतीय लोकतंत्र के असफल होने की प्रचलित घोषणाएँ करने की बजाय पुस्तक में तुलनात्मक अध्ययन के जरिये दिखाया गया है कि शुरुआती दो दशकों के मुकाबले बाद के वर्षों में जनसाधारण का भरोसा लोकतंत्र, उसकी शासन-पद्धति और उसकी संस्थाओं में बढ़ा ही है। लंबे अरसे से एक पार्टी को बहुमत न मिलने को राजनीतिक संकट का पर्याय मान लेने की बजाय यह विमर्श संकट के स्रोतों की खोज पाँच साल तक सरकार चला पाने लायक जन-वैधता उत्पन्न न हो पाने के कारणों में करने की कोशिश करता है।

इस किताब के आलेख पढ़े-लिखे, द्विज और मुखर तबकों द्वारा लोकतांत्रिक राजनीति में अरुचि दिखाने के कारण हताश होने की बजाय प्रमाणित करते हैं कि पिछड़े, दलित और आदिवासी तबके उत्तरोत्तर चुनावी प्रक्रिया और दलीय प्रणाली में अपनी भागीदारी बढ़ाते चले जा रहे हैं। समतामूलक आदर्श की अनुपलब्धि से व्यथित प्रेक्षकों के विपरीत यह विमर्श दृढ़तापूर्वक लोकतंत्र का शोकगीत गाने से इंकार करता है और कर्मकांड-आधारित श्रेणीक्रम की समाज-व्यवस्था से आधुनिक अर्थों में वर्ग-रचना की प्रक्रिया प्रारंभ होने की घोषणा करता है। अंतर्राष्ट्रीय संचार-क्रांति और बाजार-आधारित मध्यवर्गीय संस्कृति के बढ़ते वर्चस्व पर कोरा अफसोस करने की बजाय यह पुस्तक बाजारू राजनीति की मनोदशा में झाँकते हुए आश्वस्त करती है कि भारतीय समाज में इस परिघटना के प्रतिकार के लिए आवश्यक सामग्री अभी मौजूद है। दुनिया के पैमाने पर मध्यमार्गी राज्य के प्रभाव

में आयी गिरावट से बिना घबराये हुए अपने उपसंहार में यह नया विमर्श वर्ग, जातीयता और नरी-मुक्ति के उभरते सवालों के आस-पास गोलबंदी करनेवाले आंदोलनकारी युवक-युवतियों के हरावल में भारतीय लोकतांत्रिक उद्यम की पुनर्रचना होते हुए देखता है।

यह किताब एक अन्य दृष्टि से भी नवीन है। नयी सहस्राब्दी की दहलीज पर खड़े पश्चिम के लोकतंत्र आज एक बार फिर आत्मसंदेहों के शिकार हो गये हैं। उनका वही पुराना डर उभर आया है कि कहीं उनके लोकतंत्र इतने लंबे तजुर्बे के बावजूद भीड़तंत्र में न बदल जायें। भारत के मुकाबले काफी वरिष्ठ इन लोकतंत्रों में बहस चल पड़ी है कि नागरिकों के रूप में जनता लोकतंत्र के प्रति इस कदर लापरवाह और अनभिज्ञ क्यों है? लोकतांत्रिक व्यवस्था के उपकरणों पर नागरिक नियंत्रण की कमजोरी, पश्चिमवासियों की अपने-अपने लोकतंत्रों में घटती भूमिका और पार्टियों के घोषणापत्रों को न पढ़ने के रवैये के बीच यह नया विमर्श सुखद ढंग से दिखाता है कि भारतीय प्रयोग जनता के डर से त्रस्त नहीं है। उसने तो अपनी वैधता के उद्‌गम का ही नवीकरण कर डाला है और लोकतंत्र को सिर्फ एक लक्ष्य न रहने देते हुए लक्ष्यों को वेधने का माध्यम बना दिया है। यह विमर्श भारतीय प्रयोग को पश्चिम से प्रभवित तो मानता है, पर पश्चिम की कोरी नकल नहीं। इसकी निगाह में भारतीय मॉडल दो बार पुनर्रचना की प्रक्रिया से गुजर चुका है और अब अपने संपूर्ण भारतीयकरण के लिए उसे एक तीसरी पुनर्रचना से दो-चार होना होगा। इस नवाचार की शर्तें पूरी तरह भारतीय होंगी।

सवाल यह है कि परिमाणात्मक और गुणात्मक रूप से भिन्न इस व्याख्या की पृष्ठभूमि क्या है? वे कौन सी चिंतन-धाराएँ हैं जिनके कारण यह विमर्श भारतीय लोकतंत्र के बारे में स्थापित आख्यान से अलग निष्कर्ष निकालता है? इस किताब के नयेपन को आत्यंतिक रूप से तभी ग्रहण किया जा सकता है जब भारतीय लोकतांत्रिक प्रयोग को देखने की विभिन्न दृष्टियों का एक जायजा ले लिया जाये।

मतदाता, हितों की होड़ और प्रतिनिधित्व का सिद्धांत

राष्ट्रीय आंदोलन के नेतृत्व के एक बड़े हिस्से ने जिस मॉडल को भारत के लिए चुना था उसे सिद्धांत की भाषा में उदारतावादी और मध्यमार्गी लोकतंत्र कहा जाता है। यह प्रणाली सार्विक्र मताधिकार पर आधारित निर्वाचन और हितों की होड़ पर आधारित बहुलतावाद के जरिये संचालित होती है। हमारे तत्कालीन अभिजनों की यह मान्यता एक तरह से वाजिब थी कि एक विविधतामूलक समाज में इस मॉडल के कामयाब होने र्क गुंजाइशें सबसे ज्यादा हैं, लेकिन इसके चयन के पीछे उपयोगिता से ज्यादा पश्चिमी राजनीतिक चिंतन के प्रगतिशील आयामों से मिली प्रेरणा की भूमिका थी। दूसरी ओर उपनिवेशवाद विरोधी संघर्ष में भागीदारी के कारण तेजी से राजनीतिकृत हुए भारतवासियों की ऊर्जा का भी इसी मॉडल में

निहित खुली स्पर्धात्मक राजनीति के जरिये सदुपयोग किया जा सकता था। बहरहाल, इस मॉडल के तहत हर भारतवासी सिद्धांततः एक व्यक्ति-एक वोट के आधार पर समान था। मतदान के जरिये उसे तय करना था कि एक निश्चित अवधि के लिए राज्य की बागडोर किसके हाथ में रहेगी। अगर शासकों का कामकाज संतोषजनक रहा तो मतदाता अगले चुनाव में उन्हें फिर से चुन सकता था। अगर नहीं तो उसके पास बहुदलीय प्रणाली के जरिये वैकल्पिक शासकों को चुनने का अधिकार था।

आदर्श रूप में समझा जाता है कि दो चुनावों के बीच की अवधि में विभिन्न हितों के प्रतिनिधि संगठन दबाव और तालमेल के जरिये राजकीय नीतियों को अपने पक्ष में मोड़ने की कोशिश करेंगे। दरअसल सत्ता में आ कर राज्य के संसाधनों पर कब्जे के माध्यम से अपने हितों को तृप्त करने की पेशबंदी चुनाव और चुनाव से ठीक पहले अपने चरम पर होती है। मतदाताओं की गोलबंदी करते समय खयाल रखा जाता है कि अगली सरकार की शक्ल कैसी होगी और उसमें किन हितों को तरजीह मिलेगी। हितों की होड़ के जरिये होनेवाली लोकतांत्रिक राजनीति के इस मॉडल में मतभेद और तनाव स्वाभाविक परिणामों की तरह पैदा होते हैं। जब तक एक हित की पूर्ति दूसरे हित को ठेस लगाये बिना होती रहती है तब तक व्यवस्था शांतिपूर्वक चलती रहती है लेकिन जब ऐसा नहीं हो पाता तो टकराव होता है।

टकराव के इसी अंदेशे को ध्यान में रख कर इस मॉडल में लोकतांत्रिक संस्थाओं को इस तर्ज पर नियोजित किया जाता है कि टकराव व्यवस्था के लिए खतरा बनने से पहले ही सामाजिक, राजनीतिक और आर्थिक उपायों के जरिये मंद कर दिया जाये या पचा लिया जाये। लोकतंत्र के इस बहुलतावादी विचार में हितों की बेरोक-टोक अभिव्यक्ति होने दी जाती है और इसका परिणाम समझौतों, सौदेबाजी और तालमेल को जन्म देता है। तरह-तरह की गोलबंदियों का सहारा लिया जाता है जो मुख्यतः धन, समय और संख्यात्मक समर्थन की माँग करती हैं। जिसके पास धन हो, जरूरी नहीं कि उसके पास समय और संख्या भी हो। अर्थात बहुलतावादी लोकतंत्र की आदर्श स्थिति मानती है कि राजनीतिक प्रक्रिया पर कोई एक व्यक्ति, कोई एक तबका या कोई एक हित लंबे अरसे तक काबिज नहीं रह पायेगा। किसी की सत्ता का दौर तभी लंबा हो सकेगा जब वह राजनीति में अपेक्षाकृत कमजोर भागीदारों के हितों का भी खयाल रखेगा। इस मजबूरी से एक समझौता उभरेगा जिसके आधार पर बनी राजकीय नीति के ढाँचे में सभी तरह के भागीदारों के लिए कोई-न-कोई उम्मीद और गुंजाइश बनी रहेगी। न कोई सौ फीसद हारेगा और न कोई सौ फीसद जीतेगा।

इस मॉडल के व्याख्याकारों की चिंताओं के केंद्र में मुख्यतः प्रतिनिधित्व का सिद्धांत रहता है। वे लोकतंत्र के स्वास्थ्य का पता लगाने के लिए जनता के प्रतिनिधि और उसे चुननेवाले मतदाता के बीच संबंधों की समय-समय पर जाँच करते रहते हैं। यह संबंध कई स्तरों पर प्रभावी होता है। स्थानीय स्तर पर प्रतिनिधि और जनता

का रिश्ता जनसमस्याएँ सुलझाने, विकास-कार्यों को संपन्न करने और अपने समर्थकों के साथ आत्मीयता बढ़ाने की कसौटी पर कस कर देखा जाता है। व्यापक और समष्टिगत स्तर पर यह रिश्ता प्रतिनिधि की वैचारिक दृष्टि, दलीय प्रणाली और उसके मुताबिक समग्र लोकतंत्र में प्रतिनिधि और उसकी पार्टी के योगदान के संदर्भ में परखा जाता है। माना जाता है कि चुनाव में फैसला करते वक्त मतदाता आदर्श रूप से इन दोनों पहलुओं का ध्यान रखेगा। समझा जाता है कि अच्छे मतदाता ही अच्छे प्रतिनिधियों को चुन पाते हैं। इसी से लोकतांत्रिक राजनीति की यह शालिग्रामी कहावत निकलती है कि जैसी जनता होती है, वैसे ही उसके नेता होते हैं। अर्थात लोकतंत्र के सिद्धांतकार अक्सर लोक का अध्ययन करते-करते उसके तंत्र को चलानेवाले कारकुनों (प्रतिनिधियों और नेताओं) के जरिये लोक की समझ प्राप्त करने का शॉर्टकट अपनाने लगते हैं। इस तरह उसूल की दुनिया में भले ही जनता अपने प्रतिनिधियों और नेताओं को चुनती हो, लोकतांत्रिक बौद्धिकता नेताओं के जरिये जनता को चुनने लगती है। व्यावहारिक राजनीति में यही परिघटना नेताओं द्वारा जनता के एक चुने हुए हिस्से का ही प्रतिनिधित्व करने के आग्रह के तौर पर उभरती है। यह विकृति स्थानीय स्तर और समष्टिगत स्तर के संपर्क को तोड़ देती है। एक इलाके के लोगों की नुमाइंदगी करनेवाला व्यक्ति भले ही केंद्रीय सत्ता में ऊँचे पद पर पहुँच जाये, वह राष्ट्र का नेता बनने के लिए आवश्यक गुणों का प्रदर्शन नहीं कर पाता। ऐसे में हितों के टकराव 'क्षेत्रीय बनाम राष्ट्रीय' और 'गाँव बनाम शहर' जैसे संघर्षों में सूत्रबद्ध होते हैं। इन हितों को संस्थाओं के जरिये संसाधित करना मुश्किल हो जाता है। इस संकट का नैरंतर्य विस्फोटक स्थितियों को जन्म देता है और लोकतंत्र के नाश की भविष्यवाणियाँ आम हो जाती हैं।

लोकतंत्र के पाँच विमर्श

ब्रिटिश उपनिवेशवादी शुरू से ही यह मानने को तैयार नहीं थे कि भारत-भूमि पर लोकतांत्रिक राजनीति करने लायक जनता मौजूद है। इसलिए तकरीबन सौ साल पहले लॉर्ड कर्जन ने अपनी प्रजा को सलाह दी थी कि उसे अपनी मुक्ति राजनीति की दुनिया में तलाशनी ही नहीं चाहिए। लेकिन इस गौरांग प्रभु की अवहेलना करते हुए भारतीय जनता का एक बड़ा हिस्सा उपनिवेशवाद-विरोधी संघर्ष के जरिये राजनीति को अपने लोकजीवन की केंद्रीय गतिविधि बनाता चला गया। उसने उपनिवेशवाद से टकराव के जरिये आधुनिकता का वरण किया। इस प्रक्रिया में जो नेता निकले उनमें अधिकांश पश्चिम और आधुनिकता के रंग में रँगे हुए थे। उनका व्यक्तित्व उदारतावादी पश्चिमी लोकतंत्र के साँचे में ढला हुआ था। इन नेताओं के आभामंडल के पीछे भारतीय जनता का गैरपश्चिमी यथार्थ आसानी से छिप गया। नेता को देख कर जनता की परख करनेवाले बौद्धिकों ने शंकित होते हुए भी स्थापना के समय राजनीतिक लोकतंत्र के अवश्यंभावी नाश की भविष्यवाणियाँ नहीं कीं। वे वक्त का इंतजार करते रहे जो उन्हें साठ के दशक में मिला जब इन नेताओं और

उनकी पार्टी, कांग्रेस का वर्चस्व पहली बार टूटा। कर्जन से भी ज्यादा स्पष्ट और तीखे स्वर में अमेरिकी विद्वान सेलिग हेरिसन ने अपनी किताब में दावा किया कि भारतीय लोकतंत्र का ध्वंस सन्निकट है। मैक्सवेल और रोनाल्ड सेगल ने भी साठ के दशक के संक्रमणकारी चरित्र को नकारात्मक रूप में देखा। उन्होंने घोषणा की कि भारतीय राज्यतंत्र राजनीतिक अस्थिरता और आर्थिक असफलता के संकटों को नहीं झेल पायेगा। मैक्सवेल ने तत्कालीन 'लंदन टाइम्स' में यह तक लिख दिया कि १९६७ का चुनाव भारत का अंतिम निर्वाचन होगा। सत्तर के दशक में इसी औपनिवेशिक अहंमन्यता ने अपने भारतवंशी अनुयायियों की आत्महीनता को मुखर होने का मौका दिया। विद्याधर नैपॉल जैसे प्रेक्षकों ने इंदिरा गाँधी द्वारा थोपे गये आपातकाल को भारतीय लोकतंत्र की शोकांतिका घोषित कर दिया। उन्होंने व्यवस्था की समस्याओं को भारतीय सभ्यता के व्यापक संकट से जोड़ कर 'अंधकार का क्षेत्र' जैसे सूत्रीकरण किये। नैपॉल ने अफसोस के साथ यह तक कहा कि आज भारत अकेला खड़ा है और उसकी पतनशील सभ्यता के पास न कोई विचार है और न कोई विदेशी विजेता ही है जो उसके समाज को शांति और व्यवस्था का अवदान दे सके।

औपनिवेशिक विमर्श अगर सिक्के का एक पहलू था तो दूसरा पहलू था भारतीय लोकतंत्र का राष्ट्रवादी विमर्श। इसमें मुख्यत: भारतीय समाज से असंतुष्ट और उसे आमूल बदल डालने के लिए कटिबद्ध बौद्धिक धाराओं की प्रधानता थी। नेहरू और उनकी मंडली सांविधिक-कार्यविधिक लोकतंत्र और वैकासिक रणनीति, के जरिये जातियों, राष्ट्रीयताओं, भाषाओं और संस्कृतियों के खानों में बँटे समाज को उसकी बहुलता और विविधता का सम्मान करते हुए बदलने के सपने में डूबी हुई थी। चूँकि वे अंग्रेजों द्वारा छोड़े गये राज्य के उत्तराधिकारी बने इसलिए उन्हें अपने एजेंडे को लागू करने का मौका भी मिला। दूसरी तरफ भीमराव आंबेडकर थे जो बहुलतावादी लोकतंत्र को संविधान का जामा पहनाने में प्रमुख भूमिका का निर्वाह करने के बावजूद लोकतंत्र के सांविधिक राजनीतिक उसूल तथा कर्मकांडीय श्रेणीबद्ध समाज-व्यवस्था के बीच टकराव को ले कर चिंतित थे। उन्हें डर था कि एक वोट और एक व्यक्ति का सिद्धांत राजनीति में लागू तो होगा पर समाज के स्तर पर यह समता उपलब्ध नहीं हो पायेगी। इससे भारत अंतर्विरोधों की दुनिया में खोता चला जायेगा। तीसरी धारा के शिखर पर विनायक दामोदर सावर कर थे। राजनीतिक हिंदुत्व के इस सिद्धांतकार को ऐसा बहुलतावादी लोकतंत्र स्वीकार्य नहीं था जिसमें अल्पसंख्यकों को बराबर के अधिकार मिलने की संभावनाएँ हों। दिलचस्प बात यह थी कि नेहरू, आंबेडकर और सावरकर, तीनों ही जातिवाद के विरोधी थे। वे जातियों को मिटाये बिना अपने-अपने राजनीतिक उद्देश्य की प्राप्ति असंभव मानते थे। लेकिन तीनों का चिंतन अलग-अलग था। नेहरू को बहुलतावादी लोकतंत्र की समाज परिवर्तनकारी क्षमताओं पर विश्वास था। आंबेडकर के पास इस लोकतंत्र का कोई विकल्प नहीं था लेकिन वे यह देख पाने में असमर्थ थे कि यह लोकतंत्र भविष्य में भारतीय समाज का रूपांतरण कैसे करेगा, और सावरकर एक समतल

हिंदू समाज बनाने के लक्ष्य में ऐसे लोकतंत्र को बाधक मानते थे। चौथी धारा कम्युनिस्टों की थी वे वर्ग-सिद्धांत के प्रभाव में बहुलतावादी लोकतंत्र को बुर्जुआ वर्ग की तानाशाही के रूप में व्याख्यायित करने के लिए बाध्य थे। उनकी कोशिश किसानों-मजदूरों का मोर्चा बना कर उसके नेतृत्व में पूँजीवादी क्रांति करने की थी। उनका एक बड़ा हिस्सा मानता था कि भारतीय समाज गतिहीन और परिवर्तनरोधी है और राष्ट्रीय आंदोलन से निकले अभिजन इतने स्वतंत्रचेता और राष्ट्रभक्त नहीं हैं कि देश में पूँजीवादी क्रांति भी कर सकें, इसलिए इस क्रांति को किसानों और मजदूरों की अगुआई की जरूरत है।

जाहिर है कि राष्ट्रवादी विमर्श में बहुलतावादी लोकतंत्र को अपनाने या न अपनाने पर मतैक्य अथवा आम सहमति की कोई स्थिति नहीं थी। ये मतभेद इतने प्रखर और संघर्षोन्मुख थे कि लोकतंत्र से जुड़े विशिष्ट भारतीय संदर्भों पर चर्चा से बचने का हथकंडा अपनाने के जरिये ही संविधान सभा की बहस का उपसंहार किया जा सका। दूसरी ओर, औपनिवेशिक विमर्श और राष्ट्रवादी विमर्शों की परस्पर भिन्नता के बावजूद इन धाराओं में कई उभयनिष्ठ बिंदु भी थे।

तकरीबन सभी धाराएँ मानती थीं कि भारतीय समाज लोकतंत्र के उपयुक्त नहीं है, इसे बदलना होगा। जातियों को नष्ट होना होगा। अगर ऐसा नहीं हुआ तो लोकतंत्र का प्रयोग बीच में स्खलित हो जायेगा। जो लोग लोकतंत्र नहीं चाहते थे, जैसे, राजनीतिक समता से चिढ़नेवाले सावर कर के हिंदुत्ववादी या समता के प्रबल पैरोकार मार्क्स के अनुयायी, वे भी अपने-अपने राजनीतिक डिजाइन के मुताबिक समाज को सिरे से बदलने के पक्षधर थे। कुल मिलाकर इन सभी धाराओं में ऐसा कोई विचार मौजूद नहीं था जो भारतीय समाज के अनुरूप कोई राजनीतिक शासन-प्रणाली खोजने के इरादे से जुड़ा हो अथवा जो लोकतंत्र को भारतीय समाज की जरूरतों के अनुसार ढालने की कोई यूटोपियन इच्छा ही रखता हो। इन नेताओं और विचारकों को राज्य की पारंपरिक भारतीय धारणा में कोई रुचि नहीं थी। वे भारतीय समाज के अंदर मौजूद लोकतांत्रिक संभावनाओं के इतिहास का अनुसंधान करने के झंझट में नहीं पड़ना चाहते थे। वे अपने बने-बनाये राजनीतिक खाँचों में समाज को फिट करने के लिए बेचैन थे।

इन धाराओं के समांतर एक और धारा थी जिसके शीर्ष पर गाँधी थे। सावरकरवादियों अथवा कम्युनिस्टों की तरह उन्हें लोकतंत्र में एक विचार के तौर पर अविश्वास नहीं था और न ही उनकी दृष्टि आंबेडकर की तरह सामाजिक समता के दायरे में लोकतंत्र को क्षमताओं को संदिग्ध मानती थी। वे विकास और सेकुलरीकरण के जरिये लोकतंत्र को आर्थिक समृद्धि और समाज-परिवर्तन का औज़ार बनाने के पक्षधर भी नहीं थे। दरअसल, गाँधी का विमर्श लोकतंत्र-संबंधी सकारात्मक और नकारात्मक विचारों की भीड़ में ऐसा अकेला विमर्श था जो जनता की आवश्यकताओं के मुताबिक लोकतंत्र को ढालने की तरफदारी करता लगता था। गाँधी यह मानने को तैयार नहीं थे कि हितों की होड़ अपने आप में कोई आदर्श

हो सकती है। वे हितों की होड़ की बजाय जनता की बुनियादी आवश्यकताओं को प्राथमिकता देते थे और हितों को आवश्यकताओं का पर्याय मानने से इंकार करते थे। उनकी मान्यता थी कि लोकतांत्रिक व्यवस्था को इस तरह नियोजित किया जाना चाहिए कि वह संस्थाओं की मध्यस्थता के चक्कर में फँसे बिना जनसाधारण के साथ सीधे तादात्म्य स्थापित कर सके और कारगर ढंग से रोजाना उसके काम आ सके। जाहिर है कि उनका मॉडल कमोबेश 'प्रत्यक्ष लोकतंत्र' का था। इसके अंदर जैकोबिन किस्म के अंदेशे निहित थे और साथ ही यह राज्य-निर्माण की कोई डिजाइन भी पेश नहीं करता था।

नया विमर्श

दरअसल, यह गाँधी का ही विमर्श था जिसके द्वारा की गयी बहुलतावादी लोकतंत्र की आलोचना से एक सर्वथा नवीन और समाजोन्मुख विमर्श के दरवाजे खुले। लोकतंत्र या किसी भी राजनीतिक व्यवस्था की पहली शर्त समाज होनी चाहिए और वह देश-काल जिसमें उस मॉडल का प्रयोग किया जा रहा हो। पचास के दशक में राजनीतिशास्त्र के अध्येता रजनी कोठारी ने कांग्रेस के दीर्घजीवी शासनकाल की जाँच-पड़ताल करते हुए निष्कर्ष निकाला कि भारतीय समाज के संरचनात्मक चरित्र के अनुकूल बन कर ही कांग्रेस इतने लंबे समय तक देश पर शासन कर पायी। उन्होंने कांग्रेस को एक पार्टी की संज्ञा न दे कर एक प्रणाली की संज्ञा दी। करीब दस साल बाद जब साठ के दशक में कोठारी ने अपनी इस धारणा का पुनरावलोकन किया तो पाया कि लोकतंत्र और समाज के बीच चल रही अन्योन्यक्रिया के दौरान कुछ असाधारण घटित हो रहा है। इसके बाद उन्होंने जातियों के राजनीतिकरण की धारणा सूत्रबद्ध की जिसके सहारे राजनीति की होड़, आधुनिकता, शहरीकरण, पश्चिम से प्रभावित जीवन-शैलियों, व्यक्तिवाद, संचार के साधनों और शिक्षा के प्रभाव के साथ-साथ राज्य द्वारा किये गये भूमि-सुधार और आरक्षण जैसे सकारात्मक हस्तक्षेपों के कारण समाज में आ रहे परिवर्तनों की व्याख्या की जा सकती थी।

लोकतंत्र का नया विमर्श रजनी कोठारी द्वारा विकसित इन्हीं दो बुनियादी धारणाओं के आधार पर परवान चढ़ा। कांग्रेस के वर्चस्व-काल (जिसे नेहरू युग भी कहा जाता है) के क्षय को व्याख्यायित करने में 'कांग्रेस-प्रणाली' द्वारा प्रदत्त समझ ने मदद की। स्वयं कोठारी और अन्य विद्वानों ने भी देखा कि कांग्रेस जैसे-जैसे अपने समष्टिगत चरित्र से एकनिष्ठता की तरफ गयी, वैसे-वैसे वह एक प्रणाली से घटते हुए मात्र एक पार्टी रह गयी। इस प्रक्रिया ने भारतीय लोकतंत्र के अपेक्षाकृत शांत पानी में कई आलोड़न पैदा किये। दूसरी तरफ चुनावी राजनीति के लिए जातियों को आधार बना कर की गयी गोलबंदियों ने अपना असर दिखाया और जातियाँ विभिन्न सामाजिक-आर्थिक प्रभावों के तहत अपने कर्मकांड-आधारित अलगाव को धीरे-धीरे तोड़ कर राजनीति के आधार पर आपसी

समीकरण बनाने में जुट गयीं। राजनीति में जातिवाद के नाम से बदनाम इस परिघटना को इस नये विमर्श ने समाज के स्तर पर एक छोटी-मोटी क्रांति के रूप में देखा और पाया कि जातियाँ अब पवित्रता-अपवित्रीकरण, ऊँच-नीच और छुआछूत के मानकों से निर्देशित न होकर राजनीतिक, परिणामवादी और सेकुलर मानकों से ज्यादा निर्देशित हो रही हैं। नये विमर्श ने यह भी देखा कि साठ के दशक में मुखर हुई यह प्रक्रिया इतनी शक्तिशाली थी और उसका समाज पर इस कदर परिवर्तनकारी असर पड़ रहा था कि कांग्रेस पुराने ढंग से शासन नहीं करती रह सकती थी। कांग्रेस-प्रणाली को टूटना ही था। एक पार्टी के वर्चस्व को बहुपार्टी-प्रतियोगिता के लिए जगह छोड़नी ही थी। नये विमर्श ने आगे चल कर अन्य पिछड़े वर्गों के लिए किये गये आरक्षण के प्रावधान को इसी क्रम में निर्णायक भूमिका निभाते हुए पाया। इन विद्वानों ने कर्मकांड-आधारित समाज-व्यवस्था में अधिकारों के लिहाज से हाशिये पर पड़े तबकों और समुदायों को आरक्षण के जरिये लोकतंत्र की मुख्यधारा में आते देखा। उन्होंने निष्कर्ष निकाला कि कांग्रेस का वर्चस्व टूटने से जो प्रक्रिया शुरू हुई थी वह उत्तर-आरक्षण समाज के तहत अपने चरम पर पहुँच कर लोकतंत्र के चेहरे को सर्वथा बदले दे रही है और पश्चिम से आये लोकतंत्र का भारतीयकरण हुआ जा रहा है।

लोकतंत्र द्वारा समाज-परिवर्तन और समाज द्वारा लोकतंत्र-परिवर्तन के इस दिलचस्प नजारे को देखते-देखते इन विद्वानों की निगाह से यह नहीं छूटा कि समाज को बदलनेवाली ताकतें उसे किस दिशा में ले जा रही हैं। अस्सी और नब्बे के दशक में अंतर्राष्ट्रीय वित्तीय पूँजी के चरित्र में आने वाले परिवर्तन, कल्याणकारी राज्य (जिसे कोठारी मध्यमार्गी राज्य कहते हैं) के पतन, बाजार की ताकतों के हावी होते जाने और घरों के बैठकखानों में बढ़ते टीवी के वर्चस्व, आदि ने मिल-जुल कर एक खास तरह की मध्यवर्गीय बाजारू संस्कृति को रचा। नये विमर्श के व्याख्याकारों को लगा कि इस बाजारू संस्कृति में लोकतंत्र की जन-राजनीति के साथ गहरे और आत्यंतिक संबंध बना लेने की क्षमताएँ हैं। यह नयी संस्कृति अपने राजनीतिक और सामाजिक रूप में भारतीय विविधता और बहुसांस्कृतिकता की एंटीथीसिस है। इसके गर्भ में से बहुसंख्यकवाद और सांप्रदायिकता के फूट पड़ने के अंदेशे हैं।

भारतीय लोकतंत्र के ये सात अध्याय वैसे तो अलग-अलग समय पर भिन्न-भिन्न शैलियों में लिखे गये विद्वत्तापूर्ण आलेख हैं, लेकिन इनकी विमर्श-धारा एक ही है। इसलिए ये मिल कर लोकतंत्र की पूरी किताब बना देते हैं। पहले आलेख में **योगेंद्र यादव** ने पिछले पचास वर्ष की कहानी बयान करते हुए अधिक गंभीर और विशिष्ट विमर्शों की पीठिका बनायी है। शैलीगत रूप से इस रचना को ललित शैली में रचा गया समाजशास्त्र कहा जा सकता है। भारतीय लोकतंत्र के बारे में कई प्रचलित

धारणाओं में संशोधन करते हुए यह लेख एक जटिल प्रक्रिया को सरलता से समझता है कि हमारे लोकतंत्र का मूल मॉडल पश्चिम की कोरी नकल न होकर भारतीय अभिजनों के नवाचार का परिणाम था जिसे जनता की उत्तरोत्तर भागीदारी ने काफी हद तक बदल दिया। अर्थात भारतीय जनता ने भारतीय अभिजनों से प्राप्त मॉडल के साथ वही व्यवहार किया जो अभिजनों ने पश्चिम से प्राप्त मॉडल के साथ किया था। फिर तीन 'मकारों'—मंदिर, मंडल और मार्केट ने इस परिवर्तन को चरम पर पहुँचाया।

जवीद आलम का दूसरा आलेख इसी निरंतरता में भारतीय लोकतंत्र के बदलते चेहरे और उसकी जन-वैधता के बदलते हुए स्रोतों की शिनाख्त करता है। आलम भी प्रचलित धारणाओं का खंडन करते हुए १९७१ के आम चुनाव के समय लोकतंत्र और जनता के संबंधों की तुलना १९९६ के आम चुनाव के समय इन्हीं संबंधों के साथ करने की पद्धति अपनाते हैं। वे पूँजीवादी विकास और उसके विस्तार के कारण भारतीय समाज में हुए परिवर्तनों को चिह्नित करते हुए लोकतंत्र को वंचित तबकों द्वारा इज्जत की लड़ाई के मौके की तरह पेश करते हैं। इस आलेख से यह तथ्य निकलता है कि भारत का पचास वर्षीय लोकतंत्र अधिकांशतः गरीब, अशिक्षित और निचली जातियों के लोगों के बीच बसता है।

तीसरे अध्याय में लोकतंत्र का यह अध्ययन सामान्यीकरण से चलता हुआ एक विशिष्ट आयाम में पहुँच जाता है जब **धीरूभाई शेठ** दिखाते हैं कि जातियों के राजनीतिकरण की प्रक्रिया कहाँ तक पहुँच चुकी है और अब उसमें वर्ग-रचना की शुरुआत भी हो चुकी है। यह निबंध सुग्राह शैली में जाति-संबंधी विमर्शों के इतिहास से गुजरता हुआ पाठक को जातियों के सेकुलरीकरण और नये मध्यवर्ग के उदय तक ले जाता है। चौथा अध्याय इस नये विमर्श के पुरोधा **रजनी कोठारी** का है। वे अंतर्राष्ट्रीय स्तर पर मध्यमार्गी राज्य के पतन की चर्चा करते हुए भारतीय प्रयोग की पड़ताल करते हैं। कोठारी की चिंता यह है कि शुरुआती वर्षों में लोकतंत्र का जो संस्थागत ढाँचा खड़ा किया गया था, वह बाद में नये घटनाक्रम के कारण क्षत-विक्षत हो गया। इसके दोतरफा परिणाम निकले। साधारण जनता बड़े पैमाने पर लोकतांत्रिक प्रक्रिया में दाखिल हुई लेकिन वैकल्पिक ढाँचे का निर्माण नहीं हो पाया। लोकतंत्र में लोकलुभावनवादी और करिश्माई राजनीति से उपजे संकटों पर पाँचवें अध्याय में धीरूभाई शेठ ने नये सिरे से रोशनी डाली है। वे व्यवस्थामूलक समस्याओं को हल न कर पाने और उनके गंभीर और सतत संकट में बदल जाने की प्रक्रिया की परतें खोल कर रखते हैं। कोठारी और शेठ के ये दोनों आलेख चेतावनियों की तरह हैं। ये चेतावनियाँ पुस्तक के पहले तीन अध्यायों में भी हैं। मसलन, यादव ने दलित और पिछड़ी जातियों के उभार की बुनियादी कमजोरी के रूप में खंडित राजनीति और वैचारिक सूत्रीकरण के अभाव की चर्चा की है। इसी तरह आलम ने आम जनता की लोकतंत्र में बढ़ी रुचि के साथ-साथ यह भी दिखाया है कि कैसे मजबूत नेता का आग्रह और लफ्फाजी के खतरे लोकतंत्र की

संभावनाओं को आक्रांत किये हुए हैं। यादव का विचार है कि बहुलतावादी लोकतंत्र का विचार बाजार की ताकतों और आधुनिकता के समरूपीकरण के खिलाफ लड़ने में भारतीय समाज की ज्यादा मदद नहीं कर पाया है।

छठे अध्याय में समाज-मनोविद् **आशीष नंदी** आधुनिक राष्ट्र-राज्य की निर्मिति के दौरान उभरी मध्यवर्गीय बाजारू संस्कृति और राजनीति के अंतर्संबंधों पर गौर करते हैं। उनका निष्कर्ष है कि भारत में राज्य की शक्ति समाज की शक्ति को प्रतिस्थापित करती जा रही है। पश्चिम से लिये गये कई प्रत्ययों के प्रति नंदी का लहजा काफी तिक्त है। भारतीय लोकतंत्र में बढ़ी जनभागीदारी के प्रति अभिजनों की अरुचि को वे लोकतंत्र की एक पुरानी व्याधि से जोड़ कर देखते हैं जिसे जनता का डर कहा जा सकता है। नंदी बाजारू संस्कृति के माहौल में राजनीतिक बाजार का अध्ययन करते हैं और विख्यात मनोविश्लेषक एरिक फ्राम का हवाला देते हुए उस बाजार में बिकने के लिए अपनी पैकेजिंग कर रहे नेताओं के उदाहरण पेश करते हैं। इन उदाहरणों में स्वयं को न बेच सकने और परिणामस्वरूप नये जमाने की राजनीति में नाकान हो जानेवाले जगजीवन राम हैं। साथ में राजीव गाँधी से ले कर अटल बिहारी वाजपेयी तक स्वयं को बेच लेनेवाले नेताओं की पूरी कतार है।

नंदी की चिंता का एक केंद्रीय तत्त्व यह भी है कि कहीं बाजारू संस्कृति भारत की समृद्ध विविधता और बहुसांस्कृतिकता को निम्न स्तर की समरूपता और अमेरिकी शैली की 'मेल्टिंग पॉट' संस्कृति में न पतित कर दे। नंदी को अंत में लोकतंत्र के प्रति आम जनता के रुझानों में ही उम्मीद नजर आती है। वे संभावनाओं के खुले हुए द्वारों को देखते हैं क्योंकि अभी तक भारतीय जनता ने लोकतंत्र और आजादी को दो अलग-अलग धारणाओं के रूप में देखना शुरू नहीं किया है। वह लोक-विद्याओं, ज्ञान-प्रणालियों और सामाजिक हस्तक्षेप के तरीकों के वैविध्यीकरण और राजनीतिकरण के जरिये समाज से संबंधित अपनी विविध दृष्टियों को जमीन पर उतारने के लिए लोकतांत्रिक अधिकारों का सदुपयोग करना चाहती है। सातवें अध्याय में लोकतंत्र पर चल रही यह बहस रजनी कोठारी द्वारा भारतीय उद्यम की पुनर्रचना के नियोजन में चरम परिणति पर पहुँचती है। मध्यमार्गी राज्य के पतन से समस्या के जो बिंदु कोठारी ने चौथे अध्याय में छोड़े थे और जिनकी व्याख्या सतत संकट के रूप में शेठ ने पाँचवें अध्याय में की थी, उनका हल निकालने के लिए कोठारी ने इस उपसंहारात्मक आलेख में एक तीसरे नवाचार का आह्वान किया है।

कहना न होगा कि पहला नवाचार वह था जब पश्चिम के प्रगतिशील विचारों से प्रभावित और राष्ट्रीय आंदोलन की आभा से युक्त अभिजनों ने लोकतंत्र के बहुलतावादी मॉडल की भारतीय प्रतिलिपि तैयार की थी। दूसरा नवाचार वह था जब आम जनता की भागीदारी ने लोकतंत्र के चेहरे का भारतीयकरण शुरू किया था। कोठारी ने पचास के दशक में 'कांग्रेस-प्रणाली' की शिनाख्त करके जिस नये विमर्श की शुरुआत की थी और जो 'जातियों के राजनीतिकरण' की थीसिस के

माध्यम से लोकतंत्र और समाज के समागम की झलक देता था, उसकी सकारात्मक गति स्वाभाविक रूप से इस तीसरे नवाचार की संभावनाओं में ही हो सकती थी। कोठारी द्वारा भारतीय लोकतंत्र की यह तीसरी पुनर्रचना गाँधी के उस आग्रह की भाँति है जिसमें लोकतंत्र को समाज की जरूरतों के खाँचे में फिट होना होगा न कि समाज को लोकतंत्र के। कोठारी के अनुसार लोकतंत्र की इस पुनर्रचना की आधारभूमि इस मान्यता पर टिकी होगी कि विविधता भारतीय समाज के लिए एक नैसर्गिक स्थिति है, द्वैधता हमारी संस्कृति है और अस्मिताओं की बहुलता भारतीय राज्य के देहधारण की प्रक्रिया का आधार है।

पश्चिमी उदारतावाद को अपने ढंग से ग्रहण करके भारतीय अभिजात वर्ग ने पचास साल पहले लोकतंत्र के खेल में जनता को शामिल होने का निमंत्रण दिया था। कुछ संकोच के साथ ही सही, लेकिन शामिल होने के बाद जनता ने इस खेल के नियम पूरी तरह बदल दिये। लोकतंत्र के भारतीयकरण की इस विराट ऐतिहासिक प्रक्रिया में अगर आर्थिक मोर्चे पर असफलता मिली तो जातियों के राजनीतिकरण के माध्यम से एक विशिष्ट सफलता भी दर्ज की गयी। द्विज जातियाँ सत्ता की ठेकेदार नहीं रह गयीं। अमेरिकी मेल्टिंग पॉटवाला तरीका अपनाये बिना सांस्कृतिक विविधता को राजनीतिक एकता के सूत्र में पिरोया गया। लेकिन, इस भारतीय प्रयोग में अनगिनत खामियाँ और अंतर्विरोध भी रह गये जिनके कारण अपने जीवन के पचास साल पूरे करने के बाद भी यह लोकतंत्र उम्मीदों और अंदेशों के बीच झूल रहा है।

कायापलट की कहानी

योगेंद्र यादव

जिस वर्ष भारत ने अपनी आजादी की पचासवीं सालगिरह का सरकारी उत्सव मनाया, उसी वर्ष भारतीय राजनीति की दो घटनाओं से सारी दुनिया चौंक उठी। मार्च १९९८ में हुए लोकसभा चुनावों के नतीजे कुछ ऐसे निकले कि चौथी बार लगातार किसी एक पार्टी के बहुमत से वंचित त्रिशंकु संसद गठित करनी पड़ी। सदन में भारतीय जनता पार्टी और उसके सहयोगी दलों के पास सबसे ज्यादा सीटें थीं।

दसियों साल से धीरे-धीरे सत्ता की ओर खिसकने के बाद भाजपा को केंद्र में सरकार बनाने का मौका मिला। भाजपा की अंतर्राष्ट्रीय छवि दक्षिणपंथी हिंदू कट्टरपंथी दल के रूप में थी, इसलिए विदेशों में इस घटना को चिंता की निगाह से देखा गया कि भारत कहीं अब बहुलतावादी लोकतंत्र के रास्ते से उलटे पाँव न लौटने लगे। कई प्रेक्षकों को लगा कि भारत का हश्र भी तीसरी दुनिया के उन देशों जैसा ही होनेवाला है जो जातीयतावादी बहुसंख्यावाद पर आधारित राजनीति के ढलान पर फिसल चुके हैं।

विदेशी प्रेक्षक अभी इस झटके से उबरे भी नहीं थे कि एक दूसरी घटना ने उन्हें झकझोर दिया। भाजपा की नयी लेकिन कमजोर सरकार ने मई १९९८ में पाँच आणुविक परीक्षण करके २४ साल पुरानी एटमी हिचकिचाहट को त्याग दिया। इस

तरह भारत ने घोषित कर दिया कि अब वह आणुविक शस्त्र-संपन्न देश बन गया है इसलिए उसे एटमी क्लब की विशिष्ट सदस्यता मिल जानी चाहिए। क्लब के सदस्य देशों को इस माँग से नाखुश होना ही था। नतीजतन आर्थिक प्रतिबंधों और निंदा का सिलसिला शुरू हो गया। 'टाइम' पत्रिका ने अपनी आवरण कथा में भारत को एक दुष्ट देश करार देते हुए लिखा, ''जब लग रहा था कि दुनिया महफूज है ... अचानक भारत के एटमी धमाके सुनायी दिये।'' मित्र शक्तियाँ भी अफसोस जताती नजर आयीं कि भारत ने यह कदम उठा कर इतिहास की धारा के खिलाफ जाने का निर्णय लिया है। चूँकि आणुविक परीक्षणों को भारतीय जनता ने हाथोहाथ लिया था इसलिए विदेशियों का यह अंदेशा पक्का हो गया कि अब इस देश में मध्यमार्गी उदारतावादी लोकतंत्र का भविष्य संदिग्ध हो चुका है।

असल में ये दोनों ही घटनाएँ भारतीय राजनीतिक इतिहास के लिए केंद्रीय महत्त्व की नहीं थीं। इन्हें नब्बे के दशक में लोकतांत्रिक संक्रमण की व्यापक प्रवृत्तियों की प्रतिनिधि घटनाओं की तरह तो कतई नहीं देखा जा सकता था। इसके बावजूद भारतीय लोकतंत्र की 'अंतर्राष्ट्रीय' छवि लंबे अरसे तक इन्हीं दोनों घटनाओं के दूरदर्शनीय दृश्यांशों के आधार पर निर्धारित होने के लिए अभिशप्त हो गयी। भारत जैसे देशों को दीर्घकालीन परिप्रेक्ष्य में देखने की जहमत न उठानेवाले प्रेक्षकों के लिए मात्र दो घटनाओं के आधार पर फैसला देना सुविधाजनक भी था।

भूमंडलीकरण सूचना (अ)व्यवस्था के मौजूदा दौर में धनी देशों की दुनिया के बाहर के लोकतंत्रों का मूल्यांकन पश्चिमी लोकतंत्रों की आकस्मिकताओं और इतिहास की कसौटियों के मुताबिक करने का चलन आम है। अपनी स्थापना के बाद से ही भारत का लोकतंत्र एक ऐसी कार्यसूची के प्रति जवाबदेह रहा है जिसका उसकी आंतरिक गतिशीलता से नाममात्र का ही संबंध है। वह अपनी जिंदगी का हिसाब-किताब उस रजिस्टर में दर्ज करता रहा है जो किसी और के इतिहास को लिखने के लिए रखा गया था। जाहिर है कि पश्चिम के इस रवैये की बजाय भारतीय लोकतंत्र का निष्पक्ष मूल्यांकन किसी और ही विधि से करना पड़ेगा। इसके लिए लोकतंत्रीकरण के भारतीय मॉडल को उसकी विशिष्टताओं में जा कर जाँचना होगा। मैं इस काम की शुरुआत भारतीय मॉडल के वर्णन से करना चाहूँगा। इसके बाद मैं भारतीय लोकतांत्रिक राजनीति के तीन चरणों में उसके कामकाज का लेखा-जोखा लूँगा। अंत में मैं उसकी सफलताओं, विकृतियों, उसकी जन्मजात कमजोरियों और उसके समक्ष मौजूद चुनौतियों का सार-संकलन करूँगा।

भारतीय मॉडल

पचास साल पहले भारत की लोकतांत्रिक यात्रा की मंजिल और डगर बताना कहीं आसान था। कुछ पश्चिमी रंग में रँगे भारतीय अभिजन इस मॉडल को रचने और उसके लक्ष्यों को तय करने का काम कमोबेश बेरोकटोक ढंग से कर रहे थे। मामूली

मतभेदों के बावजूद उनके बीच एक आम सहमति थी जिसके आधार पर लोकतंत्र का भारतीय मॉडल खड़ा किया गया था। आज उस यात्रा की मंजिल और डगर बता पाना उतना आसान नहीं है। मुँह में जुबान रखनेवालों की संख्या बहुत हो जाने के कारण भारतीय लोकतंत्र को व्याख्यायित करने की इच्छा रखनेवालों की संख्या भी अब असाधारण रूप से बढ़ चुकी है। यह निस्संदेह उस प्रक्रिया की सफलता है जिसे ब्रिटिश राज की विरासत के मूल उत्तराधिकारियों ने शुरू किया था। इस बीच लोकतंत्र की दशा और दिशा के बारे में भोलापन भी संभव नहीं रह गया है। भारतीय मॉडल का अर्थ कौन तय करेगा और किस आधार पर? आज ऐसे सवालों के प्रति हमारी सजगता ने भारतीय मॉडल की आधिकारिक व्याख्या को मुश्किल कर दिया है।

भारतीय लोकतंत्र की शुरुआती डिजाइन को सरसरी तौर पर देखें तो वह कहीं से भी मौलिक नजर नहीं आती। जब भी आजाद भारत के लिए लोकतंत्र का खाका खींचने की कोशिश की गयी, यही लगा कि यहाँ पश्चिम के उदारतावादी लोकतांत्रिक अनुभव की नकल करने की योजना बनायी जा रही है। राष्ट्रवादी नेताओं के भाषणों और लेखन से भी यही बात सामने आती है और संविधान सभा की तमाम बहसें भी पश्चिमी लोकतंत्रों के बड़े चाव से दिये गये उद्धरणों से भरी पड़ी हैं। निस्संदेह, भारतीय संविधान की आधारभूत संरचना को यूरोपीय और अमेरिकी परंपराओं से सायास उधार लिया गया था। इस संवैधानिक परंपरा के इतिहास से परिचित लोगों को पूरे भारतीय संविधान समेत कार्यपालिका और विधायिका को शासित करनेवाली संसदीय प्रणाली, केंद्र और राज्यों को नियंत्रित करनेवाला संघीय ढाँचा और मौलिक अधिकारों को संरक्षित करनेवाली स्वतंत्र न्यायपालिका का बंदोबस्त काफी जाना-पहचाना-सा लग सकता है। औपनिवेशिक आकाओं द्वारा अपनी राजनीतिक पकड़ कायम रखने के लिए बनाये गये १९३५ के भारत सरकार अधिनियम के प्रावधानों को ही बड़ी संख्या में जस का तस उठा कर भारतीय संविधान में रख लिया गया था।

इस सबके बावजूद भारतीय संविधान ब्रिटिश या किसी भी अन्य मौजूदा संविधान की सीधी नकल नहीं है। चूँकि हर नकल कुछ-न-कुछ नवीनता पैदा कर ही देती है। दरअसल, भारतीय संविधान के रूप में एक विशिष्ट मिश्रण तैयार किया गया था। इसमें पश्चिमी मॉडलों की कुछ चीजें तो थी हीं, ब्रिटेन से संसदीय प्रणाली ली गयी, अमेरिका से न्यायिक प्रणाली और अधिकारों का घोषणापत्र लिया गया और आयरलैंड से नीति-निर्देशक सिद्धांत लिये गये। लेकिन साथ ही पश्चिम के कुछेक प्रचलित विचारों और संस्थाओं को नये सिरे से परिभाषित करते हुए उनमें विशिष्ट भारतीय तत्त्वों का समावेश भी कर दिया गया था। मसलन, आरक्षण नीति के तहत नागरिकता को व्यक्ति के ही नहीं, समुदाय के संदर्भ में भी परिभाषित किया गया और सेकुलरवाद की व्याख्या खास भारतीय शैली में की गयी। ऐसे तमाम उदाहरण यह साफ दिखाते हैं कि आधुनिक भारत में राजनीतिक सृजनशीलता का तरीका नकल

की आड़ में नवाचार का था। शुरू से ही भारतीय लोकतंत्र का मॉडल आधुनिक उदारतावादी लोकतंत्र की भाषा के चुनिंदा अंशों के रूपांतरण पर आधारित था।

वैसे भी लोकतंत्रीकरण की इस भारतीय शैली में नवीनता का केंद्रीय बिंदु संविधान कभी नहीं रहा। नवाचार का निचोड़ उस अलिखित राजनीतिक मॉडल में निहित है जिसकी बुनियाद पर पाँच दशकों से भी ज्यादा समय से भारतीय लोकतंत्र टिका रहा है। अपने सबसे महत्त्वपूर्ण ग्रंथ 'पॉलिटिक्स इन इंडिया' में इस मॉडल के सर्वश्रेष्ठ भाष्यकार रजनी कोठारी ने कहा है कि यह मॉडल राजनीति को सर्वोपरि मानने और राजनीति की सीमाओं की पुनर्व्याख्या पर आधारित है। इस मॉडल में राजनीति को भारत के आधुनिकीकरण के मुख्य वाहक के तौर पर मान्यता दी गयी है।

भारतीय अभिजनों ने इसके लिए तत्कालीन राजनीतिक मॉडलों द्वारा बनायी गयी लीक तोड़ कर कई लक्ष्यों को एक साथ साधने की साहसिक पहल की। वे लोकतंत्र को कारगर बनाने के साथ-साथ विशाल और अतिविविध समाज में एक राजनीतिक समुदाय की रचना करना चाहते थे और आर्थिक विकास की पश्चिमी शैली का अनुसरण करते हुए समाज को मौलिक रूप से बदल डालना चाहते थे।

उनके समक्ष एक ऐसा महाकाय समाज था जिसके पास राजनीतिक लोकतंत्र की कोई ऐतिहासिक मिसाल नहीं थी। फिर भी उन्होंने इस रास्ते को चुना और एक संवैधानिक, प्रातिनिधिक-लोकतांत्रिक गणराज्य की शासन-प्रणाली अपने लिए स्वीकार की। लोकतंत्र अपनाने का अर्थ था, गहरी समतामूलक आकांक्षाओं को अंगीकार करना और स्वराज के सपने को जन्म देना। इन अभिजनों में से कुछ को यह भी एहसास था कि उन्होंने जो शासन-प्रणाली स्थापित की है उससे इस आदर्श की मंजिल अभी कोसों दूर थी।

दूसरा लक्ष्य पहले लक्ष्य में ही अंतर्निहित था। समस्या यह थी कि भारत की आश्चर्यजनक विविधता के बीच लोकतंत्र के अस्तित्व को कैसे बनाये रखा जाये। इसके लिए बेहद जरूरी था कि हाल में ही एक राष्ट्र के रूप में अर्जित सीमाओं के समग्र दायरे में एक राजनीतिक समुदाय की रचना की जाये। भारत और पाकिस्तान के बँटवारे का सबक काफी दर्दनाक था। वह हमेशा उस जरूरत की याद दिलाता रहता था जिसे पहले 'राष्ट्रीय अखंडता' और बाद में 'राष्ट्र निर्माण' का नाम दिया गया। आपस में कोई संबंध न रखनेवाले अनगिनत समुदायों को एक माला में गूँथने की यह जरूरत एक माला की देन थी। इस जरूरत को पूरा करने के लिए संसाधन भी आधुनिक सार्वजनिक जीवन के ताने-बाने से ही निकलने थे।

आर्थिक क्षेत्र में पश्चिमी शैली के विकास को अपना कर अभिजनों ने यह उम्मीद बाँधी थी कि विकास का यह रास्ता उन सभी के लिए खुला रहेगा जो इसे अपनाना चाहेंगे। संभव है कि उनके मन में हर व्यक्ति के लिए उपभोक्ता सामग्री सुलभ करानेवाली दुनिया में भारत के चमत्कारी प्रवेश की खुशफहमी न रही हो। पर कम-से-कम वे तेज और समुचित आर्थिक प्रगति की उम्मीद जरूर कर रहे थे। उनके आर्थिक लक्ष्यों में भारत और विकसित विश्व के बीच के ऐतिहासिक अंतर

को कम करना और बदहाल जनता तक आर्थिक विकास की उपलब्धियों को पर्याप्त मात्रा में पहुँचाना शामिल था।

भारतीय अभिजनों का चौथा लक्ष्य यह था कि विरासत में जो सामाजिक ढाँचा उन्हें मिला है उसमें बुनियादी बदलाव लाया जाये। जिन्हें पारंपरिक सामाजिक श्रेणीक्रम और उसकी विषमताओं को आमूल नष्ट करने में आस्था नहीं थी, उन्हें भी इतनी उम्मीद तो थी ही कि इन प्रयासों से जातिप्रथा के दुष्परिणाम कुछ हद तक क्षीण होंगे। सामाजिक आधुनिकीकरण के लक्ष्य को ले कर एक व्यापक सहमति थी, सबको यह उम्मीद थी कि जनता की परंपराजन्य और 'संकीर्ण' धाराणाएँ आधुनिक 'सार्वदेशिक' मूल्यों में तब्दील हो जायेंगी।

इस मॉडल में लोकतंत्र महज एक लक्ष्य नहीं था। सात-साथ वह कई लक्ष्यों को एक साथ हासिल करने का औजार भी था। राजनीति को केंद्र में रख कर आधुनिकीकरण का जो मॉडल भारत ने अपनाया था, उसके आधारभूत तत्त्व राजनीतिक थे, आधुनिक राष्ट्र-राज्य की ताकत, सार्विक वयस्क मताधिकार के जरिये जनता को गोलबंद करने की क्षमता, स्पर्धात्मक राजनीति की गतिशीलता, राजनीतिक संस्थागत प्रणाली की मजबूत पकड़ और नेतृत्व की दूरदर्शिता। राजनीति के दायरे की सीमाएँ औपनिवेशिक राज्य ने काफी फैला दी थीं। साथ ही अपने इस दायरे के निर्धारण का अधिकार भी उसने राजनीति के हवाले कर दिया था। राष्ट्रीय आंदोलन ने इस राजनीतिक दायरे को और फैलाया। उसने उन सामाजिक और आर्थिक मुद्दों को भी इसमें शामिल किया, जिन्हें औपनिवेशिक सत्ता दरकिनार किये हुए थी। आधुनिक भारतीय राज्य का लक्ष्य अपनी सत्ता के जरिये इस व्यापक क्षेत्र में सामाजिक रूपांतरण लाना था ताकि उपरोक्त चार लक्ष्यों को हासिल किया जा सके। नौकरशाही के जरिये राज्य की पहुँच को प्रभावी बनाया जाना था, जबकि संवैधानिक संस्थाओं को यह सुनिश्चित करना था कि खेल नियमानुसार खेला जाये। शासन के खेल में वयस्क मताधिकार को शामिल करने का मकसद न सिर्फ अभूतपूर्व संख्या में भागीदारों को व्यवस्था से जोड़ना था बल्कि चुनाव के नतीजों पर उनकी स्वीकृति की मोहर लगवा लेना भी था। चुनावों की खुली स्पर्धा से यह उम्मीद की गयी थी कि वह एक डायनमो की तरह राजनीतिक उद्यमियों की ऊर्जा को धारण करेगी और राजनीतिक पार्टियों से यह अपेक्षित था कि वे इस ऊर्जा का इस्तेमाल रचनात्मक राजनीतिक परिवर्तन के लिए करेंगी। प्रबुद्ध राजनीतिक अभिजनों को दूर टिमटिमाती हुई मंजिल पर नजर जमाये हुए लोकतंत्र की इस यात्रा का पथ-प्रदर्शन करना था।

ये सब बातें कहीं लिखी हुई नहीं थीं। संविधान के औपचारिक मसविदे में भी नहीं। पर जब हम इसे पचास वर्षों की दूरी से देखते हैं तो हमें सहज ही एक स्पष्ट रूपरेखा समझ में आने लगती है, भले ही शुरुआत में यह पक्की समझदारी, अधपके भरोसे और कोरी आशा का मिश्रण रही हो। 'भारतीय मॉडल' का उपरोक्त निरूपण स्वतंत्र भारत के पहले दो दशकों की लोकतांत्रिक राजनीति के रजनी कोठारी द्वारा

किये गये विद्वत्तापूर्ण भाष्य से अत्यधिक प्रेरित है। कोठारी का जोर इस बात पर रहा है कि भारतीय राजनीति के विकास का आकलन इसी मॉडल को सामने रख कर होना चाहिए। भारतीय मॉडल को इस बहस का प्रस्थान बिंदु बताने के उनके तर्क ने उन्हें गैरपश्चिमी लोकतंत्रों पर सोच-विचार के प्रचलित तरीके से अलग कर दिया था। यह प्रचलित शैली आधुनिकीकरण के सार्वदेशिक ढाँचे में रची-बसी थी। राजनीतिक विकास को मापने का इसका तरीका यह था कि किस हद तक कोई समाज पश्चिम की आधुनिक राजनीतिक व्यवस्था को अपने स्वरूप में प्रतिबिंबित कर पाता है। हालाँकि पश्चिमी लोकतांत्रिक सिद्धांतशास्त्र तब से अब तक काफी बदल चुका है पर, गैरयूरोपीय समाजों से वही पश्चिमवाला रास्ता पकड़ने की उम्मीद करनेवाली यह विश्लेषण-पद्धति आज भी जारी है। इस रोशनी में कोठारी का नजरिया आज भी एक सार्थक प्रस्थान-बिंदु पेश करता है।

भारतीय मॉडल के रचनाकारों में कम-से-कम कुछ तो सचेत थे कि वे एक नये रास्ते पर चलने जा रहे हैं; कि वे एक ऐसी चीज के लिए प्रयासरत हैं जिसकी कहीं कोई मिसाल नहीं मिलती। भारतीय अभिजनों ने पश्चिम से उधार लिये गये मॉडल के साथ वही सुलूक किया जो भविष्य में भारतीय जनता उनके मॉडल के साथ करनेवाली थी। पश्चिमी मॉडलों से चीजों को चुन-चुन कर ग्रहण और रूपांतरित करने के जरिये भारतीय अभिजनों द्वारा लोकतंत्र के विचार का पंचमेलीकरण शुरू कर दिया गया था। यह एक ऐसी प्रक्रिया थी जिसके दूरगामी असर होने ही थे।

भारतीय लोकतंत्र की कहानी

लोकतंत्र की स्थापना अभिजनों द्वारा जनसाधारण को दिये गये एक न्यौते की तरह थी, कि आइए एक नया खेल मिल कर खेलें। राष्ट्रीय आंदोलन को समझ रहे लोगों को इस निमंत्रण से कोई हैरानी नहीं हुई होगी। ब्रिटिश राज से लड़ते हुए राष्ट्रवादी नेता आधुनिक यूरोपीय चिंतन के सबसे प्रगतिशील तत्त्वों से प्रेरित थे। कोई आश्चर्य नहीं कि लोकतंत्र उनके लिए आस्था का बिंदु था। फिर स्वतंत्रता से ठीक पहले के दो दशकों में फूटे जनांदोलनों के ज्वार ने समाज के निचले स्तर के लोगों में स्वराज की आकांक्षा को पैदा कर दिया था। बाद में जब आजाद भारत के लिए शासन-प्रणाली चुनने का समय आया तब भारतीय अभिजन के पास ज्यादा विकल्प नहीं थे। हालाँकि आज जो लगता है उसके मुकाबले ये विकल्प कहीं अधिक थे। उन विकल्पों के दायरे में शासन की वायसराय प्रणाली भी थी जो पाकिस्तान ने चुनी थी। इस नजरिये से भारत में लोकतंत्र की स्थापना के लिए दिया गया आमंत्रण निस्संदेह साहसिक था। साहसिक इस अर्थ में कि भारतीय प्रभु-वर्ग न तो इस खेल के नियमों को पूरी तरह जानता था और न ही उसके संभावित परिणामों को। इससे भी महत्त्वपूर्ण बात यह कि है वे उन खिलाड़ियों से भी भलीभाँति परिचित नहीं थे जिनके लिए उन्होंने बिसात बिछायी थी।

स्वतंत्रता के बाद की भारतीय राजनीति का इतिहास दरअसल वह कहानी है जो बताती है कि आम जनता ने इस निमंत्रण को कैसे शुरू-शुरू में हिचकते हुए, फिर मनोरंजन की मुद्रा में और फिर प्रबल आवेग के साथ स्वीकार किया और अंततः वह इस नये खेल में रम गयी। यह इतिहास बताता है कि इस मुठभेड़ ने उसका और खुद इस खेल का क्या हश्र किया। इसके बाद जो हुआ उसे समझना कठिन नहीं है। शुरुआती बेचैनी के बाद आमंत्रित अतिथि नये माहौल में रम गये और फिर उन्होंने नियमों को अपनी रुचियों के मुताबिक बदल डाला। भारत के संघीय मानचित्र के राजनीतिक पुनर्गठन का आधार भाषायी होने की माँग करते समय लोग शुरू के कुछ सालों तक अपराधबोध से ग्रस्त नजर आते थे। पर जल्दी ही भाषायी आधार को निर्विवाद मान लिया गया। अतिथि अब मेजबानों की ओर पीठ फेर कर अपने खेल में आनंदमग्न हो चुके थे। खेल बदल चुका था, हालाँकि इस बदलाव के आने में वक्त काफी लगा। बदलाव के बाद खेल भी उन प्रयोजनों के लिए खेला जाने लगा जो एक हद तक मूल मेजबानों के मन में नहीं थे। मसलन, चौधरी देवीलाल को बाकायदा एक प्रेस कांफ्रेंस में यह स्वीकारते हुए कोई दिक्कत नहीं हुई कि उन्होंने अपनी पार्टी का घोषणापत्र नहीं पढ़ा है। कुछ दशक पहले यह स्वीकारोक्ति एक बड़ा राजनीतिक बवंडर खड़ा कर सकती थी। पर अखबारों में संक्षिप्त समाचार की तरह छपी यह खबर दर्शाती थी कि भारतीय राजनीतिक संस्कृति का कायाकल्प हो चुका है। जाहिर है कि लोकतंत्र के खेल के नतीजे काफी अलग तरह के साबित हो रहे थे। प्रत्याशाओं और पूर्वानुमानों के मुकाबले ये नतीजे बहुत भिन्न थे। भारतीय लोकतांत्रिक प्रयोग ऐसी नयी संभावनाओं को खोल रहा था जिसकी कोई जानी-पहचानी मिसाल पश्चिमी लोकतंत्र के इतिहास में भी उपलब्ध नहीं थी।

भारतीय लोकतंत्र के शुरुआती मॉडल में इतना आकर्षण था कि राजनीति की कहानी को आज भी इसी मॉडल से नापा जाता है और इससे हुए हर विचलन को गिरावट और अव्यवस्था के रूप में देखा जाता है। आमतौर पर भारतीय लोकतंत्र का किस्सा कुछ इस तरह बयान होता है। नेहरू युग एक स्वर्णकाल था। उनके राजकाज में आर्थिक विकास हुआ, कानून का राज्य स्थापित हुआ, संस्थागत राजनीति चली, सेकुलर नीतियाँ बनीं और दूरदर्शी विदेश नीति की शुरुआत हुई। १९६४ में उनकी मृत्यु के बाद उनकी पुत्री और राजनीतिक वारिस इंदिरा गाँधी ने जब सत्ता सँभाली तो पहले धीरे-धीरे, लेकिन बाद में तेज गिरावट शुरू हुई। इंदिरा गाँधी के दौर में संस्थाओं का क्षरण हुआ और अधिनायकवादी प्रवृत्ति, जातीय और धार्मिक अल्पसंख्यकों के प्रति असहिष्णुता और आक्रामक विदेश नीति की बुनियाद पड़ी। उनके बाद तीसरे दौर में सत्ता अंततः सूबेदारों और स्थानीय चौधरियों के हाथों में आ गयी और इसी कारण देश पूरी तरह अस्थिरता और संकट के दौर में फँस गया। लोकतांत्रिक संस्थाएँ उठापटक की शिकार हो गयीं, राष्ट्रीय पार्टियों की कीमत पर क्षेत्रीय ताकतों को मजबूती मिली, राजनीतिक एजेंडे पर तबकाई माँगें

और अलगाववादी राजनीति छा गयी। भाजपा के सत्ता में पहुँचने और आणुविक परीक्षणों के घटनाक्रम के साथ एक स्वप्न के स्वाहा होने की यह कथा इस तरह संपूर्ण होती है।

लोकतंत्र की यह कहानी अपने कथ्य में सरल, पर प्रभावशाली है। ऐसी हर कहानी की तरह इसमें भी यह ताकत है कि वह किसी भी छोटी-बड़ी घटना को अर्थ दे सकती है। वह स्वाभाविक स्थिति और विचलन में अंतर करने का मापदंड देती है। अन्य कहानियों की तरह वह चीजों को एक खास कोण से देख कर उसकी सीख को हमारे कानों में फुसफुसा देती है। लोकतंत्र की इस कहानी के शिल्पकारों का व्यक्तिगत आकर्षण, उनकी अंग्रेजी और उनका द्विज उद्गम कुछ ऐसा समाँ बाँधता था कि यह आख्यान राजनीतिक विश्लेषकों के दिमाग पर छा गया। अकादमीय हो या कोई और, किसी भी तरह का विश्लेषक इससे अछूता नहीं बचा।

लेकिन मुझे लगता है कि भारतीय लोकतंत्र की कहानी कुछ अलग ढंग से भी कही जा सकती है। दरअसल पचास बरस के पड़ाव पर भारत को समझने की चुनौती ही कुछ ऐसी है कि इस कहानी को अलग तरह से कहना जरूरी हो जाता है। इसके लिए राजनीति को देखने का अभिजन दृष्टिकोण बदलना होगा क्योंकि इसी नजरिये के कारण ऊपर से थोपे जानेवाली डिजाइनों के खिलाफ जनविरोध की कहानी हमें नहीं सुनायी देती। इसमें हिस्सेदार होने के लिए समाज के निचले तबकों के प्रचंड उन्मेष को हम नहीं देख पाते। यह रवैया आधुनिक लोकतंत्र की भाषा में सामाजिक मुक्ति के स्वप्नों को बुनने की कुछ गुमनाम कोशिशों को हमारी दृष्टि से ओझल रखता है। यह बेहद जरूरी है कि इस प्रचलित किस्से का प्रतिवाद किया जाये क्योंकि इसके निष्कर्ष बहुत सूक्ष्म, पर गहन रूप में राजनीति-विरोधी हैं।

भारत की लोकतांत्रिक राजनीति

पहला चरण : कांग्रेस-प्रणाली

कांग्रेस-प्रणाली के तौर पर मशहूर इस पहले दौर की खासियत यह थी कि अंग्रेजीदाँ सर्वशक्तिमान अभिजनों की धारणाओं का जन-आस्थाओं से कुछ लेना-देना नहीं था। दोनों के बीच एक चौड़ी खाई थी। राष्ट्रीय आंदोलन का नेतृत्व करनेवाली कांग्रेस १९५० और १९६० के दशकों में राजनीतिक परिदृश्य पर छायी हुई थी। उसने सभी राष्ट्रीय और तकरीबन सभी राज्य स्तरीय चुनाव जीत लिये थे। भारत इस अर्थ में निस्संदेह लोकतंत्र था कि उसमें शासक राजनीतिक दलों के बीच होनेवाली मुक्त और निष्पक्ष प्रतियोगिता के जरिये जनता द्वारा चुने जाते थे। पर वैचारिक स्तर पर सबको समान समझने के लोकतांत्रिक सिद्धांत को कम ही तरजीह दी जाती थी। अपने अर्धअधिनायकवादी शासनों को पाकिस्तान के अयूब खान और इंडोनेशिया के सुकार्णो 'निर्देशित लोकतंत्र' की शिष्टोक्ति के रूप में पेश करते ही थे। हालाँकि यह अभिव्यक्ति भारतीय लोकतंत्र की निर्णय-प्रक्रिया पर लागू नहीं

होती थी, फिर भी इस पहले दौर में विचारों के स्तर पर भारतीय लोकतंत्र 'निर्देशित लोकतंत्र' की श्रेणी में ही आता था।

लोकतंत्र का आमंत्रण दरअसल चुनाव के नये तमाशे में शामिल होने के लिए दिया गया निमंत्रण था। लोगों ने इसे लगातार भारी संख्या में स्वीकार किया। १९५२ में हुए पहले आम चुनाव में मतदान का प्रतिशत ४६ था जो १९६२ के तीसरे आम चुनाव में बढ़ कर ५५ और १९६७ के चौथे आम चुनाव में ६१ हो गया। चुनाव में नयी भागीदारी करनेवाले वर्ग ने भारतीय राज्य पर जमे बैठे अंग्रेजीदाँ वर्ग को हराना शुरू कर दिया। इसके गंभीर राजनीतिक नतीजे सामने आये। पचास के दशक के मध्य में भाषायी राज्यों का विचार नेहरू के गले जबरन उतार दिया गया। नेहरू सोवियत शैली की सहकारी खेती पसंद करते थे पर उनके इस प्रस्ताव में चौधरी चरणसिंह ने फच्चर लगा दिया।

बावजूद इस सबके, खेल मुख्यतः उन्हीं नियमों पर चलता रहा जो मेजबानों ने बनाये थे। लोकतंत्र के इस अभिजन रूप में विकृतियाँ भी थीं और फिसलन भी थी। पंजाब के मुख्यमंत्री और नेहरू के पसंदीदा प्रताप सिंह कैरों के खिलाफ जाँच से पता चला कि संस्थागत भ्रष्टाचार किस हद तक जड़ें जमा चुका था। फिर भी खेल कुल मिलाकर काबू में था और उसे लोकतंत्र भी माना जा सकता था। पहले पिछड़ी जाति आयोग ने जाति-आधारित आरक्षण करने की सिफारिश तो की पर उसी के अध्यक्ष काका कालेल कर ने इसके लिए एड़ी-चोटी का जोर लगा दिया कि ये सिफारिशें मंजूर न होने पायें। इस मामले को खामोशी के साथ संसदीय रिकार्डों में दफनाया जा सका था। इस दौर में कांग्रेस-राज का विरोध करनेवालों की कमी नहीं थी। समाजवादी और कम्युनिस्ट थे और दक्षिणपंथी विपक्षी दल भी। साम्यवादी तो १९५७ में केरल में सत्ता भी पा गये थे। दुनिया में ऐसा पहली बार हुआ था जब किसी कम्युनिस्ट पार्टी ने लोकतांत्रिक जनादेश हासिल किया था। इसी मायने में यह भी पहली बार हुआ जब भारत की केंद्रीय सरकार ने विधिपूर्वक निर्वाचित एक राज्य सरकार को निर्लज्ज तरीके से भंग कर दिया।

दरअसल गाँधी के कुछ अनुयायियों और राममनोहर लोहिया के देसी समाजवादियों के अलावा अंग्रेजीदाँ अभिजनों द्वारा समर्थित लोकतंत्र को कहीं से भी लगभग कोई चुनौती नहीं थी। नेहरू का रवैया स्कूल के मास्टर जैसा था। उन्हीं की भाँति अन्य अभिजन भी साधारण जनता को लोकतंत्र का पाठ पढ़ाते रहते थे। अगर उस जमाने में विचारों के प्रवाह को देखें तो वह पूरी तरह एकतरफा नजर आता है। हाँ, आम लोग इस पाठ को कैसे ग्रहण करते थे यह एकदम अलग किस्सा है। श्रीलाल शुक्ल का 'राग दरबारी' इस किस्से का सबसे प्रामाणिक दस्तावेज है। ऊपर से थोपे गये विचार को जान-बूझ कर या अनजाने में गलत समझने की स्वायत्तता सत्ताविहीन का विशेषाधिकार रहा है। इतना-भर उस दौर में भी उपलब्ध था। एक स्नेही निगाह से देखने पर उस जमाने में सब कुछ ठीक-ठाक लगता था। भारत को एक प्रामाणिक उदारतावादी अथवा 'विकासशील' लोकतंत्र के रूप में

देखने के लिए इतना काफी था कि आप एक द्विज परिवार में पैदा हुए हों, आपने मुल्क के गर्दोगुबार से दूर विदेशों में शिक्षा ग्रहण की हो और वहीं से इस देश पर दूरबीनी निगाह डाली हो। इस दौर में जन-आस्थाओं से लोकतंत्र के कटे होने का एक फायदा भी हुआ कि व्यवस्था को कुछ जमने का मौका मिल गया। कम-से-कम कुछ कलमी संस्थाओं ने इस दौरान अपनी जड़ें जमा लीं। राष्ट्रवादी आंदोलन से प्राप्त प्रभामंडल के कारण नयी सरकार की साख काफी ऊँची थी, हालाँकि लोगों को इस बात का ठीक-ठीक भान नहीं था कि आखिर वे किस चीज को समर्थन दे रहे हैं।

आधुनिक भारतीय राज्य को विरासत में औपनिवेशिक ताकत तो मिली ही थी, साथ ही ऊपर वर्णित की गयी अनुकूल परिस्थितियों की मदद से वह अपनी गतिविधियों को सामाजिक अथवा निजी जीवन के दायरों में भी फैला सका। उत्पादन के संबंधों से नियंत्रित होने की जगह राजनीति ने संपत्ति की मिलकियत को आमूल-चूल बदल सकने की हैसियत प्राप्त कर ली। स्थानीय स्तर पर राजनीतिक सत्ता की साँठगाँठ बेशक धनाढ्य वर्ग के साथ थी लेकिन राजनीति खुले तौर पर किसी आर्थिक-ढाँचागत सीमा में बँधी हुई नहीं थी। स्वतंत्रता के बाद पहले दशक में भारत सरकार ने जमीन की मिलकियत बदलने की गरज से कई भूमि-सुधार कानून लागू किये। एक ऐसे समाज में जहाँ कभी एक राजनीतिक केंद्र न रहा हो, जहाँ राजनीति अब तक सीमित और संयमित गतिविधि रही हो, वहाँ आधुनिक राजनीतिक संस्थाओं का असाधारण रूप से ताकत हासिल करना हैरत में डालता है। इस नजरिये से देखें तो १९४७ का सहज सत्ता-हस्तांतरण जिस राज्य को अस्तित्व में लाया वह अब हमें विस्मयकारी उपलब्धि प्रतीत होगी। बिना शोर-शराबे के उसने सार्वजनिक जीवन में राजनीति-केंद्रित युग का सूत्रपात कर दिया। भावी इतिहासकार इन पचास सालों की याद इनमें घटी कुछ प्रमुख घटनाओं के आधार पर नहीं बल्कि इनके स्रोत यानी राजनीति-केंद्रित सार्वजनिक जीवन के लिए करेंगे।

लोकतंत्र ऊपर से तो अभिजनों के वर्चस्ववाला बना रहा पर उसकी सारवस्तु बदलना शुरू हो गयी। उदार लोकतंत्र के औपचारिक ढाँचे में एक नया और अपरिचित जीवन ढल रहा था। स्वतंत्रता के बाद पहले दशक में ही भाई-भतीजावाद और भ्रष्टाचार की शुरुआत हो चुकी थी। स्थानीय राजनीति के कुछ क्षेत्रीय अध्ययनों और भारतीय भाषाओं के कथा-साहित्य में इसके पर्याप्त प्रमाण मिलते हैं। जाहिर है कि यह उदार लोकतंत्र के स्वीकृत मानकों पर आधारित नहीं था। स्पर्धात्मक राजनीति पहले से चले आ रहे सामाजिक विभाजनों से अपने तार जोड़ चुकी थी। जाति राजनीतिक गोलबंदी के लिए महत्त्वपूर्ण हो गयी थी। शुरू में राजनीति में जातिवाद कह कर इस प्रवृत्ति की भर्त्सना की गयी पर बाद में इसे जाति के राजनीतिकरण के तौर पर सिद्धांतबद्ध किया गया। इसका लोकतंत्र और जाति की संस्था पर दीर्घकालिक असर पड़ना ही था।

भारत में स्पर्धात्मक राजनीति का मूल ढाँचा जन्म पर आधारित समुदायों से बना है, न कि विचारों या हितों पर आधारित व्यक्तियों या समूहों से। यह तथ्य भारतीय राजनीति के विभिन्न विचारधाराओंवाले टिप्पणीकारों, विश्लेषकों और कुछ बड़े राजनीतिकों को एक शर्मनाक घोटाले से कम नजर नहीं आता। वे मानते हैं कि इस जरिये भारत ने उदार लोकतंत्र के आदर्श को विकृत कर दिया है। शर्म की यह अनुभूति भारतीय राजनीति की उसी प्रचलित कहानी की उपज है। यहाँ यह कहना अनुचित नहीं होगा कि उदार लोकतंत्र की आत्मछवि और यथार्थ के बीच जो अंतर है वह कोई भारत की ही खास समस्या नहीं है। उन्नीसवीं सदी के अमेरिकी लोकतंत्र के इतिहास से तुलना करें तो हम पायेंगे कि यह अंतर तो उदार लोकतंत्र के मूल में ही है। समस्या यह नहीं है कि जीवन का यथार्थ सिद्धांत के अनुरूप नहीं ढला, बल्कि यह है कि सिद्धांत वास्तविक जीवन की भावनाओं को आत्मसात नहीं कर पाया। यहाँ गौरतलब है कि इस अंतर ने लोकतंत्र के विकास में योगदान ही किया है। पहले से जारी सामाजिक विभाजनों के जरिये व्यक्त होती हुई राजनीति समाज में अपनी जड़ें गहरे जमा पायी। जाति और राजनीति के अंतर्संबंधों को ध्यान से देखने पर पता चलता है कि स्पर्धात्मक राजनीति की संरचना करनेवाले बुनियादी घटक 'आदिम निष्ठाओं' की उपज नहीं थे। राजनीति का आधार बनने से पहले जाति या समुदाय जैसी इकाइयाँ सेकुलरीकरण की उस एकमुश्त प्रक्रिया से होकर गुजरती थीं जिसमें निश्चित ही उनके हितों और कुछ हद तक विचारधारा का उतना ही महत्त्व था जितना वह कहीं भी हो सकता था।

पहले दौर की मशहूर 'कांग्रेस-प्रणाली' के कामकाज को इसी संदर्भ में देखा जाना चाहिए। एक दल के प्रभुत्ववाली इस व्यवस्था ने बहुदलीय व्यवस्था की नर्सरी के रूप में काम किया। इसमें सरकार और विपक्ष, दोनों की भूमिकाओं में कांग्रेस के ही विभिन्न गुट सक्रिय रहते थे। विचारधारात्मक ध्रुवीकरण बहुत कम थे और जो थे वे भी राजनीति के हाशिये पर पड़े थे। हाशियों के बीच के विशाल राजनीतिक दायरे में लगभग हर मुकाम पर कांग्रेस का वर्चस्व था। विभिन्न हित उसके जरिये ही मुखरित होते थे। कांग्रेस का यह विविधतामूलक चरित्र स्थूल रूप से भरोसा देता था कि उसका समर्थन-आधार समाज के विभिन्न वर्गों में समान रूप से बँटा हुआ है। कांग्रेस का विरोध कर रही राजनीतिक ताकतों को देखने से भी यह बात जाहिर होती थी। राजनीतिक प्रभुवर्ग की संरचना काफी एकतरफा किस्म की थी। उस पर द्विज, उच्च वर्ग और अंग्रेजीदाँ तबका हावी था।

बीच-बीच में लोकतंत्र के इस खेल में खलल भी पड़ा क्योंकि कुछ सवालों पर जनमानस ने उदार विचारों के मुताबिक आचरण करने से इंकार कर दिया। भाषायी राज्यों का मामला एक ऐसा ही सवाल था। देश को प्रशासनिक इकाइयों में विभाजित करते हुए ब्रिटिश हुकूमत की प्रशासनिक योजना ने स्वाभाविक सांस्कृतिक विभाजनों को नजरअंदाज किया था। स्वतंत्रता के बाद भारतीय शासकों ने भी उन विभाजनों को कमोबेश बनाये रखा, हालाँकि बीस के दशक में गाँधी ने कांग्रेस पार्टी

को भाषायी राज्यों के आधार पर ही पुनर्गठित किया था। इस सवाल पर कई राज्यों में असंतोष फैल गया और भाषायी आधार पर संघीय इकाइयों की पुनर्रचना एक बड़े राजनीतिक आंदोलन का कारण बनी। शुरू में नेहरू इसके लिए तैयार नहीं थे। इन 'आदिम' भावनाओं को वे एक खास किस्म के सेकुलर संदेह से देखते थे। पर अंततः उन्होंने यह माँग मान ली और राज्य पुनर्गठन आयोग बैठाया। इसकी सिफारिशें भी ज्यादातर मामलों में उन्होंने मान लीं। इस तरह कुशल राजनीतिक संचालन ने क्षेत्रीय विविधताओं की राजनीतिक अभिव्यक्ति को वैधानिक स्वरूप दे कर इससे हो सकनेवाले नुकसान को बेअसर कर दिया। यह हम देख चुके हैं कि हरेक राजनीतिक दल आत्म-पहचान के लोकप्रिय दावे करनेवाले स्थानीय समुदायों को राजनीति की मुख्य धारा में पिछले दरवाजे से प्रवेश देते रहे हैं। यह काम जाति के राजनीतिकरण की प्रक्रिया के तहत किया जाता रहा।

इस तरह बेहतर डिजाइन, उसके कौशलपूर्ण क्रियान्वयन और कुछ सौभाग्य के चलते लोकतंत्र अपने शैशवकाल में बच सका। न तो उसे गहरे अलगाव का सामना करना पड़ा, न ही उन दबे-पिछड़े तबकों के संगठित विरोध का जिनकी आस्थाओं को नयी व्यवस्था में अपेक्षित जगह नहीं मिल पायी थी। ये तबके पहले दौर की चुनावी राजनीति में अत्यधिक सक्रिय नहीं थे। यही कारण था कि पहले तीन आम चुनावों में जनता की भागीदारी और प्रतिस्पर्धा अपेक्षाकृत काफी कम रही। पर इसने भी स्पर्धात्मक राजनीति के ढाँचे को जड़ पकड़ने में मदद की और शुरू के दौर में संस्थाएँ खड़ी हो सकीं। चुनावी व्यवस्था, पार्टी संगठन, विधायिका, न्यायपालिका और नौकरशाही को इस दौरान तैयारी की रियायत मिली। शुरुआत में उनकी क्षमताएँ लोकतंत्र की कड़ी परीक्षा से बची रहीं।

आमतौर पर माना जाता है कि भारतीय लोकतंत्र के नेहरूवादी दौर में लोकतांत्रिक व्यवस्था ने जड़ें जमायीं। ऐसा मानना सही भी है। आजादी के तुरंत बाद के नाजुक दौर में हुई उपलब्धियों के साथ-साथ नेहरू को यह श्रेय दिया ही जाना चाहिए कि उनके कारण लोकतंत्र को दीर्घकालीन संस्थागत आधार मिला। लेकिन हमें यह भी नहीं भूलना चाहिए कि ये उपलब्धियाँ ऐसे दौर में हुई थीं जब अभिजनों और जनसाधारण के बीच संवादहीनता की बहुत बड़ी खाई मौजूद थी। यह याद रखना बहुत जरूरी है क्योंकि भारतीय राजनीति के वर्तमान को धिक्कारने के लिए अक्सर नेहरू युग की हसीन यादों का हवाला दिया जाता रहता है। नेहरू के भारत को फिर से लौटा लाने की चाहत के पीछे अक्सर उस अतीत के प्रति मोह टपकता है जब राजनीति सामान्य-जन के प्रवेश से दूषित नहीं हुई थी। यह चाहत जनतंत्र को जनता से बचाने की दबी-छिपी कामना की अभिव्यक्ति है।

दूसरा चरण : युगांतर

भारतीय लोकतंत्र के दूसरे दौर की शुरुआत १९६७ में चौथे आम चुनाव से मानी जा सकती है। इस चुनाव ने पहली बार सत्ता पर कांग्रेस के एकाधिकार को तोड़ा। पिछड़े समुदायों ने बड़ी संख्या में और शिद्दत के साथ इसमें हिस्सा लिया। कांग्रेस

केंद्र में कामचलाऊ बहुमत जरूर जुटा पायी, पर कई राज्यों में उसे सत्ता गँवानी पड़ी। कामराज और एस.के. पाटिल जैसे दिग्गज चुनाव हार गये। इस चुनाव ने कांग्रेस-प्रणाली का अंत कर दिया हालाँकि कांग्रेस पार्टी खत्म नहीं हुई। अपने नये अवतार में वह अगले चुनाव में अपूर्व बहुमत हासिल करनेवाली थी। सड़सठ का चुनाव अनेक राजनीतिक घटनाओं के दौर की परिणति था। कांग्रेस में कामराज योजना के तहत कई भारी-भरकम नेताओं को संगठन के काम में लगा देने, कांग्रेस में ही क्षेत्रीय सूबेदारों का 'सिंडीकेट' उभरने और दक्षिण में पिछड़ों की राजनीति की शुरुआत होने के फ्लस्वरूप सत्ता के चरित्र में गुणात्मक परिवर्तन आ गया था।

१९६९ में शुरू हुए घटनाचक्र ने कांग्रेस को और कमजोर किया। इसी वर्ष कांग्रेस में पहला बड़ा विभाजन हुआ। तत्कालीन प्रधानमंत्री इंदिरा गाँधी के नेतृत्व में पार्टी की संसदीय इकाई सांगठनिक इकाई से अलग हो गयी। संगठन पर क्षेत्रीय दिग्गजों का कब्जा था। इसी साल खेतिहर जमीन के मालिकाने में समता की माँग करता हुआ धुर वामपंथी नक्सली आंदोलन शुरू हुआ। इसने आमूल परिवर्तन का आग्रह रखनेवाले युवाओं की पीढ़ी को अपनी ओर आकर्षित किया। इसके बाद १९७१ में फिर स्थिति बदली और 'गरीबी हटाओ' के नारे के दम पर इंदिरा गाँधी ने निर्णायक चुनावी जीत हासिल की। यह चार चुनावी लहरों में पहली लहर थी। इन चुनावी लहरों ने भारत का चुनावी भूगोल बदल डाला। विभिन्न राज्यों में वोट की आँधी के सहारे कोई एक पार्टी चुनाव जीतती रही पर इनमें से किसी चुनाव ने वैसे राजनीतिक जलजले का एहसास नहीं कराया जैसा १९६७ के चुनावी नतीजों ने कराया था।

यही वह दौर था जब अपने जन्म और पालन-पोषण के बीस वर्षों बाद भारतीय लोकतंत्र की प्रकृति और चरित्र में उल्लेखनीय परिवर्तन आया। भारतीय लोकतंत्र के इस दूसरे दौर को व्यवस्था की नाकामी के संकेत अथवा इसके अफसोसनाक पतन की शुरुआत के तौर पर याद किया जाता है। मगर इस दौर को पहले चरण की स्थापना और सुदृढ़ीकरण की सफलता के स्वाभाविक परिणाम के रूप में भी देखा जा सकता है। यह एक युगांतकारी घटना थी। लोकतंत्र के शिशु को अब नर्सरी से बाहर अधिक नैसर्गिक और अधिक जोखिम भरी आबोहवा में उतारा जा रहा था। यह व्यवस्था की असफलता का नहीं बल्कि राजनीतिक दायरे में नये तबकों को शामिल करने में लोकतांत्रिक राजनीति की असाधारण सफलता का द्योतक था।

खेल में शामिल होने आये नये खिलाड़ियों ने इसे जैसे-जैसे अपना खेल समझना शुरू किया, उनकी अपेक्षाएँ, माँगें और आस्थाएँ इसके साथ जुड़ती चली गयीं। अभी तक सत्ता के केंद्र से बाहर रहे कुछ समुदायों को लगा कि अब उनकी पूछ भी होनी चाहिए। इनमें सबसे उल्लेखनीय समूह शूद्र वर्ण के मँवेले किसानों का था। पारंपरिक रूप से खेती और हस्तशिल्प के धंधों में लगा यह समूह ऊँची जातियों से शिक्षा और आधुनिक जीवन के अन्य आयामों में अत्यंत पिछड़ा हुआ था। लोकतंत्र ने जो खुला निमंत्रण दिया था उससे सबसे पहले फायदा उठानेवाले यही

लोग थे। अपनी अपेक्षाकृत संपन्नता का लाभ उठाते हुए उन्होंने राजनीतिक सत्ता के लिए दावेदारी पेश की। इस परिघटना ने नयी राजनीतिक पार्टियों की शक्ल ग्रहण की और उत्तर प्रदेश में भारतीय क्रांति दल (भाक्रांद), तमिलनाडु में द्रविड़ मुनेत्र कषगम (द्रमुक) और हरियाणा में विशाल हरियाणा पार्टी अस्तित्व में आयी। ज्यादातर मामलों में प्रमुख पार्टियों ने ही इन नयी पार्टियों के लिए रास्ता साफ किया। केरल और कर्नाटक में तो पिछड़ों को लामबंद करने में कांग्रेस ने ही एक बड़ी भूमिका निभायी पर उत्तर में इसी भूमिका के लिए कांग्रेसी अनिच्छा के कारण समाजवादी दलों, खासतौर पर संयुक्त सोशलिस्ट पार्टी (संसोपा) ने पिछड़ों को राजनीतिक मुख्यधारा में प्रवेश देने की अगुआई की।

अभिजन विचारधाराओं और जनसाधारण के चिंतन के बीच अन्योन्यक्रिया की शुरुआत दूसरे चरण की खास बात थी। इस दौर में राजनीतिक प्रतिस्पर्धा कड़ी होती चली गयी जिससे आम मतदाताओं की पसंदगियों और रुचियों की ओर ध्यान देने के लिए राजनेता मजबूर हो गये। चौधरी चरणसिंह ने गाँव, और विशेष कर कृषि की उपेक्षा का पर्दाफाश करते हुए औद्योगिक विकास की विचारधारा की हवा निकाल दी। उत्तर में समाजवादियों ने और दक्षिण में द्रमुक जैसी पार्टियों ने पिछड़ों को शक्ति-संपन्न बनाने के दृष्टिकोण से कांग्रेस की आलोचना की। नक्सलवादियों, नवनिर्माण और बिहार में चले युवकों के आंदोलन ने नयी पीढ़ी की हताशा को अभिव्यक्त किया। लोकतंत्र के मॉडल को मिली छूट की अवधि अब बीत चुकी थी। आशावादी बने रहने की हवाई अपीलों और अमूर्त आश्वासनों से अब काम चलनेवाला नहीं था।

राजनीतिक बाजार पर इन नयी विवशताओं का असर होना ही था। इसका पहला शिकार पश्चिम से उधार ली गयी अभिजन विचारधाराएँ हुईं। इन विचारधाराओं को चुपचाप और फटाफट या तो देशी या फिर देशी पैबंदोंवाली विचारधाराओं से बदला जाना जरूरी था। यही किया भी गया। इंदिरा गाँधी ने नेहरूवादी समाजवाद को 'गरीबी हटाओ' जैसे खोखले पर बेहद आकर्षक नारे से बदला। नयी नारेबाजी को बेहद लुभावनी लगनेवाली नीतियों से जोड़ा गया। सभी बड़े बैंकों और कोयला उद्योग का राष्ट्रीयकरण कर दिया गया। पूर्व महाराजाओं के 'प्रीवी पर्स' को समाप्त करना भी इन नीतियों में शामिल था। उधर समाजवादियों ने अपनी विचारधारा को शूद्रों के लिए सामाजिक न्याय के सिद्धांत पर आधारित किया। यहाँ तक कि १९८० में अपने नये अवतार में जनसंघ की वारिस भारतीय जनता पार्टी ने वैचारिक मध्यमार्ग अपनाते हुए 'गाँधीवादी समाजवाद' को औपचारिक रूप से अपनाया। साम्यवादी अपने विचार में शुद्ध बने रहे, लेकिन इससे उनका राजनीतिक विस्तार रुक गया। विशुद्ध दक्षिणपंथी स्वतंत्र पार्टी अपने को नये साँचे में ढालने में असफल रही और अंततः विलुप्त हो गयी।

भारतीय राजनीति का यह नया विचारधारात्मक लिबास देखने में बेशक बेढंगे किस्म का था। अच्छे-बुरे दर्जियों ने जल्दबाजी में ये नये कपड़े सिले थे जो ग्राहक

की माप के भी नहीं थे। अंग्रेजीदाँ विश्लेषक और विशुद्धतावादी सिद्धांतकार इसको राजनीति में विचारधारा के पतन के रूप में देखते हैं। लेकिन दरअसल यह भारतीय राजनीति में प्रतिमानों के बदलने का दौर था। कोरे सैद्धांतिक शुद्धतावादियों को छोड़ कर सभी यह समझ रहे थे कि कपड़े ग्राहक के मुताबिक होने चाहिए, न कि ग्राहक कपड़ों के मुताबिक। व्यावहारिक राजनीति के दबावों के चलते होनेवाला यह नवाचार अक्सर चोर दरवाजे से हो रहा था। यह करते हुए भी इसके किसी प्रवर्तक में इतना आत्मविश्वास नहीं था कि वह इसे खुले तौर पर वैचारिक नवीनता के रूप में पेश कर सके।

राजनीति के प्रतिमानों में परिवर्तन का फौरी परिणाम यह निकला कि लोकलुभावन (पॉपुलिस्ट) राजनीति उस जमाने की प्रमुख विचारधारा बन गयी। इस लेबल को ध्यान से समझना जरूरी है। समकालीन भारतीय राजनीति में यह शब्द एक गाली की तरह उभरता रहता है। लोकलुभावनवाद को गैरजिम्मेदाराना राजनीति बताते हुए कहा जाता है कि इससे लोगों को तात्कालिक रूप से तुष्ट किया जाता है और वास्तव में उनका इससे कोई भला नहीं होता। इसे वैचारिक भ्रष्टाचार मान लिया गया है। पर लोकलुभावनवाद जैसी इस अशास्त्रीय विचारधारा की भी लोकतंत्रीकरण की प्रक्रिया में एक भूमिका है जिसे शास्त्रीय व्याखाएँ समझ नहीं पातीं। यह जनता की आकांक्षाओं और सैद्धांतिक विचारधाराओं के बीच के अंतर को कम करती है। इंदिरा गाँधी की 'गरीबी हटाओ' की विचारधारा, जनता पार्टी की अंत्योदय योजना, कृषि उत्पाद के लिए वाजिब दाम देने की चौधरी चरण सिंह की माँग, गरीबों को सस्ती दर पर चावल और साड़ी देनेवाली नंदमूरि तारक रामराव की नीति और किसानों के बकाया कर्जों को माफ करने का चौधरी देवीलाल का फैसला : ये सब भारतीय लोकलुभावनवाद के विभिन्न नमूने हैं। इनमें से कई योजनाएँ सफल नहीं हुईं और उनके पीछे नीयत भी कोई नेक नहीं थी। पर निश्चित रूप से इन 'विकृत' विचारधाराओं ने लोकतंत्र को आमफहम बनाया। उन लोगों के लिए लोकतंत्र से जुड़ना आसान हो गया जिन्हें अभी-अभी मताधिकार हासिल हुआ था। सिद्धांत और व्यावहारिक राजनीति के बढ़ते हुए अंतर को भी इसने कम किया। लेकिन लोकलुभावनवाद से उपजी विचारधाराओं की अपनी सीमाएँ थीं। जनता की आकांक्षाओं और जनमानस के अनुरूप वैचारिक शास्त्र के पुनर्लेखन की उम्मीद तो इस नयी विचारधारा से की ही नहीं जा सकती थी। अक्सर लोकलुभावनवाद में जनाकांक्षाएँ भी प्रतिबिंबित नहीं होती थीं। इस दौर में समाज की निचली पायदानों से विचारों का ऊपर उठना आसान नहीं था।

लोकलुभावनवाद की भारतीय किस्म लंबे अरसे से समाजवाद की भाषा के चुनिंदा अंशों का इस्तेमाल कर रही थी। समाजवादी समाज की स्थापना को १९५६ में ही कांग्रेस ने अपना लक्ष्य घोषित करके इस विचार को राजनीतिक मुख्यधारा में स्थान दे दिया था। समाजवादी प्रतीकों और नारों को उन नीतियों पर मुलम्मा चढ़ाने के लिए इस्तेमाल किया गया जिनका संबंध न तो शुद्ध समाजवादी विचार से था

और न ही समतामूलक कार्यक्रम से। इसका एक परिणाम तो यह निकला ही कि राजनीति की मुख्यधारा जनसाधारण की जरूरतों के प्रति उत्तरोत्तर संवेदनहीन होती चली गयी। पर समाजवादी भाषा के प्रयोग का एक सकारात्मक परिणाम भी निकला। किसी भी तरह की लफ्फाजी नेताओं की गतिविधियों को मर्यादित कर देती है। समाजवाद की भाषा ने भी उस दौर में राजनीति और प्रशासन के लिए अच्छे-बुरे और जायज-नाजायज को परिभाषित कर दिया। लोकलुभावनवाद ने १९७१ में चुनावी फसल काटी और उसके बाद से १९८० के दशक तक एक विचारधारा के रूप में भारतीय राजनीति पर छाया रहा। इस दौरान कई चिरपरिचित तत्त्वों को तरह-तरह से संयोजित करके उन पर समाजवादी बिल्ला चिपकाने की राजनीतिक कारीगरी अंजाम दी गयी।

अब चुनावों का अर्थ यह हो गया कि देश-भर के पैमाने पर मतदाता अपने समक्ष पेश किये गये एक जैसे कार्यक्रमों में से किसे ज्यादा भरोसेमंद मानते हैं। चुनावों का चरित्र बदल चुका था। पहले चरण में चुनाव का अर्थ एक प्रतिनिधि चुनना-भर था और स्थानीय परिणामों को जोड़ कर राष्ट्रीय परिणाम बनता था। पर १९६९ से चुनाव जनमत-संग्रह की तरह हो गये। संपूर्ण देश को एक साथ संबोधित किया जाने लगा और उससे एक मुद्दे पर राय माँगी जाने लगी। राष्ट्रीय मतदाता-मंडल भी चुनाव को इसी भावना से लेते हुए अपने सांसद इस तरह चुनने लगा जैसे वह सीधे प्रधानमंत्री को चुन रहा हो। क्षेत्रीय तौर पर बँटे मतदाता की जगह अब राष्ट्रीय मतदाता ने ले ली। इसके बदलते रुख का नतीजा देशभर में या कम-से-कम 'हिंदी प्रदेश' में वोटों के कमोबेश एकतरफा झुकाव में होता था जिसके परिणामस्वरूप १९७१ से १९८४ तक भारी चुनावी लहरें चलीं। कांग्रेस को परास्त करना असंभव नहीं रह गया था, पर अब भी वह प्रतिस्पर्धा में दूसरी पार्टियों के लिए एक संदर्भ-बिंदु बनी हुई थी।

राज्यों के स्तर पर देखें तो तस्वीर बिलकुल अलग थी, १९६७ में ज्यादातर उत्तरी राज्यों में कांग्रेस को सत्ताच्युत किया जा चुका था। उसे अपदस्थ करनेवाली पार्टी या ज्यादातर मामलों में विभिन्न पार्टियों के गठजोड़ों का सामाजिक आधार और विचारधारात्मक प्रेरणाएँ अलग-अलग थीं। कोई पार्टी ज्यादा समय तक कांग्रेस को विस्थापित किये रही और कोई कुछ कम समय तक। १९६९ में कांग्रेस ज्यादातर राज्यों में सत्ता में लौट आयी और उसका स्थानीय भाग्य उसकी राष्ट्रीय नियति के अनुसार ज्वार-भाटे का शिकार होता रहा। पर तमिलनाडु में कांग्रेस घट कर तीसरी ताकत ही रह गयी। दूसरे सबसे बड़े हिंदी-भाषी राज्य बिहार में कांग्रेस सत्ता में लौटी जरूर पर साठ के दशक में उसने जो सामाजिक आधार खो दिया था उसे वह फिर हासिल नहीं कर सकी। पश्चिम बंगाल में उसकी सत्ता १९७७ में कम्युनिस्टों के हाथों में चली गयी जो उसे अब तक वापस नहीं मिल पायी है। १९८३ में उसने अपने दक्षिणी गढ़ों (आंध्र प्रदेश और कर्नाटक) को भी चुनावी प्रतियोगिता में खो दिया। इस समय तक भारतीय संघ में महाराष्ट्र ही अकेला ऐसा प्रदेश बचा रह गया

था जहाँ एक बार भी कांग्रेस को हराया नहीं जा सका था। असम गण परिषद और तेलुगू देशम पार्टी जैसे दलों का अभ्युदय नब्बे के दशक के राजनीतिक घटनाक्रम को प्रभावित करता रहा।

पहले चरण की दलीय प्रणाली को अगर 'कांग्रेस प्रणाली' कहा जाना चाहिए तो दूसरे चरण में इसे 'कांग्रेस-विपक्ष प्रणाली' कहा जाना चाहिए। कांग्रेस ही एकमात्र पार्टी थी जिसका देशव्यापी विस्तार था, पर अब वह अपनी चुनावी सफलताओं को आश्वस्ति भाव से नहीं ले सकती थी। उसके मुकाबले के लिए विभिन्न पार्टियाँ थीं, जिनकी विचारधाराएँ भिन्न थीं और जिनका राजनीतिक समर्थन-आधार भी अलग-अलग था। उत्तर भारत में मुख्यत: जनता-परिवार की हमेशा टूटती और जुड़ती रहती पार्टियाँ थीं। जनसंघ के नवोदित रूप में दक्षिणपंथी भाजपा थी जो उत्तर के अपने पारंपरिक आधार को पश्चिम की ओर बढ़ा रही थी। दो कम्युनिस्ट पार्टियाँ थीं जिन्हें अब प्रभावी रूप से पश्चिम बंगाल, केरल और त्रिपुरा में सीमित कर दिया गया था। इनके अलावा क्षेत्रीय पार्टियाँ थीं। राजनीतिक प्रतियोगिता कांग्रेसी और गैरकांग्रेसी खानों में विभक्त थी। गैरकांग्रेसी पार्टियाँ विपक्ष के रूप में इस कदर रूढ़ थीं कि सत्ता में होने पर भी वे विपक्ष ही कहलाती थीं। कभी-कभार ये पार्टियाँ कांग्रेस को हराने के लिए एकजुट हो जाती थीं। १९७७ और १९८९ में उन्होंने ऐसा ही किया। इस तरह पहले चरण की एक पार्टी के वर्चस्व की प्रणाली की जगह अब एक पार्टी की प्रमुखता की प्रणाली ने ले ली थी।

इस दरम्यान कांग्रेस भी बदली। विभाजन के बाद इंदिरा गाँधी ने उसका पुनर्निर्माण कर डाला। सामाजिक ताकतों का जो गठजोड़ उसका समर्थन-आधार बनाता था, उसे भी पुनर्गठित किया गया। विभिन्न वर्गों को लामबंद करने की अपनी क्षमता तो उसने बरकरार रखा पर उसका समर्थन अब सभी सामाजिक समूहों में समान रूप से बँटा हुआ नहीं रह गया था। उसका मूलाधार अब एक तरह के इंद्रधनुषी गठजोड़ पर निर्भर था। इस गठजोड़ में दलित, आदिवासी और मुसलमान का वजन अनुपात से अधिक था। कांग्रेस के पुनराविष्कार और विपक्ष की गाहे-बगाहे चुनावी सफलताओं का नतीजा यह हुआ कि राजनीतिक नेतृत्व की सामाजिक संरचना में कुछ स्थायी परिवर्तन हुए। दक्षिण और पश्चिम में खासतौर पर शूद्र नेताओं ने पहली बार सत्ता का स्वाद चखा। राजनीतिक सत्ता के केंद्र तक उनकी पहुँच ने सांस्कृतिक मुठभेड़ की उस प्रक्रिया को तेज कर दिया जो वयस्क मताधिकार लागू होते ही शुरू हो चुकी थी।

जन-आस्थाओं के साथ भारतीय लोकतंत्र की पहली मुठभेड़ ने उसे एक साथ गहन भी बनाया और कमजोर भी। भारतीय लोकतंत्र को जड़ें जमाने में इससे मदद मिली। जनता की व्यापक सहभागिता और तीव्र राजनीतिकरण से यह बात साफ हो गयी कि लोकतंत्रीकरण की प्रक्रिया जारी थी। जनसाधारण में प्रतिनिधिमूलक लोकतंत्र की व्यवस्था अपेक्षा से कहीं अधिक स्वीकार्य हुई। एक रस्म की तरह ही सही पर लगातार सरकारों की अलटा-पलटी ने लोगों में व्यवस्था पर नियंत्रण और

राजनीतिक सक्षमता की भावना पैदा की। दक्षिण में राजनीतिक सत्ता 'द्विजों' के हाथ से किसान तबकों के पास चले जाने से वहाँ की राजनीति का सामाजिक क्षेत्र बड़ी हद तक फैल गया। अन्य पिछड़ी जातियों का दक्षिण में प्रभुत्व बढ़ने का कुछ असर बिहार और उत्तर प्रदेश जैसे उत्तरी राज्यों और पश्चिम में गुजरात पर भी पड़ा। इन राज्यों में अभी पाँसा पलटना बाकी था, पर निचले स्तर तक सत्ता के रिसाव की प्रक्रिया की शुरुआत हो चुकी थी और यह थमनेवाली नहीं थी।

यह दौर राजनीतिक संस्थाओं की कमजोरियों को भी सामने लाया। आपातकाल के रूप में इसकी मिसाल देखने को मिली। एक तरह से आपातकाल राजनीतिक संस्थाओं के व्यापक संकट की ही अभिव्यक्ति था। इस दौर में आयातित उदार लोकतांत्रिक संस्थाओं के कच्चे ढाँचे का टकराव सार्वजनिक भारतीय जीवन के दैनंदिन आचरण की संस्कृति से हुआ। नतीजतन राजनीतिक संस्थाओं के क्षरण की प्रक्रिया शुरू हो गयी। खास कर उन संस्थाओं का क्षरण शुरू हुआ जिन्हें अपने कामकाज में स्वायत्तता की दरकार थी। आपातकाल किसी भी तरह इस क्षरण का अनिवार्य परिणाम नहीं था, पर निश्चित ही वह उसके संभावित परिणामों में से एक था।

इंदिरा गाँधी नैसर्गिक रूप से असुरक्षा की ग्रंथि से पीड़ित रहती थीं। उनके लिए राजनीतिक रूप से जून १९७५ सर्वाधिक असुरक्षित समय था। भारतीय संविधान के आंतरिक आपातकाल-संबंधी प्रावधानों का इस्तेमाल कर उन्होंने अपनी निजी आपदा को देश के आपातकाल में बदल दिया। इसके बाद के उन्नीस महीनों ने हमें दिखाया कि हमारी सांस्थानिक भित्ति कितनी कमजोर थी। राजनीतिक विपक्ष जितनी आसानी से खामोश हो गया, उसकी आशा तो इंदिरा गाँधी ने भी नहीं की होगी। निश्चित रूप से आपातकाल में फासीवादी पहलू थे जिनके चलते संजय गाँधी सत्ता के असंवैधानिक केंद्र बन गये और झोपड़पट्टियों को अवैधानिक ढंग से बुलडोजर चलाने और जबरिया नसबंदी का अभियान शुरू किया गया। माहौल में 'प्रतिबद्ध' नौकरशाही और न्यायपालिका की गूँजें थी हीं, लिहाजा नागरिक सेवाओं और न्यायपालिका ने आसानी से घुटने टेक दिये। अखबारों और बुद्धिजीवियों की भूमिका को आपातकाल के बाद काफी बना-सँवार कर पेश किया गया पर असल में यह लेशमात्र भी वीरोचित नहीं थी। कहना न होगा कि आपातकाल का अपवादस्वरूप कहीं-कहीं जोरदार विरोध भी हुआ। पर इस दौर से भारत को जो चीज निकाल कर बाहर लायी वह तानाशाही-विरोधी पराक्रम तो कतई नहीं था। वह लोकतंत्र की भारतीय भावना ही थी जिसने आपातकाल के संत्रास से देश को मुक्ति दिलायी। यह भावना जरूर इंदिरा गाँधी की अंतरात्मा और लोक-लाज को झकझोरती रही होगी जिसके फलस्वरूप उन्हें १९७७ में आम चुनाव कराने के लिए मजबूर होना पड़ा। यही वह भावना थी जिसने उनकी सत्ता की वैधता का खात्मा कर दिया। कम-से-कम उत्तर भारत में तो ऐसा हुआ ही। यही क्षेत्र अधिनायकवादी ज्यादतियों का केंद्र भी था।

मार्च १९७७ में हुए लोकसभा चुनाव के नतीजे उन लोगों के लिए भी

चौंकानेवाले थे जो इंदिरा गाँधी के हार जाने की आशा बाँधे हुए थे और उन्हें हराने के लिए जुटे भी हुए थे। हिंदी प्रदेश की २२६ संसदीय सीटों में से श्रीमती गाँधी की पार्टी मात्र दो सीटें जीत पायी। प्रमुख गैरकांग्रेसी पार्टियों को जोड़ कर आनन-फानन तैयार की गयी जनता पार्टी ने देश की पहली गैरकांग्रेसी सरकार के रूप में सत्ता सँभाली। सीमित अर्थों में आपातकाल ने यह दिखा दिया कि भारतीय लोकतंत्र ने आत्मशोधन का अपना तंत्र विकसित कर लिया है और वह संकट के समय में अपनी रक्षा के औजारों का आविष्कार कर सकता है।

जनमत-संग्रह शैली की दो दशकीय राजनीति ने लोकतंत्र के स्थानीय चरित्र को कमजोर कर दिया था। इसलिए यह जरूरत बलवती हुई कि उन मुद्दों को उठाया जाये जो न तो राजनीति की मुख्य धारा में व्यक्त हो पाते हैं और न ही जिन्हें उसमें जगह मिल पाती है। स्थानीय माँगों को केंद्र में उठाने के लिए प्रोत्साहन बहुत कम बचा था क्योंकि जनप्रतिनिधि की किस्मत अब इस बात से तय नहीं होती थी कि वह अपने क्षेत्र के लिए कुछ करता भी है या नहीं। साथ ही राजनीतिक दलों की संगठनात्मक क्षमता का काफी क्षय हो गया क्योंकि इंदिरा गाँधी जैसे नेताओं ने जनता से सीधा रिश्ता जोड़ लिया था। अपनी पार्टियों को क्षति पहुँचाते हुए इन नेताओं ने कभी-कभार ऐसा जान-बूझ कर भी किया। सरकार और जनता के बीच अभूतपूर्व ढंग से फासला बढ़ गया। नतीजा यह हुआ कि सरकारें अपूर्व बहुमत के साथ गठित हुईं पर जल्दी ही उन्होंने जनविश्वास खो दिया। कुछ ठोस कर पाने में नाकाम रही समाजवादी लफ्फाजी ने जनता में गहरी हताशा पैदा की। जनता और सत्ता के केंद्रों के बीच के अंतर को विरोध में शुरू हुए जनांदोलनों ने भरा। मार्क्सवादी-लेनिनवादियों का नक्सलवादी आंदोलन और साफ-सुथरे सार्वजनिक जीवन की माँग को ले कर चले नवनिर्माण और बिहार आंदोलन इसके उदाहरण हैं। बड़ी संख्या में गैरदलीय राजनीतिक समूह उभरे और उनके साथ आंदोलनात्मक चरित्रवाली पार्टियों ने खाई को पाटने की कोशिश की और एक ऐसे समय में मुख्यधारा के राजनीतिक एजेंडे को प्रभावित किया जब वह जनता की माँगों के प्रति संवेदनहीन हो गया था। १९७७ की जनता पार्टी और १९८९ में वीपी सिंह का जनता दल इसी तरह की पार्टियाँ थीं।

इस चरण में एक तरफ राष्ट्रीय राजनीतिक समुदाय की रचना हुई तो दूसरी तरफ क्षेत्रीय और जातीय विविधता पर आधारित सत्ता के कुछ दावों को बलपूर्वक दबाया भी गया। असम और पंजाब के ऐसे दावों से जिस संवेदनहीन ढंग से निपटा गया उसने लंबे राजनीतिक संकट को जन्म दिया। असम में छात्रों ने इस माँग को ले कर आंदोलन शुरू किया था कि भारी पैमाने पर हो रही उस अवैध घुसपैठ को रोका जाये जिसने उनकी संस्कृति और जीविका को खतरे में डाल दिया है। पंजाब में क्षेत्रीय और धार्मिक किस्म की मिली-जुली माँगों को ले कर आंदोलन शुरू हुआ था। १९८३ में अमृतसर के स्वर्ण मंदिर पर आपरेशन ब्लू स्टार के रूप में सेना के हमले के परिणामस्वरूप पंजाब गृहयुद्ध की चपेट में आते-आते बचा। इसके बाद

१९८४ में सिख अल्पसंख्यकों के कातिलों को कांग्रेस का संरक्षण मिलने का आरोप आज भी कायम है। उन्हें केंद्र सरकार ने संरक्षण दे रखा था। यह जरूर हुआ कि इस दौरान क्षेत्रीय दलों के उभार ने विविधता की आवाज को थोड़ा-बहुत बचाए रखा और लोकतंत्र द्वारा अपनायी जानेवाली आत्मशोधन प्रणाली में लोगों की आस्था भी बनी रही।

१९८० के दशक का मध्य आते-आते एक और युगांतर के लिए मंच तैयार हो गया था। १९८४ में श्रीमती गाँधी की हत्या और उसके बाद आम चुनाव ने राजनीतिक घटनाओं के स्वाभाविक प्रवाह को रोक कर नये दौर को पाँच साल तक के लिए टाल दिया। अपनी तमाम समस्याओं और कमजोरियों के बावजूद दूसरे चरण ने यह साबित कर किया कि जनता को लोकतांत्रिक प्रक्रिया से बाहर नहीं रखा जा सकता।

तीसरा चरण : मंडल, मंदिर और मार्केट

वर्तमान दौर नब्बे के आसपास शुरू हुआ। उस समय राष्ट्रीय क्षितिज पर एक साथ तीन मकार उभरे। यह सोवियत संघ के विघटन का भी समय था जिसने भारतीय राजनीति में समाजवादी मुहावरे का बोलबाला खत्म कर दिया था।

ये तीन मकार हैं, मंडल, मंदिर और मार्केट। विश्वनाथ प्रताप सिंह की सरकार ने अगस्त १९९० में जब अचानक पिछड़ों के लिए आरक्षण की सिफारिशों को लागू कर दिया तब मंडल पिछड़ों के उस आंदोलन का पर्याय बन गया। मंदिर से तात्पर्य संघ परिवार के रामजन्मभूमि आंदोलन से है जिसकी परिणति छः दिसंबर १९९२ को बाबरी मस्जिद के ध्वंस में हुई। तीसरा मकार यानी मार्केट से आशय आर्थिक उदारीकरण और भूमंडलीय अर्थव्यवस्था से जुड़ी नीतियों से है। चार दशकों तक समाजवाद का नाम लेनेवाले नीति-निर्माताओं ने यकायक उलटे घूम जाने का निर्णय लिया। इस मुद्दे पर जनादेश लेने की तो दूर, उन्होंने मतदाताओं को इसके लिए आगाह भी नहीं किया। १९९१ में कांग्रेस की एक अल्पमत सरकार के वित्तमंत्री मनमोहन सिंह ने इन नीतियों की घोषणा करके दुनिया को ही नहीं, भारतवासियों को भी हैरत में डाल दिया। इन नीतियों का नियंत्रण अब विश्व व्यापार संगठन (डब्ल्यू.टी.ओ.) के हाथों में है।

बेशक ये परिवर्तन उतने आकस्मिक नहीं थे जितने कि नजर आते हैं। राजीव गाँधी के प्रधानमंत्रित्व काल के पहले दो सालों में इस तरह के कुछ परिवर्तनों की आहट सुनायी दी थी। उनके पहले दो बजटों से १९९० के दशक के आर्थिक सुधारों के संकेत सबसे पहले मिले थे। यह बात अपने आप में काफी विडंबनापूर्ण है कि ये दोनों ही बजट विश्वनाथ प्रताप सिंह ने पेश किये थे। यह भी सच है कि इन तीन मकारों की शुरुआत के लक्षण पहले चरण में भी मौजूद थे, दक्षिणी राज्यों में अपने अधिकारों के लिए अन्य पिछड़े वर्गों ने १९६० के दशक से ही दबाव बनाना शुरू कर दिया था, गोहत्या के विरोध में हिंदू कट्टरपंथियों ने १९६६ में अभियान छेड़ा था और १९७४ में

सरकार को गेहूँ के थोक व्यापार के राष्ट्रीयकरण के अपने फैसले को बदलना पड़ा था। लेकिन ये प्रवृत्तियाँ नब्बे के दशक में ही राष्ट्रीय स्तर पर राजनीतिक एजेंडे पर हावी हुईं।

इन तीन मकारों के कारण राजनीतिक विमर्श में बुनियादी बदलाव आया। यह बदलाव किस हद तक था इसे सैद्धांतिक शुद्धतावाद की पैरोकार कम्युनिस्ट पार्टियों की सोच में आये कुछ परिवर्तनों से समझा जा सकता है। अनेक दशकों तक वर्ग के सिद्धांत में बँधी रही भारतीय कम्युनिस्ट पार्टी ने मंडल आंदोलन के बाद यह सच्चाई मान ली कि भारतीय समाज में सामाजिक असमानता की जनक जाति भी है। दोनों ही कम्युनिस्ट पार्टियों को मंदिर मुद्दे पर यह जरूरी लगा कि वे भाजपा का सामना करने के लिए हिंदू धर्म में प्रगतिशील तत्त्वों की तलाश करें। अन्य राज्य सरकारों की भाँति पश्चिम बंगाल सरकार भी अपनी विचारधारा के बावजूद राज्य के औद्योगिक विकास के लिए विदेशी निवेश आकर्षित करने में खुल कर जुट गयी। दूसरी पार्टियों ने भी चुपचाप ही सही, पर फौरन अपनी विचारधारात्मक भंगिमाओं में संशोधन किये। जोर-शोर से अपनी स्वदेशी आर्थिक नीतियों की घोषणा करनेवाली भाजपा वफादारी के साथ कांग्रेस के आर्थिक एजेंडे को अपनाये रही। मंडल रिपोर्ट के खिलाफ प्रदर्शनों को उकसाने के बावजूद भाजपा ने आधिकारिक रूप से उसे स्वीकार कर लिया और तब से वह लगातार संगठन के भीतर पिछड़े वर्गों के उभार को समायोजित करने की भरसक कोशिशों में लगी हुई है। देर से ही सही, कांग्रेस ने भी मंडल परिघटना को मंजूर किया। सोनिया गाँधी को भी महिला आरक्षण विधेयक पर पार्टी के पिछड़े सांसदों की माँगों के आगे झुकना पड़ा। बाबरी मस्जिद ढहाने पर कांग्रेसी सरकार की चुप्पी और निष्क्रियता भी यह दर्शाती थी कि वह अपने स्थापित सेकुलरवाद के सिद्धांत से डिग चुकी है। इस तरह सार्वजनिक जीवन में व्यवहार के जो स्वीकृत नियम माने जाते थे वे इन तीन मकारों के कारण एक दशक से कम समय में ही बुनियादी रूप से बदल गये। बहरहाल, ये नाटकीय परिवर्तन जनमानस से लोकतंत्र की भाषा की मुठभेड़ की हमारी इस कहानी के अगले अध्याय की रचना करते हैं। अचानक पैदा हुई उथल-पुथल ने एक ऐसा संदर्भ रचा जिसमें नीचे से आये विचार पहली बार सैद्धांतिक विचारधाराओं पर अपनी छाप छोड़ने की स्थिति में आ गये।

समाजवाद के प्रतीकात्मक वर्चस्व के टूटने का असर दोतरफा साबित हुआ। इसने लोकतांत्रिक बहस के दायरे को बढ़ाया लेकिन उस बहस को कमजोर भी किया। इस चरण में समाज के निचले स्तर से आये कुछ विचार जो मुद्दे उठा पाये उन्हें सैद्धांतिक विचारधाराओं की सरपरस्ती के दौर में उठा पाना मुमकिन नहीं था। इसने कांशीराम और लालूप्रसाद यादव जैसे नेताओं को अपने तबकों की माँगें सैद्धांतिक विचारधारा के खाँचों में बनाये रखने के बंधन से आजाद किया। दरअसल यह खाँचा पिछड़े और दलितों के आड़े आता था। क्षेत्रीय पार्टियों का अब 'तीसरे मोर्चे' के रूप में एकजुट होना और वामदलों से गठजोड़ बनाना भी संभव हो गया

था। इसके पहले बुनियादी विचारधारात्मक मतभेदों के कारण वाम दलों द्वारा ऐसा गठजोड़ बनाना मुमकिन नहीं था।

यह सही है कि तीसरे चरण में विचार निचले स्तर से ऊपर की ओर गये पर यह प्रक्रिया सभी विचारधाराओं और सभी मुद्दों के आर-पार नहीं चली। निजीकरण और मुक्त व्यापार की विचारधारावाली नयी आर्थिक नीति निचले स्तर से आये विचारों से कतई प्रभावित नहीं कही जा सकती। दरअसल इस दौर में वैचारिक विमर्श का एजेंडा ही सिकुड़ चुका था। यही थी वह कीमत जो राजनीतिक विमर्श पर नीचे से पड़े प्रभावों के बदले चुकायी गयी थी। आर्थिक नीति राजनीतिक महत्त्व के विषयों की सूची से हट चुकी थी। महत्त्वपूर्ण राजनीतिक फैसले अब तकनीकी दायरे में चले गये थे और विशेषज्ञ लोग उनका गुणा-भाग करते रहते थे। इस चरण में राजनीति की उस असाधारण स्वायत्तता का क्षय हो गया था जो उसे स्वतंत्रता के बाद हासिल हुई थी।

दूसरे चरण ने राजनीति के नये उद्यमियों के लिए यह जरूरी कर दिया था कि आम मतदाता की पसंद-नापसंद का ध्यान रखें तो तीसरे चरण ने मतदाता को राजनीति के बाजार के एक घाघ किस्म के ग्राहक में बदल दिया। यह ग्राहक खुद ठोंक-बजा कर बिकाऊ माल को परखना चाहता था। अब पहली बार विचारों के स्तर पर ऊपर और नीचे के बीच आदान-प्रदान की दोहरी प्रक्रिया शुरू हुई। आज तक सत्ता और अधिकार से वंचित तबके लोकतांत्रिक उभार के दौर से गुजरना शुरू हुए। इस सिलसिले में उन दो बड़े और प्रातिनिधिक राष्ट्रीय सर्वेक्षणों के कुछ निष्कर्ष ध्यान देने योग्य हैं जो विकासशील समाज अध्ययन पीठ ने भारतीय मतदाताओं के बारे में १९९६ और १९९८ के आम चुनावों के वक्त कराये थे। ये सर्वेक्षण बताते हैं कि दलितों में राजनीतिक हिस्सेदारी के प्रति जबर्दस्त उत्साह पैदा हुआ है। यह उत्साह मतदान से ले कर राजनीतिक दलों के सदस्य बनने तक की सभी राजनीतिक गतिविधियों में दिखायी देता है। आदिवासी भी बदलते हुए दिखे। १९९६ में उनका मतदान प्रतिशत यकायक बढ़ गया, हालाँकि उनकी अन्य गतिविधियों में यह बदलाव परिलक्षित नहीं हुआ। महिलाओं की भागीदारी हर क्षेत्र में बढ़ती हुई दिखायी दी, हालाँकि इसका असर मतदान में सबसे कम दिखायी देता है। दुनिया में भारत ही शायद एकमात्र ऐसा बड़ा लोकतंत्र है जहाँ गरीबों में राजनीतिक सक्रियता उच्च-मध्यवर्ग से ज्यादा है और वे ही ज्यादा बड़ी संख्या में मतदान करने पहुँचते हैं।

बहरहाल जनाकांक्षाओं से लोकतांत्रिक विचार की इस मुठभेड़ के गर्भ से अपने आप कोई आमूल परिवर्तनकारी राजनीतिक एजेंडा पैदा नहीं हुआ। उच्च सैद्धांतिक विचारधारा की स्थापित भाषा का बोलबाला घट चुका है लेकिन किसी देसी विकल्प के जरिये उसकी भरपायी नहीं हो पा रही है। इसलिए निचले तबकों की राजनीतिक जत्थेबंदियों को एक वैचारिक सूत्र में बाँधने की क्षमता भी नहीं पैदा हो सकी है। निचले उभार, विशेष कर दलित और पिछड़ों के उभार के फलस्वरूप जो आस्थाएँ

राजनीति के केंद्र में आयीं, अपने चरित्र में वे प्राय:सबको जोड़नेवाली न होकर खंडित थीं। उनकी चिंताएँ अक्सर एक वर्ग और एक मुद्दे को ले कर रहती थीं। पिछड़ों के उभार की दो राजनीतिक अभिव्यक्तियों के तौर पर सपा और राजद को ही देखें तो पता चलेगा कि वे अब तक कोई ऐसी पहचान या एजेंडा पैदा नहीं कर सकीं जिससे वे दलित और पिछड़े समाज की एक साथ नुमाइंदगी कर सकतीं। आमतौर पर इन्हें यादवों के हितों को साधनेवाली पार्टियों के रूप में देखा जाता है। इसलिए आश्चर्य नहीं होना चाहिए कि कांग्रेस या अन्य किसी द्विज-आधारित पार्टी की बनिस्बत सपा दलितों की बहुजन समाज पार्टी से ज्यादा खार खाई नजर आती है।

नयी विचारधारात्मक प्रवृत्तियों की उद्‌बोधक क्षमता और संकीर्ण दृष्टि को बसपा का नारा 'वोट हमारा राज तुम्हारा नहीं चलेगा' बखूबी पकड़ता है। एक ओर यह स्वशासन के लिए लोकतांत्रिक अधिकारों का दावा करते हुए मुक्ति का आश्वासन देता है, वहीं दूसरी ओर इस समीकरण में 'हमारा' और 'तुम्हारा' का कड़ा विभाजन जन्म के आधार पर हो जाता है। 'राज हमारा' का इस संदर्भ में तात्पर्य है हमारे समुदाय में जन्मे लोगों का राज। उदार लोकतंत्र की भाषा की महीन परत में लिपटे ये तबकाई दावे शासन-व्यवस्था की समेकित दृष्टि देने की बात तो छोड़िये, भिन्न-भिन्न तबकों के बीच विचारधारात्मक मध्यस्थता की भी कोई कोशिश नहीं करते। बसपा ने ऐसी कोई कोशिश कभी नहीं की कि दलितों और जातिप्रथा के शिकार अन्य पिछड़ों या आदिवासी सरीखे अन्य दमित तबकों के बीच तालमेल बैठाया जाये। लोकतंत्र के पिछले चरण में विभिन्न पार्टियों के भीतर मध्यस्थता और समायोजन के जरिये जो हासिल किया गया था उसे अब विभिन्न पार्टियों के राजनीतिक गठजोड़ों से पाने की कोशिश की जा रही है। इस प्रक्रिया में इन पार्टियों के बचे-खुचे वैचारिक चीथड़ों के जोड़-तोड़ का सहारा लिया जा रहा है। इस तरह दलितों और पिछड़ों के दावों का मिलाप बसपा और सपा के अस्थायी और जन्मजात कमजोर गठबंधन की शक्ल में हमारे सामने आ चुका है।

इस दौर की राजनीति में वयस्क मताधिकार की संपूर्ण संभावनाओं का इस्तेमाल होते हुए दिखता है। लोकतंत्रीकरण मुख्य तौर पर वोट की राजनीति के जरिये होने लगा है। समाज के निचले तबकों के लोगों का व्यापक राजनीतिकरण और हिस्सेदारी इस दौर की उल्लेखनीय उपलब्धि है, खासतौर पर राज्य और स्थानीय स्तर के चुनावों में। शहरी मध्यवर्ग में राजनीति को ले कर साफ तौर पर वैसा उत्साह नहीं है। राजनीतिक व्यवस्था को आज भी बहुत वैधता प्राप्त है, जबकि राजनीतिक नेताओं और संस्थाओं की वैधता घटी है। दूसरे चरण के साथ अगर पहला लोकतांत्रिक उभार साठ के दशक के अंत में माना जाये तो पिछले कुछ सालों में जो कुछ हमने देखा उसे दूसरा लोकतांत्रिक उभार कहना ही ज्यादा मुनासिब होगा।

भाजपा का नाटकीय ढंग से उभर कर सत्ता तक पहुँचना इस दौर की सर्वाधिक उल्लेखनीय राजनीतिक घटना है। अपने पुनर्जन्म के बाद जब १९८४ में उसने अपना

पहला आम चुनाव लड़ा, तब वह सिर्फ दो सांसदों को लोकसभा में भेज पायी थी। १९८९ के चुनाव में वह एक नयी पार्टी जनता दल की सफलता पर सवारी करते हुए अपने सांसदों की संख्या ८० तक बढ़ा ले गयी। १९९१ का चुनाव मंडल-मंदिर की पृष्ठभूमि में लड़ा गया। जनता दल से अलग होने का भाजपा को लाभ मिला और लोकसभा में उसकी संख्या १२१ हो गयी। फिर १९९६ में चुनाव हुए और जो त्रिशंकु लोकसभा बनी उसमें १६० सांसदोंवाली भाजपा सबसे बड़ी पार्टी थी। सरकार बनाने का राष्ट्रपति का निमंत्रण उसने फटाफट स्वीकार तो कर लिया पर उसका प्रयोग १३ दिन से ज्यादा नहीं चला। तब कांग्रेस के बाहरी समर्थन से संयुक्त मोर्चा ने नयी सरकार बनायी जो १८ महीने चली। १९९८ के मध्यावधि चुनाव के बाद केंद्रीय सत्ता के लिए भाजपा की लंबी प्रतीक्षा उस समय समाप्त हुई जब वह १८० सांसद ले कर लोकसभा पहुँची। उसके क्षेत्रीय सहयोगियों की संख्या जोड़ने पर वह २५० का आँकड़ा पार कर गयी। इस बार वाजपेयी के नेतृत्व में भाजपा सरकार तेरह महीने टिकी। उसके बाद हुए १९९९ के मध्यावधि चुनाव में भाजपा के नेतृत्ववाले राष्ट्रीय जनतांत्रिक गठबंधन को स्पष्ट बहुमत मिला लेकिन भाजपा की संख्या जहाँ की तहाँ रही।

भाजपा सत्ता तो पा गयी पर अभी उसे स्पष्ट जनादेश पाना बाकी है। कोई २५ फीसद वोट पा कर अब भी वह कांग्रेस से जरा पीछे और तकनीकी रूप से दूसरे नंबर की बड़ी पार्टी है। इससे महत्त्वपूर्ण बात यह है कि भाजपा को अभी भी वे तीन बाधाएँ पार करनी हैं जो सत्ता के उसके रास्ते को ऐतिहासिक रूप से अवरुद्ध करती रही हैं। भाजपा उत्तर और पश्चिम से आगे नहीं बढ़ पा रही है। यह भौगोलिक बाधा उसने पार करनी शुरू तो की है, पर दक्षिण और पूर्व में जो नये वोट उसने पाये हैं वे उसे अपने सहयोगियों से उधार में मिले हैं। तमिलनाडु में कभी अन्नाद्रमुक तो कभी द्रमुक, ओडीशा में बीजू जनता दल और पश्चिम बंगाल में तृणमूल कांग्रेस की बदौलत भाजपा ने ये वोट बटोरे हैं। दूसरी बाधा उसके एक वैचारिक अछूत होने की है जिसने उसे मुख्यधारा से अलग-थलग कर रखा था। समता पार्टी जैसे अपने सहयोगियों की मदद से उसने इस छुआछूत को भी एक हद तक खत्म किया है। इसका एक कारण यह भी रहा है कि पिछले एक दशक में राजनीति की मध्यवर्ती धारा भाजपा की ओर खिसक गयी है। तीसरी बाधा सबसे बड़ी है और इसे अभी पार करना बाकी है। वह है भाजपा का सामाजिक रूप से विशेषाधिकार पाये लोगों की पार्टी होना। अपनी इस छवि को वह नहीं बदल पा रही है। राष्ट्रीय चुनाव अध्ययन १९९८ के नतीजे बताते हैं कि भाजपा का सामाजिक आधार विस्तृत तो हुआ है पर वैसा नहीं जैसा पहले कांग्रेस का हुआ करता था। भाजपा द्विज हिंदुओं और शहरी 'मध्य वर्गों' की पसंदीदा पार्टी ही है। हालाँकि उसे अन्य पिछड़ी जातियों के पर्याप्त वोट पाने में सफलता मिली है, पर दलित और आदिवासी उससे अभी भी दूर हैं। अल्पसंख्यकों के बीच थोड़ी-बहुत सफलता पाने के बावजूद भाजपा अभी भी मुसलमानों का भरोसा जीतने की शुरुआत तक नहीं

कर पायी है।

भारतीय राजनीति के चरित्र को तो भाजपा ने बदला ही, पर भारतीय राजनीति ने भाजपा का जो कायाकल्प किया, वह भी कोई कम महत्त्वपूर्ण नहीं है। दूसरी तमाम पार्टियों की तरह भाजपा में भी अगड़ों और पिछड़ों के बीच तीव्र होड़ है। आणुविक परीक्षण की अपनी योजना को पूरा करने में वह अवश्य कामयाब रही पर पिछले दो दशकों में तकरीबन हर बड़ी राजनीतिक पार्टी में इन परीक्षणों के लिए भाजपा जैसा ही उत्साह था। बम की बातों के चक्कर में हमारा ध्यान इस तथ्य से नहीं हट जाना चाहिए कि सरकार चलाने के एजेंडे में भाजपा को सांस्कृतिक एकरूपतावाले अपने आक्रामक एजेंडे के कई आग्रहों को छोड़ना पड़ा। अपने क्षेत्रीय सहयोगी दलों की इच्छाओं का लिहाज करते हुए भाजपा को अयोध्या में राम मंदिर बनाने, कश्मीर का विशेष दर्जा हटाने और समान नागरिक आचार संहिता बनाने जैसी अपनी पुरानी माँगों को छोड़ना पड़ा।

भाजपा के उभार को दलीय दायरे की व्यापक पुनर्रचना के संदर्भ में देखा जाना चाहिए। हालाँकि १९८९ से १९९९ तक के चुनाव कई समान लक्षण दर्शाते हैं, पर यह कहना सही नहीं होगा कि भारतीय संदर्भ में चुनाव ने राजनीतिक पुनर्संयोजन की कोई भूमिका निभायी है क्योंकि इस देश में कोई स्थिर गठजोड़ रहा ही नहीं। कदम-दर-कदम इन चुनावों ने एक पार्टी की प्रधानता को समाप्त किया और राष्ट्रीय स्तर पर भारत अब बहुदलीय व्यवस्था की ओर बढ़ता नजर आ रहा है। कांग्रेस १९८४ से लगातार लोकप्रियता खोती रही है। उसके वोट घटते रहे हैं और अब्र अन्य पार्टियों की तरह वह भी मात्र एक पार्टी ही रह गयी है, पूरी व्यवस्था की धुरी नहीं। समाज और राजनीति के रिश्तों की ताजा रूपरेखा कांग्रेस के पतन, या उत्तर-कांग्रेस युग की ओर बढ़ने के साथ बनना शुरू हो गयी है। पहले दो चरणों में अगर कांग्रेस के प्रभुत्व की खासियत सामाजिक समुदायों का इंद्रधनुषी गठजोड़ था, तो तीसरे चरण में उस इंद्रधनुष की फाँक-फाँक बिखर रही है। कांग्रेस एक छोटे से इंद्रधनुष को अभी भी थामे हुए है जबकि उसके बड़े प्रतिस्पर्धियों का सामाजिक आधार बेतरतीब बना हुआ है। मानो हर कोई इंद्रधनुष की एक फाँक ले कर भाग रहा हो।

देश के सभी क्षेत्रों में कांग्रेस का सामाजिक आधार भी एक जैसा नहीं रह गया है। देश में कई जगह भाजपा के खिलाफ वह समाज के निचले तबकों की पार्टी है पर पश्चिम बंगाल और केरल जैसे राज्यों में कम्युनिस्टों के मुकाबले वह विशेषाधिकार-प्राप्त लोगों की पार्टी हो जाती है। आजादी के बाद ऐसा पहली बार हुआ कि विभिन्न समुदायों के साथ राजनीतिक पार्टियों की पहचान राष्ट्रीय स्तर पर हो रही है। इसके साथ-साथ राजनीतिक अभिजनों का सामाजिक दायरा भी बढ़ गया है। देर से ही सही, उत्तर भारत में पिछड़ों को सत्ता-हस्तांतरण की प्रक्रिया शुरू हो चुकी है।

राजनीति की इस राष्ट्रीय तस्वीर में नब्बे के दशक में उभरा सर्वाधिक महत्त्वपूर्ण

पहलू साफ नहीं झलकता। यह पहलू है राष्ट्रीय राजनीति से स्वतंत्र राज्यों की राजनीति का उभार। सत्तर और अस्सी के दशकों में राज्यों की राजनीति प्राय: राष्ट्रीय स्तर की घटनाओं को ही प्रतिबिंबित करती थी। विधानसभा चुनावों के लिए लोग इस तरह मतदान करते थे मानो वे प्रधानमंत्री चुन रहे हों। लेकिन अब हालत लगभग उलट गयी है। सिर्फ इतना ही नहीं कि राज्यों का रणक्षेत्र राष्ट्रीय घटनाक्रम के प्रभावों से आमतौर पर मुक्त हो गया है बल्कि लोग अब राष्ट्रीय चुनाव में इस तरह मतदान करते हैं मानो वे अपना मुख्यमंत्री चुन रहे हों। राज्य अब राष्ट्रीय फैसलों को प्रभावित करने की हैसियत पा गये हैं और इसने दलीय प्रणाली को बदल दिया है। राष्ट्रीय स्तर पर जहाँ बहुदलीय प्रणाली का आभास होता है, वहीं राज्य-स्तरीय तस्वीर दो-दलीय प्रणाली के उभार को दर्शाती है। दलीय प्रणाली के इस चरित्र को 'बहुल द्वि-ध्रुवीयता' (मलटीपल बाईपोलैरिटी) के रूप में वर्णित किया गया है। आमतौर पर हर राज्य दो-ध्रुवीय राजनीति की ओर बढ़ रहा है। लेकिन अलग-अलग राज्यों में दलों के भिन्न-भिन्न जोड़े होने से बहुदलीय व्यवस्था का आभास मिलता है। ताजा दौर की लोकतांत्रिक राजनीति का यह चित्र पूरा होने में कुछ और समय लेगा। एक चुनाव या शायद एक से ज्यादा चुनावों के बाद वह पूरी तरह स्पष्ट हो सकेगा। बहरहाल, इस दौर की प्रवृत्तियों में एक बात अत्यंत महत्त्वपूर्ण है और जिसे, हो सकता है कि कभी बाद में इस दौर का निर्णायक लक्षण माना जायेगा। यह है राजनीति की स्वायत्तता का क्षरण। आर्थिक भूमंडलीकरण के चलते यह क्षरण हुआ है और इसे जातीय विभाजनों ने प्रखर किया है। आर्थिक उदारीकरण के मामले में यह प्रक्रिया ज्यादा स्पष्ट दिखती है। आर्थिक नीतियों को उलट दिये जाने के इस कारनामे को चलते हुए एक दशक हो चुका है। इस बदलाव के बारे में न तो चुनाव घोषणा-पत्रों में कोई जिक्र किया जाता है और न ही प्रचार-अभियान में। नयी आर्थिक नीतियों को लागू करने से पहले और न ही बाद में ऐसा कोई साक्ष्य सामने आया है जिससे पता चलता हो कि इन्हें जनसमर्थन हासिल है। इस बीच देश में तीन आम चुनाव हो चुके हैं और तीन प्रधानमंत्री बदल चुके हैं, पर इस मुद्दे पर कोई गंभीर बहस नहीं चलायी गयी है। विश्व बैंक में प्रशिक्षित कुछ गिने-चुने नौकरशाह ही, गाहे-बगाहे राजनीतिक आकाओं के हस्तक्षेप और कुछेक सजावटी परिवर्तनों के साथ तमाम महत्त्वपूर्ण आर्थिक फैसले कर रहे हैं। आनेवाले लंबे समय में इसका लोकतंत्र की गुणवत्ता पर दूरगामी असर पड़े बिना नहीं रहेगा। दूसरे लोकतांत्रिक उभार ने अब तक वंचित रहे जिन लोगों को राजसत्ता तक पहुँचाया है उन्हें शायद अंत में यह पता चले कि इतिहास ने एक बार फिर उन्हें धोखा दे दिया है। उन्हें शायद यह भान हो कि राजसत्ता के जरिये ज्यादा कुछ नहीं किया जा सकता। लोकतंत्र की विचार-यात्रा की इस कथा की यह शायद सबसे गहरी विडंबना है।

लोकतंत्र का कामकाज

यह कहानी यहीं छोड़ कर अब मैं पिछले पचास सालों में लोकतांत्रिक व्यवस्था के कामकाज का लेखा-जोखा लूँगा। यहाँ दो भिन्न सवालों के बीच फर्क करने की जरूरत है, एक, क्या भारत लोकतंत्र को स्थापित करने में सफल रहा है? और दो, क्या भारतीय लोकतंत्र अपने लक्ष्यों को पा सका है? पहला सवाल जहाँ 'लोकतंत्र क्या है' से संबंधित है, वहीं दूसरे का संबंध 'लोकतंत्र क्या करता है' या उसे 'क्या करना चाहिए' से है।

पहले सवाल का जवाब कुछ खुशनुमा हो सकता है। सिर्फ इस वजह से कि यह सवाल हमें कुछ अन्य उत्तर-औपनिवेशिक देशों के दुखद इतिहास की याद दिलाता है। लोकतंत्र की न्यूनतम परिभाषा के हिसाब से भारत लोकतंत्र है और जहाँ तक दिखायी देता है वहाँ तक इसके लोकतंत्र बने रहने के आसार लगते हैं। लोकतंत्रीकरण का तुलनात्मक अध्ययन यह दर्शाता है कि यह अपने आप में एक उपलब्धि है। यह उपलब्धि कई बार इतनी सहज प्रतीत होती है कि इसे भूलने या इसके प्रति लापरवाही बरतने का खतरा है। लोकतंत्र की इस उपलब्धि को इस व्यवस्था के कुछ कटु आलोचक मानने पर मजबूर हुए हैं। सालों भूमिगत रह कर व्यवस्था के खिलाफ हिंसा की राजनीति करने के बाद जब भारतीय कम्युनिस्ट पार्टी (मार्क्सवादी-लेनिनवादी) ने कुछ साल पहले खुली राजनीति करने और चुनाव लड़ने का फैसला किया तो वह भारतीय लोकतंत्र के लिए एक गौरव का क्षण था। भारत लोकतंत्र है, इसका अर्थ महज यह नहीं है कि भारत ने लोकतांत्रिक शासन के औपचारिक सांविधिक ढाँचे को कायम रखा है, इसका अर्थ यह भी है कि उसने लोकतंत्र की भाषा को स्वीकार कर लिया है। शिव विश्वनाथन की एक यादगार उक्ति का इस्तेमाल करें तो भारत ने लोकतंत्र को हृदयंगम (बाईहार्टेड) कर लिया है। ठेठ भारतीय अंग्रेजी से निकली यह अभिव्यक्ति इस बात को बखूबी दर्शाती है कि कैसे भारतवासियों ने लोकतंत्र के विचार का पंचमेलीकरण किया है। उन्होंने लोकतंत्र के पाश्चात्य विचार को अपने विचार की तरह अपनाया और फिर उसे ठोंक-पीट कर अपनी जरूरत के मुताबिक बना डाला। परिणामतः लोकतंत्र के विचार का स्थानीयकरण हुआ और वह समाज की दैनंदिन प्रकृति बन गया। मसलन, भारत में मतदान-आधारित चुनाव का इस्तेमाल छोटी-छोटी बातों के लिए भी होता है। लगातार होनेवाले लगभग असीमित मताधिकार पर आधारित नाना प्रकार के चुनाव एक दिनचर्या को स्थापित करते हैं। विश्वविद्यालयों की शैक्षिक परिषदों के चुनाव, कॉलेज की प्रबंध समिति के चुनाव, सहकारी बैंकों के अध्यक्ष के चुनाव, खेलकूद की चयन-समितियों के चुनाव और तमाम तरह के अन्य चुनाव यानी संपूर्ण सार्वजनिक जीवन में एक से अधिक दावों के निपटारे के लिए चुनाव प्रमुख तरीका हो गया है। प्रतिरोध की संस्कृति की सर्वव्यापकता इस सिलसिले में एक अन्य उदाहरण है। महत्त्वपूर्ण हो या कोई मामूली मसला, जनता का सामूहिक विरोध हरदम मौजूद रह कर लोकतांत्रिक अधिकारों में आस्था की याद दिलाता

रहता है। लोकतंत्र के विचार ने अपने भारतीय रूप में नागरिकता, राजनीतिक अधिकारों और राजनीतिक भागीदारी की खूबियों के प्रति आम भारतीयों की आस्थाओं को गढ़ा है। इससे भी बढ़ कर लोकतंत्र के विचार ने शासन की वैधता की जाँच के लिए एकमात्र प्रामाणिक कसौटी मुहैया की है। एक नागरिक आखिर राज्य-व्यवस्था को क्यों माने, इस नैतिक प्रश्न का समाधान भी लोकतंत्र की भाषा ही कर सकती है।

लोकतंत्र का विचार राजनीतिक प्रक्रियाओं में मूर्तिमान हो गया है और इसने कुल मिलाकर कम-से-कम अब तक काफी कुछ गतिशीलता बरकरार रखी है। व्यापक भागीदारी और अत्यंत तीव्र राजनीतिकरण की बुनियादी प्रवृत्ति संपूर्ण देश में (सिर्फ जम्मू-कश्मीर और पूर्वोत्तर के कुछ हिस्सों को छोड़कर) इस विचार को नीचे से ऊपर और दाएँ से बाएँ तक फैलाती रही है। चुनावी राजनीति ने भी अब तक गैरराजनीतिक रहे तबकों को अपनी तरफ आकृष्ट करने, मतभेदों को मुखरित करने और खाइयों को पाटने की अपनी गतिशील क्षमता कायम रखी है। पहले से मौजूद सामाजिक विभाजनों से खुद को जोड़ने और उन्हें बदलने की उसकी क्षमता के ही कारण भारतीय समाज में लोकतंत्र अपनी जड़ें जमा सका है।

लोकतंत्र के विचार के पास अब शक्तिशाली और विश्वसनीय वाहक भी हैं। अन्य उत्तर-औपनिवेशिक राज्य-व्यवस्थाओं के बनिस्बत भारत के पास राजनीतिक अभिजनों के दायरे में नयी भर्ती के लिए कहीं विस्तृत निकाय है। एक मोटे अंदाज के अनुसार राष्ट्रीय स्तर से गांव-स्तर तक निर्वाचित जनप्रतिनिधियों की संख्या तीस लाख के करीब है। नतीजतन राजनीति में भूमिका निभानेवाली एक बड़ी फौज बन जाती है। जनप्रतिनिधियों, विरोधियों, आशान्वितों और फिसड्डियों को मिलाकर यह संख्या कम-से-कम एक करोड़ बैठती है। लोकतंत्र के बचाव के लिए इनकी लोकतांत्रिक निष्ठा पर नहीं तो आत्म-संरक्षण की सहजवृत्ति पर भरोसा जरूर किया जा सकता है।

स्पर्धात्मक राजनीति ने यह सुनिश्चित किया है कि ये सक्रिय हिस्सेदार सिर्फ पारंपरिक सामाजिक अभिजनों में से न आयें, हालाँकि इस तरह के अभिजनों की इसमें हिस्सेदारी अब भी अनुपात में कहीं ज्यादा बनी हुई है। हालाँकि पिछले दो दशकों में पार्टियों की गतिशीलता और वैधता काफी कुछ कमजोर हुई है फिर भी 'पार्टी' का विचार अब पश्चिम से आयातित विचार नहीं रह गया है। वह गाँव-गाँव में व्याप्त हो चुका है और हर भारतीय भाषा में उसे जगह मिल गयी है। स्थापित नेताओं और पार्टियों के अलावा ऐसे कई आंदोलनकारी समूह, गैरदलीय राजनीतिक मंच और गैरसरकारी संगठनों समेत नागरिक समाज के विभिन्न संगठन हैं जिन्होंने लोकतंत्र के विचार को भारत में गहरायी दी है। इनकी भूमिका कमतर नहीं है। इन्होंने ऐसे कामों को उठाया है जो आमतौर पर नहीं उठाये जाते। इन समूहों ने ऐसी माँगों को आगे बढ़ाया है जो चुनावी होड़ में ज्यादा दिन नहीं टिक सकतीं और ऐसे मुद्दे उठाये हैं जिन्हें राष्ट्रीय राजनीतिक एजेंडे में अभी जगह मिलना

बाकी है। इन्होंने लोकतंत्र की भावना को उस समय जिलाये रखा जब स्थापित राजनीति का तंत्र उसे पोषित करने में नाकाम हो गया था।

मैं नहीं चाहता कि मेरा यह वर्णन लोकतंत्र को भारत में वस्तुस्थिति से कहीं ज्यादा सुरक्षित साबित कर दे, इसलिए यहाँ लोकतंत्र के उज्ज्वल पक्ष के साथ-साथ उन अँधेरे कोनों के बारे में चर्चा जरूरी है जो न्यूनतम अर्थ में भी लोकतंत्र के भविष्य को ले कर चिंता उत्पन्न करते हैं। हालाँकि इन चिंताओं से लोकतंत्र के ढह जाने का कोई आसन्न खतरा नहीं है, बावजूद इसके कि भारतीय लोकतंत्र का औपचारिक संस्थागत ढाँचा कभी भी बहुत पुख्ता नहीं था। लोकतंत्र के विचार की तरह उदार लोकतंत्र की संस्थाओं को भारतीय हृदय में जगह नहीं मिल सकी है। यह सच है कि अन्य उत्तर-औपनिवेशिक राज्य-व्यवस्थाओं की तुलना में भारत की लोकतांत्रिक संस्थाएँ आज भी ज्यादा मजबूत हैं पर शृंखला की वे सबसे मजबूत कड़ियाँ नहीं हैं। लोकतंत्रीकरण की प्रक्रिया उन्हें और कमजोर कर रही है। चुनावी क्षेत्र में जो दावे जगह नहीं पाते उन पर पर्याप्त ध्यान नहीं जाता। न्यायिक तंत्र पर जितने मुकदमे लाद दिये गये हैं, उन्हें सँभाल पाने के लिए वह कभी तैयार नहीं दिखता। बड़ी अदालतों में इधर आयी सक्रियता के बावजूद कुल मिलाकर न्यायिक तंत्र का प्रभाव पिछले कुछ वर्षों में कम हुआ है। नौकरशाही औपनिवेशिक काल से ही राजनीतिकरण का शिकार रही है। लोकतंत्रीकरण की प्रक्रिया ने उसका और ज्यादा राजनीतिकरण तो किया पर बदले में उसे जनता के प्रति जवाबदेह नहीं बनाया जा सका। ऐसा इसलिए हुआ क्योंकि नौकरशाही अभी भी अपनी औपनिवेशिक विरासत से बाहर नहीं आ सकी है। इन व्याधियों का मिला-जुला असर यह हुआ है कि कानून का प्रभावी राज आज भी आम नागरिक के लिए एक सपना ही है।

सत्ता के केंद्रों और जनता के बीच कड़ी के रूप में काम करनेवाली बिचौलिया संस्थाओं का काफी पतन हो गया है। राजनीतिक पार्टियों के अंदर लोकतांत्रिक प्रक्रियाओं के लगभग ढप्प पड़ जाने ने एक बड़ा शून्य खड़ा कर दिया है जिसे मैनेजरी राजनीति और अपराधीकरण ने भरा है। राजनीतिक प्रक्रिया की जो स्वायत्तता लोकतंत्रीकरण के भारतीय रास्ते की मूल भावना रही है, वह आज अतिक्रमण के खतरों से घिरी हुई है। राजनीतिक सत्ता प्रबल आर्थिक हितों को साधने का जरिया बन गयी है। भारतीय अर्थनीति के भूमंडलीकरण से नयी ढाँचागत सीमाएँ खड़ी हो गयी हैं। इन दोनों के कारण राजनीतिक प्रक्रिया की स्वायत्तता पर खतरा मँडराने लगा है। ये सब लोकतंत्र की आसन्न मृत्यु के संकेत प्रतीत हो सकते हैं, लेकिन ऐसा नहीं होने जा रहा है। हाँ, यह सही है कि यदि इन प्रवृत्तियों का राजनीतिक प्रक्रिया के भीतर से पर्याप्त मुकाबला नहीं किया गया तो हम धीरे-धीरे एक सतही लोकतंत्र की तरफ बढ़ते चले जायेंगे।

सफलताएँ और असफलताएँ

लोकतंत्र की न्यूनतम परिभाषा से एक आदर्श परिभाषा की तरफ बढ़ते ही ऊपर उठाये गये दो सवालों के बीच का अंतर गायब हो जाता है। 'लोकतंत्र क्या है' और 'वह क्या करता है' के बीच फर्क उस समय खत्म हो जाता है जब हम उसे उसकी संस्थागत कसौटियों पर कसने की बजाय उसे उसके परिणामों के आधार पर परखना शुरू करते हैं। इस मुकाम पर लोकतंत्र को जाँचने का कोई भी सार्वभौम पैमाना कारगर नहीं रह जाता। लोकतंत्र के माध्यम से व्यक्त विशिष्ट सपनों और आदर्शों के ऐतिहासिक संदर्भ के बिना उसकी व्याख्या नहीं की जा सकती। यह बात हमें उन चार लक्ष्यों की ओर लौटा लाती है जो भारतीय मॉडल में अंतर्निहित हैं। इन्हीं के संदर्भ से लोकतांत्रिक शासन-प्रणाली की सफलताओं और असफलताओं पर चर्चा की जा सकती है।

विधिसम्मत लोकतंत्र की स्थापना और उसके फलने-फूलने के जरिये राजनीतिक लोकतंत्र उपलब्ध करने के पहले लक्ष्य को अंशत: हासिल कर लिया गया है। लोकतंत्र अपने आप में व्यक्ति और समाज को गरिमा और स्वाधीनता प्रदान करता है। भारतीय मॉडल में लोकतंत्र इन चारों लक्ष्यों को अर्जित करने के लिए एक प्रमुख शर्त की तरह रहा है। इस अर्थ में कहा जा सकता है कि अपनी बढ़ती हुई खामियों के बावजूद भारतीय राज्यतंत्र ने लोकतंत्र की जिस धरोहर को हासिल किया है, वह संरक्षण के योग्य है। अपनी सीमाओं में घिरे सभी क्षेत्रों में लोकतंत्र ने किसी भी शासन-प्रणाली से की जानेवाली न्यूनतम अपेक्षाओं को पूरा करने में सफलता प्राप्त की है, अर्थात उसने अपने अस्तित्व को बचाते हुए लोगों को संपूर्ण अराजकता से बचाया है। भारत ने सैनिक तख्तापलट की आशंकाओं को लेशमात्र भी अपने पास नहीं फटकने दिया है। उसने विरासत में अर्जित अपनी सीमाओं की (पूर्वोत्तर के नगालैंड और मिजोरम में तो) बेरहम और अलोकतांत्रिक तरीकों से भी हिफाजत की है। उसके ज्यादातर नागरिक संपूर्ण अराजकता के अंधे कुएँ में गिरने से बचे रहे हैं। हालाँकि ये सारे तथ्य किसी भी विशुद्ध लोकतंत्रवादी को संतुष्ट नहीं कर पायेंगे लेकिन हमें ध्यान रखना होगा कि लोकतांत्रिक शासन-व्यवस्थाओं का पतन अक्सर सर्वोच्च लोकतांत्रिक आदर्शों का पालन करने में कोताही करने के कारण न होकर न्यूनतम आशाओं पर भी खरे न उतर पाने के कारण होता है।

संस्थागत रूप से या एक शासन के रूप में लोकतंत्र की उपलब्धियाँ अपने आप में काफी नहीं हैं। केवल इनके दम पर लोकतंत्र के विचार से जुड़ी गहन नैतिक अपेक्षाओं को संतुष्ट नहीं किया जा सकता। राजनीतिक आदर्श के रूप में लोकतंत्र समतामूलक समुदाय रचने का वायदा करता है। इस समुदाय में साधारण नागरिक सच्ची आजादी का आनंद उठाने की उम्मीद रखता है। इस आदर्श का अभिप्राय यह है कि जनता पर जनता के सिवा और किसी का शासन न हो। भारत में राष्ट्रीय आंदोलन ने इस आदर्श को, ज्यादा गहरे अर्थ में स्वराज के लक्ष्य में व्यक्त किया

था। इस स्वराज का तात्पर्य स्वशासन ही था। इस लिहाज से ऐसा कोई भी दावा गले नहीं उतर सकता कि भारतीय लोकतंत्र इस आदर्श की उपलब्धि के जरा भी निकट पहुँच सका है। भारत ही नहीं, शायद ही कोई और लोकतंत्र इसे उपलब्ध कर पाया हो। लेकिन अन्य लोकतंत्रों की असफलता उन लोगों को तसल्ली नहीं दे सकती जिन्होंने इसी आदर्श से ओतप्रोत होकर स्वराज के लिए संघर्ष किया था। जवाहरलाल नेहरू द्वारा १४ अगस्त, १९४७ की आधी रात को दिये गये 'नियति से मुलाकात' वाले मशहूर भाषण के समय से ही समतामूलक समुदाय बनाने का वायदा खोखला साबित हुआ है। उसकी तुलना में 'आजादी की सुबह' पर लिखी हुई फ़ैज अहमद फ़ैज की नज्म '... वो इंतजार था जिसका ये वो सहर तो नहीं' वस्तुस्थिति के ज्यादा करीब साबित हुई है। लोकतंत्र से न तो समुदाय हासिल हुआ, न ही समता। जिस राजनीतिक समुदाय या शायद राजनीतिकृत सामाजिक समुदायों को इस लोकतंत्र ने रचा वे दरअसल समुदाय हैं ही नहीं, क्योंकि उनमें जो जीवन है, अगर वह विकृत नहीं तो छिछला तो निश्चित ही है। औपचारिक तौर पर ही सही, जो आजादी यह लोकतंत्र देता है उसका वितरण भी बंदर-बाँट शैली में विषमतापूर्ण हुआ है। सिद्धांत रूप में जो सत्ता यह लोकतंत्र जनता को सौंपती है, उसका इस्तेमाल असली जनता शायद ही कर पाती है। भारतीय गणराज्य के नागरिकों में ऐसे लोगों की संख्या कम नहीं है जो अपने को आज भी उतना ही अधिकारहीन पाते हैं जितना वे अंग्रेजों के जमाने में थे।

राष्ट्रीय एकता हासिल करने के मामले में भारतीय लोकतंत्र का रिकॉर्ड एक आदर्श कसौटी पर खरा नहीं उतरा है। अभी बहुत कुछ हासिल करना बाकी है पर भारत के पड़ोसियों के उदाहरणों को सामने रखें तो लगता है कि हमारा रिकॉर्ड उतना खराब नहीं रहा है। कुछ क्षेत्र (कश्मीर और पूर्वोत्तर के पहाड़ी राज्य) और कुछ कालखंड (श्रीमती गाँधी के शासन का दूसरा दौर) ऐसे रहे हैं जो इसके अपवाद की तरह हैं। पर कुल मिलाकर विविधता में एकता कायम करने के लिए भारतीय प्रभु-वर्ग ने अमेरिकी 'मेल्टिंग पॉट' वाला तरीका न अपना कर 'सलाद पात्र' जैसी ही एकता बनाने को प्राथमिकता दी है। कहने का आशय यह है कि विभिन्न समुदायों और उदीयमान राष्ट्रीयताओं पर यह दबाव नहीं डाला गया कि भारतीय राष्ट्र में शामिल होने की पूर्व-शर्त के तहत वे अपनी पहचान त्याग दें। बहुसंस्कृतिवाद के भारतीय संस्करण में उन्हें विशिष्ट और भिन्न अवयवों की तरह अंगीकार कर लिया गया यह प्रयास भी कुल मिलाकर सफल रहा है। दूसरे देशों में विभिन्न सामाजिक समूहों के बीच सत्ता की साझेदारी को सुनिश्चित करने के लिए संवैधानिक-कानूनी प्रावधानों का सहारा लेना पड़ा। हमारे यहाँ यही उपलब्धि सामाजिक और क्षेत्रीय विविधताओं को राजनीति के वैध माध्यम से अपनी बात कहने और उनके प्रतिस्पर्धी दावों को राजनीतिक लेन-देन के जरिये निपटाकर हासिल की गयी। बेशक, हमारा दामन दूध से धुला नहीं है। बहुसंख्यक समुदाय की ज्यादतियों की एक से ज्यादा मिसालें हैं, जैसे १९८४ के सिख विरोधी दंगे और

१९९२ में बाबरी मस्जिद का ढहाया जाना। पर कुल मिलाकर ऐसा लगता है कि लोकतांत्रिक राजनीति ने इस सिलसिले में आत्मशोधन का तंत्र विकसित कर लिया है। पंजाब में १९९७ में हुए चुनाव और १९९२ के बाद से उत्तर प्रदेश की राजनीति यही दर्शाती है। पुनरावलोकन करते हुए महसूस होता है कि विविधताओं का प्रभावी राजनीतिक समायोजन पिछले पचास सालों में भारतीय लोकतंत्र की एक असाधारण उपलब्धि है।

बहरहाल, इस उपलब्धि पर ज्यादा खुश नहीं हुआ जा सकता क्योंकि इसमें एक नैसर्गिक कमजोरी मौजूद है। सत्ता में हिस्सेदारी का बंदोबस्त करने में ही राजनेताओं की सारी शक्ति खर्च हो जाती है। हालत यह है कि व्यवस्था की आत्मशोधन की क्षमता समस्याओं को निबटाते-निबटाते थक जाती है। इस कमी को हमें कभी नहीं भूलना चाहिए क्योंकि विविधताओं की राजनीति को सबसे बड़ी संगठित चुनौती केंद्र में सत्तासीन भाजपा सरकार के रूप में सामने खड़ी है। लेकिन विविधताओं को सबसे बड़ा खतरा तो उन शक्तियों के कारण मँडरा रहा है जो कम संगठित हैं, कम दिखायी पड़ती हैं और जिन्हें सामान्य समझ के मुताबिक राजनीतिक भी नहीं माना जा सकता। ये हैं सांस्कृतिक समरूपीकरण की शक्तियाँ, आधुनिकता की एकांगी संस्कृति और राष्ट्र-राज्य की विचारधारा। विविधता को मिलनेवाली खुली राजनीतिक चुनौतियों का मुकाबला करने के मामले में तो यह व्यवस्था कुछ-कुछ कामयाब हुई भी है लेकिन अपने अंदर से उठनेवाली कहीं गहन चुनौतियों के खिलाफ संघर्ष में यह व्यवस्था कमजोर निकली है।

लोकतांत्रिक आमंत्रण में सामाजिक क्रांति का जो वायदा निहित रहा है उसे अंशों और टुकड़ों में ही पूरा किया जा सका है। ऐसी बात नहीं है कि समाज पर राजनीति का कोई असर न पड़ा हो। दरअसल, इन पचास सालों को भारतीय समाज के इतिहास में संभवतः इस तरह दर्ज किया जायेगा कि यह अवधि मुख्यतः चुनावी राजनीति द्वारा जाति-व्यवस्था में बुनियादी बदलाव का सिलसिला शुरू करनेवाली रही है। कम-से-कम एक अर्थ में इसने कुछ क्रांतिनुमा काम जरूर किया है, इन पचास सालों में वर्ण-व्यवस्था पर आधारित रुतबे और राजनीतिक सत्ता का सीधा रिश्ता टूट गया है। यानी उच्च जातियों के राजनीति के शीर्ष पर रहने की गारंटी खत्म हो गयी है। हालाँकि यह एक बुनियादी परिवर्तन है, पर अपने आप में यह समता की गारंटी भी नहीं है। सामाजिक समता स्थापित करने की बजाय लोकतांत्रिक राजनीति के कारोबार ने अभिजनों की संरचना को गड्डमड्ड करने और उनके दायरे का विस्तार करने की भूमिका का अधिक निर्वाह किया है। सामाजिक समता के क्षेत्र में लोकतांत्रिक राजनीति का योगदान जातियों और समुदायों का राजनीतिकरण करना रहा है। राजनीतिकृत होने के बाद जातियाँ और समुदाय इहलौकिक सत्ता और हैसियत की लड़ाई में लगे हुए हैं।

चूँकि नर-नारी समता का सवाल वोट बटोरने में बहुत मददगार नहीं होता, इसलिए इस दिशा में स्पर्धात्मक राजनीति जातिगत असमानता के क्षेत्र जैसा कोई

परिवर्तन लाने में असफल रही है। पिछले पचास सालों में संसद और विधानसभाओं में महिलाओं के प्रतिनिधित्व का प्रतिशत क्रमशः आठ और चार फीसद पर ठहरा हुआ है। राष्ट्रीय आंदोलन में भले ही महिलाओं की भागीदारी बहुत अधिक न रही हो पर उसने यह तो सुनिश्चित किया ही था कि सार्वजनिक जीवन में महिलाओं की आवाज सुनी जाने लगे। विधायिकाओं में उनकी उपस्थिति और राजनीतिक पार्टियों में उनकी आवाज को मद्देनजर रखें तो आश्चर्य ही होगा कि महिलाओं के मुद्दों पर कुछ चर्चा भी होती है। दरअसल इसका प्रमुख कारण विमर्श की राजनीति है जिसमें महिलाओं के बढ़ते आंदोलनों ने भरपूर योगदान किया है। इसी के परिणामस्वरूप भारत में लैंगिक समानता पर ठीक-ठाक 'प्रगतिशील' कानून हैं। स्थानीय निकायों के चुनाव में महिलाओं के लिए एक तिहाई सीटों के आरक्षण का प्रावधान भी इसमें शामिल है। लोकसभा और विधानसभाओं में ऐसे ही विधेयक का कड़ा विरोध राजनीतिक इच्छाशक्ति के अभाव को सामने लाता है। इसके मूल में स्त्री-प्रश्न पर अपनायी जानेवाली प्रतीकात्मक प्रगतिशीलता ही है।

खुशहाली के वायदे को पूरा न कर पाना लोकतांत्रिक राजनीति की सबसे बड़ी विफलता रही है। सभी के लिए जीवन की समान और औचित्यपूर्ण सुविधाएँ सुनिश्चित करना तो दूर, वह लोगों की न्यूनतम जरूरतें पूरी करने में भी सफल नहीं हुई। अपने नागरिकों द्वारा जीवन में भोगे जानेवाले बदतर तिरस्कारों और घिनौने भेदभाव को भी वह नहीं हटा सकी है। यह सच है कि ज्यादातर लोगों के लिए जीवन-दशाओं में बहुत ज्यादा गिरावट नहीं आयी है। यह भी सच है कि भारत अपनी आबादी में गरीबों का अनुपात कुछ कम कर पाया है और भारतीय अर्थनीति भी मुद्रास्फीति के दलदल में या कर्ज के फंदे में नहीं फँसी है। 'राष्ट्रीय चुनाव अध्ययन १९९६' के सर्वेक्षण के अनुसार आबादी का एक बड़ा हिस्सा मानता है कि पिछले कुछ सालों में उसकी माली हालत सुधरी है और एक बड़ी संख्या में लोग यह स्वीकारते हैं कि उनकी अपेक्षा उनके बच्चों के लिए आज बेहतर अवसर सुलभ हैं। पर एक महत्त्वपूर्ण वर्ग ऐसा भी है जो बिलकुल हाशिये पर जीता है और जो आर्थिक स्थिति में कोई सुधार नहीं देख पाता। मुख्यतः दस्तकारों के समुदायों और अनुसूचित जनजाति के लोग इसमें शामिल हैं। वे जीवन की गुणवत्ता में चौतरफा गिरावट का अनुभव कर रहे हैं। जनता के कुछ तबकों के लिए बेहतर स्वास्थ्य और शिक्षा सेवाओं में भी गिरावट आयी है।

हमें याद रखना चाहिए कि लोकतांत्रिक राजनीति तो सिर्फ वह औपचारिक तंत्र मुहैया कराती है जो गरीबों की बहुसंख्या को राजनीतिक बहुसंख्या में बदलने की संभावना प्रदान करता है ताकि गरीब राजसत्ता को अपने हाथों में ले कर भौतिक संसाधनों का समतामूलक पुनर्वितरण कर सकें। यह राजनीति गरीबों के लिए ऐसी गुंजाइशें भी पैदा करती है जिनके तहत वे संसाधनों में बढ़ोतरी करते हुए सर्वाधिक वंचितों की जरूरतों को पूरा कर सकते हैं। लेकिन, लोकतंत्र अपने कारोबार में ऐसा कुछ भी नहीं करता जो सुनिश्चित करे कि तंत्र का इसी उद्देश्य की पूर्ति के लिए

इस्तेमाल होगा। लोकतंत्र अपने औपचारिक तंत्र के अलावा एक ऐसा राजनीतिक माध्यम भी मुहैया कराता है जिसके जरिये संभावित बहुमत का विश्वास जीत कर उसे राजनीतिक बहुमत में बदला जा सकता है। पर यह स्थिति भी भारत में अनिश्चित साबित हुई है। भारतीय मॉडल ने राजनीति से आर्थिक विकास के लिए तीन तत्त्व प्रदान करने की अपेक्षा की थी, राजनीति को आर्थिक विकास का ब्लू प्रिंट मुहैया कराना था, राजनीतिक हितों की संरचनाओं के मुताबिक उस ब्लू प्रिंट को लागू करने की राजनीतिक इच्छाशक्ति प्रदान करनी थी और समतामूलक राजनीति के लिए जनसमर्थन जुटाना था। इनमें से वह तीसरे घटक की पूर्ति में ही सफल रही, वह भी अंशतः। भूमंडलीकरण और उदारीकरण के ताजा दौर के चलते बची-खुची समतामूलक राजनीति से भी उसकी निर्णायक वापसी हो चुकी है। अब ऐसी कोई प्रभावी राजनीतिक इच्छाशक्ति नहीं रह गयी है जो गरीबी के सवाल पर कुछ करने की सोचे। बल्कि ऐसी कोई सुसंगत बौद्धिक रूपरेखा भी नहीं रह गयी है जो यह बताये कि शुरुआत कहाँ से करनी चाहिए। राजनीतिक विस्मृति हावी हो चुकी है। अंतर्दृष्टि को पक्षाघात ने विकल कर दिया है। इन दोनों ने मिल कर भारतीय लोकतंत्र की आधारभूत नैतिक प्रेरणा के लिए सबसे बड़ी चुनौती पेश कर दी है।

निष्कर्ष

लोकतंत्र की इसी कहानी में अंतर्निहित एक सामान्य प्रश्न उठाते हुए, मैं इस विवरण का सार संकलन करूँगा। वह सवाल है, लोकतंत्र का विचार जब शीर्ष पर बैठें अभिजनों से नीचे की ओर जनसाधारण तक पहुँचता है तो क्या परिणाम निकलते हैं? पचास साल पहले यह प्रश्न पूछने की जरूरत किसी ने महसूस नहीं की थी। पचास साल पहले एक गरीब विषमतामूलक औपनिवेशिक समाज में लोकतंत्र को स्थापित करने का फैसला उतना साहसिक नजर नहीं आता था जितना आज पीछे मुड़ कर देखने पर लगता है। वक्त ने सभी को यह भुला दिया है। पहले कभी किसी समाज ने इतनी सफलतापूर्वक इस रास्ते को नहीं चुना था। और, न ही तब से अब तक किसी ने ऐसा किया है। आज तथ्य यह है कि गरीबी हटाने, असमानताएँ मिटाने और औपनिवेशिकता की सांस्कृतिक गुलामी को उतार फेंकने में असफल रहते हुए भी भारत लोकतंत्र बना हुआ है। पचास साल पहले इस संभावना के बारे में शायद ही किसी ने सोचा हो कि जिन आदर्शों को ले कर हम १५ अगस्त, १९४७ को चले थे उनमें अब सिर्फ लोकतंत्र ही बचा है। इस संभावना के लिए न तो हमें इतिहासकारों और न लोकतंत्र के राजनीतिक सिद्धांतकारों ने तैयार किया था। उन्होंने तब से अब तक ऐसा कोई प्रयास भी नहीं किया है।

इस प्रश्न पर चिंतन किये जाने का एक कारण और है। लोकतंत्र के संस्थापक, यानी इस खेल के शुरुआती मेजबान, इस भ्रम को पाले हुए थे कि जनसाधारण की तरफ यात्रा करते हुए लाकतंत्र का विचार जस का तस रहेगा। उसने सोचा था कि

पश्चिमी लोकतंत्र से उधार ले कर स्थापित की गयी संस्थाएँ और विचार अपने विशुद्ध रूप में नीचे रिस-रिस कर जनमानस तक पहुँचेंगे। उन्हें जरा भी गुमान नहीं था कि इन विचारों को ग्रहण करनेवाले आम लोग खुद भी सोचने-समझनेवाले हैं और वे ग्रहण किये विचारों को उसी तरह बदल कर रख देंगे जैसा कि खुद अभिजनों ने उदारतावाद की पश्चिमी अवधारणाओं के साथ किया था। समाजविज्ञान की ताजा शब्दावली का इस्तेमाल करते हुए कहें तो इस मॉडल को *ग्रहणशीलता के सिद्धांत* (थ्योरी ऑव रिसेप्शन) के बारे में कुछ भी अता-पता नहीं था। यह अज्ञान का एक अँधेरा कोना था। हमारे अभिजन भूल गये थे कि लोकतंत्र की सफलता जनता की कल्पना में लोकतांत्रिक स्वप्न की पुनर्रचना करने और लोकतंत्र के सार्वभौम आदर्श को विशिष्ट भारतीय संदर्भ में जोड़ने पर निर्भर थी। भारतीय मॉडल के संस्थापकों में से कुछ एक दूसरी तरह का भ्रम पाले हुए थे कि जब लोकतंत्र का विचार नीचे पहुँचेगा तब जनता उसे स्वत:स्फूर्त ढंग से पूरी तरह बदल देगी। यह एक रोमानी खयाल था जिसके अनुसार लोकतंत्र की उधारी भाषा में अपने आप को पूरी तरह बदल लेने की संभावना अंतर्निहित थी और अनपढ़ जनता में इस संभावना का पूरा इस्तेमाल कर इस भाषा को अपनी जरूरत के मुताबिक ढालने की क्षमता थी।

पिछले पाँच दशकों के अनुभव इन दोनों अपेक्षाओं की पुष्टि नहीं करते। भारत में लोकतंत्र विचार-यात्रा ने अपने स्पर्श से न सिर्फ उन करोड़ों लोगों की जिंदगियाँ बदल दी हैं बल्कि कई मायनों में उसने लोकतंत्र के विचार को भी बदल दिया है। पंचमेलीकरण कहिये या 'देसीकरण', लोकतंत्र ने भारत में जो भी सफलता अर्जित की है उसके मूल में यही कायापलट है। जनता की आस्थाओं से पश्चिमी लोकतांत्रिक विचार की गाँठ बाँधने की गंभीर कोशिश ही भारत को उन दूसरे देशों की तुलना में विशिष्ट बनाती है, जहाँ लोकतांत्रिक व्यवस्था की पौध पनप ही नहीं पायी। और, यही वह तत्त्व है जो भविष्य में भी इस विशिष्टता को बनाये रख सकता है।

कहना न होगा कि पंचमेलीकरण अपने आप में कोई जादुई इलाज नहीं है। लोकतंत्र को कारगर बनाने के लिए उसका भारतीयकरण एक अनिवार्य शर्त है लेकिन यह अपने आप में पर्याप्त नहीं है। यह एक विराट ऐतिहासिक प्रक्रिया है जो किसी एक पटकथा में फिट नहीं बैठती और न ही जिसका कोई साफ-सुथरा क्लाइमेक्स होता है। इस प्रक्रिया में जगह-जगह झोल रहने ही हैं। इसमें से अंतर्विरोध निकलने ही हैं। ऐसी कोई दैवी शक्ति नहीं है जो इसकी सभी सलवटों को सीधा कर सके। जाहिर है कि आमूल परिवर्तनकारी लोकतंत्र की भाषा रचते रहने का कोई शार्टकट उपलब्ध नहीं है। उसके एक-एक तार को कसते रहने और एक-एक धागे को बुनते रहने के अलावा और कोई चारा नहीं है।

वैधता के नये स्रोत

पढ़े-लिखे लोग भले ही मानते रहें कि भारत में लोकतंत्र की हालत पतली है, पर आँकड़े कुछ और ही बताते हैं। गरीबों और कमज़ोर वर्गों को नेताओं की निष्ठुरता, सरकारी अफसरों की अक्षमता और लोकतांत्रिक संस्थाओं के नाकारापन के बावजूद एक शासन-प्रणाली के रूप में लोकतंत्र और उसकी प्रतिनिधित्व-प्रणाली पर भरोसा है। वे बड़ी संख्या में वोट देने निकलते हैं। इसके उलट पढ़ा-लिखा और द्विज तबका लोकतंत्र से कटता जा रहा है और पहले से कहीं कम मतदान करता है। लोकतंत्र की वैधता पच्चीस साल पहले समाज के जिस हिस्से से निकलती थी, उसकी बजाय अब उसके स्रोत गरीब और उत्पीड़ित समुदाय हैं। लोकतांत्रिक प्रक्रिया ने उन समुदायों को परंपरागत सामाजिक ढाँचे की जकड़बंदी के खिलाफ संघर्ष की गुंजाइश प्रदान की है। देखने में मामूली लगनेवाली यह उपलब्धि दरअसल बहुत महत्त्वपूर्ण है। लोकतंत्र अधिक आत्मसम्मान की कामना का वाहक बन कर उभरा है।

गरीबों का लोकतंत्र

जवीद आलम

भारत में लोकतंत्र के पचास साल बीत चुके हैं। इस दौरान वह संपूर्ण और समतामूलक वैधानिक नागरिकता के प्रावधान से लैस रहा है। पचास के दशक के उत्तरार्ध से ही उसके नाश की भविष्यवाणियाँ हो रही हैं लेकिन सेलिग हैरिसन जैसे भविष्यवक्ताओं को उसने बार-बार गलत साबित किया है। यहाँ तक कि आपातकाल की त्रासदी को भी वह कामयाबी से पार कर गया और इस निरंकुशता के खिलाफ संघर्ष में उसकी राजनीति और तंत्र को मामूली खरोंच ही लगी।

पढ़ा-लिखा तबका भारतीय लोकतंत्र की जड़ों को कमजोर मानता है लेकिन यह साबित किया जा सकता है कि पिछले पचास साल में इस व्यवस्था की बुनियाद और मजबूत हुई है। बार-बार बदलती सरकारों, राजनीतिक अस्थिरता और ऐसी ही न जाने कितनी समस्याओं के बावजूद लोग आज लोकतंत्र को पहले के मुकाबले कहीं ज्यादा उम्मीद-भरी निगाहों से देख रहे हैं। नेहरू युग के बाद इंदिरा गाँधी ने अपने प्रधानमंत्रित्व के पहले उत्कर्ष-काल में जो आमूलवादी लोकलुभावन राजनीति की थी, उस दौरान भी लोकतंत्र की छवि इतनी अच्छी नहीं थी। इस दावे पर अविश्वास करनेवाले लोग बहुत से मिल

जायेंगे पर तथ्य और आँकड़े यही दिखाते हैं। समकालीन भारतीय राजनीति पर आँकड़ागत निगाह डालने से वह अविश्वास आश्चर्य में बदल सकता है।

इस परिस्थिति में निश्चित रूप से एक विरोधाभास भी है। एक तरफ अखबारों, टीवी, किताबों और पत्रिकाओं में बुद्धिजीवी वर्ग नाना प्रकार की शैलियों में यह कहता हुआ दिखता है कि समाज के सभी तबकों के लोग सरकार के कामकाज को भरोसे की निगाह से नहीं देखते। यह कोई गलत दावा नहीं है। आधुनिक वर्गों के रूप में हों या जाति और धर्म से जुड़े सक्रिय समुदायों के रूप में हों, लोग राजनेताओं और राजनीतिक दलों द्वारा दिये गये वायदों और अन्य बातों पर विश्वास करने के लिए तैयार दिखायी नहीं देते। लेकिन दूसरी ओर इससे यह नतीज निकाल लेना नितांत अनुचित होगा कि उनकी निगाह में एक शासन-प्रणाली के रूप में लोकतंत्र संदिग्ध हो गया है। हमारे देश में लोकतंत्र की संभावनाओं को जिलाये रखने में जिन पेचीदा और अंतर्विरोधी संबंधों और उनकी समझ की भूमिका है उन्हें केवल तर्क-वितर्क के आधार पर चीजों को एक-एक करके खारिज करते चले जाने के रवैये से नहीं समझा जा सकता। इस आलेख में प्रस्तुत आँकड़े इस सच्चाई को साबित कर देंगे। हमारी कोशिश यह भी साबित करेगी कि जनता की चेतना सहजरूप से अंतर्विरोधी है और कोई जरूरी नही है कि ये अंतर्विरोधी तत्त्व लोकतंत्र को मिली हुई जन-मान्यता को नुकसान ही पहुँचायें। वस्तुतः ये अंतर्विरोधी तत्त्व इस मान्यता के पक्ष में लंबे अरसे तक कारगर भी साबित हो सकते हैं।[1]

इसमें कोई शक नहीं कि इस देश की आबादी का एक बहुत बड़ा हिस्सा नारकीय परिस्थितियों में गुजर-बसर कर रहा है। उनकी मामूली इच्छाएँ भी बेहताशा गरीबी, भेदभाव और सुविधाओं के अभाव में पूरी नहीं हो पातीं। जाहिर है कि ये देशवासी अपनी क्षमताओं का सदुपयोग करने की स्थिति में नहीं हैं। बदहाली के इसी नजारे के कारण प्रायः ऐसा मान लिया जाता है कि गरीब लोग लोकतांत्रिक स्वतंत्रताओं को विलासिता मानते होंगे या अपना प्रतिनिधि चुनने की आजादी को खोखला मानकर चलते होंगे। यह भी मान लिया जाता है कि लोकतंत्र और अपनी समस्याओं के संतोषजनक निराकरण के बीच चुनाव का मौका मिलने पर वे लोकतंत्र को त्यागने के लिए तैयार हो जायेंगे। लेकिन, तर्कसंगत रूप से सही लगनेवाली यह धारणा एकदम गलत निकलती है। हमारा अध्ययन बताता है कि भारत के गरीब अलोकतांत्रिक सरकार द्वारा अपनी समस्याओं के हल के बदले में लोकतंत्र का अपवंचन किसी कीमत पर पसंद नही करेंगे। इसी तथ्य को थोड़ी समाजशास्त्रीय भाषा में यूँ भी कहा जा सकता है कि पार्टियों और नेताओं की सक्षमता और स्वीकार्यता और लोकतांत्रिक शासन नें विश्वास और उसकी संस्थाओं की वैधता के बीच बहुत बड़ा अंतर है। यहाँ सवाल न केवल यह उठता है कि ऐसी परिस्थिति कैसे पैदा हुई वरन् यह भी उठता है कि किस कारण ऐसे हालात इतने लंबे समय से बने

हुए हैं।

मैं लोकतंत्र के इस हाल-चाल के वर्णन की शुरुआत इस मुद्दे से जुड़े कुछ आँकड़ों को पेश करते हुए करूँगा। ये आँकड़े लोकतंत्र और उससे जुड़ी शक्तियों के बारे में जनसाधारण के आकलन की प्रकृति बतायेंगे।

संस्थाओं और सरकार की छवि

भारतीय लोकतंत्र के बारे में लोगों के आकलन से संबंधित तथ्यों पर नजर डालने से एक जटिल तस्वीर उभरती है पर इससे हमें ढेर सारी नयी-नयी जानकारियाँ भी मिलती हैं। यहाँ हम लोकतंत्र को दो हिस्सों में रख कर समझेंगे। एक ओर लोकतंत्र को प्रणाली के रूप में देखा जायेगा जो कुछ मानकों, कार्यविधियों और कुछ खास तरह की संस्थाओं के आधार पर चलती है। दूसरी ओर लोकतंत्र को उसके कारकुनों और कई तरह के अधिकारियों के संदर्भ में देखा जायेगा जो उसका संचालन करते हैं। जनता के लिए लोकतंत्र के ये दोनों पहलू अलग-अलग तरह के अनुभवों के स्रोत हैं। दोनों किस्म के अनुभवों में बड़ा भारी फर्क दिखायी देता है। आमतौर पर लोकतंत्र के मानकों, मूल्यों अथवा प्रक्रियाओं के बारे में लोगों की राय कुछ और है तथा उन्हें धरती पर उतारने की जिम्मेदारी निभानेवालों के बारे में उनका ठोस तजुर्बा बिलकुल अलग है। लोकतंत्र के दोनों पहलुओं के बारे में जनता का परस्पर विपरीत आकलन जटिलता और उलझन का कारण बनता है। तकरीबन हर समाज में लोकतांत्रिक प्रणाली और कार्यविधि और उसके वास्तविक काम-काज के बीच कुछ-न-कुछ अंतर रहता ही है। हालाँकि विभिन्न समाजों की आपसी तुलना करने के तरीके हमारे पास नहीं हैं, लेकिन भारत के संदर्भ में यह अंतर कुछ ज्यादा ही है। इस परस्पर विपरीत आकलन के कारणों को स्पष्ट करने के दौरान हम यह समझ पायेंगे कि पिछले २५ वर्षों में लोगों की लोकतंत्र-संबंधी समझ कितनी बदली है। १९७१ और १९९६ के बीच बदलते हुए सामाजिक-आर्थिक और राजनीतिक पहलुओं का एक अखिल भारतीय सर्वेक्षण इसमें हमारी मदद करेगा।[२] आइए, इन आँकड़ों पर एक सरसरी नजर डालें। शुरुआत लोकतंत्र के संस्थागत संचालन से जुड़े पहलुओं से की जा सकती है। वोट, प्रतिनिधित्व और राजनीतिक दलों और नेताओं के बारे में जनता की समझ के आँकड़े देखने के बाद हम इन्हें एक साथ रख कर लोकतंत्र के विषय में आम निष्कर्ष निकालेंगे।

१९९६ में तकरीबन ६० फीसद लोग यह यकीन करते हुए मिले कि उनका वोट मुल्क के कामकाज को प्रभावित करता है। २५ साल पहले १९७१ में केवल ४८ फीसद लोग ऐसा मानते थे। अपने वोट की ताकत में लोगों के यकीन के लिहाज से यह १२ फीसद की बढ़ोतरी बहुत बड़ी मानी जायेगी। इससे यह तथ्य भी प्रकट होता है कि साधारण जनता के लिए मतदान की प्रक्रिया लोकतंत्र

के मेले में बदल चुकी है जिसके जरिये वे अपनी सत्ता का उत्सव मनाते हैं। लोगों की यह धारणा निर्णय लेने में उनके द्वारा हुई किसी चूक का परिणाम भी नहीं है। लोकतंत्र की अन्य संस्थाओं के बारे में भी लोगों की समझ वोट की ताकत से जुड़ी उनकी समझ की निरंतरता में ही दिखायी देती है। प्रतिनिधित्व की प्रणाली पर भी उन्होंने इसी तत्परता से अपनी मुहर लगायी है। ६० फीसद लोग यह सोच्ते हैं कि प्रतिनिधियों का निर्वाचन व्यवस्था को कारगर बनाने के लिए महत्त्वपूर्ण है। इसी तरह कुछ ज्यादा यानी ६१ फीसद लोग राजनीतिक दलों को लोकतंत्र के कामकाज के लिए महत्त्वपूर्ण संस्था के रूप में देखते हैं और इस देश के ज्यादातर लोगों में फैली निरक्षरता और बेहद खराब जीवन-स्थितियों की पृष्ठभूमि में इस आँकड़े को देखा जाये तो लोकतंत्र की इन प्रमुख संस्थाओं में जनता का यह विश्वास संख्यात्मक दृष्टि से बहुत ऊँचे स्तर का लगता है। बाद में हम यह भी देखेंगे कि वर्गों और समुदायों के संदर्भ में इस मान्यता को पुष्ट करने पर एक खास परिणाम निकलता है और वह यह है कि गरीब और कमजोर लोग लोकतंत्र की इन संस्थाओं को ज्यादा संख्या में स्वीकार करते नजर आते हैं बनिस्बत उनके जो बेहतर हालत में हैं और सुविधाजनक स्थिति में रह रहे हैं।

लोकतांत्रिक संस्थाओं में जिस धैर्य और सहनशक्ति के साथ लोगों द्वारा विश्वास व्यक्त किया गया, वह वास्तव में चकित करनेवाला साबित होता है। यह आश्चर्य उस समय और भी बढ़ जाता है जब इस विश्वास को उन ६३ फीसद यानी कहीं ज्यादा लोगों की उस समझ के मुकाबले रख कर देखा गया जिसके अनुसार जनता द्वारा निर्वाचित प्रतिनिधि मतदाताओं की परवाह नहीं करते। केवल २२ फीसद लोग ही ऐसे निकलते हैं जो मानते हैं कि उनके प्रतिनिधियों को उनकी चिंता है। निश्चित रूप से निर्वाचित प्रतिनिधियों की सक्षमता में इतना अविश्वास और प्रतिनिधित्व की प्रणाली में इस कदर विश्वास बेचैन कर देनेवाला है। १९७१ में प्रतिनिधित्व की प्रणाली के बारे में ऐसा सोचनेवाले लोग कम यानी दस फीसद थे। यहाँ नोट करने के काबिल तथ्य यह भी है कि १९७१ से १९९६ में प्रतिनिधियों पर विश्वास करनेवालों की संख्या घटी है। यानी पहले यह आँकड़ा २७ फीसद था जो अब घट कर २३ फीसद रह गया है। जाहिर है कि लोग प्रतिनिधित्व की प्रणाली को तो तरजीह देते हैं पर उनकी निगाह में उस प्रणाली के तहत चुने गये प्रतिनिधियों की साख अच्छी नहीं है। ठीक यही समझ उन सरकारी कर्मचारियों के बारे में है जिन पर लोगों के जीवन को रोज-ब-रोज प्रभावित करनेवाला प्रशासन चलाने की जिम्मेदारी है। ३१ फीसद लोग ही सरकारी अफसरों और जनता के बीच के रिश्तों को मधुर मानते हैं। इससे भी कम २८ फीसद लोग ही यह मानते हैं कि पुलिस साधारण लोगों के प्रति मानवीय रवैया अपनाती है।

पूरी नौकरशाही के बारे में पूछने पर पता चला कि ४२ फीसद लोग तो उसके

ऊपर यकीन ही नहीं करते। इसी तरह ५७ फीसद लोगों को पुलिस में कतई भरोसा नहीं है। इसलिए यह जान कर कोई अचरज नहीं होना चाहिए कि करीब ८० फीसद लोगों ने अपनी आवश्यकताओं अथवा समस्याओं के लिए किसी राजनेता या अफसर से कभी संपर्क ही नहीं किया है। यह आसानी से साबित किया जा सकता है कि लोगों की यह प्रवृत्ति किसी बेतरतीब चिंतन का परिणाम नहीं है। कुछ संस्थाएँ ऐसी भी हैं जिनकी साख निगाह में बहुत ऊँची है और इस मामले में जनता की समझ लोकतांत्रिक शासन के विद्वान अध्येताओं से मेल खाती है। करीब ७५ फीसद लोग मानते हैं कि चुनाव आयोग और न्यायपालिका का कामकाज प्रशंसनीय है।

लोकतंत्र में भागीदारी का पहलू

जैसे ही हम एक प्रणाली के रूप में लोकतंत्र की जनमानस में छवि के आकलन पर आते हैं, यह तस्वीर बदल जाती है। अर्थात इस या उस पहलू के संदर्भ में नहीं वरन् जनता के लोकतंत्र से संबंधित समग्र अनुभव का जायजा लेने पर मामला कुछ और ही निकलता है। इसी बिंदु पर राजनीति को जानने और उससे जुड़ने के जनता के तरीके में एक महत्त्वपूर्ण क्रमभंग दिखायी पड़ता है। इसी क्रमभंग के कारण राजनीति का जनता द्वारा किया गया तजुर्बा इतना जटिल हो जाता है कि भारतीय लोकतंत्र के अकादमीय और पत्रकारीय ब्योरों में उसका सही-सही प्रतिनिधित्व होना मुश्किल हो गया है। हमें भी लगता है कि साधारण तर्क-वितर्क के जरिये निर्णय पर पहुँचने की पद्धति से जनता द्वारा अपने अनुभवों से नतीजे निकालने की संश्लिष्ट प्रक्रिया को नहीं समझा जा सकता। अगर आम आदमी के सामने उसकी समस्याओं के शीघ्र समाधान के आश्वासन के साथ किसी अन्य व्यवस्था की पेशकश की जाये तो भी वह लोकतंत्र को छोड़ने के लिए तैयार नहीं होगा। नेताओं, दलों और कुछ संस्थाओं के प्रति असंतोष और अलगाव ने उसकी निगाह में एक शासन-प्रणाली के रूप में लोकतंत्र की साख गिरायी है। जब लोगों से पूछा गया कि अगर चुनाव न हों और पार्टियाँ भी न हों तो क्या सरकार बेहतर काम करेगी, तो इसका जवाब 'न' में ही मिला। करीब ७० फीसद लोगों ने नकारात्मक उत्तर दिया और केवल ११ फीसद लोग यह कहते नजर आये कि बिना चुनाव और पार्टियों के सरकार बेहतर चलेगी। पार्टियों की जो हालत है उस पर यहाँ टिप्पणी करने की कोई जरूरत नहीं है और उनकी आनुषंगिक संस्थाओं में भी पिछले २० वर्षों में खासी गिरावट आयी है। इसके बावजूद लोग लोकतंत्र को संघर्ष के एक दायरे के रूप में मान्यता देना जारी रखे हुए हैं। असलियत तो यह है कि लोकतंत्र में उनका यह यकीन बढ़ा है और व्यापक ही हुआ है। १९७१ में ७० के मुकाबले काफी कम यानी केवल ४३ फीसद लोग ही ऐसा सोचते थे। उस समय करीब ४२ फीसद लोग अनिर्णय के शिकार थे जबकि आज उनकी संख्या घट कर १९

फीसद रह गयी है। केवल १४ फीसद लोग सोचते हैं कि बिना पार्टियों और चुनाव के व्यवस्था बेहतर चल सकती है। समझने के लिहाज से इस परिप्रेक्ष्य का एक पेचीदा पहलू भी है। लोकतंत्र के जितने अधिक प्रत्यक्ष पहलुओं, जैसे पार्टियों और नेताओं के बारे में लोगों से पूछा गया तो उनका विश्वास उतना ही कम निकला।

लोगों से लोकतंत्र की परिघटना के बारे में जितने ज्यादा सामान्यीकृत पहलुओं के बारे में पूछा गया, उनका यकीन उतना ही ज्यादा साबित हुआ। उम्मीद के खिलाफ जैसे-जैसे हम अमूर्त से मूर्त की ओर बढ़े, लोगों का यकीन घटता हुआ दिखा। आगे मैं यह दिखाने की कोशिश करूँगा कि जनमानस में लोकतंत्र का स्थान अवधारणात्मक न होकर जनता की अपनी जीवन-दशाओं के परिणामों के आधार पर बनता है। इस मामले में सर्वेक्षण से निकले आँकड़े इसलिए भरोसेमंद लगते हैं कि एक ओर वे वोट और प्रतिनिधित्व की प्रणाली में जबर्दस्त विश्वास जाहिर करते हैं और दूसरी तरफ वे आमतौर पर लोकतंत्र की वांछनीय व्यवस्था के रूप में जनस्वीकार्यता को दर्शाते हैं। आइए, अब २५ साल के उस अंतराल पर संक्षेप में गौर करें जो दोनों तरह के आँकड़ों के बीच में है। इसी अवधि में तो लोकतंत्र हमारी राजनीति की स्वागतयोग्य उपस्थिति के रूप में उभरा है।

१९७१ में रेडिकल लोकलुभावनवाद अपनी पराकाष्ठा पर था और भारतीय राष्ट्रवाद विजय के दौर से गुजर रहा था। जिस समय यह सर्वेक्षण किया गया था, उस समय इंदिरा गाँधी अपनी पार्टी के अनुदार गुट को ध्वस्त करके एक के बाद एक रेडिकल कदम घोषित करते हुए उस समय तक का सबसे लोकप्रिय नारा 'गरीबी हटाओ' गढ़ चुकी थीं। युद्ध में पाकिस्तान की पराजय और पूर्वी पाकिस्तान के बांग्लादेश में बदलने के साथ ही उनकी यह राजनीति जनसमर्थन के ज्वार में बदल गयी थी। यह देख कर ताज्जुब होता है कि चुनावी जीत के इन क्षणों में ही भारतीय राज्य के लिए एक महत्त्वपूर्ण चुनौती भी निहित थी। इस जीत के बाद मजबूत होने की बजाय भारतीय राज्य को जल्दी ही निरंतर जनांदोलनों के हमलों का सामना करना पड़ा। पहले गुजरात में जनता उठ खड़ी हुई और फिर बिहार में एक दीर्घकालीन जनांदोलन फूट पड़ा। ये दोनों विकसित होकर उस अखिल भारतीय आंदोलन में बदल गये जिसे जयप्रकाश आंदोलन के रूप में जाना जाता है। इसी अवधि में संघर्ष के पहले से चले आ रहे रूपों को भी सघन होते देखा गया। मजदूर वर्ग के आंदोलन रेलवे की महाहड़ताल में अपने चरम पर पहुँचे।

१९६९ में कांग्रेस में विभाजन के बाद से ही इंदिरा गाँधी के नेतृत्व में भारतीय राज्य-सत्ता के तीव्र केंद्रीकरण के रास्ते पर चल रहा था। इसलिए उसने इस चुनौती का मुकाबला उत्तरोत्तर कड़े तानाशाही उपायों के जरिये किया। भारत छोड़ो आंदोलन से भी ज्यादा संख्या में इस अवधि में लोग गिरफ्तार हुए और पुलिस फायरिंग में मारे गये। पूरी प्रक्रिया की परिणति स्वतंत्र भारत के इतिहास

के सर्वाधिक काले अध्याय के रूप में हुई जिसे हम लोकतंत्र के हनन और आंतरिक आपातकाल थोपे जाने के रूप में जानते हैं। उस समय तक भारतीय राजनीति में अधिनायकवाद एक आकस्मिक और अस्थायी प्रवृत्ति थी पर आपातकाल ने उसे संस्थाबद्ध रूप दे दिया। संतोष की बात यह है कि यह काला दौर केवल १९ महीने तक ही चला।

सत्तर के दशक का एक ऐसा पहलू भी था जो अस्सी के दशक को भी प्रभावित करता रहा। भारतीय लोकतंत्र का हाल-हवाल आगे बढ़ाने से पहले इस पहलू पर सरसरी निगाह डाल लेना भी ठीक रहेगा। १९७१ में इंदिरा गाँधी द्वारा विपक्ष के महागठबंधन को ध्वस्त करते हुए भारी-भरकम बहुमत हासिल कर लेने से ले कर १९८४ में श्रीमती गाँधी की हत्या के बाद हुए चुनावों तक भारतीय राजनीति ने जनता का बार-बार तेजी से बदलता हुआ मिजाज देखा। इंदिरा गाँधी की हत्या से जो खूनी उन्माद पैदा हुआ उसने बेकसूर सिखों की नियोजित हत्याओं का नंगा नाच किया। इसके कारण राजीव गाँधी अब तक के सबसे बड़े बहुमत और सबसे ज्यादा वोट प्रतिशत के साथ सत्ता में पहुँचे। लेकिन जनता का बदलता हुआ मूड राजीव गाँधी को भी झेलना पड़ा। देखते-देखते जिन लोगों ने उन्हें चुना था, वे ही उनके खिलाफ हो गये। इस तरह भारतीय राज्य पर पड़नेवाला दबाव जारी रहा। १९७७ में इंदिरा गाँधी को हरा कर भारी बहुमत के साथ सत्ता में आयी जनता पार्टी सरकार को भी इन्हीं हालात का सामना करना पड़ा था। १९८० और १९८४ में भी यही दोहराया गया। यह प्रवृत्ति एक महत्त्वपूर्ण सूचक थी जिससे पता चलता था कि जनता की समस्याओं के बरक्स शासक वर्ग कितने निष्ठुर स्वभाव का है तथा सरकारों में जवाबदेही की भावना कितनी कम है। सत्तर से अस्सी के दशक तक फैली इस प्रवृत्ति ने १९८९ में आखिरी साँस ली। इस वर्ष हुए चुनाव ने गठजोड़ों के युग अथवा अल्पसंख्यक सरकारों के जमाने की शुरुआत कर दी। यह युग अभी जारी है।

जाहिर है कि आपातकाल ने एक ऐसे समय की शुरुआत की जिसमें नेताओं और राजनीतिक दलों का अवमूल्यन हो गया तथा कुछ संस्थाएँ अपनी स्वायत्तता खो कर सत्ता के औजारों मात्र में पतित हो गयीं। यह समय अभी खत्म नहीं हुआ है, इसलिए ताज्जुब नहीं कि लोगों का इनमें यकीन खत्म हो गया हो। एक के बाद एक भ्रष्टाचार के चौंका देनेवाले मामले और सरकारी धन की जम कर लूट के प्रकरण प्रकाश में आते जा रहे हैं। प्रधानमंत्री से ले कर नीचे तक के कारकुनों के हाथ घोटालों में रँगे हुए हैं। राजीव का नाम बोफोर्स घोटाले से जुड़ा हुआ है और पीवी नरसिंह राव ऐसे ही न जाने कितने घोटालों में फँसे हुए हैं। यही कारण है, फिलहाल राजनेता मतदाताओं के बीच अपनी साख ठीक नहीं कर पायेंगे। वामपंथी दलों, दक्षिणपंथी प्रतिक्रियावादी भाजपा और कुछ क्षेत्रीय दलों को छोड़ कर पार्टियों की हालत भी बेहतर नहीं है। यहाँ यह बात

ध्यान में रखना जरूरी है कि यह मर्ज केवल उन मध्यमार्गी पार्टियों को ही सता रहा है जो केंद्र में सरकारें बनाती रही हैं। लोगों ने कांग्रेस को देश की दुर्गति करते हुए देखा है। और, उन्होंने उसे सबक भी सिखाया। उसकी जगह आयी जनता पार्टी और जनता दल के नेतृत्व की सरकारों ने नेक इरादों से शासन करने की कोशिश की लेकिन वे सत्ता में नहीं टिक पाये। टूट-दर-टूट और आत्मनाश की प्रवृत्ति इन पार्टियों का नैसर्गिक स्वभाव बन कर उभरी है। आखिर लोग इन पार्टियों को छोड़ कर कहाँ जायेंगे। अगर भाजपा को छोड़ दें तो फिर ये मध्यमार्गी पार्टियाँ ही बचती हैं जो सरकार दे सकती हैं। साफ है कि जब लोग राजनीतिक दलों के बारे में इतने नकारात्मक लहजे में बात करते हैं तो उनके दिमाग में इन्हीं मध्यवर्ती पार्टियों का अशोभनीय व्यवहार होता है।

जब लोकतंत्र अधिकांशतः संदिग्ध किस्म के तत्त्वों से घिरा हो तब एक शासन-प्रणाली के रूप में उसे व्यापक मान्यता मिलने के कारणों की जाँच जरूरी हो जाती है। लेकिन इससे पहले हमें इस मान्यता को एक महत्त्वपूर्ण तथ्य की तरह स्वीकारना होगा। हमें मानना होगा कि कंटकाकीर्ण मार्ग से होकर आया लोकतंत्र लंबी यात्रा के बाद अब अपने दम पर पैर जमा चुका है। अब पहले की तरह उसे टिकने के लिए कद्दावर और ताकतवर नेताओं की जरूरत नहीं रह गयी है। ये नेता लोकतंत्र के अभिभावक और जनता के ट्रस्टियों की तरह थे। आपातकाल के पहले तक लोकतंत्र के प्रति नेहरू की गहरी प्रतिबद्धता हो अथवा इंदिरा गाँधी की खोखली लोकलुभावन राजनीति हो, इन तमाम पहलुओं ने लोकतंत्र को ऐसी आब-ओ-हवा में जीवित रहने में मदद की जिसे कई लोग लोकतंत्र के लिए अनुपयुक्त मानते थे। आपातकाल ने इस हालत को बदल कर रख दिया। उसने लोगों को एहसास दिलाया कि आजादी खोने का परिणाम क्या होता है। पीछे मुड़ कर लोगों ने यह भी जाना कि भले ही स्वतंत्रता के दायरे बहुत विस्तृत न हों, पर उसके लिए लड़ा जा सकता है और लड़ा जाना चाहिए। लोगों को आपातकाल ने ही बताया कि गरीबी के गर्त में भी आजादी कितनी मूल्यवान होती है। वैसे तो वर्गों में विभाजित हर समाज में लोगों को शोषण झेलना पड़ता है, लेकिन भारतीय समाज में साधारण जनता को हमेशा से एक खास तरह की संस्थागत हिंसा, दमन और आतंक का सामना करना पड़ा है। आपातकाल से पहले तक ये सभी अस्थायी और बीच-बीच में सतानेवाली तकलीफें थीं। आपातकाल ने इन सबको प्रणालीबद्ध रूप दे कर इतना सर्वव्यापी बना दिया कि व्यक्ति की जो भी थोड़ी-बहुत निजता बची थी उसका शासक दल के लंपट तत्त्वों और सरकारी एजेंटों द्वारा नित्य-प्रति अतिक्रमण किया जाने लगा। आज जिस चीज को हम राजनीति का अपराधीकरण कहते हैं, वह आपातकाल के बाद से ही भारतीय राजनीति का प्रणालीगत तत्त्व बना हुआ है। हालाँकि इससे इंकार नहीं किया जा सकता कि यह समस्या राजनीति को यदा-कदा पहले भी परेशान करती रहती थी।

आज नेताओं और निर्वाचित प्रतिनिधियों के होने के बावजूद लोकतंत्र जनमत द्वारा बनाये गये माहौल से प्राणवायु प्राप्त कर रहा है। नेताओं का महत्त्व इसलिए बना हुआ है क्योंकि यह व्यवस्था प्रतिनिधित्व की प्रणाली के बिना नहीं चल सकती, और बिना पार्टियों और उनके नेताओं के निर्वाचन नहीं हो सकते। नेता, उनके आस-पास बने गठजोड़ और पार्टियाँ, वे अनिवार्य माध्यम हैं जिनके जरिये ही भारत जैसे विशाल लोकतंत्र में प्रतिनिधित्व की प्रणाली काम कर सकती है। यह नतीजा निकालना अनुचित नहीं होगा कि कई पार्टियाँ, उनके नेता और अन्य प्रतिनिधि केवल इसलिए बर्दाश्त किये जा रहे हैं कि लोग लोकतंत्र चाहते हैं।

आपातकाल से पहले के हालात के मुकाबले ये हालात ठीक उलटे हैं। इनके महत्त्व को सूत्रबद्ध करना जरूरी है। ऐसे हालात में लोकतांत्रिक संस्थाओं को बेहतर जमीन मिलती है। लोकतंत्र को पुष्ट करने के लिए आवश्यक मानकों के मुताबिक एक न्यूनतम स्तर तक उन संस्थाओं की सक्रियता की अनिवार्यता भी इन हालात से निकलती है। राजनीतिक सिद्धांतशास्त्र की शब्दावली में कहा जा सकता है कि वैधता अधिकारियों से खिसक कर शासन-व्यवस्था में आ गयी है अथवा राजनीतिक वर्ग की बजाय अब वैधता संस्थागत व्यवस्था को मिल गयी है। देश में लोकतांत्रिक राजनीति के दायरे की यह सबसे बड़ी उपलब्धि है। लोकतंत्र का प्रदर्शन नाकाफी रहा है लेकिन उसने हर एक को अपनी आवाज उठाने का मौका अवश्य दिया है। अब लगता है कि लोकतांत्रिक राजतंत्र हमारी राजनीतिक चेतना का अभिन्न अंग बन ही गया है। ऐसा भी प्रतीत होता है कि लोगों के लिए अब लोकतंत्र स्वयं उनका ही चयन बन चुका है, जबकि पहले यह उन्हें प्रदान किया गया लगता था।

आगे बढ़ने से पहले लोकतंत्र के ऊपर आ सकनेवाले एक अंतर्निहित खतरे के बारे में एक चेतावनी देना जरूरी है। लोकतंत्र की समग्र मूल्यवत्ता में जनता के मजबूत यकीन के बावजूद खतरा यह है कि कहीं वह वाजपेयी या आडवाणी सरीखी जनोत्तेजक यानी लफ्फाजी की राजनीति में न फँस जाये। इस खतरे का असली कारण यह नहीं है कि आडवाणी या वाजपेयी काफी चालाक किस्म के नेता हैं बल्कि यह आम लोगों की समझ का एक ऐसा पहलू है जो एक संस्थाबद्ध और प्रक्रियात्मक प्रणाली के रूप में लोकतंत्र के बचे रहने के खिलाफ जाता है। मैं समझता हूँ कि भारत में सत्ता के लिए संघर्ष को संदेह की निगाह से देखा जाता है। साठ फीसद लोगों का खयाल है कि सत्ता के लिए संघर्ष करनेवाली पार्टियाँ बुरी होती हैं। मुझे लगता है कि लोग अभी तक लोकतांत्रिक बहुमत को स्पर्धा के नतीजे के तौर पर देखने के लिए तैयार नहीं हो पाये हैं। सत्ता के लिए संघर्ष के दौरान ही यह बहुमत बनता-बिगड़ता है। अगर इस संघर्ष को लोकतंत्र का आंतरिक अंग नहीं माना जायेगा तो बहुमत के बनने या बिगड़ने को समझा ही नहीं जा सकता। यही कारण है कि ७३ फीसद

लोग एक ताकतवर और संकल्पवान नेता को देश का राजनीतिक गड़बड़झाला दुरुस्त करने के लिए जरूरी मानते हैं। केवल ८ फीसद लोग ही इस धारणा से असहमत हैं। यह देश लफ्फाजों से भरा हुआ है और दिनोदिन उनकी संख्या बढ़ती जा रही है। इसलिए जनमानस में बैठी हुई मजबूत नेतावाली धारणा खतरे की सूचक है। यही था वह अर्थ जिसके तहत मैंने शुरू में जनचेतना को नैसर्गिक रूप में अंतर्विरोधी और अस्थिर संभावनाओंवाला करार दिया था। लोकतांत्रिक प्रणाली की वैधता को जनचेतना में गहरे जड़ें जमाये बैठे इस अंतर्विरोध की रोशनी में देखा जाना चाहिए। यही कारण है कि राष्ट्रपति शासन-प्रणाली के लिए भाजपा की मुहिम और उसे मिलनेवाले नाना प्रकार के राजनीतिक समर्थन के अशुभ नतीजे निकल सकते हैं।

लोकतंत्र को वैधता मिलने का एक अर्थ यह भी है कि उसने समाज में जड़ें जमा ली हैं। अर्थात अब कानूनी और संवैधानिक गारंटियों के जरिये ही लोकतंत्र का व्यवहार नहीं होता वरन् अब उसका मुख्य आधार लोक-मानस में निहित हो चुका है। इससे प्रतीत होता है कि भारतीय समाज में अब लोकतंत्र एक ऐसा मॉडल है जिस पर जनता ने नैतिक रूप से अपनी मुहर लगा दी है। अब पहले की तरह उसे अपनी हिफाजत के लिए अभिभावकों और ट्रस्टियों की जरूरत नहीं है। इसका मतलब यह भी है कि सिर्फ नेहरू जैसे आजादी के आंदोलन की विरासत के वाहक और बेहद आदरणीय नेता ही लोकतंत्र की उत्तरजीविता के आधार नहीं रह गये हैं।[३]

वैधता का दायरा

सवाल यह है कि यह परिवर्तन कैसे हुआ? भारत सरकार आज तक जीवन की किसी बुनियादी समस्याओं को हल नहीं कर पायी है। निजी तौर पर या सामूहिक रूप से लोग भोजन, मकान, स्वास्थ्य और रोजगार की समस्याओं से अभी भी जूझ रहे हैं। यह दावा भी विवाद का विषय है कि आज इन समस्याओं की उग्रता कुछ कम हो गयी है या आँकड़ों की नजर से कम लोग इन समस्याओं के शिकार लग रहे हैं। इसी तरह यह कहना भी उचित नहीं होगा कि भारतीय अर्थतंत्र को आधुनिक बनाने की दिशा में कोई काम ही नहीं हुआ है। हो सकता है कि इस सिलसिले में उपलब्धियाँ इस देश की क्षमता से कम रही हों, लेकिन विज्ञान, प्रौद्योगिकी, कृषि, अधिसंरचनात्मक सुविधाओं आदि क्षेत्रों ने आकार के लिहाज से काफी प्रगति की है। लेकिन भारत के वैकासिक अनुभव की एक सबसे बड़ी समस्या यह है कि भारतीय शैली का विकास गरीबी, स्वास्थ्य, साक्षरता, आवास आदि की समस्याओं को हल करने में नितांत अक्षम रहा है। पूर्वी एशिया के देश हों या दक्षिण-पूर्व एशिया के, भारत की इस मामले में तंजानिया तक से तुलना नहीं की जा सकती। यानी यह कहा जा सकता है कि भारत का आर्थिक और प्रौद्योगिकीय विकास सामाजिक समस्याएँ हल करने में

नाकाम रहा है। इससे स्पष्ट है कि लोकतंत्र की स्वीकृति इसलिए नहीं बढ़ी है कि उसके कारण समस्याएँ हल हुई हैं। इस दृष्टि से मुझे भारतीय लोकतांत्रिक अनुभव विलक्षण लगता है। आखिर एक वांछनीय व्यवस्था के रूप में लोकतंत्र की ऐसी व्यापक स्वीकृति के कारण कहाँ से तलाशे जाने चाहिए?

मेरा विचार है कि इसका सुराग इस समाज की संरचना पर पूँजीवादी विकास के संबंध में लोकतंत्र पर पड़नेवाले असर के संदर्भ में देखा जाना चाहिए। इन पूँजीवादी संबंधों ने समाज-व्यवस्था की कठोरता को अपनी जगह से हिला कर परंपरा के जरिये लादी जानेवाली सामाजिक जड़ता को घटाया है। सभी परंपरागत समाज बड़ी कड़ाई से अपने नियम-कानून लागू करते हैं। नैतिकता और रीति-रिवाजों के स्तर पर संहिताओं का पालन समझा-बुझा कर नहीं बल्कि जबरन कराया जाता है। लेकिन, भारतीय समाज इस सिलसिले में कुछ खास तरह का है। अपनी जाति-व्यवस्था के कारण भारत सबसे अलग है। यह व्यवस्था लोगों को श्रेणीक्रम के हिसाब से ऊँचे-नीचे दर्जे के साथ बाँध देती है और इस तरह निचली जातियाँ व्यवस्थाजन्य अपमान की शिकार हो जाती हैं। चूँकि इस व्यवस्था पर धर्मशास्त्रों की मुहर लगी हुई है इसलिए इसके साथ जुड़े हुए प्राधिकार और परंपराओं को स्वत: वैधता हासिल होती रहती है। भारत में पूँजीवाद के विकास ने इस समाज-व्यवस्था में दरारें डाल दी हैं। शुरू में यह परिवर्तन बहुत धीमी रफ्तार से हुआ लेकिन जैसे-जैसे उद्योगीकरण और शहरीकरण की मात्रा बढ़ी, देहात में अतिरिक्त आमदनी के संचय के पूँजीवादी तरीकों ने अपनी घुसपैठ बढ़ाई और श्रमशक्ति इस विकास क्रम में समाहित हुई, वैसे-वैसे यह बदलाव रफ्तार पकड़ता गया। पूँजीवादी विकास की यह प्रक्रिया लोकतांत्रिक संस्थाओं की कमोबेश निरंतर सक्रियता तथा जबर्दस्त चुनावी होड़ के दायरे में चली। इससे भारत में आधुनिकता की रचना में कुछ खास बात पैदा हो गयी।

आमतौर पर माना जाता है कि आधुनिकता हर व्यक्ति पर एक तरह का सामान्यीकरण लाद देती है। अर्थात हर व्यक्ति समान मानकों और मूल्यों के तहत रहने लगता है जो अपने उद्‌गम में देशज नहीं होते। लेकिन आधुनिकता द्वारा प्रदत्त यह सामान्यीकरण उसमें परिवर्तनशीलता को रोकने के संस्कार नहीं डालता। आधुनिकता के कारण व्यक्ति में काफी हद तक स्वायत्तता का संस्कार पैदा होता है। ऐसा करने के लिए आधुनिकता पहले व्यक्ति में निजता विकसित करने के लिए एक वस्तुगत और ऐतिहासिक प्रक्रिया के लिए गुंजाइश पैदा करती है जिससे समुदायों के साथ बँधे हुए लोग अलग व्यक्ति के रूप में उभरने लगते हैं। ऐसे लोग अपनी अलग जीवन-शैली को और आत्मचेतना के पुनर्निर्माण को ज्यादा महत्त्व देते हैं।

आधुनिकता मेरे जैसे व्यक्ति को अपने माहौल से अलग होने की इजाजत

देती है। आधुनिकता के कारण मेरे जैसे लोग अपने समुदाय से एक निश्चित फासले पर जीवन गुजारने की क्षमता प्राप्त करते हैं। आधुनिकता जीवन को शृंखलाओं में जकड़नेवाले हालात का प्रतिरोध करती है। इस प्रकार की परिवर्तनशीलता के संदर्भ में लोकतंत्र की लगातार सक्रियता दो तरह से भूमिका निभाती है। एक तरफ वह परिवर्तन के लिए रास्ता साफ करते हुए उसकी अतियों को नियंत्रित रखती है, और दूसरी ओर उत्पीड़क समझी जानेवाली श्रेणीक्रम-आधारित पवित्रता और अपवित्रीकरण की धारणाओं पर आधारित विरासत में प्राप्त उत्पीड़क समझी जानेवाली सामाजिक संरचनाओं को ढीला करती जाती है। भारत में लोकतंत्र की सक्रियता की आधी सदी में यही होता हुआ दिख रहा है। अपनी तमाम भारतीय सीमाओं के साथ यहाँ बहुमत का शासन वोट की व्यक्ति-आधारित समता को स्वीकारता है, भले ही व्यवहार में समता के अन्य पहलुओं से उस व्यक्ति को वंचित किया जाना जारी हो।

भारत में अधिकारों के अपवंचन और अधिकारों के प्राप्त होने का मिश्रण बड़ा जटिल है। एक दलित के रूप में मुझे गाँव के कुएँ से पानी लेने के अधिकार से वंचित किया जा सकता है। मुझे किसी द्विज के घर में घुसने से भी रोका जा सकता है। इसी तरह एक महिला के रूप में मुझे अपने समय का अपने हिसाब से उपयोग करने से रोका जा सकता है। पर एक नागरिक के रूप में मेरा वोट किसी ब्राह्मण अथवा पुरुषवादी से कम महत्त्व नहीं रखता। इसी तरह अदालत में मेरी गवाही किसी से कम वजनी नहीं मानी जायेगी। निचले दर्जे पर रह रहे लोगों की मूल्यवत्ता में मामूली बढ़ोतरी भी द्विज लोगों के लिए चुनौती की तरह उभरती है। उस ब्राह्मण के खोखले घमंड को उस समय कितनी ठेस लगती है जब उसे बताया जाता है कि उसके गाँव के दलित की बात की कीमत उसके बराबर ही है।

जाहिर है कि सामाजिक अस्तित्व और नागरिकता के बीच का यह संबंध-भंग एक नागरिक के रूप में व्यक्ति की सक्रियता को सीमित कर देता है, लेकिन यह व्यक्ति की नागरिकता को पूरी तरह नकारता नहीं है। वस्तुत:, सामाजिक अस्तित्व और नागरिकता के बीच का यह अंतराल संघर्ष की जमीन पेश करता है और इन संघर्षों का दायरा कितना भी सीमित क्यों न हो, वे एक नागरिक के रूप में व्यक्ति की क्षमताओं को बढ़ाते हुए इस अंतराल को कम करते चले जाते हैं। इसी प्रक्रिया में व्यक्ति अपनी सामूहिक संख्यात्मक ताकत के प्रति सचेत होकर इस या उस मौके पर चीजों को अपने पक्ष में मोड़ने में सक्षम हो जाता है।

इस तरह भारत नें लोकतंत्र अधिक आत्मसम्मान की कामना का वाहक बन कर उभरता है। लोकतंत्र के जरिये लोग जो हैं, उससे बेहतर होना चाहते हैं। यहाँ राजनीति की शक्ति सेकुलर रूप में अपने आपको व्यक्त करती है और सामाजिक ढाँचे और परंपरा द्वारा अपने आप वैध होते चले जानेवाली सत्ता का

क्षय करती चली जाती है। लोकतांत्रिक राजनीति की इसी खूबी ने उस आमूलवादी आवेग को और गति प्रदान की है जो आजादी के लिए संघर्ष के दिनों में चले ताकतवर जनांदोलनों की देन था और जिसे शासक वर्ग रोकने की पूरी कोशिश करता रहा है। भारत में लोकतंत्र ने अपनी सीमाओं के बावजूद समतामूलक समाज के लिए महासंघर्ष चलाने की गुंजाइशें प्रदान की हैं। आइए, इस तथ्य को जरा और नजदीक से देखें।

युगों-युगों से भारतीय समाज ने द्विज जातियों के एक छोटे से तबके को ही अधिकार-संपन्न बनाया है। अन्य प्राक्-आधुनिक वर्ग समाजों के मुकाबले संभवत: भारतीय समाज कुछ कम ही दमनकारी है पर इस समाज को परंपरा के साथ बाँधनेवाले तत्त्व किसी भी अन्य समाज के मुकाबले अपनी प्रकृति में कहीं अधिक विस्तृत विचारधारात्मक आधार रखते हैं। इन तत्त्वों को धर्मशास्त्रों द्वारा मिली सीधी मान्यता किसी अन्य समाज की विशेषता नहीं है। इसी मान्यता के आधार पर यह मान्यता परंपरा-निष्ठ लोगों के रक्त में शामिल हो गयी है। ब्राह्मणों के नेतृत्व में इस 'द्विज' तबके ने अन्य सभी के अधिकारों का अपवंचन कर लिया है। अपने सभी संघर्षों, आंदोलनों, सभी तरह की गोलबंदियों, चुनावी भागीदारी और ऐसी ही कई खूबियों के कारण लोकतंत्र ने सामाजिक ढाँचे द्वारा लोगों पर परंपरा को थोपे जाने की कठोरता को तोड़ दिया है। इस कठोरता के शिकार सामाजिक दर्जे में सबसे नीचे के आदमी को लोकतंत्र में कुछ साँस लेने की गुंजाइश मिली है। वह न्यूनतम रूप से आजादी के शुरुआती स्वाद को चख कर एहसास कर सकता है कि दरअसल पूरी आजादी कैसी होती होगी।

विश्लेषण के इस बिंदु पर अति उत्साह के खिलाफ सावधानी की जरूरत है। अपनी सामाजिक परिस्थितियों में साधारण लोगों को लोकतंत्र के कारण जो कुछ नसीब हो पाया है, वह बहुत ही कम है। लोगों को मिली आजादी की सीमाओं का आकलन आवश्यक है। इस आजादी का व्यवहार बहुत छोटे दायरे में ही हो पाता है। चूँकि परंपरा की ताकत भी लोकतंत्र के कारण अपनी प्रकृति में पहले के मुकाबले कम विनियमित और विरल हो जाती है इसलिए वह भी छोटे दायरे में अपनी सुरक्षा तलाश लेती है। यह ताकत खत्म नहीं हुई है इसलिए लोगों को अपनी आजादी का उपभोग करने से रोकनेवाली परिस्थितियाँ अभी भी कायम हैं। यह कहा जा सकता है कि जनसाधारण का प्रतिकार अभी भी अस्थायी प्रकृति का है। लोग परंपरा के आदेश के विरुद्ध आचरण करते हैं लेकिन अनायास उन्हें तरह-तरह की जोरदार चोटों का सामना भी करना पड़ता है। लेकिन, इन परिस्थितियों के बावजूद उनके पास पुलिस में रपट दर्ज कराने अथवा अधिक महत्त्वपूर्ण ढंग से अपने पक्ष में और ज्यादा लोगों को गोलबंद करके संघर्ष करने का अवसर रहता है। यही है वह कीमती मुकाम जहाँ वे अधिकारों की दुनिया का दरवाजा अपने लिए खुला हुआ पाते हैं। यही है वह छोटी-सी उपलब्धि जिससे वे वंचित नहीं होना चाहते और इसीलिए वे लोकतंत्र

की एक शासन-प्रणाली के रूप में तरफदारी करते हुए दिखते हैं।

यहाँ जिन बिंदुओं की हमने चर्चा की है उससे एक महत्त्वपूर्ण नतीजा निकलता है। समाज के अंदर की विषमताएँ अपनी भीषणता में कम नहीं हुई हैं फिर भी लोगों का सामाजिक वजूद तुलनात्मक रूप से बदला है। इसने उस जमीन को काफी कुछ बदल दिया है जिस पर आम आदमी अभी तक खड़ा हुआ था। अभी तक कर्मकांड-आधारित श्रेणीक्रम के कारण लोगों को अधिकारहीनता का सामना करना पड़ता था, पर अब उनकी जगह सेकुलर दायरे की सत्ता के तहत आर्थिक विषमताओं ने ले ली है। कर्मकांड पर आधारित दुनिया और जाति-धर्मनिरपेक्षता पर आधारित दुनिया में फर्क होता है। सत्ता के लाभ उठाने अथवा सत्ता को भोगने की विषमता लोगों के नागरिक और राजनीतिक अधिकारों को सीमित नहीं करती, इसके उलट इस विषमता ने सारी दुनिया में लोगों को एकताबद्ध होने के लिए प्रोत्साहित किया है ताकि वे संघर्ष और बहस करते हुए समतामूलक मूल्यों को लोकतंत्र का अभिन्न अंग बना सकें। आर्थिक विषमता तथा ऐसी ही अन्य विषमताओं में उनके खिलाफ संघर्ष करने की एक उलट प्रवृत्ति भी निहित होती है। यही प्रवृत्ति समाजवादी चेतना समेत सभी आमूलवादी चेतनाओं का आधार बनती है।

सामाजिक ढाँचे द्वारा थोपी गयी मजबूरियों के ढीले होने के दो प्रभाव पड़ते हैं: पहला, आम आदमी को अपने सम्मान, अधिकारों और अधिकार-संपन्नता के लिए लड़ने की गुंजाइशें मिलती हैं; और दूसरा, विशेषकर निचली जातियों को व्यवस्थाजन्य उत्पीड़क सामाजिक रीति-रिवाजों से छुटकारा पाने का मौका मिलता है। इन दोनों प्रभावों के कारण आम लोग लोकतंत्र को एक बेहतर जीवन के लिए संघर्ष की गुंजाइश मानते हैं। भले ही लोकतंत्र को देखने की यह एक सीमित दृष्टि हो लेकिन अपनी दमनकारी सामाजिक और आर्थिक परिस्थितियों के तहत उन्हें संघर्ष का यह मौका एक बहुत बड़ी 'रियायत' हासिल करने के समान लगता है। लोकतंत्र और पूँजीवादी संबंधों के कारण 'जाति' के 'वर्ण' के साथ संबंधों की प्रकृति बहुत बड़ी मात्रा में बदल गयी है। दलित और पिछड़े वर्ग की जातियाँ सार्वजनिक जीवन में निचली श्रेणी के लोगों की तरह स्वीकारे जाने के लिए तैयार नहीं हैं। वे अब खुद को अपवित्र और अपवित्रीकरण का स्रोत नहीं मानतीं।

यह स्थिति पुरानी जाति-व्यवस्था में नये आधुनिक वर्गों के उदय के कारण भी पैदा हुई है। साक्षरता और सेकुलर दुनिया में जमने के लिए जरूरी कौशल से संपन्न संख्यात्मक रूप से कमोबेश विशाल महत्त्वपूर्ण मध्यवर्ग का निर्माण वर्ग-रचना की इस प्रक्रिया के लिए महत्त्वपूर्ण है। यही हैं वे तबके जो अपने-अपने समुदाय के नाम पर समता के लिए संघर्ष चला रहे हैं।[४] चूँकि इन लोगों को लोकतंत्र विविध संसाधनों का स्रोत लगता है इसलिए वे उनके साथ और गहरायी से जुड़ जाते हैं। इस निष्कर्ष के पक्ष में और इसकी और गहन पुष्टि

क लिए हम कुछ आँकड़ों का सहारा ले सकते हैं। लोकतंत्र और उसकी संस्थाओं के प्रति बढ़ती हुई जनमान्यता के आँकड़ों को अगर जातियों और तबकों के संदर्भ में देखा जाये तो कुछ दूसरे ही किस्म की बातें पता चलती हैं। कमजोर वर्गों और निचली जातियों की प्राथमिकताएँ अपेक्षाकृत सुविधा-संपन्न जातियों और तबकों के मुकाबले भिन्न साबित होती हैं। इसलिए इन आँकड़ों को नजदीकी निगाह से देखना जरूरी है।

यहाँ मैं इस संबंध में केवल मतदातामंडल की बदली हुई प्रकृति की चर्चा करूँगा। मैं देखूँगा कि वोट डालनेवालों और वोट न डालनेवालों की आंतरिक संरचना क्या है? मेरा जोर वोट डालनेवालों पर होगा। विश्लेषण के इसी मुकाम पर मतदाता-मंडल में आया परिवर्तन उभर कर सामने आ जाता है। ध्यान रखने की बात यह है कि १९७१ से १९९६ के बीच वोट डालनेवालों का प्रतिशत कोई खास नहीं बदला है लेकिन वोट डालनेवाले और न डालनेवाले बदल गये हैं। १९७१ के मुकाबले वोट डालनेवाले अपने संपूर्ण प्रतिशत में पहले जैसे नहीं रह गये हैं। अब उनमें अधिक निरक्षर, देहाती लोग, अनुसूचित जातियों और पिछड़े वर्ग की जातियों के लोग कहीं ज्यादा हैं। १९७१ में वोट डालनेवाले ज्यादा संख्या में द्विज, शहरी और कालेज-शिक्षित हुआ करते थे। इसी तरह राष्ट्रीय औसत में मुसलमानों और आदिवासियों में भी वोट न डालनेवालों की बजाय वोट डालनेवालों की संख्या बहुत ज्यादा हो गयी है। इसका अर्थ यह हुआ कि अगर हम अपने नमूने से निकले हुए प्रतिशत को संपूर्ण मतदाता-मंडल के आधार पर संख्या में बदलें तो पायेंगे कि कमजोर वर्गों और अल्पसंख्यकों के अंदर मत देनेवालों की संख्या में करोड़ों की बढ़ोतरी हुई है अर्थात १९९६ में १९७१ के मुकाबले मतदाता-मंडल का अधिकांशतः निर्माण इन्हीं तबकों द्वारा हुआ है। इस आधार पर यह विश्वास के साथ कहा जा सकता है कि सत्ता की लोकतांत्रिक बुनियाद बनाने में १९७१ के मुकाबले कमजोर वर्गों का योगदान कहीं ज्यादा है। संपूर्ण मतदाता-मंडल में वोट डालनेवालों की संरचना में यह परिवर्तन बड़ी खामोशी से हुआ है। जब भी ऐसी कोई परिघटना होती है हम अपना ध्यान केवल सतही प्रेक्षण तक सीमित रखते हैं। अगर हम घटनाओं के पीछे छिपे यथार्थ को देखें तो यह तथ्य हमें चकित कर देगा कि संसदीय शासन-प्रणाली के तहत शासकों के भाग्य का फैसला बड़े अनपेक्षित ढंग से अधिकाधिक उन लोगों के हाथ में होता जा रहा है जो कमजोर, शक्तिहीन और जरूरतों के मारे हैं।[५]

एक दूसरे ढंग से यह भी कहा जा सकता है कि भारत में मतदान का प्रतिशत पिछले २५ वर्षों में कमोबेश एक-सा रहने का तथ्य जितना कुछ बताता है, उससे ज्यादा छिपा लेता है। अगर आज पहले के मुकाबले खुशहाल लोग कम संख्या में वोट डालने निकलते हैं और गरीब लोग पहले से ज्यादा वोट डालने का निर्णय लेते हैं, तो क्या यह हमारे लोकतंत्र के बारे में किसी महत्त्वपूर्ण तथ्य

का उद्घाटन नहीं करता? अगर लोकतंत्र समाज की समस्याओं को हल करना चाहता है तो उसे गरीबों से जुड़ी समस्याओं से सरोकार रखना पड़ेगा यानी उसे निरक्षरता, स्वास्थ्य, पोषण, आवासन, रोजगार आदि पर ध्यान देना होगा। समाज के खुशहाल तबकों के संदर्भ में ये समस्याएँ कमोबेश सुलझ चुकी हैं। हम पहले ही देख चुके हैं कि पिछले पचास साल से हमारे लोकतंत्र के बचे रहने का कारण समस्याओं को हल कर पाने की उसकी क्षमता में निहित नहीं है बल्कि कमजोर समुदायों अथवा तबकों को अपने हकों के लिए उठ खड़े होने और लड़ने के लिए मिली गुंजाइशों में है।[६] आइए, इस कहानी को और आगे बढ़ाएँ और देखें कि लोकतंत्र के तहत किसके हिस्से में क्या आया है।

इस विश्लेषण में मैं केवल उन समुदायों की चर्चा करूँगा जो सामाजिक-आर्थिक दृष्टि से कमजोर माने जाते हैं। इसका कारण साफ है। मजदूरों की भाँति शोषण के शिकार लोग वोट डालने के मामले में ज्यादा उलझन के शिकार नहीं होते और उन्हें मतदान से रोकना भी आसान नहीं होता। लेकिन, कुछ समुदायों के लिए मतदान को चुनने या न चुनने की स्वतंत्रता का मामला अन्य समुदायों की भाँति सीधा नहीं है। वर्गों के संदर्भ में भारत के उत्पीड़ित समुदायों की दो किस्में हैं। कई तरह के पिछड़े वर्गों के रूप में इनमें एक किस्म संपत्तिशाली उत्पीड़ितों की है। सभी तो नहीं, पर इन वर्गों में से कुछ कई तरह की दस्तकारियों से जुड़े हुए हैं। भूमि-सुधारों से पहले इस तरह के संपत्तिवान उत्पीड़ित मुख्यत: बटाईदार किसानों की श्रेणी में आते थे। इन उत्पीड़ितों में अनिवार्यत: वर्गभेद भी हैं पर विश्लेषण के इस चरण में हम उनकी चर्चा नहीं करेंगे। इसके बाद संपत्तिहीन उत्पीड़ितों की किस्म आती है। इनमें ज्यादातर संख्या दलितों की है जो मुख्यत: भूमिहीन खेतिहर मजदूर हैं। इनमें काफी संख्या परंपरागत अपवित्र पेशों में भी लगी हुई है जैसे सफाई का काम या चमड़े का काम। संपत्तिहीन उत्पीड़ितों में वे अतिपिछड़े भी आते हैं जो पारंपरिक रूप से हजामत बनाने या कपड़े धोने जैसे स्वच्छ पेशों में लगे हुए हैं।

मतदाताओं की बदलती हुई संरचना पर नजर डालने से एक दिलचस्प तस्वीर उभरती है। जातियों के संदर्भ में पिछड़े वर्गों को सवर्णों के मुकाबले रख कर देखने से शुरुआत की जा सकती है। १९९६ में हुए मतदान से पता चलता है कि उस चुनाव में दो फीसद कम सवर्णों ने वोट डाले जबकि एक फीसद ज्यादा पिछड़ों ने मतदान किया। अर्थात ५९ फीसद पिछड़ों ने और ५६ फीसद सवर्णों ने वोट डाले। १९७१ में मतदान का यह जातिगत अंतर इतना स्पष्ट नहीं था। तब पिछड़े और द्विज दोनों ही औसत से १.५ फीसद नीचे थे और अनुसूचित जातियाँ उस समय औसत से आधा फीसद ऊपर थीं।

शिक्षा के संदर्भ में मतदान के इस जातिगत फर्क पर विचार करने से परिवर्तन और साफ होकर उभरता है। निरक्षर बनाम शिक्षित (कालेज स्तर और उससे ऊपर) के फर्क पर गौर करने पर पता चलता है कि १९९६ में निरक्षरों ने औसत

से आधा फीसद ज्यादा वोट डाले थे। ताज्जुब की बात तो यह निकलती है कि शिक्षितों द्वारा मतदान का प्रतिशत औसत से पाँच फीसद कम था। अर्थात अगर ६०.५ फीसद अशिक्षितों ने वोट डाले तो केवल ५५ फीसद शिक्षित ही चुनाव के दिन वोट डालने निकले। यहाँ वोटरों की आंतरिक संरचना में भारी परिवर्तन दिखता है। मतदाता-मंडल का सक्रिय हिस्सा उन निरक्षरों से बनता हुआ दिखता है जो कालेज की शिक्षा-प्राप्त मतदाताओं की बेहतर जीवन-स्थितियों के मुकाबले गरीब तबके से आते हैं। १९७१ में करीब छह फीसद शिक्षित वोटरों ने ५५ फीसद के औसत से ऊपर वोट डाले थे और निरक्षरों ने औसत से ३.५ फीसद कम मतदान किया था। विश्लेषण के इस बिंदु पर हमारे सामने एक तुलनात्मक पहेली आती है जो सहज बुद्धि के लिहाज से भी एक पहेली ही है। पूरे राष्ट्र के पैमाने पर किये गये सर्वेक्षणों पर आधारित तुलनात्मक अध्ययन और ऐसे ही अन्य आँकड़े साफतौर पर साबित कर चुके हैं कि लोकतंत्र का टिके रहना निरक्षरता, गरीबी, दमन और उससे संबंधित पहलुओं जैसे नकारात्मक कारकों पर निर्भर है। इस प्रकार के कारकों के प्रभाव में समाज जनोत्तेजक लफ्फाजी और लोकलुभावन हथकंडों के जाल में फँसने के जोखिम से भी ग्रस्त हो जाता है। भारतीय समाज और राजतंत्र भी इस तरह के खतरे से दो-चार हो चुका है। अगर रेडिकल लोकलुभावनवाद को कुछ नीतिगत उपायों और प्रशासनिक कौशल से पुष्ट किया जाये तो हर समाज में इस तरह की राजनीति के लिए कोई-न-कोई स्थान निकल आता है।

भारत जैसी सामाजिक-आर्थिक परिस्थिति में तो ऐसा लोकलुभावनवाद कुछ-कुछ श्रेयस्कर भी माना जा सकता है लेकिन हम देख चुके हैं कि १९७१ की आमूलवादी उद्घोषणाएँ कितनी जल्दी शासक वर्ग के हथकंडों में पतित हो गयी थीं। लेकिन भारत का अनुभव यह भी बताता है कि इस लोकलुभावन और आमूलवादी राजनीति का खोखलापन जनता ने जल्दी ही भाँप लिया था। आपातकाल के शासन को निर्णायक रूप से ठुकरा कर भारतीय मतदाता इसका प्रमाण दे चुका है। अखबारों की रिपोर्टों में अक्सर यह दिखाया जाता है कि भारत के गरीब और निरक्षर मतदाता लोकतंत्र की तरफ से उदासीन हो चुके हैं। पिछले कुछ वर्षों से हर चुनाव के दौरान देश-भर में घूम रहे संवाददाता एक ही स्वर में बोलते रहे हैं कि जनता में चुनाव अभियान के प्रति बहुत कम उत्साह है। दिलचस्पी के इस प्रत्यक्ष अभाव से संवाददातागण सहज बुद्धि के तहत उदासीनता का निष्कर्ष निकाल लेते हैं। असलियत यह है कि साधारण लोग शायद राजनीति के बारे में इतना नहीं बोलते जितना खुशहाल और मध्यवर्गीय लोग अपने ड्राइंग रूमों में बोलते हैं। यह भी हो सकता है कि आम आदमी आपस में राजनीति पर ज्यादा चर्चा करता हो पर हम लोगों के सामने चुप रहता हो। संवाददाताओं की सहज बुद्धि यह नहीं समझ पाती कि अब इस साधारण जनता में पहले की अपेक्षा स्वयं को राजनीतिक रूप से गोलबंद करने की प्रवृत्ति

पैदा हो चुकी है। गरीबों का अब ज्यादा बड़ा हिस्सा बिना किसी प्रोत्साहन तय करने लगा है कि वोट किसको देना है।

मोटे तौर पर दो और कमजोर समुदायों को देखने पर भी यही निष्कर्ष निकलता है। ये हैं आदिवासी और मुसलमान। १९९६ में आदिवासी समुदायों का कुल मतदान औसत से सिर्फ एक फीसद कम था जबकि १९७१ में यह कमी ८ ५ फीसद थी। १९९६ में ५८ फीसद के औसत पर यह प्रतिशत ५७ था और १९७१ में ५५ फीसद के औसत पर ४८.५ फीसद। यह जनजातियों के मतदान में बहुत बड़ी बढ़ोतरी का प्रमाण है।

आदिवासियों के विपरीत मुसलमानों में ऐसे तबके भी हैं जिन्हें कमजोर नहीं माना जा सकता। इनमें जमींदारों और विभिन्न व्यवसायों से जुड़े लोगों की संख्या भी काफी है। लेकिन विकासशील समाज अध्ययन पीठ की सांख्यिकीय इकाई ने हिसाब लगाया है कि मुसलमानों में खुशहाल लोगों की संख्या उनकी आबादी की एक तिहाई से ज्यादा नहीं है और बाकी की हालत पिछड़े वर्गों जैसी ही है। जाहिर है कि मुसलमानों को 'छद्म धर्मनिरपेक्षों' द्वारा किये गये तथाकथित तुष्टीकरण से ज्यादा लाभ नहीं हुआ है। वे रेड्डियों और जाटों जैसी ताकतवर जातियों समेत सवर्णों की भाँति राज्य के 'दुलारे' नहीं रहे हैं। इन जातियों में दो-तिहाई लोग खुशहाल मिलते हैं। इसलिए अगर एक तिहाई को निकाल दिया जाये तो बाकी मुसलमानों को कमजोर वर्ग में गिना जा सकता है। वे एक दूसरे नजरिये से भी कमजोर हैं। आजादी के आंदोलन में उनकी भूमिका के इतिहास और मुस्लिम लीग की अलगाववादी राजनीति के साथ उनके कुछ-न-कुछ जुड़ाव के कारण बहुत सारे लोग उन्हें शक की निगाह से देखते हैं। यह शक दो रूपों में सामने आता है : गैरसांप्रदायिक जनता की भारी संख्या के लिए यह शक अशत्रुतापूर्ण रुख लिये रहता है पर हिंदुत्व की राजनीति से प्रभावित लोग खुले आम उन्हें दुश्मन मानते हैं। शक के इस माहौल के कारण मुसलमान ऐसे तबकों के समूह में बदल गये हैं जो भौचक्का और असुरक्षित है। उनकी यह मनोदशा दंगों के इतिहास और उनके समाजशास्त्र के भारतीय राजनीति पर भीषण प्रभाव के कारण और भी पुख्ता हुई है।

तुलनात्मक अध्ययन की समाप्ति हम शहरी और ग्रामीण आबादी की मतदान-संबंधी प्रवृत्तियों से करेंगे। कहने का मतलब यह कतई नहीं है कि देहाती लोग कमजोर होते हैं और शहरी कमजोर वर्ग में नहीं आते। ऐसा दावा तो बेहूदा ही हो सकता है, हालाँकि चरण सिंह के जमाने से भारतीय राजनीति में इस तरह के दावे अक्सर होते आये हैं। देहाती इलाकों में जमींदार तबका सर्वाधिक प्रतिगामी विचारधाराओं को पनपाने का काम करता है। इसकी आबादी देहाती आबादी का ४-५ फीसद है। इनके साथ कुलकों और धनी किसानों की काफी संख्या भी जोड़ कर देखी जानी चाहिए। इसी तरह शहरों में बाकायदा शोषित मजदूर वर्ग, वंचितों और दरिद्रों का भारी जमाव है। चूँकि

हरी क्षेत्रों में सूचना और मीडिया नेटवर्कों की केंद्रीय उपस्थिति है इसलिए माना जा सकता है कि शहरवासियों को संभावित सत्ता का एक स्रोत तो मिला ही हुआ है। शहरों में व्यवसायों से जुड़ा सर्वाधिक प्रभावशाली तबका भी रहता है और फिर शासक वर्ग का सबसे मजबूत और स्थायी अंश—पूँजीपति वर्ग—भी शहरों में निवास करता है। ये सब बातें शहरों के लिए एक खास तरह की स्पष्ट लाभदायक स्थिति बना देती हैं। शहरों और ग्रामों के मतदाताओं की तुलना करते समय इन पहलुओं पर विचार करना ही होगा। १९९६ में ग्रामीण इलाकों के मतदाताओं ने औसत से एक फीसद अधिक मतदान किया था जबकि १९७१ में यही प्रतिशत एक फीसद से भी अधिक नीचे था। ऊपर दिखाये गये अन्य परिवर्तनों के मुकाबले यह कोई बहुत बड़ा परिवर्तन नहीं है लेकिन ग्रामीण आबादी की विशालता देखते हुए एक फीसद का फर्क भी बहुत सारे ग्रामीण वोटरों की संख्या बढ़ा देता है। अगर इसे शहरी वोटरों के रवैये के मुकाबले रख कर देखा जाये तो यह बढ़ोतरी और भी महत्त्वपूर्ण लगती है। १९७१ में शहरी मतदान औसत से ४ फीसद ज्यादा था तो १९९६ में औसत से ३.५ फीसद नीचे आ गया। जाहिर है कि शहरी मतदाताओं की संख्या काफी गिरी है। इससे वोटरों के विभिन्न तबकों में लोकतंत्र के प्रति बढ़ी दिलचस्पी या उदासीनता का अंदाजा लगाया जा सकता है।

यह अध्ययन बताता है कि भारतीय लोकतंत्र के बारे में सहज बुद्धि से निकाले गये निष्कर्ष कितने गलत और सतही तुलनाएँ कितनी अस्वीकार्य हैं। साथ ही हम यह भी कह सकते हैं कि किसी परिघटना की ऊपरी शक्ल-सूरत क्यों भरोसे के काबिल नहीं होती। बारीकी से जाँच करने पर पता लगता है कि जो दिखाया जा रहा था वह संदिग्ध टिप्पणियों के अलावा कुछ नहीं है और जो वास्तव में तर्कसंगत चित्र है वह केवल अंतर्धारा के रूप में ही मिल सकता है। यह अध्ययन स्पष्ट कर देता है कि भारत में लोकतांत्रिक जनता कौन सी है। यह अध्ययन लोकतंत्र से कटते जा रहे अभिजनों की सिद्धांतबघारू धोखा-धड़ी का भी पर्दाफाश कर देता है। यह वर्ग काफी जोर-शोर से साधारण जनता पर लोकतंत्र की गड़बड़ियों का जिम्मा थोपता रहता है।

इसमें कोई शक नहीं कि लोकतंत्र की खामियों के जरिये उसके संचालन की समस्याओं तथा लोकतंत्र के बेतरतीब विस्तार का पता चल सकता है। यह भी सही है कि लोकतंत्र की गंभीर समस्याएँ तकरीबन संकट का रूप ले चुकी हैं लेकिन फिर भी उनका सामना नहीं किया जा रहा है। खास कर लोकतांत्रिक संस्थाओं का कामकाज और शासन-व्यवस्था काफी गड़बड़ है। यहाँ सरसरी तौर पर यह उल्लेख करना जरूरी है कि किसी भी अन्य कारण की अपेक्षा प्रतिनिधित्व के उसूल और 'संसदीय शासन की जरूरत' के बीच का अंतर्विरोध लोकतंत्र के संकट के लिए ज्यादा जिम्मेदार है। यह अंतर्विरोध इसलिए पैदा हुआ है क्योंकि प्रतिनिधित्व को निर्धारित करनेवाली परिस्थितियाँ एक ऐसी

दिशा में बढ़ गयी हैं जहाँ किसी भी एक पार्टी द्वारा बहुमत हासिल करना मुश्किल होता जा रहा है।[७] आपातकाल से ही कांग्रेस के समर्थन-आधार में होते आ रहे धीमे क्षय और १९८९ के चुनाव के बाद हुई अचानक गिरावट से यह परिस्थिति मुखर हुई है। इसकी जिम्मेदारी 'शासक वर्ग' की अक्षमता पर डाली जानी चाहिए। इस वर्ग में अधिकांशतः स्थापित अभिजन ही भरे रहे हैं और अब इसमें अभी तक किनारे पड़े हुए तबकों से उभर कर आनेवाले लोग भी शामिल हो गये हैं। महत्त्वपूर्ण बात यह है कि साधारण लोगों से लोकतंत्र को खतरा नहीं है। उदीयमान अभिजनों द्वारा लोकतांत्रिक संस्थाओं के संचालन में अयोग्यता प्रदर्शित करने, लोकतंत्र के नियमों का उल्लंघन करने की उनकी आदत और लोकतंत्र के कार्यविधि-संबंधी पहलुओं का आदर न करने की प्रवृत्ति ही खतरे का मुख्य स्रोत बनी हुई है। हिंदुत्व की ताकतों का उभार भी ऐसा ही एक खतरा है क्योंकि यह गुजरे जमाने के उन प्रभुओं द्वारा अपने पुनरुत्थान की कोशिश है जो कमजोर वर्गों में से आये मध्यवर्ती वर्गों के सत्तासीन होने से अपना महत्त्व खो बैठे हैं।

लोकतंत्र की दुर्दशा का कारण शासक वर्ग और उनके राजनीतिक प्रतिनिधियों में ही खोजा जाना चाहिए। साठ के दशक के उत्तरार्ध से ही भारतीय राजनीति इस संकट की शिकार है और तभी से शासक प्रतिष्ठान में जनता के दबाव का तानाशाही उपायों के जरिये मुकाबला करने की प्रवृत्ति देखी जा रही है। १९७५ में आपातकाल थोपे जाने में इस रुझान की चरम अभिव्यक्ति हो चुकी है। इसलिए यह दलील दी जा सकती है कि भारत में लोकतंत्र निरक्षर व गरीब जनता के बावजूद नहीं, बल्कि उनके द्वारा डाले गये लोकतांत्रिक शासन के दबाव के कारण ही बचा हुआ है। भारतीय अभिजनों ने जिम्मेदारियों से बचने और दमन करने की कला में काफी महारत हासिल कर रखी है। वह अक्सर नौकरशाहाना और तकनीकी जरियों से जनता की समस्याएँ सुलझाने के प्रयास करता रहता है। जनता अपने लोकप्रिय आंदोलनों और संघर्षों के दबाव के जरिये ही लोकतंत्र के वाहक की थोड़ी बहुत मान्यता प्राप्त कर पायी है। लोग इसी गुंजाइश को बचाना और कायम रखना चाहते हैं और यही गुंजाइश हिंदुत्व की शक्तियों की तरफ से गंभीर खतरे का शिकार है। हिंदू दक्षिणपंथ की यह उग्रवादी विचारधारा समाज के साथ जोर-जबर्दस्ती करने और अपनी गैरकानूनी माँगें मनवाने का दुस्साहस रखती है।[८]

मतदान की कार्रवाई की तरह लोकतंत्र के सभी संस्थागत पहलुओं के बारे में जनरुचि का पता लगाने पर भी यही नतीजा निकलेगा कि साधारण लोगों में इन संस्थाओं की खुशहाल तबकों के मुकाबले ज्यादा मान्यता है। ऊपर के अध्ययन से निकले नतीजों के बाद मेरे विचार से यह निष्कर्ष चौंकानेवाला साबित नहीं होगा। लोगों की यह मान्यता न केवल लोकतंत्र के मूल्यों के प्रति है बल्कि उन्हें जमीन पर उतारनेवाली प्रक्रियाओं के प्रति भी है। हमारे अध्ययन

में लोगों ने अपनी इस मान्यता को बार–बार पुष्ट किया है बावजूद इसके कि राजनीतिक अभिजनों ने बार–बार उसकी उम्मीदों पर पानी फेरा है। जनता कितने भी राजनीतिक बिखराव की शिकार हो, भारतीय लोकतंत्र के समर्थन में उत्पीड़ित तबकों के बीच एक आंतरिक सहमति उभर रही है। इस तथ्य को स्वीकारना बहुत जरूरी है। यह सहमति ऊपर से दिखायी नहीं देती है और यह कमजोर और अस्थायी हो सकती है पर यह लोकतंत्र की आरंभिक ताकत की प्रतीक भी है। कमजोरी का कारण साधारण जनता का शक्तिहीन होना हो सकता है। शासक वर्गों के हमले को पीछे धकेलने में शायद यही बात आड़े आ रही है। ताबड़तोड़ किया जा रहा भूमंडलीकरण इसका सबूत है। लोग इसके नतीजों का शिकार बन कर ही इसकी असलियत जान पायेंगे। आज न तो जनता को भूमंडलीकरण का तर्क पता है और न ही वे उसके आगामी परिणामों को देख पा रहे हैं। शासक वर्गों के पास भूमंडलीकरण को निरंकुश हथकंडों के जरिये लागू करने की ताकत और संसाधन है। जो भी हो, आगे भी हम देखेंगे कि साधारण और कमजोर तबके ही लोकतंत्र, उसके संस्थागत बंदोबस्त और उसकी आनुषंगिक स्थितियों के सबसे बड़े हमदर्द बन कर उभरेंगे।[९]

सर्वेक्षण के आँकड़ों और उनके विश्लेषण से निकले नतीजों को संक्षेप में इस प्रकार से पेश किया जा सकता है, लोकतंत्र या लोकतांत्रिक प्रक्रिया ने खुद को अपनी खामियों से अलग करके यानी नेताओं, पार्टियों और प्रतिनिधियों की असमानता से काट कर एक अलग स्वायत्तता प्राप्त कर ली है। लोकतंत्र की वैधता की जड़ें गहरी हो गयी हैं। जनसंघर्षों तथा चुनावी संघर्षों की प्रक्रिया के जरिये लोकतंत्र को एक ऐसे दायरे का अवदान प्राप्त हुआ है जिसमें जनसाधारण अपने प्रतिरोध की नाना प्रकार की गतिविधियाँ चलाता रहता है। यह दायरा आंदोलन की जरूरतों के हिसाब से कभी फैलता और कभी सिकुड़ता है। इसी दायरे में क्रमवार प्राप्त की गयी अग्रगति तथा रियायतें दर्ज होती हैं। संगठित राजनीति के बदरंग हो जाने के बावजूद ऐसा हो रहा है। ये निष्कर्ष एक और जरूरत को सामने लाते हैं कि लोकतंत्र की वैधता के सिद्धांतशास्त्र को एक बार संशोधित किया जाना चाहिए। साथ ही अकादमीय अध्येताओं को विस्तृत रूप से यह भी देखना चाहिए कि यह वैधता कैसे मिलती है और कहाँ स्थित होती है। अभी तक इस देश में लोकतंत्र के संचालन ने क्रांतिकारी अग्रगति के लिए अवसर मुहैया नहीं कराया है। लेकिन, एक नये किस्म की लोकतांत्रिक बढ़त जरूर मिली है। पूँजीपति वर्ग की चौधराहट इसे सीमित किये हुए है। जाहिर है कि यह सवाल पहले की तरह अभी आनेवाले समय में भी कायम रहेगा कि इस चौधराहट से जनता की मुक्ति कैसे होगी।[१०]

संदर्भ और टिप्पणियाँ

१. चेतना को मैंने यहाँ सीमित अर्थ में अभिव्यक्त किया है। व्यक्ति अपनी चेतना स्थिर विचारधारात्मक दिशा और प्रत्यक्ष अनुभव से मिला-जुला कर बनाता है। व्यक्ति की विचारधारा में उसकी दुनिया के विभिन्न पहलुओं की उसकी समझ का मिला-जुला अक्स होता है। विचारधारा में जिंदगी और दुनिया के सभी पहलुओं का प्रतिनिधित्व हमेशा ही सही-सही नहीं होता। इसलिए चेतना कभी भी यथार्थ-बोध जैसी नहीं होती क्योंकि यथार्थबोध किसी-न-किसी रूप में प्रभावित किया जा सकता है। इसीलिए चेतना की एक परत हमेशा बदलती रहती है क्योंकि अनुभवों से पैदा हुए अंतर्विरोधों को संपूर्ण रूप से कभी हल नहीं किया जा सकता। चेतना की अन्य परतें अधिक स्थायी होती हैं और लोगों की रोजमर्रा की विचारधारा की जमीन पर आधारित होती हैं। चेतना के इन दो पहलुओं का ध्यान रखना जरूरी है क्योंकि इस निबंध में चेतना शब्द का उपयोग उसके भिन्न-भिन्न पहलुओं को सुनिश्चित किये बिना किया गया है।

२. सभी आँकड़े १९९६ में विकासशील समाज अध्ययन पीठ द्वारा चुनाव के फौरन बाद पूरे देश में कराये गये सर्वेक्षण से लिये गये हैं। १९७१ के आँकड़े भी उस जमाने में कराये गये सर्वेक्षण के हैं। २५ वर्षों के इस अंतराल में भारतीय राजनीति में महत्त्वपूर्ण परिवर्तन हुए हैं।

३. वैधता और वैधानिकता दो अलग-अलग धारणाएँ हैं। वैधता समाज की जमीन से लोकतांत्रिक प्रथाओं, लोकतांत्रिक प्राधिकार और संस्थाओं के बारे में उठनेवाली भावनाओं से निकलती है जबकि वैधानिक निर्देश ऊपर से दिये जाते हैं। सक्षम अधिकारियों द्वारा दिये गये वैधानिक निर्देश ऊपर से नीचे की तरफ यात्रा करते हैं। जनता की मान्यता न मिलने पर भी उनका पालन करना पड़ता है। अर्थात वैधानिकता में बाध्यता का भाव रहता है और वैधता में वांछनीय के प्रति स्वाभाविक समर्थन का। मसलन, छुआछूत और दहेज को वैधानिक मान्यता नहीं है। इन प्रथाओं पर पाबंदी है लेकिन फिर भी तमाम वर्गों और समुदायों में इनका प्रचलन है। इन वैधानिक निर्देशों को वैधता तब मिलेगी जब समाज इन्हें वांछनीय और नैतिक बाध्यता के रूप में लेगा और खुद-ब-खुद इनका पालन करने लगेगा। हर समाज में वैधानिकता और वैधता के बीच संबंध-भंग की गुंजाइश रहती है लेकिन जहाँ लोगों के नजरिये और मूल्यों में परिवर्तन की कोशिश की जाती है, वहाँ पर यह संबंध-भंग ज्यादा मुखर होता है। हमारा समाज भी इसी दौर से गुजर रहा है।

४. इस दलील को विस्तृत रूप से मेरे लेख 'इज कास्ट अपील कास्टिज्म?' (*ईपीडब्लयू*, २७ मार्च, १९९९) में देखें। इस लेख में मैंने जातियों की संरचना में घटित परिवर्तनों को उन जातियों के सामाजिक वजूद और राजनीतिक गोलबंदी के लिए नतीजों के संदर्भ में जाँचा है। लेख में मैंने वर्ण-व्यवस्था के अंदर चल रही उलट प्रक्रिया और सामाजिक गतिशीलता के लिए उसके परिणामों पर भी गौर किया है। कई व्याख्याओं के अनुसार उत्पीड़ित जातियाँ समुदायों में बदलती जा रही हैं। यहाँ मैंने उनके भारतीय लोकतंत्र से जटिल संबंधों पर नजर डालने की कोशिश की है।

५. १९६२ में हुए तीसरे चुनाव से ही भारत में मतदान के आँकड़ों में उतार-चढ़ाव खत्म होता हुआ दिखता है। १९९१ और १९८४ को छोड़ कर ज्यादातर चुनावों में मतदान ५५ से ६२ प्रतिशत के बीच रहा। १९९१ में यह घट कर ५१ फीसद रह गया और १९८४ में बढ़ कर ६४ फीसद हो गया। इस तरह ५५ से ६२ प्रतिशत की श्रेणी सात संसदीय

निर्वाचनों के लिए सही ठहरती है। हमारे तुलनात्मक अध्ययन के दो पड़ावों अर्थात १९७१ में वोटिंग का प्रतिशत ५५.३ था और १९९६ में ५७.९ था। यह फर्क न तो मामूली है और न ही इतना नाटकीय कि दोनों के बीच तुलना न की जा सके।

६. भारत में कमजोर वर्गों में शोषित और सामाजिक रूप से उत्पीड़ित लोग आते हैं। इस श्रेणी को अलग से देखा जाना चाहिए। अगर कोई द्विज है तो वह शोषित तो हो सकता है पर सामाजिक तौर पर उत्पीड़ित नहीं हो सकता। दूसरी तरफ पिछड़े वर्ग का कोई किसान शोषित न भी होने के बावजूद भारतीय समाज-व्यवस्था के लिहाज से ऐतिहासिक रूप से उत्पीड़ित माना जायेगा। हरिजन, दलित, खेतिहर मजदूर शोषित और उत्पीड़ित, दोनों होते हैं। खुशहाल तबके की औरतें सामाजिक रूप से उत्पीड़ित तो होती हैं पर शोषित नहीं होतीं। वे एक तरह से श्रमिक वर्ग और बेहद गरीब तबकेके लोगों को शोषित और उत्पीड़ित भी कर सकती हैं।

७. देखें, मेरा लेख 'इज कास्ट अपील कास्टिज्म?', उपरोक्त। यहाँ दिये गये कारणों के अलावा यह भी एक तथ्य है कि भारत के विभिन्न क्षेत्रों में गठजोड़ और गोलबंदी की प्रक्रियाओं में परिवर्तन हो रहा है जिससे भारतीय राष्ट्र नये सिरे से परिभाषित होने की प्रक्रिया में चला गया है।

८. देखें मेरा लेख 'इज कास्ट अपील कास्टिज्म?', उपरोक्त।

९. जनता द्वारा किये गये भविष्य के आकलन पर एक निगाह डालना दिलचस्प होगा। इससे अंतर्दृष्टि भी मिलती है और इस दावे की पुष्टि भी होती है कि भारत में लोकतांत्रिक प्रक्रियाओं के बीच पूँजीवाद के विकास ने परंपरागत सामाजिक ढाँचे की जकड़बंदी के खिलाफ संघर्ष की गुंजाइशें पैदा की हैं। जब उनसे पूछा गया कि क्या उनके बच्चों को भविष्य में बेहतर अवसर मिलेंगे, तो ५४ फीसद से ज्यादा लोगों ने अपने बच्चों के भविष्य की संभावनाओं को बेहतर माना। केवल २२ फीसद लोग यह माननेवाले निकले कि उनके बच्चों का भविष्य अंधकारमय है।

१०. इस सवाल का एक मोटा-मोटा राजनीतिक जवाब कुछ इस तरह से भी दिया जा सकता है, वाजपेयी को हराना पहला कदम होना चाहिए। सोनिया गाँधी को दरकिनार करना दूसरा कदम हो सकता है। अपेक्षाकृत स्थिर किस्म का तीसरा मोर्चा बनाना तीसरा कदम होगा। इसके बाद के हालात लोकप्रिय जनसंघर्षों द्वारा निर्धारित होंगे।

जाति-व्यवस्था, वर्ग-रचना और लोकतांत्रिक राजनीति

शहरीकरण, उद्योगीकरण और आधुनिक शिक्षा के प्रसार ने धीरे-धीरे जातियों को उनके कर्मकांड-आधारित ऊँच-नीच के दर्जे की जकड़ से मुक्त कर दिया है। आधुनिक राजनीति के क्षैतिज धरातल पर सत्ता के लिए होड़ करती हुई जातियाँ कौटुंबिक समाज के रूप में जीवित रह गयी हैं। इसमें आरक्षण की नीति ने प्रमुख भूमिका निभायी है। दरअसल, आरक्षण ने विभिन्न जातियों की भागीदारी वाले व्यापक और बड़े-बड़े सामाजिक समूहों को जन्म दिया है। जाति-व्यवस्था में हुए इस परिवर्तन से भारतीय मध्यवर्ग में निचली जातियों के बड़े पैमाने पर प्रवेश का रास्ता खुल गया है। यह भारतीय लोकतंत्र के लिए एक निर्णायक परिघटना है। इसके कारण लोकतंत्र को एकदम नया तात्पर्य और नयी प्रकृति मिली है जिसे न तो जाति की वर्ण-आधारित समझ के आधार पर व्याख्यायित किया जा सकता है और न ही वर्ग-ध्रुवीकरण की भारतीय संदर्भों में आधारहीन विचारधारा के आधार पर।

नये मध्यवर्ग का उदय

धीरूभाई शेठ

हजारों साल पुरानी जाति-व्यवस्था को उसका यह नाम केवल पाँच सौ वर्ष पहले मिला था। मालाबार के तट पर उतरनेवाले पुर्तगालियों द्वारा किया गया यह नामकरण भारतीय समाज के साथ उनके 'प्रत्यक्ष अनुभव' का नतीजा था।[१] पुर्तगालियों ने शब्द 'जाति' की व्युत्पत्ति पुर्तगीज भाषा के शब्द 'कास्टा' से की थी। तभी से संपूर्ण वर्ण-जाति-व्यवस्था को वर्णित करने के लिए इस 'कास्ट' अथवा 'जाति' नामक शब्द का सामान्यतः, इस्तेमाल होने लगा। इसके प्रयोग से इस व्यवस्था में अंतर्निहित विभिन्न नियमों, प्रथाओं और इकाइयों को भी अभिव्यक्ति मिल जाती है। लेकिन, पुर्तगालियों ने जाति की केवल 'खोज' ही नहीं की। एक यूरोपीय समुदाय के रूप में उन्हें वर्ण-जाति-व्यवस्था के संचालन का विस्तृत ब्योरा पहली बार पेश करने का श्रेय भी है। सोलहवीं शताब्दी के एक पुर्तगाली दुआर्ते बरबोसा द्वारा दिया गया जाति का विवरण सर्वाधिक बोधगम्य और तथ्यात्मक साबित हुआ।

बरबोसा ने जाति के पाँच प्रमुख तत्त्वों की शिनाख्त की : (अ) उसने जाति को एक श्रेणीबद्ध व्यवस्था बताया जिसके शीर्ष पर ब्राह्मण और सबसे नीचे

'अछूत' थे, (ब) उसने अस्पृश्यता को 'अपवित्रीकरण' के विचार से जोड़ कर देखा, (स) नाना प्रकार की जातियों के बीच में भिन्नता की पहचान बरबोसा ने सजातीय और सगोत्रीय विवाह, व्यवसाय और सहभोज के आग्रह के आधार पर की, (द) बरबोसा ने जातियों द्वारा अपने रीति-रिवाजों और नियम-कानूनों को कायम रखने के लिए तरह-तरह की पाबंदियाँ लगाने का जिक्र किया, (ध) उसने जाति के राजनीतिक संगठन के साथ संबंध को भी देखा।

हालाँकि बरबोसा ने जाति-वर्ण-व्यवस्था का कोई 'क्रमिक' वृत्तांत नहीं लिखा, लेकिन आज भी जाति की हर परिभाषा उसके द्वारा खोजे गये जाति के मूल तत्त्वों के आस-पास ही घूमती है। बरबोसा ने जाति का जो ब्योरा बताया, उसमें कुछ खास विशेषताएँ भी थीं। पहली बात तो यह थी कि उसकी जाति-संबंधी रपट का आधार जमीनी स्तर पर तैयार किया गया जाति का आँखों-देखा काम-काज था और उसने अपने तथ्य आम लोगों से उनकी भाषा में बातचीत करके जमा किये थे। दूसरे, उसने जाति-संबंधी जानकारी के लिए धर्मशास्त्रों को सूचना के स्रोत के रूप में इस्तेमाल नहीं किया था इसलिए उसने अपने वर्णन में जाति के किसी वर्ण-सिद्धांत का हवाला नहीं दिया। तीसरे, उसने संपूर्ण व्यवस्था के संचालन के साथ न जोड़ कर अस्पृश्यता की प्रथा का संबंध 'अपवित्रीकरण' के विचार से जोड़ा। चौथी खूबी यह थी कि बरबोसा ने जाति को सिर्फ कर्मकांडों (धर्म-विधियों) और उनसे जुड़े दर्जे के चश्मे से न देख कर नाना प्रकार के 'स्वशासित' सांस्कृतिक समुदायों के रूप में देखा। पाँचवीं विशेषता यह थी कि बरबोसा ने जो देखा और जो सुना, उसी को तथ्यात्मक विवरण के रूप में पेश कर दिया। उस पुर्तगाली ने जाति-व्यवस्था पर कोई नैतिक टिप्पणी करने अथवा उसे सही-गलत ठहराने से परहेज किया।

औपनिवेशिक विमर्श

अगले ढाई सौ वर्षों तक कई और यूरोपियन अध्येता जाति के बारे में जानकारियाँ देते रहे। लेकिन इन रपटों में उन्होंने कोई खास नया योगदान नहीं किया। असल में जाति की दूसरी 'खोज' तब तक नहीं हुई जब तक भारत में अंग्रेजी शासन स्थापित नहीं हो गया। इसी के बाद प्राच्यविद्या के पश्चिमी विद्वानों, ईसाई मिशनरियों और ब्रिटिश प्रशासकों ने अपने अलग-अलग तरीकों से जाति की जटिल परिघटना को समझने की कोशिश शुरू की। इस तरह जाति-संबंधी औपनिवेशिक विमर्श सामने आया। औपनिवेशिक जमाने से पहले मिलनेवाले जाति के वर्णनों और इसमें महत्त्वपूर्ण फर्क था। इस विमर्श के कुछ खास पहलुओं का यहाँ उल्लेख करना आवश्यक है क्योंकि भारत को आजादी मिलने के कई दशक बाद भी जाति की परिघटना के अध्ययनों पर यही औपनिवेशिक समझ हावी बनी हुई है।

इस नये विमर्श का पहला तत्त्व यह निर्धारित करने का प्रयास था कि जाति-व्यवस्था भारतवासियों के लिए फायदेमंद है या उनके खिलाफ जाती है। प्राच्यविद्याविदों ने जाति को सकारात्मक रूप में देखा लेकिन मिशनरियों ने उसे पूरी तरह एक बुराई करार दिया। दूसरा तत्त्व यह था कि जाति के विरोधी हों या हमदर्द, दोनों ने ही इसे एक बेहद योजनाबद्ध मानते हुए एकांगी दृष्टिकोण से देखा। उनकी मान्यता थी कि जाति कर्मकांड संरचना (धर्मविधियों) पर आधारित सामाजिक दर्जों का नीचे से ऊपर तक जाता हुआ एक अनम्य श्रेणीक्रम है। बरबोसा ने अपवित्रीकरण के जिस विचार को अस्पृश्यता के संदर्भ से जोड़ा था, उसे औपनिवेशिक विमर्श में सामान्यीकृत करके पूरी व्यवस्था से जुड़ा हुआ मान लिया गया। इस दृष्टि में जाति-व्यवस्था कर्मकांडीय शुद्धता और अशुद्धता पर आधारित सामाजिक दर्जों के विचार के आस-पास केंद्रित थी। इस तरह जाति के यथार्थ को धर्मशास्त्रों में उसके वर्णन के आधार पर फिर से रचा गया। बरबोसा द्वारा प्रस्तुत जाति का अनुभवजन्य चित्र जाति की धर्मशास्त्रीय (विचारधारात्मक) वर्ण-दृष्टि से आच्छादित हो गया। तीसरा पहलू यह था कि प्राच्यविद्याविदों द्वारा हिंदू धर्मशास्त्रों की 'खोज' के साथ ही जाति-व्यवस्था एक ऐसा प्रिज्म हो गयी जिसके जरिये औपनिवेशिक शासक भारतवासियों और संपूर्ण भारतीय समाज को देखने लगे। जाति को भारतीय विश्वदृष्टि और भारत के सामाजिक-सांस्कृतिक जीवन की संपूर्णता का प्रतिनिधि समझा जाने लगा। जाति-व्यवस्था में हमेशा से कुछ गैरकर्मकांडीय ही नहीं, गैरधार्मिक तत्त्व भी मौजूद थे जो अंतर्जातीय संबंधों के कुछ खास पहलुओं की जानकारी देते थे। औपनिवेशिक दृष्टि ने इन तत्त्वों को सैद्धांतिक रूप से जाति का अंग मानने से इंकार कर दिया।

औपनिवेशिक विमर्श का चौथा तत्त्व उस समय सामने आया जब राजस्व-प्रशासन स्थापित करते समय अंग्रेजों ने भारत के विभिन्न क्षेत्रों में कई तरह के भूमि और ग्राम-सर्वेक्षणों की शुरुआत की। ऐसे कई राजस्व-प्रशासक थे जो मानवशास्त्रीय अभिरुचियों से संपन्न विद्वत्ता से लैस थे। उन्होंने एक राजस्व इकाई के रूप में भारतीय ग्राम को अपने काम का केंद्र बनाया। इस तरह ग्राम को भारतीय समाज का एक छोटा नमूना मानने का विचार विकसित हुआ। गाँव भारतीय समाज के एक लघु ब्रह्मांड के रूप में उभरा जिसका सामाजिक, आर्थिक और राजनीतिक गठन जाति के आधार पर होता था और जाति की धार्मिक विचारधारा उसे वैधता प्रदान करती थी। जाति की इस ग्राम-आधारित दृष्टि में जाति के जरिये गाँव या गाँवों के किसी समूह का श्रेणीबद्ध समाज परिभाषित होता था। इस विचार ने गाँव की एक ऐसी छवि बनाने में योगदान दिया जिसमें वह स्थिर और अपरिवर्तनीय समाज-व्यवस्था मान लिया गया। बाद में भारतीय समाजशास्त्रियों ने जाति के नृवंशीय अध्ययन किये और वर्ण सिद्धांत को ठुकरा दिया लेकिन इसके बावजूद वे जाति-व्यवस्था को गाँव के

धार्मिक और सांस्कृतिक संदर्भ में नीचे से ऊपर जानेवाले श्रेणीक्रम के रूप में ही देखते रहे।

औपनिवेशिक विमर्श का पाँचवाँ तत्त्व यह था कि ब्रिटिश अफसरों ने अपने प्रशासनिक और मानवशास्त्रीय सरोकारों के कारण प्राच्यविद्याविदों और मिशनरियों के आग्रहों का विरोध किया। इन अफसरों का रवैया उपयोगितावादी था। वे प्राचीन काल से सक्रिय इस दुर्जेय व्यवस्था को औपनिवेशिक राजतंत्र और अर्थतंत्र की जरूरतों के अनुसार इस्तेमाल करने के प्रशासनिक और राजनीतिक तरीके खोजना चाहते थे। अंग्रेजों की इस प्रवृत्ति के कारण जाति पर एक विचारधारात्मक बहस शुरू हो गयी जो एक तरह की राजनीतिक नफासत से भरपूर थी जबकि यह खूबी न तो प्राच्यविद्याविदों द्वारा जाति-व्यवस्था की प्रशंसा में दिखायी दी थी और न ही मिशनरियों द्वारा की गयी उसकी भर्त्सना में। इसी बहस के कारण जाति को देखने का एक नया आयाम प्रकाश में आया जो सैद्धांतिक और तुलनात्मक था। उसके अनुसार जाति को पश्चिमी समाजों के मूल्यगत और सामाजिक मानकों की कसौटी पर कसा जाने लगा। मूल्यगत मानकों में समता और व्यक्तिवाद वगैरह के मानक मुख्य थे और सामाजिक मानकों में भूसंपत्ति (जागीर, आदि), प्रजाति, वर्ग आदि के मानक शामिल थे। आखिर में जब अंग्रेजी पढ़े-लिखे राष्ट्रवादी औपनिवेशिक विमर्श की शर्तों पर इस बहस में शामिल हुए तो जाति अनुदारवादियों और प्रगतिशीलों के बीच तथा परंपरावादियों और सुधारकों के बीच विवाद का केंद्र बन गयी। इस प्रकार जाति के मूल्यांकन के आधार पर एक-दूसरे को जाँचा-परखा जाने लगा।

औपनिवेशिक विमर्श का छठा पहलू ब्रिटिश प्रशासकों द्वारा किये गये जाति-संबंधी आख्यान का अनुभवजन्य तथ्यों पर आधारित होना था। उनकी यह प्रवृत्ति प्राच्यविद्याविदों से मेल नहीं खाती थी। अंग्रेजों ने जाति-व्यवस्था को केवल वर्ण की श्रेणियों के मुताबिक नहीं समझा। उन्होंने जातियों को अलग-अलग समुदायों के रूप में भी देखा जो अक्सर वंश, राजनीतिक संगठन और रीति-रिवाजों के आधार पर एक-दूसरे से भिन्न होते थे। परिणामस्वरूप अंग्रेजों ने जाति को उसके प्रजाति और जनजातीय उद्‌गम और चरित्र के आधार पर सिद्धांतबद्ध किया। उन्होंने जातियों को वर्गीकृत करने की जो बहुविधि और विस्तृत प्रणाली तैयार की, वह दरअसल विभिन्न ग्राम और जातीय सर्वेक्षणों के दौरान सरकारी तौर पर प्राप्त की गयी नृवंशीय सामग्री के आधार पर विकसित की गयी थी।[२]

औपनिवेशिक विमर्श का सातवाँ और महत्त्वपूर्ण पहलू था जाति और राज्य के बीच का रिश्ता। १९०१ में हुई जनगणना से औपनिवेशिक राज्य ने संपूर्ण भारतीय आबादी की जातिवार गिनती शुरू की। दशवार्षिक जनगणनाएँ न केवल हर दस साल में परिगणित जातियों की आबादी से संबंधित तथ्यों और आँकड़ों द्वारा संशोधित की जाती थीं, बल्कि उनका नाम, लेबल और दर्जा भी बदल

दिया जाता था। इस जिम्मेदारी को अंजाम देने में जनगणना अधिकारी न केवल धर्मशास्त्रों की अपनी 'समझ' का इस्तेमाल करते थे वरन् स्थानीय जानकारियों और प्रथाओं को भी काम में लाते थे। लेकिन, जब कभी किसी जाति को दिया गया नाम, लेबल अथवा दर्जा विवादग्रस्त हो जाता था तो जनगणना अफसर संबंधित जाति के नेताओं द्वारा दिये गये प्रतिवेदनों की रोशनी में अपनी 'मानवशास्त्रीय' समझ के आधार पर ही फैसला करता था। इससे जाहिर होता है कि तरह-तरह की बहसों के बावजूद आखिर में 'एक जाति की दूसरी जाति पर सामाजिक श्रेष्ठता' की कसौटी अर्थात कर्मकांड के आधार पर बनी जाति-श्रेणी के धर्मशास्त्रीय सिद्धांत को अंग्रेजों ने साफ तौर पर और सरकारी तौर पर मान्यता दे दी थी।

इस प्रकार औपनिवेशिक विमर्श के जरिये ब्रिटिश राज को विभिन्न जातियों द्वारा कर्मकांडीय श्रेणीक्रम में अपनी स्थिति से जुड़े दावों को निपटाने का एक माध्यम और एक तरह का वैध प्राधिकार मिल गया। जातियों की परिगणना और उनके नृवंशीय वर्णनों को राज्य द्वारा जमा करने के दौरान इस जानकारी पर भी प्रकाश पड़ा कि परंपरागत श्रेणीक्रम में किस प्रकार कुछ जातियों को सामाजिक और आर्थिक लाभ मिल रहा है और कुछ को नहीं। इसका नतीजा यह हुआ कि कई जातियाँ शैक्षणिक और व्यावसायिक लाभों के साथ-साथ राजनीतिक प्रतिनिधित्व के मामले में राज्य से विशेष मान्यता पाने की माँगें करने लगीं। इस बिंदु पर औपनिवेशिक राज्य ने दोहरी भूमिका अपनायी। एक तरफ वह ब्राह्मणों के भी ब्राह्मण की तरह पारंपरिक श्रेणीक्रम में हैसियत के लिए विवादरत जातियों का दर्जा निर्धारित और पुनर्निर्धारित करने लगा, और दूसरी तरफ वह एक न्यायप्रिय और आधुनिक शासक भी बना रहा जो अपनी कमजोर और गरीब प्रजा के अधिकारों और आकांक्षाओं को 'मान्यता' भी देना चाहता था। इस दोहरी भूमिका से ब्रिटिश राज्य को अपने औपनिवेशिक अर्थतंत्र को उदीयमान राष्ट्रवादी आंदोलन के हमले से बचाने में भी मदद मिली। कई नयी प्रवृत्तियाँ पैदा हुईं जिनमें एक यह भी थी कि लोग औपनिवेशिक शासन द्वारा निर्धारित शर्तों और तौर-तरीकों के आधार पर संगठित होने लगे ताकि जाति अस्मिताओं के तौर पर राजनीति में अपने हितों को प्रतिनिधित्व दे सकें और अर्थतंत्र में भागीदारी कर सकें।

कुल मिलाकर औपनिवेशिक विमर्श ने न केवल जाति पर एक नया विमर्श शुरू किया बल्कि जाति-व्यवस्था में ही कुछ परिवर्तनों का श्रीगणेश कर दिया। हालाँकि इन परिवर्तनों का एक बड़ा हिस्सा सायास न होकर अप्रत्यक्ष और औपनिवेशिक नीतियों का फलितार्थ था। ये परिवर्तन आधुनिकीकरण, जाति-सेकुलरीकरण और शहरीकरण की उन कहीं व्यापक ऐतिहासिक शक्तियों के परिणाम थे जिन्होंने उन्नीसवीं शताब्दी के अंत और बीसवीं शताब्दी की शुरुआत में भारतीय समाज पर अपना असर छोड़ना शुरू कर दिया था। लेकिन

औपनिवेशिक शासन की कुछ खास नीतियों ने जाति-व्यवस्था पर सीधा असर भी डाला। परंपरागत रूप से समाज पर हावी प्रभु-वर्ग की सत्ता का क्षय करनेवाली इन नीतियों का लक्ष्य था ब्रिटिश शासन द्वारा अपने शासन के लिए समर्थन-आधार निर्मित करना। जैसे-जैसे औपनिवेशिक शासन अपने अंतिम दौर की तरफ बढ़ा, वैसे-वैसे इस तरह की नीतियों ने व्यापक ऐतिहासिक शक्तियों के साथ मिल कर जाति-व्यवस्था में गहरे और दूरगामी परिवर्तनों को अंजाम दिया।[३]

इन परिवर्तनों में सर्वाधिक महत्त्वपूर्ण था 'निचली जातियों' के बीच एक नये किस्म की अस्मिता का उदय। यह अस्मिता स्थानीय सीमाओं से परे जा कर निचली जातियों में परंपरागत श्रेणीक्रम द्वारा उत्पीड़ित किये जाने की सामूहिक चेतना पैदा करती थी। इस चेतना के जन्म से पहले समाज पर हावी कर्मकांडीय श्रेणीक्रम के लिए अधिकारों का विमर्श अपने आपमें एक अजनबी चीज थी। जाति-व्यवस्था के संदर्भ में अधिकारों का विमर्श इस प्रक्रिया में पहली बार सामने आया। इसी के बाद 'सामाजिक न्याय' जैसे विचारधारात्मक आग्रह ने कर्मकांडीय शुद्धता और अशुद्धता के सामने सवाल खड़े करने शुरू किये। कर्मकांडीय शुद्धता के विचार के तहत ही ऊँच-नीच की परंपरागत प्रणाली आनुवंशिकता को आधार बना कर संपत्ति का अधिकार प्रदान करती थी या फिर वंचितों की स्थिति में रहने के लिए अभिशप्त कर देती थी। धीरे-धीरे स्थापित कर्मकांडीय श्रेणियों के मुकाबले 'उत्पीड़ित वर्गों' और 'उत्पीड़ित जातियों' जैसी नयी श्रेणियाँ खड़ी होने लगीं।[४]

दूसरा परिवर्तन यह था कि कमोबेश एक जैसे दायरों और विभिन्न स्थानीय श्रेणीक्रमों में स्थित कई जातियों ने खुद को विस्तृत रूप में संगठित करना प्रारंभ किया। इस प्रक्रिया के गर्भ से क्षेत्रीय और राष्ट्रीय स्तर की एसोसिएशनें और संघ निकले। इन जातियों के लिए ऐसा करना लगातार जरूरी होता जा रहा था क्योंकि उन्हें राज्य के साथ अपने हितों के समाधान के लिए बातचीत करनी थी और उस दौरान अपनी व्यापक सामाजिक अस्मिता और संख्यात्मक शक्ति का दावा पेश करना था।[५]

तीसरा परिवर्तन निचली जातियों द्वारा उच्चतर सामाजिक दर्जा प्राप्त करने का आंदोलन था। जाति-व्यवस्था के इतिहास में यह कोई नयी बात नहीं थी पर नये संदर्भों में इसने एक नया गुणात्मक आयाम प्राप्त कर लिया। इस आंदोलन ने जाति के कर्मकांडीय श्रेणीक्रम के विचारधारात्मक आधारों पर ही हमला करना शुरू किया। यह अतिक्रमण बौद्ध और भक्ति आंदोलन की भाँति एक तरह का आंतरिक विद्रोह न होकर न्याय और समता की भाषा में आधुनिक विचारधारात्मक रूप लिये हुए था।

औपनिवेशिक शासन के दौरान जाति-व्यवस्था में हुए परिवर्तन भारत को आजादी मिलने के बाद काफी तीव्र हो गये। उदार लोकतांत्रिक राज्य की

स्थापना और स्पर्धात्मक प्रतिनिधित्वमूलक लोकतंत्र के विकास के साथ इन परिवर्तनों की रूपांतरकारी धार तीखी हो गयी और उन्होंने नये आयाम ग्रहण कर लिये। इस प्रक्रिया ने परंपरागत श्रेणीबद्ध प्रणाली में कुछ बुनियादी संरचनात्मक और व्यवस्थागत परिवर्तनों को जन्म दिया।[६]

हालाँकि भारत को आजादी मिलने के बाद भी ऊँच-नीच की समाज-व्यवस्था में कई गुणात्मक परिवर्तन हुए, लेकिन उनकी व्याख्या उसी पुरानी औपनिवेशिक विचारधारा के मुताबिक मूल्य-निर्धारक शैली में की जाती रही। चाहे जाति का अध्ययन करनेवाले समाजशास्त्री हों या भारत को जाति-विहीन समाज बनाने का आग्रह रखनेवाले समाज-सुधारक और चिंतक हों, सभी ने इन परिवर्तनों का वर्णन औपनिवेशिक विमर्श से प्राप्त शब्दावली और विचार-श्रेणियों में किया। इसके कारण जाति-व्यवस्था में आये परिवर्तनों के बारे में दो परस्पर विपरीत विचार उभरे। दरअसल ये दोनों विचार एक-दूसरे के बरक्स खड़े थे। इनमें से एक विचार ने उन संरचनागत और सांस्कृतिक निरंतरताओं पर जोर दिया जिनकी अभिव्यक्ति आधुनिकीकरण की प्रक्रिया में हुई थी। यह विचार आजादी के बाद हुए जाति-संबंधी अध्ययनों पर अधिकांशतः हावी रहा है। यह विचार जाति-व्यवस्था में हुए परिवर्तनों को उसके द्वारा अपने बचे रहने और अनुरक्षण के लिए किये गये कामकाजी समायोजन के रूप में देखता है। दूसरा विचार आधुनिकीकरण को एक रैखिक और सार्वभौम ऐतिहासिक शक्ति के रूप में देखता है। यह मानता है कि आधुनिकीकरण जाति-व्यवस्था को आर्थिक वर्गों के रूप में ध्रुवीकृत संरचना में बदल रहा है। यह विचार हाल तक जाति-संबंधी राजनीतिक विचारधारात्मक विमर्श को गहराई से प्रभावित करता रहा है। कुल मिलाकर स्वतंत्र भारत में जाति-संबंधी बहस 'परंपरा' बनाम 'आधुनिकता' और 'जाति' बनाम 'वर्ग' के द्विभाजन में फँसी रही है।

I
जाति का धर्मनिरपेक्षीकरण

जाति-व्यवस्था में हुए परिवर्तनों को समझने की इस सीमित द्विभाजक दृष्टि का विद्वानों, नीति-निर्माताओं और राजनीतिक कार्यकर्ताओं पर एक-सा असर पड़ा। इसके प्रभाव में ये लोग उन प्रक्रियाओं को नहीं देख पाये जिनके कारण जाति में बदलाव आया और एक नये तरह का श्रेणीक्रम उभरा। इस प्रक्रिया को मोटे तौर पर जाति का सेकुलरीकरण कहा जा सकता है। इसने जाति को उसके कर्मकांडीय दर्जे से काट कर अलग कर दिया। साथ ही इस प्रक्रिया के कारण जाति को स्पर्धात्मक लोकतांत्रिक राजनीति में सक्रिय सत्ताकांक्षी समूह का चरित्र मिल गया। इस लिहाज से जाति के सेकुलरीकरण को दो भागों में बाँट कर समझा जा सकता है—कर्मकांडीयता से मुक्ति और राजनीतिकरण। इस बदलाव के जाति पर कई असर पड़े : (अ) जाति परंपरागत श्रेणीक्रम की

सीमाओं से बाहर हो गयी, (ब) वह प्रतिनिधित्वमूलक सत्ता की नयी संरचना से जुड़ गयी, (स) इस परिवर्तन का समग्र प्रभाव यह पड़ा कि विभिन्न जातियों के सदस्य व्यक्ति के रूप में नये आर्थिक हितों और सामाजिक-आर्थिक पहचान को ग्रहण कर पाये और उन्हें वर्गीय और जातीय अस्मिताएँ मिल पायीं। इस प्रकार कर्मकांडीयता से मुक्ति और राजनीतिकरण के जरिये सेकुलरीकरण ने जाति-व्यवस्था में एक तीसरे परिवर्तन की गुंजाइश पैदा कर दी। मैं इसे जाति द्वारा वर्ग का रूप लेना कहूँगा क्योंकि अभी इस परिवर्तन को व्यक्त करने के लिए उपयुक्त शब्दावली उपलब्ध नहीं है। इस आलेख के आगे के हिस्सों में मैंने इन तीनों परिवर्तनों की प्रक्रियाओं और उनके कारण उत्पन्न नये श्रेणीक्रम के उदय का वर्णन किया है।

कर्मकांडीयता से मुक्ति

आमतौर पर जाति को कर्मकांडीय दर्जे के आधार पर चलनेवाली ऐसी श्रेणीबद्ध व्यवस्था के रूप में देखा जाता है जिस पर किसी भी तरह का बाहरी प्रभाव नहीं पड़ता है और जो भारत की 'चिरस्थायी' धार्मिक संस्कृति में सन्निहित है। इसी सिलसिले में कर्मकांडीयता (अर्थात धार्मिक विचारधारा और प्रथाओं में जाति के व्यवहार और संगठन का निहित होना) को संपूर्ण जाति-व्यवस्था के मर्म के तौर पर माना जाता है। कर्मकांडीयता में रचे-बसे होने के कारण ही जाति को श्रेणीक्रम में अपनी स्थिति की स्वायत्तता और स्थायित्व को व्यापक समाज में हो रहे आर्थिक-सामाजिक परिवर्तनों के मुकाबले सुरक्षित रख पाने की क्षमता मिलती है। इस समझ के मुताबिक जाति इन परिवर्तनों को उसी हद तक समायोजित करती है जिस हद तक व्यवस्था उन्हें पचा सके और वह अपनी संरचनागत और सांस्कृतिक अखंडता अक्षुण्ण रख सके। समझा जाता है कि इन परिवर्तनों से निबटने के लिए जाति कुछ नयी जिम्मेदारियाँ ग्रहण कर लेती है और उसका मकसद होता है अपनी बुनियादी संरचना और अपने बुनियादी धर्माधारित विचार को कायम रखना। अतः जाति-व्यवस्था के प्रभावरोधी चरित्र की गारंटी हो जाती है क्योंकि वह कुछ निश्चित विचारधारात्मक संरचनागत संदर्भों से बँधी रहती है और ऐसा हर संदर्भ किसी-न-किसी तरह के कर्मकांड में व्यक्त होता है। इन संदर्भों को और अच्छी तरह इस प्रकार समझा जा सकता है : (अ) कर्मकांडीय शुद्धता और अपवित्रीकरण की धार्मिक विचारधारा, (ब) धार्मिक रूप से मान्यताप्राप्त गाँव का प्रौद्योगिकीय-आर्थिक और राजनीतिक संगठन, विशेष कर उसकी खाद्य उत्पादन और वितरण व्यवस्था, (स) सैकड़ों सालों में बनी जातियों की परंपराएँ और उनके रीति-रिवाज। जाति ने न केवल इन संदर्भों में अपना अनुरक्षण किया है बल्कि इन्हीं संदर्भों में विकसित होते हुए अपना प्रणालीगत ढाँचा प्राप्त किया है। इन्हीं संदर्भों ने जाति के कर्मकांडीय श्रेणीक्रम के लिए 'समर्थन आधार-तंत्र' की रचना की है।

मेरी मान्यता है कि विशेष तौर से उपनिवेशवाद से मुक्ति के बाद भारतीय समाज में आये परिवर्तनों के कारण जाति केकर्मकांडीय आधार का खात्मा हो गया है अर्थात जाति का कर्मकांडीयता के विभिन्न रूपों से संबंध टूट गया है जो उसे श्रेणीक्रम में एक स्थिर दर्जे, एक निश्चित व्यवसाय और सहभोज और सजातीय विवाह के तयशुदा रूपों से बाँध देते थे। मेरी दलील है कि कर्मकांडीयता के इस क्षय के कारण जाति के 'समर्थन आधार-तंत्र' का एक बड़ा हिस्सा ध्वस्त हो गया है। कर्मकांडीय रूप से निर्धारित विचारधारात्मक, आर्थिक और राजनीतिक संदर्भों से उखड़ जाने के बाद जाति श्रेणीक्रम में अपने कर्मकांडीय स्तर की इकाई नहीं रह गयी है। जाति अब एक ऐसे सांस्कृतिक समुदाय के रूप में जीवित है जो कुटुम्ब आधारित तो है लेकिन जो अलग तरह के सामाजिक श्रेणीक्रम में उदीयमान व्यवस्था के तहत सक्रिय रहता है।

भारतीय अर्थव्यवस्था के आधुनिकीकरण और भारतीय लोकतांत्रिक संस्थाओं के लोकतांत्रिकीकरण ने समाज में नयी आर्थिक और राजनीतिक सत्ता को जन्म दिया है। जातियों के श्रेणीबद्ध रूप में व्यवस्थित तबके अब क्षैतिज रूप से विस्तृत समूहों के रूप में समाज के संसाधनों पर कब्जे और सत्ता के लिए आपस में स्पर्धा करते हैं। संगठनात्मक ढाँचे में हुए इस परिवर्तन अर्थात नीचे से ऊपर तक स्तरित ढाँचे की बजाय नये क्षैतिज संगठन के कारण उसकी चेतना का रूप भी बदल गया है। अब किसी जाति के सदस्यों की चेतना सामुदायिक रूप में व्यक्त होती है, न कि श्रेणीक्रम की शब्दावली में। जाति-चेतना अब समूहों की राजनीतिक चेतना के रूप में सामने आती है। इसके तहत ये समूह बदली हुई सामाजिक-राजनीतिक संरचना में अपने लिए अवसरों की तलाश करते हैं और इस तरह उनके द्वारा सत्ता पर दावेदारी पेश की जाती है। यह एक भिन्न तरह की सामूहिक चेतना है, कर्मकांडीय दर्जे के आधार पर 'ऊँची' अथवा 'नीची' जाति की चेतना से सर्वथा भिन्न। इस नयी जाति चेतना के उदय से श्रेणीक्रम द्वारा स्थापित संबंध छिन्न-भिन्न हो गये हैं और जातियों के अंदर और उनके बीच प्रतियोगिता और टकराव ने जन्म ले लिया है। जाति-व्यवस्था को सुदृढ़ करने की बजाय 'जाति-चेतना' के इस स्पर्धात्मक चरित्र ने उसके प्रणालीगत बिखराव में योगदान किया है। परंपरागत ऊँच-नीच की बिखरती हुई व्यवस्था पर सत्ता की नयी व्यवस्था बेहद हावी होती जा रही है और सत्ता की इस नयी व्यवस्था की रचना चुनावों और राजनीतिक दलों के साथ-साथ काफी हद तक राज्य द्वारा अपनायी गयी आरक्षण जैसी सामाजिक नीतियों द्वारा की गयी है।

समाज की व्यवसायमूलक संरचना में भी बुनियादी परिवर्तन हुए हैं। किसी जमाने में एक निश्चित व्यवसाय से बँधे समूहों में अब कई तरह के गैरपारंपरिक पेशे और नये तरह के सामाजिक संबंधों का बोलबाला होता जा रहा है। परिणामस्वरूप आनुवंशिकता, कर्मकांडीय दर्जे और व्यवसाय के बीच का सूत्र

टूट गया है जबकि यह जाति-व्यवस्था को परिभाषित करनेवाले सूत्रों में से एक रहा है। अब अपने व्यवसाय को उसके साथ जुड़ी हुई कर्मकांडीय शुद्धता या अशुद्धता के मुताबिक न्यायोचित ठहराना किसी व्यक्ति के लिए अनिवार्य नहीं रह गया है। किसी के व्यवसाय की कर्मकांड-आधारित पवित्रता अथवा अपवित्रता महत्त्वपूर्ण नहीं रह गयी है। असली बात तो यह है कि कौन-सा व्यवसाय कितनी आमदनी देता है। ब्राह्मण चमड़े का धंधा कर सकता है और कभी अछूत रहा व्यक्ति हीरों का व्यवसाय कर सकता है। आज उनके इन पेशों को सामाजिक रूप से आपत्तिजनक व्यवहार की संज्ञा नहीं दी जा सकती। ब्राह्मणों द्वारा गैरपारंपरिक पेशों में लगे होने के उदाहरण ज्यादा मिलते हैं और इसकी वजह ब्राह्मणों के पास ज्यादा संसाधनों का होना है। इसके पीछे कर्मकांडीय प्रतिबंधों अथवा तत्संबंधित आग्रहों से जुड़ा कोई कारण नहीं होता। इसके अलावा एक महत्त्वपूर्ण तथ्य यह है कि पवित्रता और सफाई के आग्रह अब कर्मकांडीय अथवा नैतिक संदर्भों में न देखे जा कर शारीरिक और जैविक संदर्भों में देखे जाते हैं।[७]

हर जाति में संरचना के स्तर पर महत्त्वपूर्ण विभेद भी हो गये हैं। कर्मकांडों और रीति-रिवाजों से बँधी हुई एक जाति पारंपरिक रूप से अपना आंतरिक कार्य-व्यापार एक काफी-कुछ समता-आधारित समुदाय के रूप में चलाती थी। उसके सदस्यों में एक-दूसरे के प्रति विभेदीकरण नहीं था। अधिकारों का मामला हो या कर्तव्यों का, या फिर जीवन-शैली का मसला हो अर्थात भोजन, वस्त्र और घर के मामले में आमतौर पर विभेदीकरण नहीं दिखता था। जाति के अंदर अलग-अलग परिवारों की संपत्ति और कौटुंबिक हैसियत का आपसी अंतर शादी-ब्याह और अंत्येष्टि जैसे अवसरों पर अक्सर व्यक्त होता था लेकिन बड़े संकोच के साथ। जाति के अंदर समुदायों पर आपस में इस फर्क के जरिये अपनी चौधराहट थोपने की घटनाएँ बेहद विरल थीं। आज स्थिति बदल गयी है। एक जाति के परिवार अपने पेशों, शिक्षा, आमदनी और जीवन-शैली के लिहाज से एक-दूसरे से भिन्न हो गये हैं और इसी भिन्नता के आधार पर उन्होंने अपनी जाति से बाहर समूहों और सामाजिक-आर्थिक आधारवाले तबकों में ऐसे गठजोड़ करने शुरू कर दिये हैं जिनकी जाति-व्यवस्था के परंपरागत दायरे में शिनाख्त नहीं की जा सकती।

सहभोज-संबंधी जातिगत नियम (अर्थात दूसरी जातियों से कच्चा अथवा पक्का भोजन स्वीकार करना या न करना) अब घर के बाहर पूरी तरह निष्प्रभावी हो गये हैं। घर के अंदर भी अब इन नियमों का ढीले-ढाले तरीके से ही पालन किया जाता है। जाति-भोजों में हालत यह हो गयी है कि मेजबान के ऐसे दोस्त और शुभेच्छु भी आमंत्रित किये जाने लगे हैं जो कर्मकांडीय रूप से किसी नीची या ऊँची जाति से संबंधित होते हैं। ऐसे मेहमानों को जाति-भोजों में बाकायदा साथ-साथ बिठा कर खिलाया जाता है। जहाँ कहीं भी जाति-पंचायतें हैं, वे अब

ऐसे मामलों में यदा-कदा ही आपत्ति या पाबंदियाँ दर्ज करती हैं।

पारंपरिक श्रेणीक्रम में एक समान कर्मकांडीय दर्जेवाली कई जातियाँ आपस में सगोत्र विवाह के नियमानुसार उपजातियों अथवा उप-उपजातियों में बँटी होती हैं। अब ऐसी जातियाँ भी कहीं ज्यादा बड़े सजातीय विवाह के दायरों में पहुँचती जा रही हैं। कभी-कभी तो ऐसा भी हो रहा है कि उन्होंने विवाह के मामले में अपना दायरा एक क्षेत्र के तहत अपने वर्ण तक बढ़ा लिया है। इससे भी ज्यादा महत्त्वपूर्ण तथ्य यह है कि विभिन्न कर्मकांडीय तबकों के बीच अंतर्जातीय विवाह और वर्ण की सीमाओं को लाँघ कर होनेवाले विवाह भी अब अपवाद नहीं रह गये हैं। इस तरह की शादियों में एक-सी शिक्षा, व्यवसाय और वर-वधू और उनके माता-पिता की संपत्ति को आधार बनाया जाता है और उनके कर्मकांडीय दर्जे की उपेक्षा कर दी जाती है। ऐसी अंतर्जातीय शादियाँ अक्सर या तो माँ-बाप खुद ही करा देते हैं या फिर लड़के-लड़की द्वारा शादी कर लेने पर उन्हें माँ-बाप का आशीर्वाद मिल जाता है। इस तरह के मामले में परंपरा अभी भी शाकाहारी बनाम मांसाहारी के रूप में घुसपैठ करती है लेकिन यह द्विभाजन भी अब काफी धुँधला पड़ता जा रहा है। हो सकता है कि आँकड़ों के लिहाज से इस तरह के अंतर्जातीय विवाहों की संख्या काफी न हो, लेकिन निश्चित रूप से वे एक महत्त्वपूर्ण सामाजिक रुझान की तरफ इशारा अवश्य करते हैं। इस प्रकार की शादियाँ उस प्रक्रिया की परिचायक हैं जिसके कारण सजातीय विवाह के जातिगत नियम कमजोर होते जा रहे हैं।

इन परिवर्तनों से जाहिर है कि पारंपरिक जाति-व्यवस्था की विचारधारा और संगठन का काफी हद तक क्षय हो गया है। श्रेणीक्रम में कर्मकांड-आधारित दर्जे के रूप में जाति-व्यवस्था का वजूद अपने सैद्धांतिक अर्थ खो चुका है।[८] क्षय की यह घटना शहरी इलाकों में तथा सामाजिक श्रेणीक्रम में समष्टिगत स्तर पर ही ज्यादा बड़े पैमाने पर घटित हो सकती थी। लेकिन इस तथ्य को भी नजरअंदाज नहीं किया जा सकता कि देहाती इलाकों में जातियों का स्थानीय श्रेणीक्रम उत्तरोत्तर इसी क्षय का शिकार हो रहा है।[९] गाँवों में भी परंपरागत सामाजिक संबंध आर्थिक शब्दावली में पुनर्परिभाषित हो रहे हैं। पछिले तीस वर्षों में ग्राम का सामाजिक संगठन काफी हद तक बदला है और इस बदलाव का श्रेय 'हरित क्रांति' और उसके बाद खाद्य उत्पादन और उसकी वितरण-प्रणाली में राज्य और अन्य बाहरी एजेंसियों की भूमिका को जाता है। भारतीय राज्य अपनी सामाजिक-धार्मिक व्यवस्था के रूप को त्याग कर दिनोदिन बुनियादी तौर पर एक आर्थिक संगठन में बदलता जा रहा है। पुरोहिताई करनेवाली, व्यापारी और सेवा करनेवाली जातियाँ अर्थात खेती के काम-काज से सीधे जुड़े न होनेवाले सामाजिक समूह या तो गाँव छोड़ते जा रहे हैं या फिर जब उनकी सेवाओं की जरूरत होती है तो वे पड़ोस के कस्बों और शहरों से आ कर उन्हें अंजाम देते हैं। इन जातियों के जो सदस्य अभी भी गाँव में रह रहे

हैं वे अधिकांशतः जातियों की आर्थिक-सामाजिक परस्परनिर्भरता की ग्राम-व्यवस्था के दायरे से निकल चुके हैं। उनका कार्य-व्यापार उत्तरोत्तर राष्ट्रीय स्तर पर उभरती बाजार से जुड़ी ग्रामीण अर्थव्यवस्था के दायरे में होता जा रहा है। या फिर वे रोजगार के द्वितीयक और तृतीयक क्षेत्रों में चले गये हैं।

इस प्रक्रिया में हुआ यह है कि जाति ने संरचनागत रूप से अपने संबंध कर्मकांडीय कर्तव्यों और अधिकारों की उस व्यवस्था से तोड़ लिये हैं जो कभी उसके आर्थिक और सामाजिक वजूद को निर्धारित और कर्मकांडीय श्रेणीक्रम में उसे उसका दर्जा प्रदान करती थी। आज गाँव के अंतर्जातीय संबंध अधिक सरलीकृत रूप में आ गये हैं। अब भूस्वामी किसानों की जातियों और भूमिहीन मजदूरों की जातियों के आपसी संबंधों के रूप में इन रिश्तों को देखा जा सकता है। ये रिश्ते अक्सर दो अलग-अलग जाति-समूहों की उस राजनीतिक चेतना के संदर्भ में व्यक्त होते हैं जो गाँव की बदली हुई राजनीतिक अर्थव्यवस्था के तहत अलग-अलग आर्थिक हितों का प्रतिनिधित्व करती नजर आती है।

गाँवों के आर्थिक संबंधों में सामाजिक-धार्मिक तात्पर्य अब लगभग नहीं के बराबर रह गया है। ये पहलू अधिकाधिक संविदात्मक और तकरीबन पूरी तरह मुद्रीकृत हो गये हैं। पहले जातियों के बीच सामाजिक-कर्मकांडीय संदर्भ में आर्थिक विनिमय परंपरागत जजमानी प्रथा के जरिये होता था। अब इस प्रथा की जगह सेवायोजक और सेवक तथा पूँजी और उजरती श्रम के संबंधों ने ले ली है। जब कभी कोई जाति आर्थिक संबंधों के पारंपरिक सामाजिक और धार्मिक पहलुओं पर जोर देती है तो अक्सर उसका नतीजा गाँव में जाति-विग्रह और हिंसा में निकलता है। अब यह कहा जा सकता है कि गाँव के अंदर कायम खाद्यान्न उत्पादन की व्यवस्था को पुष्ट करनेवाले सामाजिक संबंधों का तानाबाना छिन्न-भिन्न हो गया है। इन संबंधों पर मुहर लगानेवाली व्यवस्थाजन्य और धर्म द्वारा प्रदत्त जातिगत भूमिकाएँ और उन्हें परिभाषित करनेवाले मानक भी अपनी शक्ति और आधार खो बैठे हैं।

जातियाँ कौटुंबिक रिश्तों और लगाव के आधार पर छोटे-छोटे समुदायों के रूप में जीवित तो हैं पर अब वे कर्मकांडीय श्रेणीक्रम की 'इकाइयों' के रूप में एक-दूसरे से संबंधित नहीं रह गयी हैं। लंबे अरसे से कर्मकांड-आधारित दर्जों की ऊँच-नीचवाली व्यवस्था के रूप में चलनेवाली जाति-व्यवस्था में अंतःविस्फोट हो गया है। खास कर औपनिवेशिक शासन से हुई मुक्ति के बाद भारतीय समाज में आये परिवर्तनों से न निबट पाने के कारण जाति एक 'व्यवस्था' के रूप में कर्मकांडीय श्रेणीक्रम के अपने उसूल की बिना पर अपना अनुरक्षण कर पाने में नाकाम रही है। वह अपनी घटक इकाइयों के बीच परस्पर निर्भरता और अंतर-सहयोग की नीचे से ऊपर जाती हुई अपनी श्रृंखला को भी कायम नहीं रख पायी है और न ही जातियों के बीच एक-दूसरे के प्रति कर्तव्यों और अधिकारों को निर्धारित करनेवाले नियमों का पालन करने में सक्षम रह

पायी है।

जहाँ कहीं जातियों के बीच कर्मकांडीय संबंध अभी बाकी हैं, वहाँ उन्होंने संविदात्मक और अक्सर प्रतिद्वंद्वात्मक रूप ले कर जाति-व्यवस्था के श्रेणीबद्धतावाले पहलुओं को नकार दिया है। कुछ जातियों के सदस्य (जैसे पुरोहित और नाई) अभी भी कर्मकांड-आधारित भूमिकाएँ निभाते हैं। लेकिन अब उनकी यह भूमिका शादी अथवा अंत्येष्टि आदि खास मौकों पर भुगतान के बदले किये जानेवाले काम की रह गयी है। अब किसी जाति के कुछ सदस्यों द्वारा ऐसी भूमिकाएँ निभाने से समाज के बदले हुए स्तर-विन्यास में उस जाति का स्थान प्रभावित नहीं होता। लगता यह है कि अब ये परंपरागत भूमिकाएँ इस बदली हुई प्रणाली के बाहर हिंदू धार्मिक प्रथाओं का अंग बन कर रह गयी हैं। जाहिर है कि पिछले कुछ वर्षों में हिंदू धर्म में इतने बड़े-बड़े परिवर्तन घटित हो गये हैं कि अब अंतर्जातीय संबंधों को कर्मकांड-आधारित धार्मिक प्रथाओं के आधार पर निर्धारित नहीं किया जा सकता। नये संप्रदायों, नये देवी-देवताओं और नये तीर्थस्थलों की लोकप्रियता बढ़ रही है। नये-नये गुरु और उपदेशक पैदा होते जा रहे हैं। अब हिंदू धार्मिक त्योहारों को कहीं बड़े सामाजिक और भौगोलिक पैमाने पर मनाया जाता है और उनमें विभिन्न क्षेत्रों और कर्मकांड-आधारित दर्जोंवाली नाना प्रकार की जातियों के सदस्य भाग लेते हैं। इन तमाम परिवर्तनों ने हिंदू धर्म के लोकप्रिय-सांस्कृतिक और राजनीतिक पहलुओं को मजबूत किया है। इनके कारण हिंदू धर्म के परंपरागत कर्मकांडीय और समाज-संबंधी संगठनात्मक पहलू में काफी कमजोरी आ गयी है। इस प्रक्रिया में अंतर्जातीय संबंधों के व्यवस्थामूलक संदर्भ ही नहीं, वरन काफी हद तक धार्मिक संदर्भ भी तिरोहित हो गये हैं। अब जातियों को नये उदीयमान सामाजिक स्तर-विन्यास में अपने दर्जे का दावा करना पड़ रहा है।

इस प्रकार जाति-व्यवस्था में एक साथ दो तरह के परिवर्तन पाये जा सकते हैं। एक तरफ जातियों का संबंध कर्मकांड-आधारित श्रेणीक्रम से टूट गया है और दूसरी तरफ प्रत्येक जाति के अंदर विभिन्न स्तरों के आर्थिक, सामाजिक और सांस्कृतिक विभेदीकरण उत्पन्न हो गये हैं। इन दो परिवर्तनों के कारण जातियों को तरह-तरह की सामाजिक-आर्थिक संरचनाओं का रूप लेना पड़ रहा है। ये संरचनाएँ नयी और कहीं ज्यादा व्यापक हैं। ये भारतीय समाज के नये स्तर-विन्यास के कारण उभरी हैं। इस आलेख के अगले हिस्सों में हम देखेंगे कि इन नयी संरचनाओं में से हर एक जातियों के राजनीतिकरण के दौरान विकसित हुई है। उन्होंने सामूहिक चेतना के नये रूप ग्रहण किये हैं और ये नये रूप कर्मकांड-आधारित दर्जे की चेतना से भिन्न हैं। साथ ही हम यह भी देखेंगे कि नवीन होने के बावजूद यह नयी चेतना ध्रुवीकृत वर्ग-व्यवस्था की भाँति 'वर्ग' की चेतना नहीं है। इन नयी संरचनाओं के सदस्यों की चेतना समान

राजनीतिक हितों की पूर्ति और आधुनिक जीवन में ऊँची हैसियत प्राप्त करने की महत्त्वाकांक्षा से निर्धारित होती है। स्पष्ट है कि अलग-अलग जातियों की एकनिष्ठ चेतना इस प्रक्रिया में ज्यादा बड़े सामाजिक-आर्थिक विन्यास में बिखर कर विस्तारित हो जाती है और इस हालत में उसे न तो 'जाति' का लकब दिया जा सकता है, न 'वर्ग' का।

जातियों का राजनीतिकरण

आजादी के बाद तकरीबन बीस साल तक जाति-संबंधी राजनीतिक विमर्श पर वामपंथी-रेडिकल पार्टियाँ और उदारतावादी-आधुनिकतावादी बुद्धिजीवी छाये रहे। इन दोनों ने जाति-व्यवस्था में आये बदलाव को सरलीकृत रैखिक परिवर्तनों की तरह देखा। उनकी मान्यता यह बनी कि जाति-व्यवस्था में हुए परिवर्तन उसे ध्रुवीकृत आर्थिक वर्गों में रूपांतरित किये दे रहे हैं। इस तरह उन्होंने इस तथ्य को नजरअंदाज कर दिया कि कर्मकांड-आधारित दर्जे के रूप में अपना महत्त्व खोने के बावजूद जाति एक समुदाय के रूप में बची रह गयी है। ये लोग यह भी नहीं देख पाये कि जाति ने समान राजनीतिक हितों और चेतनावाले अपने ही जैसे समुदायों के साथ गठजोड़ बना लिये हैं। इसी मान्यता के आधार पर वामपंथी पार्टियाँ, चाहे कम्युनिस्ट हों या सोशलिस्ट, कमोबेश राजनीतिक मुद्दों को व्यक्त करने और चुनावी गोलबंदी की रणनीतियाँ बनाने में आर्थिक हितों को तरजीह देती रहीं, क्योंकि उनकी निगाह में यही हित भारत में सामाजिक वर्गों को विभक्त करते हुए दिखते थे।[१०] यही कारण था कि ये पार्टियाँ आजादी के समय गरीबों की सच्ची नुमाइंदगी करने और कांग्रेस पार्टी के मुकाबले विपक्ष के रूप में राजनीतिक हैसियत रखने के बावजूद अपने चुनावी आधार का पर्याप्त विस्तार कर पाने में नाकाम रहीं।

जाहिर है कि भारत की स्पर्धात्मक राजनीति माँग करती थी कि राजनीतिक दल व्यापक चुनावी आधार प्राप्त करने के लिए जातियों को न तो केवल विशुद्ध 'हितों' के नजरिये से देखें और न ही केवल 'अस्मिता' अथवा 'पहचान' के संदर्भ में समझें। जातियों की राजनीति में भागीदारी ने हितों और 'अस्मिता' को कुछ इस ढंग से गूँथ दिया था कि कई जातियाँ बड़े-बड़े सामाजिक-आर्थिक जमावड़ों के रूप में समान हितों और अस्मिताओं के दावे में सहभागिता करती नजर आती थीं। यह प्रक्रिया जातियों का राजनीतिकरण थी जिसके कारण स्पर्धात्मक राजनीति के रंग में रँग कर जातियों का आपसी ऊँच-नीच और अलगाववाला पहलू ज्यादा बड़े सामाजिक समुदायों के साँचे में ढल रहा था।[११] ये नये समुदाय वर्ण की श्रेणी से कतई मिलते-जुलते नहीं थे और न ही ये राजनीति में वर्गों की तरह ध्रुवीकृत हुई संरचनाओं के समान थे। जाहिर है कि भारतीय राजनीति में उभरी यह सामाजिक-आर्थिक परिघटना प्रचलित विश्लेषण के तौर-तरीकों को मुँह चिढ़ाती लग रही थी। इसे वर्ग-विश्लेषण बनाम जाति-

विश्लेषण की सीमाओं में नहीं बाँधा जा सकता था। इस प्रकार कहा जा सकता है कि लोकतंत्र की स्पर्धात्मक राजनीति का जाति-व्यवस्था पर एक सबसे बड़ा प्रभाव जातियों के बीच पुराने ऊँच-नीचवाले संबंधों के निष्प्रभावी हो जाने के रूप में पड़ा और परिणामस्वरूप जातियों के बीच नये क्षैतिज सत्ता-संबंध उभर कर आये।

जातियों के राजनीतिकरण ने कांग्रेस पार्टी की राजनीति के तहत धीरे-धीरे काफी नफीस शक्ल अख्तियार कर ली। इस पार्टी ने जान-बूझ कर वर्ग बनाम जाति की बहस पर कोई निश्चित सैद्धांतिक-विचारधारात्मक दृष्टिकोण नहीं अपनाया। कांग्रेस खेतिहर संदर्भों में हो रहे परिवर्तनों को राजनीतिक रूप से समझती थी इसलिए उसने जातियों को ऐसे सामाजिक-आर्थिक समुदायों की तरह देखा जो पुराने कर्मकांड-आधारित दर्जे की जगह राजनीति के जरिये नयी पहचान प्राप्त करने की कोशिश कर रहे थे। एक तरफ वह चुनावी राजनीति के लिए जाति-समीकरण पर निर्भर रही और दूसरी तरफ उसने राजनीतिक मुद्दों को आर्थिक विकास और राष्ट्रीय एकता-अखंडता की शब्दावली में व्यक्त करना जारी रखा। इस प्रकार कांग्रेस ने जातियों की सीमाएँ लाँघते हुए टिकाऊ चुनावी आधार बना लिया और साथ ही सच्चे अर्थों में देश की एकमात्र राष्ट्रीय पार्टी की छवि भी बनाये रखी। 'जाति राजनीति' और 'राष्ट्रीय विचारधारा' का यह विजयी गठजोड़ लंबे अरसे तक चला और इसके जरिये कांग्रेस ने आजादी के बाद तकरीबन तीस वर्ष तक भारतीय राजनीति पर अपना वर्चस्व कायम रखा।[१२] कांग्रेस ने अपने राजनीतिक विमर्श में द्विज बनाम नीची जातियों अथवा पूँजीपति वर्ग बनाम मजदूर वर्ग जैसी द्विभाजक तुलनाएँ शायद ही कभी इस्तेमाल की हों। उसकी राजनीति तो अधिकांशतः नयी उदीयमान द्विज जातियों और अंग्रेजीभाषी 'राष्ट्रीय प्रभु-वर्ग' के शासन को निचली जातियों के समर्थन आधार से लंबवत् जोड़ने की रही। राजनीति में ऊपर से नीचे तक की जा रही इस सामाजिक संधि को वैधता प्रदान करनेवाली विचारधारा न तो जाति-विचारधारा थी और न ही वर्ग-विचारधारा। कांग्रेस ने यह काम 'राष्ट्र-निर्माण' की अवधारणा के तहत करना पसंद किया।

कांग्रेस पार्टी ने राष्ट्रीय स्तर पर अपनी नीतियों और कार्यक्रमों को भारतीय जनता की 'राष्ट्रीय आकांक्षाओं' की शक्ल में पेश किया। क्षेत्रीय स्तर पर कांग्रेस ने अपने सामाजिक आधार को संख्यात्मक दृष्टि से मजबूत और तेजी से प्रगति कर रहे दबदबेवाली लेकिन परंपरा के लिहाज से निचले दर्जेवाली भूस्वामी किसान-जातियों की सत्ता को मान्यता दे कर सुदृढ़ किया। उसने महाराष्ट्र से मराठों, आंध्र में रेड्डियों, गुजरात में पाटीदारों, उत्तर प्रदेश में जाटों जैसी जातियों को अपना समर्थन दिया। इस प्रक्रिया में उसने चुनावी राजनीति में कुछ ऐसे संबंधों का ताना-बाना खड़ा किया जो संरक्षक और आश्रित के बीच होता है। यह संरक्षक और आश्रित के बीच असमान लेकिन विश्वसनीय लेन-देन का

संबंध था। राजनीतिक संरक्षक की हैसियत थी सवर्णों और प्रभुत्वशाली मँझोली जातियों की और आश्रित की हैसियत थी अनगिनत निचली जातियों की जिन्हें कांग्रेस के वोट बैंक की तरह देखा जाता था। इस तरह आजादी के बाद पहले बीस साल तक श्रेणीबद्ध जाति-संबंध चुनावों के जरिये राजनीतिक रूप से संसाधित होते रहे और इसके माध्यम से कांग्रेस जातियों के बीच अपने पक्ष में एक राजनीतिक सहमति सुनिश्चित करती रही। यह इस सच्चाई के बावजूद होता रहा कि कांग्रेस के ऊपर थोड़े से सवर्णों की चौधराहट थी। अंग्रेजी शिक्षित अभिजनों ने उस क्षेत्रीय सामाजिक प्रभु-वर्ग के साथ गठजोड़ कर लिया जो कमोबेश भूस्वामी किसानों की ताकतवर जातियों के सदस्य थे। अंग्रेजी शिक्षित अभिजन खुद को 'राष्ट्रीय' मानते थे। उनकी आत्मछवि यह थी कि वे इस देश में आधुनिकीकरण के वाहक हैं। इस अभिजन को क्षेत्रीय अभिजन अक्सर संकीर्णता से भरे हुए और परंपरानिष्ठ छवि के लगते थे। लेकिन, इसके बावजूद यह गठजोड़ चलता रहा।

दो किस्म के अभिजनों की इस भागीदारी की कोख से समाज में प्रतिनिधित्व की एक नयी संरचना निकली जिसे केंद्र बना कर एक नया छोटा सा मध्यवर्ग विकसित हुआ। यह मध्यवर्ग शहरों में रहनेवाले द्विज राष्ट्रीय अभिजन, ताकतवर किसान-जातियों से आये ग्रामीण सामाजिक अभिजन और देहात में रहनेवाले सवर्णों से मिल कर बना था। राष्ट्रीय अभिजन वैसे तो 'द्विज' जातियों से निकलता था लेकिन वह अपने परंपरागत कर्मकांड-आधारित दर्जे और कार्य-व्यापार से कट चुका था। बदली हुई नियोजित अर्थव्यवस्था में उसके नये स्वार्थ पनप चुके थे। उसकी जीवन-शैली आधुनिक शिक्षा, गैरपारंपरिक पेशों और एक सीमा तक हुए पश्चिमीकरण के कारण बदल चुकी थी। क्षेत्रों में ताकतवर किसान-जातियों से आये हुए ग्रामीण अभिजन बेहतर सामाजिक दर्जा पाने की कोशिशों में अभी भी पश्चिमीकरण के मुकाबले संस्कृतीकरण पर ज्यादा निर्भर थे। लेकिन वे अपनी नयी पीढ़ी को अंग्रेजी माध्यम की आधुनिक शिक्षा लेने के लिए तथा नये व्यवसायों को अपनाने के लिए प्रोत्साहित कर रहे थे। यही थी वह प्रक्रिया जिसके कारण अपने 'शूद्र' उद्‌गम के बावजूद कई किसान समुदाय बदले हुए ग्रामीण अर्थतंत्र और राजनीति में सत्ता हस्तगत करने के कारण मध्यवर्गीय द्विजों के समान ही सामाजिक दर्जा प्राप्त कर सके।

नतीजतन पाटीदारों, मराठाओं, कम्माओं, रेड्डियों और ऐसी ही अन्य जातियों को विभिन्न क्षेत्रों में सवर्णों की तरह देखा जाता है, न कि पिछड़ी जातियों की तरह। द्विज जातियों की ही तरह आधुनिक शिक्षा और नये (नियोजित) अर्थतंत्र के साथ अपने स्वार्थ जुड़े होने के कारण ये जातियाँ अपने लिए एक नया सामाजिक दर्जा और पहचान उपलब्ध कर पायीं अर्थात उन्हें मध्यवर्ग की सदस्यता मिल गयी।

इसका मतलब यह नहीं था कि इस 'मध्यवर्ग' की जातिगत पहचान पूरी

तरह खत्म हो गयी थी। ये तबके आराम से अपनी द्विज हैसियत और मध्यवर्गीय पहचान को एक साथ बनाये रहे क्योंकि दोनों श्रेणियाँ उनके लिए सहभागी साबित हो रही थीं। द्विज राष्ट्रीय अभिजन और क्षेत्रीय किसान अभिजन का गठजोड़ राजनीतिक स्तर पर कच्चा बना रहा लेकिन दोनों मिल कर व्यापक समाज में एक नये सत्ता-समूह की तरह काम करते रहे। अभिजन जातियों के सत्ता-समूह की तरह कार्यरत इस मध्यवर्ग की रचना और कार्यशैली में निश्चित रूप से वर्ग की भावना का समावेश था। सामाजिक दर्जा प्राप्त करने की इसकी कोशिशों में सत्ता की महत्त्वाकांक्षा का पहलू मुखर था। लेकिन, समस्या यह थी कि पारंपरिक जातिगत दर्जे के नयी सत्ता में रूपांतरण की यह प्रक्रिया कर्मकांड-आधारित श्रेणीक्रम के ऊपरी हिस्से तक ही सीमित रही। ऊपर से इन तबकों ने शेष समाज पर अपनी जाति सरीखी चौधराहट थोपने के लिए भी इस सत्ता का इस्तेमाल किया। सत्ता और परंपरा से प्राप्त हैसियत का यही गठजोड़ भारत में आधुनिकीकरण और लोकतंत्र की रूपांतरकारी संभावनाओं को कमजोर करनेवाला साबित हुआ।

उधर एक और प्रक्रिया चली। परंपरा से प्राप्त हैसियत और नयी सत्ता से प्राप्त दर्जे ने अनगिनत गैरद्विज निचली जातियों के लिए एकदम अलग तरह की भूमिका निभायी। सवर्णों और मध्य जातियों के मुकाबले जब निचली जातियों ने सत्ता के सोपानों पर चढ़ना चाहा तो उनका जातिगत स्तर आड़े आ गया। पहली बात तो यह थी कि उनके गिरे हुए पारंपरिक दर्जे से जुड़े पेशे आधुनिक व्यवसायपरक प्रणाली में अप्रासंगिक हो गये थे या उनका महत्त्व बहुत कम हो गया था। चूँकि परंपरा ने उन्हें औपचारिक शिक्षा से भी वंचित कर दिया था इसलिए वे द्विजों की तुलना में आधुनिक शिक्षा भी बहुत धीमी गति से ग्रहण कर पाये। न ही उनके पास विरासत में मिली किसी संपत्ति का सहारा था क्योंकि जजमानी प्रथा से बँधे होने के कारण वे बेहद गरीबी की हालत में जीवन गुजारने को बाध्य थे।

संक्षेप में कहा जा सकता है कि छोटे और सीमांत किसानों, कारीगरों और दलितों और अनगिनत जनजातीय समुदायों का निचला दर्जा उनके लिए आधुनिक दुनिया में प्रवेश के लिए असुविधाजनक साबित हुआ। परंपरागत व्यवस्था में उनके पास जो भी सामाजिक पूँजी और आर्थिक सुरक्षा थी उसे आधुनिकीकरण की प्रक्रिया खा गयी।

परंपरागत रूप से द्विज उनके खिलाफ अपनी श्रेष्ठता का मनमाना इस्तेमाल बिना रोक-टोक के नहीं कर सकते थे। नये जमाने में उन्हें इस तरह की सुरक्षा भी उपलब्ध नहीं रह गयी। आधुनिक क्षेत्र में गाजे-बाजे के साथ प्रवेश के लिए उनके पास संसाधनों का कतई अभाव निकला। वे ज्यादा-से-ज्यादा इस क्षेत्र की तलछट में सड़ते हुए पड़े रहनेवाले वर्गों की भूमिका अपना सकते थे। इस तरह वे दोनों श्रेणियों के सबसे निचले पायदान पर रहने के लिए अभिशप्त

हो गये। चाहे वह कर्मकांडीय पवित्रता द्वारा निर्धारित होनेवाला श्रेणीक्रम हो या जाति-धर्म निरपेक्ष समझा जानेवाला वर्ग-स्तर-क्रम हो।

इन कारणों से राजनीति में एक खास तरह का विभाजन अवश्य हुआ जिसे प्रभु-वर्ग के स्तर पर और जनता के विभिन्न तबकों के स्तर पर हुए विभाजन के रूप में देखा जा सकता है। लेकिन, यह विभाजन भी समाज में सामाजिक-आर्थिक वर्गों के रूप में ध्रुवीकरण की संज्ञा नहीं पा सकता था। कुल मिलाकर इस वर्ग-आधारित राजनीति के लिए कोई गुंजाइश नहीं निकली। सच्चाई तो यह है कि वामपंथी दल निचली जातियों को सर्वहारा वर्ग के रूप में राजनीतिक तौर पर गोलबंद करने के अपने सभी प्रयासों में नाकाम रहे—चाहे वे प्रयास चुनावी राजनीति के लिए किये गये हों या क्रांतिकारी राजनीति के लिए। वर्ग-विचारधारा पर केंद्रित उनकी राजनीति राष्ट्रीय एकता और सामाजिक सद्भाव की नारेबाजी पर आधारित कांग्रेस के वर्चस्ववाली राजनीति के प्रभाव में कोई क्षय नहीं कर पायी। इसके उलट कांग्रेस सवर्णों के नेतृत्व में चलनेवाली अपनी मध्यवर्गीय राजनीति को निचली जातियों के वोटों की मुहर के जरिये स्थापित करती चली गयी। एक खास तरह का जाति-वर्ग समीकरण तैयार हुआ जिसमें द्विज जातियों ने शासक वर्ग या 'मध्य' वर्ग के रूप में भागीदारी की और निचली जातियाँ अपनी अलग जातिगत चेतना लेकिन वर्ग सरीखी महत्त्वाकांक्षाओं के साथ शामिल हुईं। इस समीकरण में कांग्रेस पार्टी के जरिये सवर्णों ने निचली जातियों के साथ क्षैतिज यानी समकक्षता के स्तर पर संबंध बनाने की बजाय ऊर्ध्वाधर यानी ऊँच-नीचवाला संबंध कायम किया।

आरक्षण की राजनीति

आजादी मिलने के तीस साल बाद निचली जातियाँ कांग्रेस-प्रणाली के खिलाफ अपना असंतोष व्यक्त कर पायीं। किसानों, कारीगरों, दलितों और आदिवासियों ने संरक्षक और आश्रित की तर्ज पर कांग्रेस के साथ अपने जुड़ाव पर आपत्ति की। उनमें अपनी उस संख्यात्मक शक्ति का एहसास धीरे-धीरे बढ़ रहा था जिसके आधार पर वे राजनीतिक सत्ता में अपनी हिस्सेदारी बढ़ा सकते थे। उनके इस असंतोष ने राजनीतिक कार्यक्रमों और आंदोलनों का रूप लिया। अंग्रेजों के जमाने में निचली जातियों ने ऊँचा सामाजिक दर्जा प्राप्त करने तथा राजसत्ता में बड़े सामाजिक समुदायों के तौर पर हिस्सेदारी का दावा करने के लिए राजनीतिक तरीकों का इस्तेमाल करना शुरू किया था। परंतु आजादी के बाद उनकी यह चेतना कांग्रेस के दबदबेवाले साढ़े तीन दशकों तक सुस्त पड़ी रही।

सत्तर के दशक के मध्य के आस-पास राष्ट्रीय राजनीति पर द्विज दबदबे को गंभीर चुनौती मिलनी शुरू हुई। इसका ज्यादातर श्रेय राज्य की उन सामाजिक नीतियों को जाता है जिन्हें मोटे तौर पर हम आरक्षण के नाम से जानते हैं। हालाँकि इन नीतियों पर अमल में सुस्ती बरती गयी लेकिन फिर भी सत्तर के

दशक के अंत तक कई राज्यों में आरक्षण नाम की चीज न होने के बावजूद प्रत्येक निचले जाति-समूह में एक छोटा, पर प्रभावी तबका उभर आया। इस तबके के सदस्यों को आधुनिक शिक्षा मिल चुकी थी और उसने नौकरशाही और अन्य गैरपरंपरागत व्यवसायों में प्रवेश पा लिया था। यही थी वह प्रक्रिया जिसके कारण निचली जातियों में एक छोटा पर बेहद मुखर राजनीतिक नेतृत्व पैदा हो गया।

जातियों के राजनीतिकरण की प्रक्रिया अस्सी के दशक की शुरुआत में ही अपने चरम पर पहुँच सकी। पिछड़ी जातियों के लिए बनाये गये दूसरे आयोग (मंडल आयोग) ने सभी राज्यों, केंद्रशासित प्रदेशों और केंद्र सरकार में अन्य पिछड़े वर्गों (छोटी किसान और कारीगर जातियाँ) के लिए भी नौकरियों और शिक्षा संस्थानों में आरक्षण करने की सिफारिश की। इन सिफारिशों का द्विज और मध्यम दर्जे की उन जातियों के कड़ा विरोध किया। ये जातियाँ एक अरसे से मध्यवर्ग की सदस्यता से जुड़े फायदे माँग रही थी। उन्हें लगा कि राजनीति का नया स्वाद चखनेवाली निचली जातियाँ मध्यवर्ग में (खासतौर से लिखाई-पढ़ाईवाली नौकरियों में) जबरन घुस आना चाहती हैं और इसके लिए वे प्रतियोगिता का जरिया न अपना कर जातिगत आरक्षण का माध्यम अपना रही हैं। इस तरह द्विज और मध्य जातियाँ निचली जातियों के टकराव में खड़ी हो गयीं। इसका नतीज राष्ट्रीय राजनीति में निचली जातियों के जबर्दस्त उभार में निकला और मध्यवर्ग में प्रवेश की महत्त्वाकांक्षा के साथ निचली जातियों की राजनीति शुरू हुई। इसी आयाम को अंग्रेजी शिक्षित प्रभु-वर्ग हिकारत से 'राजनीति का मंडलीकरण' कहता है। राजनीति के मंडलीकरण यानी निचली जातियों के राजनीतिकरण की यह प्रक्रिया तभी से भारतीय राजनीति के सामाजिक आधार को आमूल-चूल बदलती जा रही है।

इसका पहला असर तो यह हुआ कि कांग्रेसी दबदबे का अंत हो गया। यह दबदबा अभी तक सवर्णों और अंग्रेजी-शिक्षित प्रभु-वर्ग की चौधराहट को कायम रखता था। अब कांग्रेस-प्रणाली के लिए पहले की तरह काम करते रहना नामुमकिन हो चुका था। अब वह क्षेत्रों और जातियों के ऊपर से नीचे की तरफ काम करनेवाले समीकरणों के आधार पर राजनीति नहीं चला सकती थी। इस प्रणाली के शीर्ष पर बैठे प्रभु-वर्ग ने महसूस किया कि अब वह निचली जातियों द्वारा नीचे से सत्ता में बेहतर हिस्से और ज्यादा भागीदारी के लिए डाले जानेवाले दबाव को संतुष्ट नहीं कर सकता। सत्तर के मध्य से पूरे अस्सी के दशक तक सामाजिक समूहों के बड़े-बड़े तबके कांग्रेस को छोड़ते चले गये। उन्होंने अपने अलग राजनीतिक दलों का गठन किया और बदलते हुए गठजोड़ों की राजनीति में लग गये। कांग्रेस का ऊपर से नीचे की तरफ काम करनेवाला क्षेत्र-जाति समीकरण ध्वस्त हो गया। कांग्रेस, भाजपा और कम्युनिस्ट पार्टियों सरीखे राष्ट्रीय दलों को राजनीतिक समर्थन प्राप्त करने के लिए अन्य पिछड़े वर्गों,

अनुसूचित जातियों या जनजातियों के सामाजिक-राजनीतिक संगठनों या इनके द्वारा गठित क्षेत्र-जाति दलों के साथ सीधी बातचीत करना अनिवार्य हो गया।

दूसरा परिणाम यह निकला कि देश-भर के पैमाने पर उभरे नये स्तर-विन्यास में पिछड़े वर्गों, अनुसूचित जातियों व जनजातियों ने मजबूत सामाजिक और राजनीतिक तात्पर्य ग्रहण करके नयी-नयी सामाजिक संरचनाएँ बना लीं। ये तीनों श्रेणियाँ आरक्षण नीतियों को लागू करने के प्रशासनिक उद्देश्य से ही बनायी गयी थीं। और उनका कोई राजनीतिक मकसद नहीं था, लेकिन उनका जो नतीजा निकला वह पूरी तरह से राजनीतिक-सामाजिक था। अब ये तीनों श्रेणियाँ राजनीतिक रूप से आत्मसचेत सामाजिक-आर्थिक समूहों की तरह सक्रिय हो गयीं। वे द्विज और मध्यवर्गीय प्रभु-वर्ग द्वारा दिये गये प्रतीकात्मक प्रतिनिधित्व से संतुष्ट होनेवाली नहीं थीं। वे तो राजसत्ता अपने हाथ में लेना चाहती थीं। इस तरह राजनीति ऊँच-नीचवाले समीकरणों में होने की बजाय अर्थात क्षैतिज समान स्तर पर प्रतिनिधित्व के लिए होनेवाली दौड़ के रूप में तब्दील हो गयी जिसमें आरक्षण की नीति के गर्भ से जन्मे सामाजिक समुदाय पहले से जमे बैठे सवर्णों और मध्यवर्ग से भिड़ रहे थे।[१३] इन समूहों ने विभिन्न पार्टियों से सौदेबाजी शुरू की या अपनी नयी पार्टियाँ बना लीं। अब पारंपरिक श्रेणीक्रम के जो भी रूप बचे थे, वे राजनीति में आ कर पूरी तरह ऊर्ध्वाधर की बजाय क्षैतिज हो गये।

तीसरा प्रभाव यह पड़ा कि मंडलीकृत राजनीति ने निचली जातियों में मध्यवर्गीय स्तर और जीवन-शैली के प्रति लगाव पैदा कर दिया जिससे वर्ग ध्रुवीकरण की प्रक्रिया रुक गयी। सामाजिक दायरे में इस राजनीति ने नयी विवशताओं को पैदा कर दिया। उच्च और मध्य जातियों की चौधराहटवाले मध्यवर्ग को मजबूरन अपना विस्तार करना पड़ा। अरुचि के साथ ही सही, उसे निचली जातियों के विभिन्न तबकों के लिए अपने अंदर गुंजाइशें निकालनी पड़ीं। उधर निचली जातियों ने राजनीति में गठजोड़ बनाते हुए सामाजिक स्तर पर मध्यवर्ग के बढ़ते हुए दायरे में प्रवेश पाने के लिए आपस में भी तीखी होड़ शुरू कर दी।

कुल मिलाकर कहा जा सकता है कि आरक्षण नीति ने जातियों के राजनीतिकरण को जबर्दस्त आवेग प्रदान किया। साथ ही अंतरजातीय संबंधों में कर्मकांडों का महत्त्व नगण्य हो गया। आरक्षण की नीति ने अनगिनत निचली जातियों के लिए शैक्षणिक और व्यवसायगत विशेष सुविधाएँ मुहैया करके उनके निम्न कर्मकांडीय दर्जे को उनके लिए नुकसानदेह की बजाय लाभकारी बना दिया। अब वे पारंपरिक जाति-व्यवस्था में अपनी निचली हैसियत के नाम पर नये सामाजिक स्तर-विन्यास में ऊँची जगह पाने का दावा करने लगे। शहरीकरण और उद्योगीकरण के विस्तार के साथ-साथ जातियों के राजीतिकरण ने समाज में एक नये किस्म के स्तर-विन्यास के उदय में योगदान किया। इस

नये विन्यास में पुराना मध्यवर्ग न केवल संख्यात्मक रूप से विस्तृत हो चुका था बल्कि उसने नयी सामाजिक और राजनीतिक खूबियाँ ग्रहण करनी शुरू कर दी थीं।

जाति का वर्ग में रूपांतरण

'वर्ग में रूपांतरण' एक दिक्कततलब अवधारणा है। इसे जाति में हुए कुछ खास तरह के परिवर्तनों को अभिव्यक्त करने के बेढंगे माध्यम के रूप में अपनाया जा चुका है। वर्ग-विश्लेषण की प्रचलित शब्दावली से ली गयी यह अभिव्यक्ति जाति में हुए परिवर्तनों को रैखिक और द्विभाजक नजरिये से पेश करती है। इसके अनुसार सिर्फ यह देखा जाता है कि जाति कैसे स्वयं को आर्थिक वर्गों की ध्रुवीकृत संरचना में बदल रही है। यह नजरिया यह सवाल नहीं उठाता कि जाति वर्ग में बदल भी रही है या नहीं। जिस तरह पश्चिमी समाज में होनेवाले वर्ग-विश्लेषण में गैर-वर्गीय तत्त्वों की उपेक्षा कर दी जाती है और लिंग-भेद, जातियाँ आदि पहलुओं पर विचार ही नहीं किया जाता, उसी तरह भारत में भी वर्ग-विश्लेषण वर्ग में जातिगत तत्त्वों और जाति में वर्गगत तत्त्वों का महत्त्व कम करके आँकने की प्रवृत्ति से ग्रस्त है। दूसरी तरफ जाति-विश्लेषण में व्यस्त ऐसे विद्वान भी हैं जिनके लिए जाति के वर्ग-रूपांतरण का कोई उपयोग ही नहीं है। ये विद्वान जाति को स्थानीय श्रेणीक्रम के रूप में देखने के आदी हैं और जाति के अंदर हुए परिवर्तनों को उस व्यवस्था की अपनी विचारधारा और नियमों के संदर्भ में ही समझते हैं। वे जाति के अंदर आधुनिक शिक्षा, व्यवसायगत गतिशीलता, आर्थिक और राजनीतिक सत्ता जैसे वर्गगत तत्त्वों को जाति-व्यवस्था के लिए विजातीय मानते हैं। इन लोगों की समझ पर यह आग्रह हावी है कि जाति इन तत्त्वों को अपनी प्रणालीगत निरंतरता में कुछ परिवर्तनों के साथ खपा लेती है।

दरअसल जाति के वर्ग में रूपांतरण की प्रक्रिया न तो रैखिक होती है और न ही प्रयोजनमूलक। न ही यह प्रक्रिया जाति की संस्था द्वारा अपना जीर्णोद्धार करने के लिए इस्तेमाल होनेवाले उपादान की तरह होती है। मैं तो वर्ग में रूपांतरण की प्रक्रिया को दो तरह से देखता हूँ : (अ) यह प्रक्रिया सभी जातियों के सदस्यों को व्यक्ति के रूप में धार्मिक मान्यता प्राप्त व्यवसायगत और कर्मकांड-आधारित दर्जे अर्थात प्रौद्योगिकीय, आर्थिक और सामाजिक ग्राम्यावस्था की जकड़ से मुक्त करती है। यह जरूर है कि यह मुक्तिकारी प्रभाव अलग-अलग जातियों में भिन्न-भिन्न सीमाओं तक पड़ता है; (ब) यह प्रक्रिया जातियों के सदस्यों के निजी हितों और पहचान को आधुनिक राजनीति तथा शहरी-उद्योगीकृत व्यवस्था से निकली श्रेणियों से जोड़ देती है। यह परिवर्तन न केवल शहरी क्षेत्रों में घटित होता है वरन् यह देहाती इलाकों में भी लगातार बढ़ता जा रहा है। वर्ग में रूपांतरण के ये दोनों पहलू न तो क्रमवार

घटित होते हैं और न ही इनमें स्थानिक रूप से अलगाव है। ये कभी एक-दूसरे की सीमाओं को लाँघते हैं, कभी मिलते हैं और कभी अलग हो जाते हैं। इनकी कोख से जो परिवर्तन निकलता है, वह हमें नये उदीयमान और सामाजिक स्तर-विन्यास की समाजगत व्यवस्था के रूप में दिखता है। इस प्रकार देखने पर वर्ग में रूपांतरण एक ऐसी प्रक्रिया है जिसके जरिये जातियाँ और उनसे भी ज्यादा उनके सदस्य निजी हैसियत में जाति से भिन्न किस्म के सामाजिक स्तर-विन्यास की श्रेणियों से अपने रिश्ते बनाते हैं।

यह नया उदीयमान सामाजिक स्तर-विन्यास अभी तक व्यवस्था का रूप नहीं ले पाया है। फिर भी समाज के हर स्तर पर नयी सामाजिक और आर्थिक श्रेणियाँ उभर आयी हैं जिनके कारण जाति अपना आकार और चरित्र खोती हुई नया रूप और विचारधारा प्राप्त कर रही है। जैसा कि हम ऊपर देख चुके हैं कि इन परिवर्तनों के कारण जाति का वजूद तो बचा रह गया है पर वह कर्मकांड-आधारित श्रेणीक्रम के एक दर्जे की बजाय कुटुंब-आधारित सांस्कृतिक समुदाय का रूप ले रहा है। आजकल जाति के सदस्य जिस तरह की आर्थिक और राजनीतिक गतिविधियों में लगे रहते हैं वे जाति-व्यवस्था द्वारा पारंपरिक रूप से चलायी जानेवाली गतिविधियों से कतई भिन्न किस्म की हैं। पहले कर्मकांड द्वारा निर्धारित ऊँचे-नीचे दर्जों का समीकरण जातियों के बीच सद्भाव और सहयोग को बढ़ावा देता था। अब यह एक-दूसरे से समान स्तर पर (क्षैतिज रूप से) होड़ करते हुए सत्ताकांक्षी गुटों के टकराव में बदल गया है। पारंपरिक स्थानीय श्रेणीक्रम के हिसाब से अलग-अलग दर्जा रखनेवाली कई-कई जातियों से मिल कर ऐसा एक गुट बनता है। इस तरह समाज में समूचे पैमाने पर नयी सामाजिक-आर्थिक संरचनाएँ बन गयी हैं जिनमें कुछ जातीयता-आधारित भी हैं। इनमें समाज के आर्थिक, राजनीतिक और सांस्कृतिक संबंधों पर नियंत्रण को ले कर होड़ जारी है। समाज में ऊँचा दर्जा प्राप्त करने का विचार आजकल केवल नीची जातियों को ही नहीं बल्कि सभी जातियों के लोगों को अपील करता है और वे सामूहिक तौर पर भी और निजी तौर पर भी इसके लिए कोशिश करते हैं। ध्यान रखनेवाली बात यह है कि आज इन जातियों को कर्मकांड-आधारित ऊँचा दर्जा प्राप्त करने की लालसा नहीं है। वे तो हर जगह संपत्ति,. राजसत्ता और आधुनिक यानी (उपभोक्तावादी) जीवन-शैली की लालसा रखती हैं। अर्थात संक्षेप में यह कहा जा सकता है कि अतीत की भाँति जाति ने स्वयं का जीर्णोद्धार करना बंद कर दिया है।

II
नये मध्यवर्ग का उदय

इन तमाम परिवर्तनों ने देश-भर में व्याप्त श्रेणीक्रम की व्यवस्था को एक संरचनागत सुदृढ़ता प्रदान की है। ऐसी सुदृढ़ता इस व्यवस्था में पहले नहीं थी। चूँकि कोई केंद्रीकृत राज्यतंत्र नहीं था इसलिए पूरी प्रणाली वर्ण-श्रेणीक्रम की विचारधारा की तरह अधिरचनात्मक रूप से चलती थी। संरचनागत सुदृढ़ता से वंचित यह विचारधारा सभी के लिए 'एक जैसी सामाजिक भाषा' में व्यक्त होते हुए स्थानीय स्तर पर जातियों की नाना प्रकार की श्रेणियों को वैधता प्रदान करती थी।[१४] लेकिन, जब भारत उदारतावादी लोकतांत्रिक राज्य द्वारा शासित अखिल भारतीय राजनीतिक इकाई बन गया तो क्षेत्रों में और पूरे देश में नयी सामाजिक संरचनाएँ उभर आयीं। जैसा कि हम देख चुके हैं, ये संरचनाएँ नाना प्रकार के कर्मकांडीय दर्जों और धार्मिक समुदायों से मिल कर बनी थीं। आरक्षण की नीति के कार्यान्वयन के लिए बनाये गये सरकारी वर्गीकरण से इन समुदायों ने अपने-अपने नाम प्राप्त किये और देखते-देखते अगड़े अर्थात 'द्विज', पिछड़े अर्थात ओबीसी, दलित अर्थात अनुसूचित जातियाँ और आदिवासी अर्थात अनुसूचित जनजातियाँ महत्त्वपूर्ण हो गये।

जाति-व्यवस्था के कर्मकांड-आधारित घटकों के विपरीत ये नयी सामाजिक संरचनाएँ कहीं ज्यादा ढीली-ढाली और खुली इकाइयों की तरह कार्यरत रहती हैं। उनमें सत्ता के लिए आपसी प्रतियोगिता है। इस दौड़ में सवर्णों के पास उनके पुराने पारंपरिक ऊँचे दर्जे से जुड़े संसाधनों का सहारा है और निचली जातियों की संरचनाओं के पास सरकार की आरक्षण नीति से मिलनेवाला आलम्ब है। इस प्रकार नया उदीयमान स्तर-विन्यास पुराने कर्मकांड-आधारित श्रेणीक्रम और सत्ता की नयी व्यवस्था के मिले-जुले रूप की तरह उभरता है। दूसरे शब्दों में कहा ज सकता है कि अपने आप में बंद श्रेणियों की कर्मकांड-आधारित व्यवस्था की जगह काफी हद तक खुले और गतिशील सामाजिक स्तर-विन्यास ने ले ली है।

यह व्यवस्था अभी बनने के दौर में है। इसका वर्णन अभी न तो जाति की शब्दावली में किया जा सकता है, न ही शुद्ध वर्ग की शब्दावली में। यह जरूर है कि पिछले कुछ वर्षों में इस एक श्रेणी की महत्ता काफ़ी कुछ स्पष्ट हो गयी है। इसे हम 'नया मध्यवर्ग' कह सकते हैं। यह 'नया' इसलिए है क्योंकि इसके उद्‌भव को सीधे-सीधे जाति-व्यवस्था के बिखराव से जोड़ा जा सकता है और इस नयेपन ने मध्यवर्ग को पहले से कहीं अधिक विविध बना दिया है। पहले के मध्यवर्ग यानी आजादी के समय इस वर्ग पर सवर्णों की चौधराहट थी। इसके अलावा पारंपरिक श्रेणीक्रम में ऊँचे दर्जे को मानदंड बना कर इस पुराने मध्यवर्ग में प्रवेश पाया जा सकता था। इसकी 'संस्कृतीकृत' जीवन-शैली एक सांस्कृतिक संलक्षण की तरह उभरती थी। जबकि 'नये' मध्यवर्ग की रचना में

कर्मकांडीयता और संस्कृतीकरण अप्रासंगिक हो गये हैं। नये मध्यवर्ग की सदस्यता नयी जीवन-शैलियों (आधुनिक उपभोग के तौर-तरीकों) के साथ-साथ कुछ खास तरह की आर्थिक परिसंपत्तियों के स्वामित्व और मध्यवर्ग के होने की आत्मचेतना पर निर्भर होती है। यह नया मध्यवर्ग विभिन्न जातियों के लिए खुला हुआ है। आधुनिक शिक्षा, गैरपारंपरिक व्यवसायों, ऊँची आमदनी और राजसत्ता से लैस होकर कोई भी जाति या उसका सदस्य इसमें प्रवेश प्राप्त कर सकता है।

इसके बावजूद इस नये मध्यवर्ग को विशुद्ध वर्ग करार नहीं दिया जा सकता। दरअसल विशुद्ध वर्ग वैचारिक हवाबाजी के अलावा कुछ नहीं है। जब भी कोई व्यक्ति अपनी जाति के सामूहिक, राजनीतिक और आर्थिक संसाधनों की बिना पर मध्यवर्ग में दाखिल होता है तो वह अपनी जाति के कुछ तत्त्व भी उस वर्ग में ले जाता है। मसलन, द्विज अपने साथ अपने परंपरागत ऊँचे दर्जे से जुड़ी सुविधाएँ और लाभ लाता है और निचली जाति का व्यक्ति इस प्रकार के संसाधनों से वंचित होने के कारण अपने प्रवेश के लिए सरकार द्वारा प्रदत्त आधुनिक विधिसम्मत आरक्षण के प्रावधानों का सहारा लेता है जिनका प्रश्रय उसे परंपरागत रूप से निचले दर्जे का होने के कारण मिला है। लगता तो यह है कि भारतीय मध्यवर्ग अपने अंदर उस सीमा तक जाति के तत्त्वों को बनाये रखेगा जहाँ तक उसे आधुनिक दुनिया में अपने दर्जे की तलाश करनी होगी और जब तक इस वर्ग के सदस्यों को निजी तौर पर इस लक्ष्य की प्राप्ति में अपनी जाति का सहयोग मिलता दिखायी देगा।

साथ ही इस मध्यवर्ग की रचना के लिए ये तथ्य काफी महत्त्वपूर्ण हैं कि : (अ) अपनी-अपनी जातियों के सामूहिक संसाधनों का इस्तेमाल करने के बाद भी जाति के सदस्य व्यक्ति के रूप में मध्यवर्ग में कदम रखते हुए वर्ग में रूपांतरण की प्रक्रिया से दो-चार होते हैं। वे अपनी जाति से जुड़ी हुई कर्मकांडीय भूमिकाओं और काम-काज से दूर होते चले जाते हैं; (ब) उन्हें अपनी जाति के अलावा मध्यवर्ग का होने की एक अन्य पहचान भी मिल जाती है; (स) उनके आर्थिक हित और जीवन-शैली अपने गैरमध्यवर्गीय जाति-भाइयों के मुकाबले मध्यवर्ग के अन्य सदस्यों से ज्यादा मेल खाती है।

जून-जुलाई १९९६ में दिल्ली के विकासशील समाज अध्ययन पीठ द्वारा किये गये नमूना सर्वेक्षण से भारत में मध्यवर्ग की रचना-प्रक्रिया से जुड़े तथ्य और आँकड़े प्राप्त हुए हैं। सर्वेक्षण का नमूना विभिन्न श्रेणियों से बेतरतीब क्रम से चुने गये व्यक्तियों से बनाया गया। इसमें संभाव्यता को आकार के समानुपात में रख कर ९६१४ भारतीय पुरुषों और स्त्रियों का सर्वेक्षण किया गया। जम्मू और कश्मीर को छोड़ कर बाकी सभी राज्यों के निवासियों का इसमें प्रतिनिधित्व था। सर्वेक्षण से प्राप्त आँकड़ों के विश्लेषण से मैंने नये मध्यवर्ग का मोटा-मोटा खाका तैयार किया है।[१५]

१. आजादी के समय मध्यवर्ग केवल अंग्रेजी शिक्षित सवर्णों से ही मिल कर बना था। बाद के तीस वर्षों में धनी किसानों की प्रगतिकांक्षी मजबूत जातियाँ भी इसमें शामिल हुईं जिससे इसका आकार बढ़ा। इस तरह इस अवधि में एक छोटे ग्राम आधारित मध्यवर्ग का उदय हुआ।

२. सर्वेक्षण ने मध्यवर्ग को आत्मगत और वस्तुगत चरों के संदर्भ में देखा। आत्मगत चरों का संबंध नमूने में शामिल व्यक्ति द्वारा स्वयं को मध्यवर्ग की पहचान से जोड़ने और 'श्रमिक वर्ग' की पहचान से खुद को प्रथक करने पर निर्भर था। आत्म-पहचान को एक पूर्व शर्त मानते हुए कुछ वस्तुगत मानकों के आधार पर नमूने के सदस्य को 'मध्यवर्ग' में शामिल करने का फैसला लिया गया। इस तरह जितने व्यक्तियों ने स्वयं को मध्यवर्गीय माना, उन्हें तभी मध्यवर्ग की श्रेणी में शामिल किया गया जब उनमें निम्नलिखित चार में से दो लक्षण अवश्य पाये गये : (अ) कम-से-कम दस साल की स्कूली शिक्षा मिली हो; (ब) चार में से कम-से-कम तीन परिसंपत्तियाँ उसके पास हों—मोटर वाहन, टीवी, बिजली का पम्पिंग सेट और गैरखेतिहर जमीन; (स) ईंटों और सीमेंट से बने हुए पक्के घर में रहता हो; और (द) लिखा-पढ़ीवाली नौकरी करता हो। इन्हीं चार खूबियों की कसौटी पर करीब बीस फीसद लोग मध्यवर्गीय निकले।

३. सर्वे के विश्लेषण से पता चला कि आज भी भारतीय 'मध्यवर्ग' पर द्विज और धनी किसान-जातियाँ हावी हैं। इन दो सवर्ण श्रेणियों में द्विज सवर्ण और गैर-द्विज ताकतवर जातियाँ नमूना सर्वेक्षण की २५ फीसद थीं। लेकिन वे मध्यवर्ग की ५० फीसद निकलीं। लेकिन इसका अर्थ यह भी हुआ कि आज के मध्यवर्ग में सवर्णों का प्रतिनिधित्व घटा है क्योंकि पुराने मध्यवर्ग में तकरीबन सभी द्विज ही होते थे।

४. मध्यवर्ग की आधी सदस्यता निचली जातियों की विभिन्न सामाजिक संस्थाओं की निकली। इनमें दलित, आदिवासी, किसानों और कारीगरों के पिछड़े समुदाय और धार्मिक अल्पसंख्यक आते हैं। ये जातियाँ नमूना सर्वेक्षण में २५ फीसद थीं। लेकिन इन्होंने मध्यवर्ग की ५० फीसद सदस्यता ही प्राप्त कर पायी अर्थात इनकी मध्यवर्ग में मौजूदगी द्विज और मध्य जातियों के मुकाबले कहीं कम निकली। लेकिन अगर इस उपस्थिति को इन जातियों के निचले कर्मकांडीय दर्जे के संदर्भ में देखा जाये तो उनका मध्यवर्ग में इतना रूपांतरण भी महत्त्वपूर्ण लगता है। इससे भी ज्यादा महत्त्वपूर्ण तथ्य यह है कि अछूत रह चुकी जातियों के सदस्यों को शिक्षा, संपत्ति, राजसत्ता, आदि के अवदान सामाजिक गतिशीलता के जरिये मिल जाते हैं तो निचली जातियों के सदस्यों को मध्यवर्ग में प्रवेश के रास्ते में उनका निचला कर्मकांडीय दर्जा बाधा नहीं बनता। इन लोगों को मध्यवर्ग के सदस्य की चेतना प्राप्त करने में भी कोई दिक्कत नहीं होती।

५. सर्वेक्षण से मिले तथ्यों के विश्लेषण से यह भी पता चला कि मध्यवर्ग के सदस्यों और आबादी के बाकी हिस्सों के राजनीतिक रवैये और प्राथमिकताओं के बीच भारी फर्क होता है। चाहे किसी पार्टी को समर्थन देने जैसा राजनीतिक मानक हो या कर्म-सिद्धांत में यकीन करनेवाला सांस्कृतिक मानक हो। मध्यवर्ग के निचली जाति के सदस्य और ऊँची जाति के सदस्य के बीच आपसी फर्क कम निकला। जबकि इन मध्यवर्गीयों का अपनी ही जाति के गैरमध्यवर्गीय सदस्यों से इन मामलों में मतभेद कहीं ज्यादा था।

६. आज के भारतीय मध्यवर्ग में ग्रामीण सदस्यों की संख्या काफी है। इसका कारण शुरुआत में इसके दायरे में आयी गाँव-आधारित ताकतवर जातियाँ और हाल ही में प्रवेश पायीं वे निचली जातियाँ हैं जो आधुनिक अर्थतंत्र और प्रशासन में भागीदारी कर रही हैं। इससे स्पष्ट है कि आज का भारतीय मध्यवर्ग जनसंख्यामूलक दृष्टि से कोई एक निश्चित कर्मकांड-आधारित दर्जेवाली श्रेणी से नहीं निकला है। इसकी शक्ल तो सामाजिक-सांस्कृतिक किस्म की है। यह एक ऐसी संरचना है जिसके सदस्य विभिन्न जातियों और समुदायों से आते हैं। उन्होंने नये आर्थिक और राजनीतिक हित धारण कर लिये हैं। उनकी जीवन-शैली भी बदल कर इस वर्ग के अन्य सदस्यों जैसी हो गयी है। नये मध्यवर्ग में उसके सदस्यों की जातिगत पहचान बची तो रहती है लेकिन उसे मध्यवर्ग की समग्र पहचान के तहत ही रहना पड़ता है और इस तरह यह पहचान एक भिन्न संस्कृति और सांस्कृतिक तात्पर्य ग्रहण कर लेती है।

उपसंहार के तौर पर कहा जा सकता है कि जाति के सेकुलरीकरण की प्रक्रिया के साथ-साथ जाति के साथ तीन तरह की घटनाएँ भी हुईं। वह कर्मकांडों की जकड़ से निकली, उसका राजनीतिकरण हुआ और उसका वर्ग में रूपांतरण हुआ। इस तरह जाति कुटुंब-आधारित एक लघु समुदाय में सीमित हो गयी। उसके सदस्यों के कदम एक नयी जमीन पर जम गये। उन्होंने नयी पहचान प्राप्त कर ली। यह नयी जमीन और नयी पहचान एक नये तरह के सामाजिक स्तर-विन्यास से निकली थी जिसके आधार में पारंपरिक श्रेणीक्रम से भिन्न उसूल कार्यरत थे। आज विभिन्न जातियों के सदस्य क्षैतिज स्तर पर बड़े-बड़े सामाजिक समूह बना कर मध्यवर्ग में प्रवेश की होड़ कर रहे हैं। नतीजतन निचली जातियों के सदस्यों ने मध्यवर्ग में भारी संख्या में प्रवेश प्राप्त कर लिया है। इसके कारण आजादी से पहले के मध्यवर्ग का चरित्र और संरचना बदलनी शुरू हो गयी है। उस समय का मध्यवर्ग तकरीबन पूरी तरह अंग्रेजी शिक्षित सवर्णों से ही बना था। नया और पहले के मुकाबले बहुत बड़ा मध्यवर्ग भारतीय आबादी के पाँचवें हिस्से के बराबर है। यह धीरे-धीरे ही सही पर राजनीतिक और सांस्कृतिक रूप से अधिक एकीकृत होता जा रहा है, साथ ही उसके सदस्यों के सामाजिक उद्‌गम में काफी विविधता है।

संदर्भ और टिप्पणियाँ

१. यहाँ दिये गये जाति के वृत्तांत और औपनिवेशिक विमर्श की चर्चा काफी कुछ बर्नार्ड एस. कॉन की रचना 'नोट्स आन द हिस्ट्री ऑन द इंडियन सोसाइटी एंड कलचर', *एन एंथ्रोपोलोजिस्ट एमंग द हिस्टोरियंस एंड अदर एसेज,* ऑक्सफोर्ड यूनिवर्सिटी प्रेस, दिल्ली, १९८७, पृष्ठ १३९-४० से ली गयी है।

२. *उपरोक्त,* पृष्ठ १४१-६२

३. भारत में ब्रिटिश हुकूमत के तहत जातियों में हुए परिवर्तनों और औपनिवेशिक नीतियों के जाति-व्यवस्था पर पड़े प्रभावों की विस्तार से चर्चा के लिए देखें, जी.एस. घुरिए, 'कास्ट ड्यूरिंग द ब्रिटिश रूल', संकलित *कास्ट एंड रेस इन इंडिया,* पापुलर प्रकाशन, बंबई, १९६२, पृष्ठ २७०-३०५, इसके अलावा मार्क गैलेंटर की रचना 'रिफार्म, मोबिलिटी एंड पॉलिटिक्स अंडर ब्रिटिश रूल' भी देखें। यह प्रबंध उनकी पुस्तक *कंपीटिंग ईक्वलिटीज, लॉ एंड बैकवर्ड क्लासेज इन इंडिया,* ऑक्सफोर्ड, दिल्ली, १९९४, पृष्ठ १८-४० में संकलित है।

४. निचली जातियों में कर्मकांडीय आधार पर ऊँची जातियों द्वारा सामाजिक और आर्थिक रूप से शोषित होने की चेतना और उसकी सांगठनिक अभिव्यक्ति के दृष्टांत बीसवीं सदी के शुरुआती वर्षों में मिलते हैं, जब इन जातियों ने ब्राह्मण विरोधी आंदोलन में भागीदारी की। देखें : गेल ऑम्बेड्ट, *कल्चरल रिवोल्ट इन ए कोलोनियल सोसाइटी— द नॉनब्राह्मण मूवमेंट्स इन वेस्टर्न इंडिया— १८७३ टु १९३०,* साइंटिफिक सोशलिस्ट एजूकेशन ट्रस्ट, बंबई, १९७६। इसके अलावा देखें यूजेन फ्लिश्क, *पॉलिटिक्स एंड सोशल कांफ्लिक्ट इन साउथ इंडिया, द नॉनब्राह्मण मूवमेंट्स एंड तमिल सेपरेटिज्म १९१६-१९२९,* यूनिवर्सिटी आव कैलिफोर्निया, बर्कले, १९६९

५. गैलेंटर की निगाह में औपनिवेशिक काल में हुई इस घटना से जाति-व्यवस्था में महत्त्वपूर्ण परिवर्तन हुए; ''जाति संगठन अपने साथ जातियों की प्रकृति में दो महत्त्वपूर्ण और संबंधित परिवर्तन भी लाये। महत्त्वपूर्ण समूह सगोत्रीय जातियों से बढ़ कर क्षेत्रवार गठजोड़ों में बदल गये। साथ ही गाँव के माहौल में संगठन और नेतृत्व की पारंपरिक संरचनाओं की जगह उन स्वायत्त एसोसिएशनों ने ले ली जिनके पदाधिकारी चुनावों के जरिये निर्धारित अधिकारों का उपयोग करते थे।'' गैलेंटर पृष्ठ २३

६. हाल ही में ए.एम. शाह द्वारा दी गयी दलील पर नजर डालें जिसमें उन्होंने दावा किया है कि इन परिवर्तनों के बावजूद जाति-व्यवस्था अपनी व्यवस्थागत निरंतरता कायम रखने में सफल हुई है। ए.एम. शाह, 'ए रिस्पांस टु द क्रिटिक ऑन डिवीजन एंड हीरार्की, संकलित : ए.एम शाह और आई.पी. देसाई, *डिवीजन एंड हीरार्की एन ओवरव्यू ऑव कास्ट इन गुजरात,* हिंदुस्तान पब्लिशिंग कार्पोरेशन, दिल्ली, १९८८, पृष्ठ ९२-१३३। शाह ने जातियों के क्षैतिज विभाजन को जाति-व्यवस्था के नैसर्गिक अंग के तौर पर देखा। उनकी मान्यता थी कि इस तरह का विभाजन बार-बार निरंतर चलनेवाली प्रक्रिया की तरह होता रहा है। यह परिवर्तन जाति के बचे रहने और उसके रख-रखाव की भूमिका निभाता है। दूसरी तरफ शाह के सहयोगी विद्वान आई.पी. देसाई का मानना था कि जाति के पहले से मौजूद क्षैतिज विभाजन जाति-व्यवस्था के कर्मकांडीय श्रेणीक्रम द्वारा अपने अंदर खपा लिये गये थे। अब ये विभाजन श्रेणीक्रम से वर्ग होकर क्षैतिज सामाजिक और राजनीतिक जमीन पर अन्योन्यक्रिया में संलग्न हैं। यहाँ देसाई क्षैतिज विभाजनों को उदीयमान स्तर-विन्यास के नये सिद्धांत के रूप में देखते हैं और उन्हें यह नया सिद्धांत जाति के कर्मकांडीय श्रेणीक्रम का क्षय करता हुआ लगता है। आई.पी. देसाई, 'ए क्रिटिक

ऑव डिवीजन एंड हीरार्की', उपर्लिखित पुस्तक में, पृष्ठ ४०-४९।

७. कर्मकांड-आधारित दर्जे और व्यवसाय के बीच संबंधों में बदलाव और नये किस्म के स्तर-विन्यास के उदय से जुड़े उसके नतीजों की एक ज्ञानवर्द्धक चर्चा के लिए देखें : आई.पी. देसाई, 'शुड कास्ट बी द बेसिज फार रिकगनाइजिंग बेकवर्डनेस?', *इकनॉमिक एंड पालिटिकल वीकली,* खंड १९, क्रमांक २८, जुलाई १९८४, पृष्ठ ११०६-१६

८. कुछ समय से जाति में हुए प्रणालीगत परिवर्तन को समाजशास्त्रीय लेखन की मुख्यधारा में प्रतिनिधित्व मिलने लगा है। उदाहरणार्थ देखें : एम.एन. श्रीनिवास की ताजा रचना जिसमें उन्होंने जाति-व्यवस्था में हुए बदलावों की व्यवस्थागत प्रकृति स्वीकार की है— *''जब तक गाँव में उत्पादन-संबंधी जाति आधारित रहा तब तक संत-महात्माओं, सुधारकों और अन्य धर्मों द्वारा की गयी विषमता की भर्त्सना अपना असर नहीं डाल पायी। जाति में व्यवस्थागत परिवर्तन तभी हुए जब जाति पर विचारधारात्मक हमले के साथ-साथ शिक्षा और रोजगार सभी के लिए उपलब्ध हो गया और शहरीकरण और उद्योगीकरण का प्रसार हो गया* (जोर मेरा), *कास्ट, इट्स ट्वेंटिथ सेंचुरी अवतार,* एम.एन. श्रीनिवास (संपादक), वाइकिंग, पेंग्विन इंडिया, नयी दिल्ली, १९९६ का 'परिचय'।

९. ग्रामीण इलाकों में जाति के स्थानीय श्रेणीक्रमों में हुए विस्तृत और व्यवस्थागत परिवर्तनों पर एक निगाह के लिए देखें, जी.के. कारंत, 'कास्ट इन कंटेम्परेरी रूरल इंडिया', संकलित एम.एन. श्रीनिवास, उपरोक्त पृष्ठ-८७-१०९. कारंत ने अपने आलेख का उपसंहार करते हुए लिखा है, ''पहले तो अब देहाती इलाकों में जाति को 'व्यवस्था' की संज्ञा देना अब शायद उचित नहीं रह गया है। जातियाँ अलग-अलग समूहों के रूप में जीवित हैं पर वे एक प्रणाली के रूप में अपने हितों के साथ सामंजस्य भिड़ाती हुई एकीकृत नहीं रह गयी हैं।'' (१०६)

१०. विख्यात समाजवादी नेता राममनोहर लोहिया की राजनीति और लेखन वामपंथी पार्टियों की राजनीतिक गोलबंदी-संबंधी रवैये का अपवाद है। लोहिया की मान्यता थी कि वर्ग ध्रुवीकरण की राजनीति के विपरीत सामाजिक न्याय के मुद्दे पर निचली जातियों की क्षैतिज गोलबंदी की रणनीति में भारत के गरीबों और वंचितों को संगठित करने की ज्यादा संभावनाएँ हैं। लोहिया का विचार था कि भारत में वर्ग विचारधारा का तथ्यगत और सामाजिक लिहाज से आधार कमजोर है। देखें : राममनोहर लोहिया, द *कास्ट सिस्टम* (राम मनोहर लोहिया समता विद्यालय न्यास, हैदराबाद, १९६४)। इसके अलावा देखें : डी.एल. शेठ, 'राम मनोहर लोहिया आन कास्ट इन इंडियन पॉलिटिक्स', *लोकायन बुलेटिन* (खंड १२, क्रमांक ४, जनवरी-फरवरी १९९६), पृष्ठ ३१-४० और देखें डी.एल. शेठ, 'राम मनोहर लोहिया आन कास्ट, क्लास एंड जेंडर इन इंडियन पॉलिटिक्स', *लोकायन बुलेटिन* (खंड १३, क्रमांक २, सितंबर-अक्तूबर १९९६), पृष्ठ १-१५

११. 'जातियों के राजनीतिकरण' की अवधारणा सबसे पहले रजनी कोठारी ने सत्तर के दशक में इस्तेमाल की थी और इसके जरिये लोकतांत्रिक राजनीति में भागीदारी के कारण जाति-व्यवस्था में हुए परिवर्तनों को व्याख्यायित किया था। देखें : अध्याय १, परिचय, *कास्ट इन इंडियन पॉलिटिक्स* (२२) पृष्ठ ३-२५

१२. कांग्रेसी राजनीति के इस पहलू को सबसे पहले देखने का श्रेय रजनी कोठारी के कांग्रेस पर किये गये काम को है। स्थानीय राजनीति को क्षेत्रीय स्तर पर इस्तेमाल करके कांग्रेस ने अपना सामाजिक आधार बढ़ाया और विकास और आधुनिकीकरण के मुद्दों पर राष्ट्रीय

सहमति बनाने में सफलता प्राप्त की। कांग्रेस के दीर्घकालीन राजनीतिक और चुनावी वर्चस्व के लिए यह रणनीति अत्यंत महत्त्वपूर्ण थी। देखें : रजनी कोठारी, 'द कांग्रेस सिस्टम इन इंडिया', *एशियन सर्वे* (खंड ४, क्रमांक १२, दिसंबर १९६४) पृष्ठ ११०१-७३. इसके अलावा देखें 'द कांग्रेस सिस्टम रिविजिटिड', संकलित : *पॉलिटिक्स एंड पीपुल, इन सर्च ऑव ह्यूमेन इंडिया,* खंड १, अजंता पब्लिशर्स, दिल्ली, १९८९, पृष्ठ ३६-५८

१३. देखें डी.एल. शेठ, 'रिजर्वेशन पॉलिसी रिविजिटिड', *इकानॉमिक एंड पालिटिकल वीकली,* नवंबर १०, १९९७, पृष्ठ १९५७-८७.

१४. एम.एन. श्रीनिवास, 'वर्ण एंड कास्ट', संकलित : *कास्ट इन माडर्न इंडिया एंड अदर एसेज,* एशिया पब्लिशिंग हाउस, बंबई, १९६२, ६३-६९. इसके अलावा देखें : आंद्रे बेते, 'वर्ण ऑर जाति', *सोशियोलॉजिकल बुलेटिन,* खंड ४५, क्रमांक ७, मार्च १९९६, पृष्ठ १५-२७

१५. यहाँ पेश किये गये निष्कर्ष सर्वेक्षण से निकाले गये शुरुआती परिणाम ही हैं। यह लेखक और अध्ययन पीठ का अनुसंधान दल मध्यवर्ग की सदस्यता के सूचकांक को सटीक बनाने की प्रक्रिया चला रहा है। हो सकता है कि अंत में मध्यवर्ग में शामिल होनेवाली सामाजिक संरचनाओं का प्रतिशत आँकड़ा कुछ बदल जाये और साथ ही मध्यवर्ग का आकार भी कुछ बदले। यह फर्क एक से दो फीसद तक पड़ सकता है। मैंने जो आँकड़े दिये हैं वे अनुसंधान कार्य में से उठा कर दिये हैं। इसे मध्यवर्ग की संरचना का संपूर्ण विश्लेषण नहीं समझा जाना चाहिए। यह जल्दी ही एक अलग शोध प्रबंध . रूप में सामने आयेगा। इस लेख में तो मध्यवर्ग के नये उदीयमान रूप का मोटे तौर पर और कुछ-कुछ अंदाजे के आधार पर बनाया गया खाका ही पेश किया गया है।

हर समस्या संकट नहीं होती। लेकिन अगर समस्याएँ लंबे अरसे तक हल न की जायें तो वे जमा होकर संकट का रूप ले लेती हैं। तब उन्हें संरचनागत परिवर्तनों के जरिये ही निबटाया जा सकता है। भारतीय लोकतंत्र भी सत्तर के दशक की शुरुआत से ही लगातार इस प्रकार के संकट का शिकार है। समाज और अर्थव्यवस्था में बड़े पैमाने पर हुए संरचनागत परिवर्तनों के मुकाबले उसकी राजनीतिक व्यवस्था असंगति की शिकार हो गयी है। चुनाव और अन्य लोकतांत्रिक संस्थाएँ पूरी अवधि तक सरकार चलाने लायक जन-वैधता की आपूर्ति कर पाने में अक्षम हैं। ऐसे विकट हालात में क्या हमारे लोकतंत्र को अपनी दलीय और निर्वाचन प्रणाली से परे जाकर नागरिक समाज की गैरचुनावी और गैरदलीय संरचनाओं के जरिये वैधता की कमी की भरपायी नहीं करनी चाहिए?

राजनीतिक प्राधिकार की वैधता का क्षय

धीरूभाई शेठ

पचास साल गुजर चुके हैं और भारत की राजनीतिक प्रणाली अभी तक टिकी हुई है। उसकी यह क्षमता निश्चित रूप से प्रभावित करनेवाली है। दिक्कत यह है कि यह टिकाऊपन इसके कामकाज की जीवंतता का पर्याय न होकर किसी-न-किसी प्रकार इस तंत्र के बचे रहने का प्रमाण-भर है। जाहिर है कि भारतीय राजनीतिक प्रणाली शिथिलता की शिकार है और उसकी इसी समस्या पर मैंने इस लेख में गौर किया है।

मेरी मान्यता है कि इस प्रणाली ने सत्तर के दशक के बीच के वर्षों में संकट के उस लाइलाज दौर में कदम रखा था जिससे वह अभी तक उबरी नहीं है। प्रस्तुत अध्ययन से यह जाहिर होता है कि देश की सामाजिक संरचना में हुई तब्दीलियों के साथ तालमेल न बिठा पाने के कारण राजनीतिक प्रणाली का संकट और गहरा हो गया है।

दसियों साल से चलते हुए इस सिलसिले के कारण पूरी व्यवस्था के राजनीतिक प्राधिकार की वैधता का क्षय इतना ज्यादा हो गया है कि संकट की यह अवस्था तकरीबन स्थायी जैसी हो चली है। मुझे उम्मीद है कि अपने इस प्रयास में संकट की प्रकृति और उद्‌गम का विश्लेषण करके मैं इसके शमन के उपायों की शिनाख्त में मदद करूँगा।[१]

I

राजनीतिक संकट : एक परिभाषा

पिछले कई वर्षों से यह एक आम रवैया बन चुका है कि देश के सामने जैसे ही कोई समस्या आती है, वैसे ही उसका नामकरण 'संकट' कर दिया जाता है। किसी एक समस्या या कुछ मिली-जुली समस्याओं को समझने के लिए अपनाया जानेवाला यह तरीका गंभीर विश्लेषण के लिए किसी अवधारणात्मक औजार का काम नहीं कर पाता।

असल में इसी रवैये के कारण राजनीतिक संकट की अवधारणा का हुलिया बिगड़ गया है। स्थिति यह है कि अगर हम किसी गंभीर समस्या या परिस्थिति से निबटना नहीं चाहते या उसमें दिमाग नहीं खपाना चाहते, तो उस पर संकट का ठप्पा लगा कर बचने की कोशिश करने लगते हैं। यह प्रवृत्ति राजनीतिक लिहाज से कुछ-कुछ उपयोगी भी साबित होती है। इससे एक खास तरह की मन:स्थिति बनती है जिसके तहत लोग उस संकट को एक ऐसी प्राकृतिक दुर्घटना की तरह लेते हैं जो अचानक पूर्व चेतावनी के बिना किसी गैबी ताकत की करामात से हम पर टूट पड़ी हो। इसी चिंतन के कारण हम समझने लगते हैं कि यह आफत जैसे आयी है, वैसे ही गुजर भी जायेगी और हमारे हाथ लगाने से इसमें कुछ फर्क नहीं पड़ेगा। जाहिर है कि किसी समस्या के कारणों की जिम्मेदारी से बचने की कोशिश में ही राजनीतिक नेतृत्व अक्सर किसी समस्या को 'संकट' अथवा 'प्रणालीगत असफलता' की नरह परिभाषित करने की कोशिश करता है।

किसी राजनीतिक प्रणाली में समस्याएँ रोज-ब-रोज उभरती ही रहती हैं। लेकिन राजनीतिक संकट इससे कहीं बड़ी घटना है। समस्याओं और उनकी परिस्थितियों को अलग-अलग विशिष्ट संदर्भों में समझ कर संवैधानिक संस्थाओं के दायरे में उनके हल के उपाय किये जा सकते हैं। अगर समस्याओं को जमा होने दिया जाये तो वे मिल कर संकट का रूप धारण कर लेती हैं और संकट की स्थिति में वे अपने विशिष्ट संदर्भों में हल होने से इंकार कर देती हैं। तब अलग-अलग करके उन्हें किसी नीति अथव कार्यक्रम के जरिये निबटाने की सुविधा नहीं रह जाती। इस लिहाज से संकट सामाजिक-आर्थिक ढाँचे में गहरी जड़ें जमा लेता है और एक ऐसी बीमारी का रूप ले लेता है जो पूरी प्रणाली को आक्रांत कर डालती है।

अगर हालात वस्तव में संकटग्रस्त हैं तो किन्हीं खास समस्याओं को अलग से हल करने की कोशिश ज्यादा-से-ज्यादा आग को और न भड़कने देने जैसी ही होगी। होना यह चाहिए कि समूचे संकट का निबटारा करने के लिए उस समय संस्थाओं, संरचनाओं और मूल्यों के आपसी संबंधों की व्यवस्था में व्यापक समाज में हुए बदलाव के मुताबिक आमूल परिवर्तन की कोशिश की जाये। संकट के हालात में समस्याएँ हल करना प्रशासनिक-प्रबंधकीय कौशल से बाहर की चीज हो जाती है। दरअसल, उसके लिए सतत राजनीतिक और सामाजिक हस्तक्षेप की जरूरत होती है और अक्सर यह हस्तक्षेप उस राजनीतिक प्रणाली की स्थापित

संस्थागत व्यवस्था के दायरे के परे जा कर करना पड़ता है।

मैं समझता हूँ कि इस परिभाषा के अनुसार भारतीय राजनीतिक प्रणाली इस समय संकट का सामना कर रही है और यह संकट १९७५ में लागू और १९७७ में उठाये गये आपातकाल से ही जारी है। आपातकाल को संभवत: दो तरह से देखे जाने की प्रवृत्ति मौजूद है। जनता उसे एक दु:स्वप्न की तरह याद करती है और आशावादी राजनीतिक प्रेक्षक उसे ऐसे झटके की तरह लेते हैं जिसे 'मजबूत' भारतीय राजनीतिक तंत्र पचा गया। बहरहाल, बाकायदा एक ऐतिहासिक और संरचनागत नजरिये से देखने पर आपातकाल भारत के संस्था-आधारित लोकतंत्र के जीवन में आया एक गंभीर व्याघात लगता है। आपातकाल ने राजनीतिक व्यवस्था को ऐसे संकट की स्थिति में धकेल दिया जिससे वह अभी तक नहीं उभर पाया है। कहना न होगा कि मैं यहाँ आपातकाल की अकेली घटना को केंद्र बना कर ही संकट का विश्लेषण नहीं करने जा रहा हूँ। मैं तो यह कहना चाहता हूँ कि आपातकाल ने सत्ता की व्यापक संरचना के साथ जनता की लोकतांत्रिक आकांक्षाओं की बढ़ती हुई असंगति चरम पर पहुँचा दी थी। यह संकट जब भी तीव्र हुआ, बीच-बीच में सतही तौर पर इसका शमन किया जाता रहा। इससे व्यवस्था बिखराव से तो बची रही लेकिन ऐसी कोई नयी जमीन नहीं तोड़ी जा सकी जिससे राजनीतिक प्रणाली पर हावी रुग्णता को खत्म किया जा सकता। आग पर पानी फेंकने से हर बार व्यवस्था को कुछ साँसें तो मिलीं लेकिन जीवन-शक्ति प्राप्त नहीं हुई। आपातकाल ने जिन कमजोर पहलुओं को उभारा था, वे उन खामियों की तरफ इशारा करते रहे जिनके कारण राजनीतिक व्यवस्था ढह सकती थी। इसीलिए जरूरी है कि हम इस व्यवस्था और उदारतावादी लोकतंत्र के रूप में इसकी मौजूदगी को एक ऐतिहासिक नजरिये से देख कर संकट के स्रोतों की शिनाख्त करें। इस सिलसिले में हमारा परिप्रेक्ष्य केवल संस्थागत ही न होकर व्यापक समाज से जुड़ा हुआ होना चाहिए।

आपातकाल के बाद राजनीतिक हालात पर हुई चर्चा में या तो व्यक्तियों या फिर फौरी और सतही राजनीतिक घटनाओं पर जोर दिया जाता रहा है। आपातकाल के विश्लेषण में भावनात्मक और नैतिक मुद्दों को इस तरह तरजीह दी जाती रही है कि जैसे राजनीति का कोई ताल्लुक समाज में न मूल्यों से और न ही और सत्ता के बँटवारे से रह गया हो। यानी मामला सिर्फ इतना ही हो कि किस नेता ने कितना और कैसे हड़प लिया। व्यक्तियों के बारे में गपशप, पर्दे के पीछे की घटनाएँ और नेताओं की नैतिक फिसलन भले ही किसी राजनीतिक विश्लेषक के लिए महत्त्वपूर्ण हो लेकिन इससे संकट के स्वभाव के बारे में कोई खास जानकारी नहीं मिलती।

राजनीतिक विश्लेषण की एक अन्य धारा भी है। यह रोजमर्रा की राजनीति को बड़ी अहंमन्यता से नकार देती है। मानो वह सामाजिक और आर्थिक परिवर्तन की ऐतिहासिक रूप से नियत प्रक्रिया से ध्यान बँटाने-भर के लिए हो। विश्लेषण की यह पद्धति राजनीति को सामाजिक और आर्थिक ढाँचे की परिघटना-भर मानती है।

इस पद्धति से निकले विचार-विमर्श और लेखन में ऐसे सार्वभौम सामान्यीकरणों की भरमार रहती है जो एक तरह के ह्रासमान क्रम में एक तयशुदा सैद्धांतिक और विचारधारात्मक परिप्रेक्ष्य को ही विस्तारित करते रहते हैं। इस प्रवृत्ति को मोटे तौर पर अतिसरलीकृत मार्क्सवादी रवैया कहा जा सकता है।[२]

यह धारा भारतीय राजनीति की ठोस तथ्यात्मक प्रक्रिया को नकारती हुई चलती है, सिर्फ इस वजह से कि यह उसके विश्लेषण और विवेचन के पूर्वनिर्धारित खाँचों में फिट नहीं बैठती। और यह रवैया कुछ विशृंखल अवधारणाओं की भरमार पैदा कर देता है। बनी-बनायी अवधारणाओं को भारतीय यथार्थ पर यांत्रिक और घिसे-पिटे ढंग से आजमाने के कारण इन लोगों की निगाह राजनीति की उन व्यावहारिक शक्तियों की द्वंद्वात्मकता पर केंद्रित नहीं हो पाती जो आर्थिक और सामाजिक संरचनाओं का सतत अतिक्रमण करती रहती हैं।

दरअसल, हमें ऐसे राजनीतिक विश्लेषण की जरूरत है जो तथ्यात्मक रूप से आर्थिक-सामाजिक संरचनाओं की अन्योन्यक्रियाओं की जाँच कर सके। साथ ही इन संबंधों के बारे में संकीर्ण नैतिकतावादी और ह्रासमान नियतत्त्ववादी नजरिये से बच सके। इसका एक तरीका यह हो सकता है कि वर्तमान राजनीतिक संकट के आख्यान की शुरुआत उसकी प्रकृति के वर्णन से की जाये और फिर देखा जाये कि उसके इस वक्त और इस रूप में फूट पड़ने के पीछे सामाजिक और आर्थिक संरचनाओं में आये बदलावों का कितना योगदान है।

II
संकट की प्रकृति

मौजूदा राजनीतिक संकट अपने बुनियादी अर्थों में राजनीतिक प्राधिकार की वैधता का संकट है।[३] हुआ यह है कि इस व्यवस्था में चुनाव-प्रक्रिया के साथ सरकार और दलीय प्रणाली की असंगति बहुत ज्यादा बढ़ गयी है। चुनाव के जरिये शासन करने का जनादेश नहीं मिल पा रहा है। नतीजतन सरकार और पार्टियों के ऊपर ऐसे दबाव और हित हावी हो जाते हैं जिनके कारण लोकतांत्रिक प्रतिनिधित्व का उसूल ही साँसत में पड़ जाता है। परिणामस्वरूप राजनीतिक प्राधिकार को प्रतिनिधित्वमूलक प्रणाली में आवश्यक आधार नहीं मिल पाता। एक तरफ परंपरा के गर्भ से निकलीं सामाजिक और आर्थिक प्रभुत्व की संरचनाएँ राज्य को प्रभावी ढंग से काम करने लायक स्वायत्तता नहीं मिलने देतीं और दूसरी तरफ जनता के मन में अब इन संस्थाओं के लिए कोई लिहाज नहीं रह गया है। जनता की निगाह में परंपरा से उद्भूत इन संरचनाओं में जनादेश को पैदा करने लायक मध्यस्थता करने की शक्ति नहीं रह गयी है। जनता अब इनके जरिये मिले जनादेश को ऐसे हथकंडे के रूप में देखती है जो उसकी लोकतांत्रिक महत्त्वाकांक्षाओं को दरकिनार करने के लिए अपनाया जा रहा है। इसका नतीजा यह निकलता है कि 'स्वतंत्र और

निष्पक्ष' चुनाव के जरिये सरकार बनने के बावजूद राजनीतिक प्राधिकार पर जन-वैधता की महत्त्वपूर्ण मुहर नहीं लग पाती। कहने का मतलब यह नहीं है कि चुनाव अब महत्त्वपूर्ण व्यवस्था-परिवर्तन का प्रभावी माध्यम नहीं रह गया है या लोगों का चुनाव से यकीन उठ गया है। असल बात यह है कि चुनाव के जरिये मिलनेवाले राजनीतिक प्राधिकार की जनता के बीच मान्यता लगातार नाकाफी होती जा रही है। इसके कारण वह प्राधिकार न तो व्यवस्था के अंदर से अपने खिलाफ हो रहे संरचनागत प्रतिरोध का सामना कर पाता है और न ही इस प्रक्रिया में अपनी आकांक्षाओं की तुष्टि न हो पाने के कारण लोगों द्वारा बाहर से किये जा रहे विरोध से निबट पा रहा है।

वैधता हासिल करने की इस प्रक्रिया का कमजोर पड़ना साठ के दशक से शुरू हुआ था और तभी से यह कमजोरी बढ़ती ही जा रही है।[४] तभी पहली बार सरकार का काम-काज भारतीय राजनीति का एक सजीव मुद्दा बना। तभी से सरकार द्वारा किये-अनकिये कामों की जिम्मेदारी लोग सरकार के अनाम अस्तित्व पर डालने की बजाय 'सत्ताधारी दल' पर डालने लगे। साठ के दशक के मध्य तक आर्थिक गिरावट साफ दिखने लगी थी। १९६७ में मतदाताओं ने कांग्रेस पार्टी और उसके नेतृत्व को इसका जिम्मेदार ठहराया।

इसी वर्ष हुए चुनाव में वोटरों की यह नयी समझ कांग्रेस पार्टी को ठुकराने में व्यक्त हुई। इसका राजनीतिक व्यवस्था पर गंभीर असर पड़ा। कांग्रेस ने आर्थिक स्तर पर असफल होने से हुई वैधता की क्षति की भरपायी राजनीतिक क्षेत्र में सस्ते लोकलुभावन तरीकों का सहारा ले कर करने की कोशिश करके की।[५] आखिर साबित यह हुआ कि यह रणनीति व्यवस्था को ज्यादा-से-ज्यादा फौरी लाभ ही पहुँचा सकती थी लेकिन व्यवस्था के लिए इसके दूरगामी परिणाम निकले। विकास के लक्ष्य वेधने की जगह सस्ती लोकप्रियता का सहारा लेने से उन सामाजिक-आर्थिक समूहों का चेहरा उघड़ गया जो राष्ट्रव्यापी रूप से सत्ता पर लंबे अरसे से काबिज थे। ये तत्त्व सरकार के नामहीन चेहरे के पीछे छिपे रहते थे और वैधता के सवाल को आम जनता से दूर सिर्फ राजनीतिक-शासकीय प्रणाली के दायरे में ही बनाये रखने में सफल थे।[६] लोकलुभावन पैंतरों के बावजूद जब कामयाबी या नाकामी के मुद्दे एकबार जनता के बीच पहुँच गये तो वैधता को किसी पार्टी के करिश्माई नेता द्वारा प्रदत्त आकर्षक नारेबाजी के जरिये कायम रखना नामुमकिन हो गया। राजनीतिक प्राधिकार को समाज की निचली सतह से उठनेवाली माँगों और पड़नेवाले दबावों का सीधे सामना करना पड़ा। लोकलुभावन रणनीति का नतीजा यह निकला कि जनता और सत्तारूढ़ राजनीतिकों के बीच का 'बफर' गायब हो गया। संस्थाओं के इसी 'बफर' की मध्यस्थ भूमिकाओं के कारण राजनीतिक प्राधिकार जनता की माँगों और दबावों से बचा रहता था।

जाहिर है कि राजनीतिक प्राधिकार द्वारा वैधता हासिल करना अर्थव्यवस्था और जनता की राजनीतिक जागरूकता के बीच संरचनागत विभेद के अपेक्षाकृत कम होने

की स्थिति में मुश्किल नहीं था। लेकिन १९६७ के चुनाव के बाद यह सुविधा खत्म हो गयी और अर्थव्यवस्था और व्यापक जनता को संरचनात्मक रूप से अलग-अलग रखना उत्तरोत्तर कठिन होता चला गया। वैधता की होड़ राजनीतिक-शासकीय प्रणाली के दायरे से निकल गयी। राजनीति एक पार्टी के वर्चस्व के तहत प्रभु-वर्ग की आपसी स्पर्धा नहीं रह गयी। चुनाव एक ऐसा अखाड़ा बन गया जिसमें प्राधिकार के दावे सीधे-सीधे निबटाए जाने लगे। राजनीति पहले से कहीं ज्यादा स्पर्धात्मक होकर व्यापक समाज में फैल गयी। राजनीतिक मुद्दे चुनाव के अलावा भी महत्त्वपूर्ण लगने लगे और लोकतांत्रिक राजनीति में 'सीधी कार्रवाई' करनेवाले आंदोलनों ने अपने कदम जमा लिए। बढ़ते हुए लोकलुभावनवादी दबावों ने संस्थागत राजनीति को अस्थिर कर दिया।

१९६७ के बाद की राजनीति का चरम आपातकाल में दिखायी पड़ा। कांग्रेस-विभाजन से शुरू हुई यह प्रक्रिया १९७१ के मध्यावधि चुनाव से होती हुई लोकलुभावनवादी राजनीति तक पहुँची थी। चुनाव में भारी बहुमत प्राप्त करने के बावजूद १९६७ के चुनाव से पैदा हुई प्रवृत्तियों ने कांग्रेस के लिए पूरी अवधि तक शासन करना कठिन बना दिया। शासक प्रभुओं ने रेडिकल नारेबाजी का सहारा ले कर वैधता की क्षतिपूर्ति करनी चाही लेकिन वह नाकाम रहा। उसे आपातकाल लगा कर विपक्ष द्वारा प्रति-वैधता के दावों को जबरन दबाना पड़ा। इस लिहाज से आपातकाल कांग्रेस के एक हताश कदम की तरह सामने आता है क्योंकि उस समय कांग्रेस की जनता के बीच साख पर गंभीर प्रश्नचिह्न लग चुका था। १९७७ में आपातकाल उठा लिया गया लेकिन अब तक राजनीतिक संस्थाओं और प्रतिरोध आंदोलनों के बीच संबंध भंग हो चुका था और यह प्रवृत्ति प्रतिनिधित्व की प्रणाली के दायरे में भी पहुँच चुकी थी। जातीय, धार्मिक, सांप्रदायिक और क्षेत्रीय शक्ति समूहों की स्पर्धात्मक राजनीति ने प्रतिनिधित्वमूलक रूप ग्रहण कर लिया था। यही कारण था कि राष्ट्रीय स्तर पर प्रतिनिधित्व की व्यवस्था किसी एक पार्टी अथवा गठजोड़ के लिए राजनीतिक बहुमत प्रदान करने में असफल होने लगी।

कुल मिलाकर हालत यह हो गयी कि सर्वोच्च स्तर पर होनेवाली प्रभु-वर्ग की राजनीति के जरिये प्राधिकार मिलना नामुमकिन साबित होने लगा। यह समस्या चुनावी राजनीति से भी नहीं सुलझी। सरकार के लिए जनादेश निर्धारित करने में चुनावी परिणाम की भूमिका नहीं रह गयी। यहाँ तक कि सरकार के नीतिगत कदम भी कार्यपालिका द्वारा किये गये अस्थायी उपायों की तरह लगने लगे और उनका विरोध करनेवाली पार्टियों की छवि वैधता और प्राधिकार से वंचित शक्ति-समूहों जैसी हो गयी।

सरकारी कामकाज और नीति-निर्धारण से जुड़ी वैधता के दावों को चुनावी और वैधानिक चौखटों के बाहर चुनौती दी जाने लगी। मैं इस स्थिति को संकट की खास पहचान के रूप में देखता हूँ। इसकी तीव्रता इस बात से जानी जा सकती है कि आपातकाल हटने के बाद राजनीतिक प्राधिकार किसी भी चुनाव से वैधता हासिल

करने में कामयाब नहीं हुआ, बावजूद इसके कि आपातकाल के बाद पहले तीन चुनावों में किसी-न-किसी राजनीतिक दल को विशाल बहुमत प्राप्त हुआ था। दो-तीन साल के भीतर इन सरकारों को बड़े पैमाने पर जन-प्रतिरोधों का सामना करना पड़ा। इस प्रकार चुनाव अपने बुनियादी यानी राजनीतिक प्राधिकार के वैधता के दावों का निबटारा करने के मामले में निष्प्रभावी हो गये।

राजनीतिक पार्टियाँ आमतौर पर समूहों और समुदायों की अधकचरी आकांक्षाओं को राजनीतिक मुद्दों में रूपांतरित करती हैं। पर यही पार्टियाँ समाज में जातिवादी और साम्प्रदायिक जज्बात उभारने में लग गयीं। राजनीतिक प्राधिकार हासिल करने के लिए ज्यादा-से-ज्यादा बाजार के चक्र का सहारा लिया जाने लगा और समाज के ढाँचे में आयी रुकावटों को हटाने के लिए सीधे नीतिगत उपाय अपनाने का तरीका त्याग दिया गया। इससे शहरी और नये ग्रामीण प्रभु-वर्ग के जमे हुए हितों की ही पूर्ति हुई। नतीजतन न किसी आर्थिक नीति का असर गरीबों और हाशिये पर पड़े लोगों तक पहुँचा और न ही सरकार की सामाजिक नीतियों का।

सत्ताधारी प्रभु-वर्ग राज करने की वैधता को ले कर चिंतित तो था पर उसने इसे सामाजिक संरचना में बदलाव के जरिये हासिल नहीं करना चाहा, जबकि इस बदलाव की ताकतें जमीनी स्तर पर पहले से ही उभर रही थीं। उसके लिए यह सिर्फ कानून और व्यवस्था को दुरुस्त करने का सवाल बन कर रह गया या वह उसे विदेशी पूँजी-निवेश या अंतर्राष्ट्रीय कर्जों के जरिये राहत कार्यक्रम चलाने का मसला मानता रहा। मुखर मध्यवर्ग की आकांक्षाओं को तृप्त करने के लिए ज्यादा-से-ज्यादा नीतियाँ बनवाने की वकालत होने लगी। इस वर्ग में अधिकांशतः द्विज जातियाँ थीं। बजाय इसके कि अभी तक बाहर पड़े हुए सामाजिक आर्थिक समूहों को भी इस वर्ग में शामिल किया जाता, इन नीतियों ने मध्यवर्ग में इन समूहों की भागीदारी को और कठिन बना दिया।

इसका नतीजा यह निकला है कि मध्यवर्ग और बाकी जनता के बीच खाई लगातार बढ़ती गयी। इस स्थिति ने उन्हें सिर्फ आर्थिक और सामाजिक ही नहीं, बल्कि सांस्कृतिक स्तर पर भी अलग-थलग कर दिया वे जीवन की सामान्य समझ या तौर-तरीकों के स्तर पर भी सार्वजनिक जीवन से जुड़े नहीं रह गये। यही कारण है कि वैधता हासिल करने का आधार एक साथ प्रभु-वर्ग और जनता को रास आना बंद हो गया।

संकट को और गहरायी से समझने के लिए जरूरी है कि भारतीय राजनीतिक व्यवस्था के उस संकटविहीन दौर को फिर से देखा और परखा जाये जो अपेक्षाकृत लंबे समय तक चला। यह अवधि इतनी लंबी थी कि समाज में परिवर्तन की उस समय की वास्तविक शक्तियों को देखते हुए इसका जारी रहना अजीब लगता है। इस पड़ताल से उस राजनीतिक नेतृत्व की भूमिका भी सामने आ जायेगी जिसने नियोजित ढंग से संकट की स्थितियों को आगे खिसकाया या टाल दिया, और इस तरह वर्ग-ध्रुवीकरण के सिद्धांत में निहित पूर्व-नियतत्त्ववाद को भी झुठला दिया।

III
कांग्रेस-प्रणाली की वैधता

जिसे मैं भारतीच राजनीति की संकटविहीनता की स्थिति कहता हूँ, ऐतिहासिक रूप से उसे कांग्रेस-प्रणाली का दौर कहा जा सकता है। मैंने अध्याय के शुरू में ही कहा था कि संकट के न होने का अर्थ यह नहीं है कि समस्याएँ और यहाँ तक कि वैधता की समस्या भी उस समय व्यवस्था में मौजूद नहीं थीं। इसका अर्थ सिर्फ यह है कि जो भी समस्याएँ थीं, वे व्यवस्था के ढाँचे के भीतर ही हल होने लायक या कम-से-कम टल जाने लायक लगती थीं।

कांग्रेस-प्रणाली की समस्याओं से निबटने में कामयाबी की एक वजह यह थी कि उसने नौकरशाही और विधायी प्रक्रियाओं से सार्वजनिक जीवन की संरचनागत दूरी बनाये रखी थी। सार्वजनिक जीवन के राजनीतिकरण की डिग्री कम ही बनाये रखने के कारण राजनीतिक प्राधिकार को प्रशासनिक और वैधानिक फैसले लेने की छूट मिलती रही और उसकी यह स्वायत्तता जनता के बीच से उठनेवाली माँगों से सीधे प्रभावित होने से बच गयी। राजनीतिक चेतना की इस कमी के कारण जनता राजनीतिक प्राधिकार के प्रति एक बिखरी-सी निष्ठा महसूस करती रही जिससे कांग्रेस-प्रणाली का जनमानस में स्थान बना रहा।

उस जमाने में भी सार्वजनिक जीवन के दायरे में हितों की दिशाएँ एक-दूसरे से भिन्न होती थीं। लेकिन विभिन्न गुटों में इसके प्रति जागरूकता बहुत कम थी। ऐसा समझा जाता था कि कांग्रेस-प्रणाली के तहत राज्य नीति-निर्माण के उद्देश्यों के लिए इन हितों का सामान्यीकरण कर लेगा, विधायी और नौकरशाही दायरे में निर्णय-प्रक्रिया के मोटे-मोटे मान्यता-प्राप्त लोकतांत्रिक नियमों को माना जाता रहेगा और जब-जब सरकार की जनता के प्रति जवाबदेही का सवाल उठता तब-तब संसद में या उससे बाहर प्रशासनिक और विधायी स्वायत्तता को 'जनहित' में करार देने की दलील दी जाती रहेगी। इस मायने में कांग्रेस-प्रणाली समस्याओं से भरपूर होने के बावजूद राजनीतिक वैधता के किसी गंभीर संकट से दो-चार होने से बच जाती थी।[७]

बहरहाल, यह कहना पर्याप्त नहीं होगा कि कांग्रेस-प्रणाली की वैधता सिर्फ जनता में राजनीतिकरण के अपेक्षाकृत कम स्तर के कारण थी। राजनीतिकरण के स्तर का संबंध हमेशा समाज के भीतर संरचनागत विभेदों से होता है। यह कहते हुए मैं मानता हूँ कि कांग्रेस-प्रणाली का ऐसा विश्लेषण बहुत कम उपलब्ध है जो इस संबंध के संदर्भ में उसकी वैधता के उद्गम की सीधी जाँच करता हो। हाँ, इस प्रणाली के काम करने के कुछ बेहतरीन ब्योरे और इसके काम करने की भीतरी राजनीतिक गतिशीलता को बतानेवाले कुछ प्रारंभिक विश्लेषण जरूर मौजूद हैं।[८] लेकिन यह प्रणाली सामाजिक और आर्थिक संरचनाओं में कैसे विकसित हुई और किस प्रक्रिया के जरिये इसे वैधता मिली, इसके बारे में बहुत कम जानकारी उपलब्ध है। समय-समय पर कुछ विद्वानों और राजनीतिक दलों के सिद्धांतकारों ने कांग्रेस-

प्रणाली की वैधता के स्रोतों पर टिप्पणी की है और फिलहाल हमें इन्हीं की समीक्षा से संतोष करना होगा।

एक नजरिये के अनुसार कांग्रेस-प्रणाली सामंती सामाजिक और आर्थिक संरचनाओं पर ऊपरी परत के रूप में थोप दी गयी थी जिससे इसके जरिये परंपरागत (जाति-आधारित, अशास्त्रीय) सामाजिक प्राधिकार और उत्पादन के सामंती संबंधों को एक राजनीतिक वैधता मिल गयी थी। मेरी नजर में यह विचार आपत्तिजनक है। स्वतंत्रता-प्राप्ति के समय आर्थिक और सामाजिक संरचनाओं में परिवर्तन की तथ्यात्मक प्रक्रिया से जुड़े बिना कोई राजनीतिक प्राधिकार वैधता प्राप्त नहीं कर सकता था। परिवर्तन की इस प्रक्रिया का एक अटूट हिस्सा बन कर ही कांग्रेस-प्रणाली को ऐसी सशक्त राजनीतिक वैधता मिल सकी थी।

इस व्याख्या के अनुसार कहा जा सकता है कि कांग्रेस ने समाज में सामंती तत्त्वों की हैसियत प्रत्यक्ष रूप से घटाते हुए सत्ता का नया आधार बनाया और फिर उसे राजनीतिक प्रक्रिया के जरिये वैध बनाने की कोशिश की। कांग्रेस का यह राजनीतिक रवैया उन दो सामाजिक संरचनात्मक परिवर्तनों के प्रति था जो समाज में पहले ही हो चुके थे।

पहला परिवर्तन था श्रेणीगत जाति-संरचना का कमजोर होना और उसके विभाजक और क्षैतिज पहलू का मजबूत होना। इसके साथ ही समाज पर कर्म-सिद्धांत की नियामक पकड़ भी ढीली हो गयी थी। इस परिवर्तन से उस जाति-व्यवस्था का टूटना शुरू हुआ जो पूरे भारत के सामाजिक संगठन की विचारधारा बन चुकी थी। इस टूटन से जातियाँ क्षेत्रीय शक्ति-समूहों में बदल गयीं। इसने व्यक्तिगत उपलब्धियों और आचरण को नये सामाजिक स्तर-विन्यास की विचारधारा के रूप में प्रोत्साहित किया।

दूसरी तरह का परिवर्तन व्यवसाय यानी पेशागत संरचना में आया। यह परिवर्तन इसलिए बढ़ता चला गया क्योंकि समाज में उन व्यवसायों का उदय हो गया था जो किसी जाति से नहीं बँधे थे और जिनके कारण ग्रामीण और शहरी, दोनों क्षेत्रों में काफी कुछ एक क्षैतिज व्यवसायगत गतिशीलता आ गयी थी।

कांग्रेस-प्रणाली ने इन विकासमान संरचनाओं में अपने आधार की शिनाख्त की, ग्रामीण क्षेत्र में उसने भूमिधर किसान (सामंती जमींदार नहीं) को चुना और शहरी इलाके में विकसित हो रहे अर्थव्यवस्था के तृतीयक क्षेत्र को। इसके साथ-साथ खेतिहर-मजदूरों, जातीय अल्पसंख्यकों और अनुसूचित जातियों और जनजातियों को कुछ हद तक शासकीय नीतिगत प्रक्रिया के जरिये और कुछ हद तक दलीय संरचना में राजनीतिक गोलबंदी के जरिये राजनीति से जोड़ा।

कांग्रेस-प्रणाली के बारे में दूसरा नजरिया कांग्रेस की सामंती संरचना के आधार को नकारता है। इसके अनुसार कांग्रेस ने उभरते हुए पूँजीवादी वर्ग का राजनीतिक औजार बन कर वैधता प्राप्त की। मेरे विचार में यह एक बेहद जटिल प्रक्रिया को समझने का एक अत्यंत सरलीकृत तरीका है। वास्तविकता यह है कि कांग्रेस ने इस

बात का खास ध्यान रखा कि उसे किसी एक वर्ग के हितों का पर्याय न समझा जाये, बावजूद इसके कि उस जमाने में जनता को हितों की विभिन्न दिशाओं का एहसास होना शुरू भी नहीं हुआ था।

कांग्रेसी नीतियों से पूँजीपति वर्ग के विकास की प्रक्रिया को नुकसान ही पहुँचा। न तो शहरी क्षेत्र के औद्योगिक या व्यापारिक उद्यमियों को और न ही ग्रामीण क्षेत्र के पूँजीपति किसानों को ही इनसे कोई महत्त्वपूर्ण फायदा हुआ। उलटे कांग्रेसी नीतियों ने बाजार-प्रक्रिया के स्वाभाविक विकास को सीमित करके और दूसरी तरफ अनाज उत्पादन के लिए कुछ खास क्षेत्र निर्धारित करके और अनाज की कीमतों पर नियंत्रण करके चुनिंदा बड़े और स्थापित औद्योगिक और व्यापारिक घरानों को ही संरक्षण दिया।

इन नीतियों की विचारधारात्मक अभिव्यक्ति समाजवादी लफ्फाजी में हुई। कांग्रेस वास्तव में शहरी और ग्रामीण, दोनों क्षेत्रों में उदीयमान पूँजीवादी उद्यमियों से इतनी सतर्क थी कि उसने उत्पादन का स्वाभाविक विकास भी नहीं होने दिया। परिवर्तन से उत्पन्न दबावों को टालने के लिए विस्तार की जगह नियंत्रण को सर्वोत्तम नीति माना गया। उत्पादन-प्रक्रिया की मंदी को 'आयात-प्रतिस्थापन' की नीतियों से ढँका गया। नतीजतन उपभोक्ता वस्तुओं का उत्पादन चुनिंदा बड़ी औद्योगिक इकाइयों का एकाधिकार हो गया। कृषि-क्षेत्र में उत्पादन मंदी को पीएल-४८० अनुबंध के अंतर्गत अनाज के आयात से प्रतिसंतुलित कर दिया गया। इस तरह कांग्रेस राजनीतिक स्थिरता कायम रखने में सफल रही पर उसने न तो पूँजीवादी अर्थतंत्र का विकास होने दिया और न ही पूरी तरह समाजवादी अर्थतंत्र को बढ़ावा दिया।

समय के साथ कांग्रेस-प्रणाली ने विकास का एक ऐसा नौकरशाह ढाँचा स्थापित कर लिया जो न तो समाजवादी था, न ही पूँजीवादी। अगर ऐसे ढाँचे को व्याख्यायित करना हो तो उसे अनजाने में दुर्घटनावश पूँजीवादी होते जाना और समाजवाद के नाम पर धोखा-धड़ी करना कहा जा सकता है।

कांग्रेस-प्रणाली द्वारा वैधता हासिल करने का यह कार्यक्रम भी किसी दीर्घकालीन परिप्रेक्ष्य पर आधारित नहीं था। अगर उसके पास ऐसा कोई परिप्रेक्ष्य होता तो वह आर्थिक इजारेदारी को खत्म करके और भूमि-सुधार तथा दलों और सरकार की निर्णयकारी संरचनाओं के प्रगतिशील लोकतंत्रीकरण को प्रोत्साहित करके उदारतावादी लोकतंत्र को मजबूत करती। पर कांग्रेस ने ऐसा कुछ नहीं किया। उसने जो भी किया, वह था जनता को संरचनात्मक स्तर पर सफलतापूर्वक विधायी और नौकरशाह दायरे से बिलकुल असंबद्ध रखना ताकि चुनाव के दौरान या राजनीतिक आंदोलन के जरिये वैधता के दबाव सिर ही न उठा सकें।

ऐसा वह बहुत कुशलता से और बहुत लंबे समय तक करती रही। संभवतः किसी अन्य परिस्थिति में आर्थिक और सामाजिक संरचना के भीतर उभरती विभेदीकरण की ताकतें इतने लंबे वक्त तक ऐसा नहीं होने देतीं। इस कार्यक्रम का

एक और असर पड़ा। वर्ग-ध्रुवीकरण की प्रक्रिया नहीं चली। उसकी बजाय अभिजात वर्ग और आम लोगों के बीच का द्विभाजन उभर आया। इसने लंबे समय तक सामाजिक और राष्ट्रीय एकता को ही राजनीति का केंद्रीय मुद्दा बनाये रखा और इस तरह सरकार का काम-काज वास्तविक मुद्दा नहीं बन सका। ऊपर से इसने ग्रामीण समाज के उभरते संघर्षों को पार्टी के अंदर ही गुटीय संरचना की इजाजत दे कर जज्ब कर लिया। संक्षेप में, कांग्रेस ने राजनीतिक व्यवस्था को आर्थिक और सामाजिक संरचनाओं में घटित हो चुके और घट रहे परिवर्तनों से अलग करके अपनी वैधता बनाये रखी।

इस चर्चा से दो बातें सामने आती हैं। पहली यह कि कांग्रेस-प्रणाली ने वैधता प्राप्त करने की प्रक्रिया का आधार परंपरागत प्राधिकार-प्रणाली और सामंती संरचना को न बना कर स्वतंत्रता आंदोलन के कारण राजनीतिक क्षेत्र में उत्पन्न गोलबंदी की प्रवृत्ति और सामाजिक-आर्थिक व्यवस्था की बदलती श्रेणीगत और व्यवसायगत संरचना को बनाया। ऐसा करके उसने अपरिपक्व राजनीतिक व्यवस्था को जनता की बढ़ती माँगों से अलग करने में कामयाबी हासिल की और नतीजतन वैधता हासिल करने के मुद्दे ने उसे परेशान नहीं किया।

अर्थात कांग्रेस ने अफसरशाही और राजनीतिक क्षेत्र में फैसला लेने के लोकतांत्रिक तरीकों और प्रक्रियाओं को कायम रखा जो कि नयी राजनीतिक व्यवस्था की वैधता को स्थापित करने के लिए एक अनिवार्य कदम था। लेकिन, दूसरी तरफ, कांग्रेस सार्वजनिक दायरे में लोकतंत्र के सारतत्त्व को निर्धारित और उसकी अभिपुष्टि करने से बचती रही। इस तरह उसने सामाजिक और आर्थिक संरचनाओं में हो रहे बदलावों को व्यापक जनता के बीच से वैधता प्राप्त करने की प्रक्रिया को प्रभावित करने से काफी हद तक रोक दिया।

दूसरी बात का संबंध भारतीय राजनीतिक-नौकरशाह प्रभु-वर्ग की प्रकृति से है जिसके हाथ में कांग्रेस-प्रणाली का संचालन था। इस वर्ग की सामंती या पूँजीवादी हितों का प्रतिनिधित्व करनेवाले वर्ग के रूप में शिनाख्त करना उसे बहुत सीमित तौर पर व्याख्यायित करना होगा। वास्तव में इस तरह की व्याख्या भ्रांतिकारी भी हो सकती है। इस प्रभु-वर्ग का चरित्र न तो पूँजीपतियों की तरह विस्तारवादी था, न ही उसमें पूँजीवाद की कार्य-संस्कृति थी और न ही उसमें सत्ता की सामंतवादी समझ थी। यह तो राजनीतिक रूप से मिला-जुला वर्ग था। उसके पास एक लंबी और विशिष्ट परंपरा की विरासत थी, यह थी ब्राह्मणवादी सांस्कृतिक परंपरा जिसे समाज को खानों में विभक्त करने की महारत हासिल थी न कि विस्तार या अधीनस्थता की प्रक्रिया में।

इस तरह भारतीय राजनीतिक प्रभु-वर्ग अपने शासन का इस्तेमाल टकराव के अंदेशों से ग्रस्त हितों को आपस में बाँटने और उन पर एक पितृतुल्य नियंत्रण रखने में माहिर था। उसकी यह प्रवृत्ति पहलकदमी को प्रोत्साहित करने की बजाय रोकती थी। इस वर्ग के लोग किसी भी तरह के विस्तार के खिलाफ थे। यहाँ तक कि वे

उस विस्तार के भी खिलाफ थे जिसे व्यवस्था के अस्तित्व के लिए जरूरी समझा जाता था। समान रूप से वे उन तत्त्वों को जबरन अधीनस्थ बनाने के भी खिलाफ थे जो इनके खयाल से उनके द्वारा चलायी जा रही व्यवस्था को चुनौती दे सकते थे। इसकी बजाय उन्होंने तरह-तरह की विभिन्नताओं और विरोधाभासों के प्रति बेहद सहिष्णुता दिखलाते हुए उन्हें समायोजित करने के लिए तरह-तरह के तरीके ईजाद किये। यही कांग्रेस-प्रणाली की ताकत थी और कमजोरी भी।

कुल मिलाकर कहा जा सकता है कि कांग्रेस-प्रणाली हिंदू समाज-व्यवस्था का एक राजनीतिक लघु रूप थी। मसलन, ऐतिहासिक रूप से हिंदू प्रणाली ने अपनी वैधता के मुकाबले उठे दावों को लगातार तितर-बितर करके अपने अंदर समा लेने का तरीका अपनाया था (जैसे कि बौद्ध धर्म की चुनौती)। उसने हाशिये पर पड़ी शक्तियों को अधीनस्थ करने की कोशिशों (जैसे कि दास-प्रथा को संस्थागत रूप देना) की बजाय वर्ण-जाति की अखिल भारतीय विचारधारा के जरिये नियंत्रित करने की विधि अपनायी थी। कांग्रेस-प्रणाली के रूप में फिर से जन्म ले कर इसने समाजवाद की वैचारिक लफ्फाजी अपनायी। इसने राजनीतिक-नौकरशाह प्रभु-वर्ग (नवब्राह्मण वर्ग?) द्वारा प्रबंधित 'मिश्रित अर्थव्यवस्था' के जरिये व्यवस्थाओं के अंदर लगातार उठनेवाले प्रति-वैधता के दावों को विरल करने में कामयाबी हासिल की।

IV
संकट का संरचनात्मक आधार

राजनीतिक सत्ता द्वारा वैधता हासिल करने की यह प्रक्रिया जिस पर कांग्रेस-प्रणाली ने महारत हासिल कर ली थी, अब कारगर नहीं रह गयी है। और, इसके साथ ही कांग्रेस-प्रणाली का स्वाभाविक अंत भी हो गया है। अब राजनीतिक व्यवस्था को जनता के स्तर पर हो रहे परिवर्तनों से अलग करना संभव नहीं रह गया है। अगर इस संकट को महज राजनीतिक और नौकरशाह दायरे का संकट ही माना जाता रहा और पूरी व्यवस्था के संकट के तौर पर इसकी शिनाख्त न की गयी तो इसका सामना करने के लिए राजनीतिक और आर्थिक स्तर पर कदम नहीं उठाये जा सकेंगे। हमें यह मानना ही होगा कि कांग्रेस-प्रणाली वास्तव में परिवर्तनों को रोकनेवाली प्रक्रिया थी जो इतने लंबे वक्त तक सफलतापूर्वक चलती रही क्योंकि सामाजिक और आर्थिक संरचना में हो रहे परिवर्तन ताकतवर होकर इतने नहीं फैल पाये थे कि आम जनता के स्तर पर विभेदीकरण की शुरुआत कर सकते। लेकिन साठ के दशक के अंत में और सत्तर की शुरुआत में सार्वजनिक जीवन के दायरे में इन बदलावों का असर दिखना शुरू हो गया और इससे भारतीय राज्यतंत्र की वैधता पर सवाल उठाये जाने लगे। आइए, अब हम १९५० और १९७० के दशकों के बीच आये परिवर्तनों की एक त्वरित लेकिन सोदाहरण समीक्षा करें और देखें कि वैधता की समस्या पर उनका क्या प्रभाव पड़ा और हमारी राजनीतिक व्यवस्था सत्तर के दशक

से लगातार वैधता प्राप्त करने की चुनौती को कैसे टालती रही और किस तरह आज भी इसी प्रवृत्ति की शिकार है।

हमारी जनसंख्यामूलक संरचना में आधारभूत परिवर्तन ५० और ७० के दशकों के बीच आये।[९] १९५१ से १९७१ के बीच जनसंख्या वृद्धि की ऊँची दर के बावजूद साक्षरता १६ फीसद बढ़ गयी (१८ से ३४ फीसद)। महत्त्वपूर्ण बात यह थी कि आबादी में साक्षरों का अनुपात (चार साल की उम्र के ऊपर) ग्रामीण क्षेत्रों के लिए लगभग दोगुना (१४ से २७.३ फीसद) और ग्रामीण महिलाओं के लिए तिगुना हो गया (५ से १५ फीसद)। १९५१ में ४० प्रतिशत और १९६१ में ५४ फीसद की तुलना में कुल शहरी साक्षरता ६० फीसद हो गयी। १९७१ तक लगभग ७० फीसद शहरी पुरुष और ४८ फीसद शहरी स्त्रियाँ साक्षर थीं। जनसंख्या में साक्षरों की विशुद्ध संख्या में वृद्धि बहुत अधिक थी, जो इन दरों से जाहिर नहीं होती, १९६१ में ८,३०,००,००० लोग साक्षर थे जो १९७१ में बढ़ कर १६ करोड़ हो गये।

पूरी जनसंख्या की प्रतिशत वृद्धि में, शहरी जनसंख्या में २ प्रतिशत वृद्धि हुई (१९६० में १८ और १९७१ में २० प्रतिशत)। विशुद्ध संख्या में यह वृद्धि १९६१ में ८ करोड़ से १९७१ में १०,९०,००,००० हो गयी। ग्रामीण और शहरी बस्तियों की संरचना में परिवर्तन और भी अधिक महत्त्वपूर्ण था। २०,००० की आबादीवाले शहर १९६१ में ७३५ से बढ़ कर १९७१ में ९१३ हो गये।

१९६१ से १९७१ के दौरान जनसंख्या-वृद्धि लगातार शहरों में ज्यादा रही। यह बढ़ोतरी दस लाख की आबादीवाले शहरों में ५२ फीसद, २० से ५० हजार की आबादीवाले शहरों में ४५ फीसद और १० से २० हजार की आबादीवाले कस्बों में २० फीसद थी। खास बात यह है कि छोटी शहरी बस्तियों में जहाँ जनसंख्या १० हजार से नीचे थी, वहाँ जनसंख्या वृद्धि नकारात्मक रही। पाँच से दस हजार की जनसंख्यावाले कस्बों में ८.८ फीसद और पाँच हजार से कम जनसंख्यावाले कस्बों में २२.९ फीसद।

ग्रामीण बस्तियों की रचना में भी ऐसे ही परिवर्तन हुए। बड़े गाँवों की संख्या में वृद्धि हुई जबकि छोटे गाँवों की संख्या या तो समान रही या कम हो गयी। १९७१ में ५० फीसद से ज्यादा ग्रामीण जनसंख्या एक हजार से ज्यादा जनसंख्यावाले गाँवों में बसी थी जबकि इसका केवल छठा हिस्सा ऐसे गाँवों में था जिनकी संख्या ५०० से कम थी। इसके विपरीत १९५१ में एक तिहाई ग्रामीण जनसंख्या ऐसे गाँवों में बसी थी, जिनकी संख्या ५०० से कम थी। इस तस्वीर में वे परिवर्तन भी शामिल किये जाने चाहिए जो १९५२ से १९७७ के बीच भारतीय निर्वाचक समूह की संरचना में आये।[१०] सिर्फ संख्या के स्तर पर ही निर्वाचक समूह १९५२ के प्रथम आम चुनावों में १,७३,००,००० से बढ़ कर ३,६०,००,००० हो गया। १९७७ में निर्वाचक समूह का तीन चौथाई हिस्सा वे मतदाता थे जो स्वतंत्रता के बाद जन्मे थे या मतदान की उम्र तक पहुँच गये थे। इनमें एक चौथाई लोग तो १९४७ के बाद ही जन्मे थे। समग्र रूप से यह एक ऐसे परिवर्तन की तस्वीर थी जो एक बहुत ही

भिन्न सामाजिक, आर्थिक और राजनीतिक शक्ति-समूहों का प्रतिनिधित्व कर रही थी। जाहिर है कि ७० के दशक से संबंधित राजनीतिक विश्लेषणों के साथ जुड़ी और आज तक चालू मान्यताओं को राजनीतिक संकट की बेहतर समझ के लिए उपयुक्त ढंग से संशोधित करना होगा।

यह बात और भी स्पष्ट हो जायेगी अगर हम समाज के संरचनात्मक परिवर्तनों की प्रकृति पर ध्यान दें। पहला परिवर्तन तो जाति के श्रेणीबद्ध ग्रामीण सामाजिक ढाँचे के तेजी से मजदूरी और पूँजी की आर्थिक शक्तियों पर आधारित जाति-वर्ग की आपस में संघर्षरत संरचनाओं में ध्रुवीकरण के रूप में हो रहा था। उदाहरण के तौर पर १९६१ में ६० फीसद ग्रामीण श्रमिक किसान और सिर्फ १९ फीसद खेतिहर मजदूर थे। १९७१ तक यह स्थिति तेजी से बदली और खेतिहर मजदूरों में १२ फीसद की वृद्धि हुई तथा किसानों में १० फीसद की कमी। इस तरह १९७१ तक ग्रामीण श्रम-शक्ति का ८२ फीसद हिस्सा किसान और खेतिहर मजदूर था जिसमें करीब ५२ फीसद किसान थे और ३१ फीसद खेतिहर मजदूर।

ग्रामीण श्रम-शक्ति की अन्य श्रेणियाँ सामान्य तौर पर सामंती व्यवस्थागत संरचना पर निर्भर करती थीं—यहाँ हम उन शहरी व्यवस्थागत श्रेणियों को नजरअंदाज करेंगे जो ग्रामीण क्षेत्रों में लगभग न के बराबर थीं जैसे घरेलू उद्योग, पशुपालन, वानिकी, मछलीपालन और अन्य सेवाएँ १९६१ में ग्रामीण श्रम-शक्ति का १६ प्रतिशत थीं। १९७१ में यह संख्या कम होकर १० फीसद रह गयी। इस तरह वह व्यवसायगत संरचना जो एक समय में ग्रामीण व्यवस्था के सामाजिक संगठन से संचालित थी, अब तेजी से सिकुड़ती जा रही थी और इससे मजदूरी और पूँजी पर आधारित अर्थव्यवस्था के लिए जगह बन रही थी।

दूसरे, जजमानी-आधारित उत्पादन-संबंधों का मौद्रिकीकरण हो रहा था। व्यवस्था के सामाजिक संगठन के भीतर काम करनेवाली और संरक्षक जाति पर निर्भर और उनके सामाजिक रुतबे के आधीन रहनेवाली कारीगर और अन्य कामगार जातियाँ समाज के इस ताने-बाने से अलग हो गयी थीं।

इस प्रकार ग्रामीण अर्थव्यवस्था का सेवा-क्षेत्र अब सिर्फ कृषि पर निर्भर नहीं रहा बल्कि तेजी से अर्थव्यवस्था के एक ऐसे स्वतंत्र क्षेत्र के रूप में विकसित होने लगा जो ग्रामीण अर्थव्यवस्था से नहीं, बल्कि राष्ट्रीय अर्थव्यवस्था से जुड़ा हुआ था। अब इस क्षेत्र में व्यावसायिक संबंध कर्मचारी और सेवायोजक (मालिक) के ज्यादा थे, संरक्षक और सेवक के कम। उदाहरण के तौर पर अगर हम ग्रामीण क्षेत्र की गैरकृषि श्रम-शक्ति पर एक नजर डालें तो पायेंगे कि १९६१ में इस क्षेत्र के ४४ फीसद लोग कर्मचारी-सेवायोजक संबंध के तहत आ चुके थे। १९७१ में यह दर बढ़ कर ६० फीसद हो गयी।

१९६१ में इनमें ४२ फीसद कर्मचारी थे और ३ फीसद सेवायोजक पर १९७१ तक कर्मचारी संख्या बढ़ कर ५५ फीसद हो गयी जबकि सेवायोजकों का प्रतिशत समान रहा। एकल स्वरोजगारवाले मजदूरों और गैरकृषि ग्रामीण-श्रम में घरेलू

मजदूरों के अन्य दो क्षेत्रों में भी महत्त्वपूर्ण परिवर्तन आये, स्वरोजगारवाले श्रमिकों की संख्या ४५ फीसद से घट कर ३४ फीसद हो गयी जबकि घरेलू मजदूर ११ फीसद से घट कर ८ फीसद रह गये।

इससे भी महत्त्वपूर्ण तथ्य यह है कि ग्रामीण अर्थव्यवस्था में पगार पर काम करनेवालों का प्रतिशत भी अपेक्षाकृत तेजी से बढ़ा। १९६१ से १९७१ के दौरान शहरी और ग्रामीण, दोनों क्षेत्रों में सेवायोजकों का प्रतिशत समान बना रहा जबकि कामगारों की संख्या में वृद्धि शहरों में ५ फीसद तथा ग्रामीण क्षेत्रों में १५ फीसद तक रही। बहरहाल इस बात पर भी ध्यान देना होगा कि श्रम-शक्ति की औद्योगिक श्रेणी में खदान मजदूरों, घरेलू उद्योग के कर्मचारियों और अन्य क्षेत्रों में शहरी मजदूरों की संख्या बढ़ी। इससे शहरी औद्योगिक व्यावसायिक संरचना में आये महत्त्वपूर्ण बदलाव का पता चलता है।

हालाँकि श्रम-शक्ति में आये ये सभी परिवर्तन कुछ हद तक मजदूर की परिभाषा बदलने से और १९७१ की जनगणना में व्यावसायिक श्रेणियों के वर्गीकरण से भी प्रभावित हुए लेकिन शहरी और ग्रामीण, दोनों अर्थव्यवस्थाओं में मजदूरी और पूँजी के उभरते अंतर्विरोधों की प्रवृत्ति इससे बिलकुल स्पष्ट हो जाती है।

इस तरह के संरचनात्मक परिवर्तनों के साथ सामाजिक और राजनीतिक जागरूकता में भी बदलाव आया। मसलन दिल्ली के *विकासशील समाज अध्ययन पीठ*[11] द्वारा किये गये १९७१ के बाद भारतीय नागरिकों की राजनीतिक प्रवृत्तियों के एक अध्ययन के अनुसार (यह ३८०० नागरिकों के प्रतिनिधि-राष्ट्रीय नमूने पर आधारित था) जनसंख्या के लगभग एक चौथाई उत्तरदाताओं ने अपने गिरते हुए जीवन-स्तर के लिए भाग्य अथवा भगवान की बजाय सरकारी नीतियों और उन दलों को जिम्मेदार ठहराया, जो उनके विचार में उनके हितों के खिलाफ थे।

विभिन्न राजनीतिक मुद्दों पर जनता के इस प्रतिनिधि नमूने के जिन लोगों ने अपने विचार व्यक्त किये (कुल प्रतिनिधियों का लगभग ७० प्रतिशत) उनमें से २६ प्रतिशत ने सरकार और उन आर्थिक-सामाजिक समूहों, जो उनके विचार में उनके खिलाफ थे, के विरुद्ध प्रत्यक्ष कार्रवाई का पुरजोर समर्थन किया। २७ फीसद लोग हालाँकि सरकारी नीतियों को प्रभावित करने के लिए प्रत्यक्ष कार्रवाई के खिलाफ थे पर उन्होंने संवैधानिक तरीकों से संरचनात्मक परिवर्तनों की तरफदारी की। इस आमूलवादी परिवर्तन का नजदीकी संबंध गरीबी से था (जिसे मासिक घरेलू आय के रूप में मापा गया)। जाति-धर्म वगैरह के फर्क का खयाल किये बिना गरीबों में एक स्पष्ट आमूलवादी प्रकृति दिखायी दी। लेकिन अपनी खुशहाली में बाधक बनी हुई संरचनाओं के खिलाफ आमूलवादी रुझान के रूप में राजनीतिक-सामाजिक चेतना की उपलब्धि की संभावना इन लोगों में बढ़ती हुई साक्षरता, शहरीकरण और अपने आवासीय क्षेत्रों के विकास पर निर्भर निकली।[12]

सामाजिक और आर्थिक ढाँचों में बदलाव और नागरिकों की राजनीतिक जागरूकता की यह समीक्षा हालाँकि बहुत सतही है फिर भी इस तथ्य को उजागर

करने के लिए काफी है कि ७० के दशक की शुरुआत में कांग्रेस व्यवस्था का सामना न केवल राजनीतिक प्रक्रिया में आ रहे बदलाव से बल्कि पूरे सामाजिक संगठन के सिद्धांत से भी हुआ था।

इन परिवर्तनों का अर्थ न समझ पाने की वजह से या इन्हें स्वीकार करने की इच्छा न होने की वजह से राजनीतिक नेतृत्व ने इन संरचनात्मक परिवर्तनों को या तो विशुद्ध रूप से राजनीतिक जोड़-तोड़ समझा या फिर कानून और व्यवस्था की समस्या। इन बदलावों के प्रति उचित राजनीतिक और आर्थिक अनुक्रिया करने में राजनीतिक नेतृत्व की असमर्थता ने वैधता खोते जाने की प्रक्रिया को और भी तेज कर दिया और अंततः यह प्रणाली वाकई एक प्रणालीगत संकट में पड़ गयी।[१३]

V
संकट के विभिन्न पहलू

१९७० के दशक के जिन संरचनात्मक बदलावों की प्रक्रिया ने कांग्रेस-प्रणाली की वैधता का क्षय किया वे अब काफी विस्तार और शक्ति अर्जित कर चुके हैं। नतीजतन, पूरी राजनीतिक प्रणाली एक संकट का सामना कर रही है। इस संकट को समझने और इससे निबटने के तरीकों के लिए मैं निम्नलिखित निष्कर्षों को पेश करना चाहूँगा।

१. केंद्र और इसकी परिधियों का संबंध पहले 'आधुनिक-राजनीतिक संस्थाओं और 'परंपरागत' सामाजिक-सांस्कृतिक व्यवस्था के बीच का संबंध माना जाता था। अब उसे सामाजिक-आर्थिक परिधियों (ऐसे सामाजिक-आर्थिक समूह जो शैक्षिक और व्यावसायिक तौर पर एकीकृत नहीं हैं) और राष्ट्रीय अर्थव्यवस्था के अनोन्यक्रियात्मक संबंध की तरह देखा जाता है। सामाजिक व्यवस्था में नये समीकरण बैठाने की इस प्रक्रिया में राजनीति अब एक दबाव-क्षेत्र बन कर रह गयी है। वृहत राजनीति के क्षेत्र में अब 'राष्ट्रीयता' को पुनर्परिभाषित करने या राष्ट्रीय समाज के संघटन के उपाय खोजने की होड़ हो रही है। इस प्रकार १९८० के दशक के विभिन्न आंदोलनों जैसे 'धरती के पुत्र' आंदोलन, भाषा, जाति और संप्रदाय को ले कर पैदा हुए तनावों, जातीय अस्मिताओं और विभिन्न उपराष्ट्रीयताओं के पनपने को अब समाज की गैरसेकुलर या पुरातनपंथी भावनाओं का यकायक भड़कना नहीं माना जा सकता। ये आंदोलन तो सामाजिक-आर्थिक संघटन के नये प्रणालीगत दबावों से उठनेवाले राजनीतिक संघर्षों का प्रतिनिधित्व करते हैं और सामाजिक-आर्थिक समूहों द्वारा अपने ऊपर पड़े राष्ट्रीय अर्थव्यवस्था में आये बदलावों के विपरीत प्रभावों के कारण आपसी संबंधों के पुनः सहयोजन की माँग भी पेश करते हैं। मूल रूप से यह संकट समाज में आये बदलाव से उत्पन्न वैधता के क्षय का राजनीतिक व्यवस्था द्वारा सामना न कर पाने की वजह से आया है।

२. चूँकि राजनीति की मुख्य संस्थाएँ—दल, विधायिका वगैरह ने अब इस

प्रक्रिया के प्रति अनुक्रिया करने की पहल ही खो दी है, इसलिए पुनर्परिभाषा और पुनर्सहमति के ये मुद्दे संस्थागत राजनीति से बाहर ही उठाये जा रहे हैं और इन पर संघर्ष किया जा रहा है। अत: जरूरत इस बात की है कि सामाजिक और राष्ट्रीय एकता के मुद्दे को सिर्फ विभिन्न मूल्यों, आस्थाओं और संस्कृतियों से जुड़े संप्रदायों की भावनात्मक एकता की समस्या के रूप में ही न देखा जाये बल्कि हितों को परस्पर समायोजित न कर सकनेवाले समूहों के रूप में भी देखा जाये। पूरी व्यवस्था अपने संगठन के सिद्धांत में ही बुनियादी परिवर्तन का सामना कर रही है, जो समाज के विभिन्न समूहों और व्यक्तियों को अपने कामों और हितों की स्थानिकता को सिरे से निर्धारित करने के लिए दबाव डाल रही है। यह प्रक्रिया एक ऐसी उभरती हुई राष्ट्रीय अर्थव्यवस्था में चल रही है जो खुद को अंतर्राष्ट्रीयअर्थव्यवस्था में मिला देने की कोशिश में है।

३. यह धारणा भी बदली जानी चाहिए कि भारतीय व्यवस्था बहुलताओं का एक जमावड़ा-भर है। हालाँकि यह सच है कि परंपरागत सांस्कृतिक तत्त्वों के सामाजिक-आर्थिक विभेदीकरण में लगी सेकुलरवाद जैसी ताकतें समाज के आधार में सक्रिय हैं और इस बदलाव में मध्यस्थ की भूमिका के रूप में राजनीति के लिए गुंजाइश अब भी बची हुई है, फिर भी यह नहीं भूलना चाहिए कि सामाजिक संरचनागत बदलावों से निकलती ताकतें राजनीतिक प्रणाली को भी तोड़ सकने की ताकत रखती हैं। समाज में सेकुलरीकरण का नतीजा ध्रुवीकृत वर्ग-संरचना के रूप में नहीं निकला है जबकि सैद्धांतिक आधार पर ऐसी ही उम्मीद थी। बल्कि उसने पहले से मौजूद बहुलताओं का द्विभाजन कर दिया है। हो यह रहा है कि उनके सेकुलर आर्थिक हित राजनीति में शुद्ध पहचान के रूप में उभारे जा रहे हैं। चूँकि हिंदू-मुसलमान, सिख-हिंदू, ग्रामीण-शहरी, स्थानीय-बाहरी, आदिवासी-गैरआदिवासी और सवर्ण-दलित जैसे विभाजनों को ठोस आर्थिक हितों के विस्तार में आधार तो मिला है लेकिन उनकी राजनीतिक अभिव्यक्ति आत्मगत सामाजिक-सांस्कृतिक और जातीय शब्दावली में है। इसलिए संस्थागत राजनीति में उन्हें एक-दूसरे से जोड़ पाना और आर्थिक वर्गों के रूप में उनकी संरचना नहीं हो पा रही है।

४. सामाजिक-सांस्कृतिक अस्मिताएँ सत्ता में हिस्सेदारी के लिए आपस में होड़ करते और टकराते हुए अपने अंदर आर्थिक रूप से विभेदीकृत हो जाती हैं। आर्थिक आयाम में आंतरिक विभाजन की शिकार इन सांस्कृतिक अस्मिताओं द्वारा प्रतिनिधित्व और सत्ता के दावों को मौजूदा दलीय प्रणाली नहीं सँभाल पाती। संस्थागत राजनीति के माध्यम से वंचित ये दावे अक्सर स्वयं को सीधी कार्रवाई के जरिये व्यक्त करते हैं। इससे स्थापित राजनीतिक प्राधिकार को वैधता मिलने की प्रक्रिया का क्षय होता है। उस राजनीतिक प्रक्रिया का उभार भी रुक जाता है जो सबको जोड़ती हुई ऐसे राष्ट्रव्यापी आंदोलन की शक्ल ग्रहण करने की संभावनाएँ रखती है जो प्रति-वैधता के दावों को कामयाबी से व्यक्त कर सकता है। चौतरफा चल रही अस्मिताओं की राजनीति और राजनीतिक प्राधिकार के बीच का यह

गतिरोध अगर जारी रहा तो व्यवस्था एक नये संकट में फँस सकती है। यह नया संकट सामाजिक विखंडन और राजनीतिक बिखराव ले कर आयेगा। अगर बिखराव की तरफ यह फिसलन जारी रही तो उससे यह व्यवस्था वैधता के मौजूदा संकट से राष्ट्रीय एकता के एक बहुत बड़े संकट में पहुँच जायेगी यानी एक राष्ट्र के रूप में भारत का अस्तित्व ही खतरे में पड़ जायेगा।

५. समाज में हो रहे परिवर्तनों के सफल राजनीतिक प्रबंधन के लिए एक स्थिर दलीय व्यवस्था अनिवार्य है। ऐसी कोई संस्थागत संभावना नजर नहीं आती है कि फिर से एक दल के वर्चस्व की प्रणाली उभर सके। इस या उस दल को भारी बहुमत मिल जाने से भी ऐसा मुमकिन नहीं होगा। इसकी वजह यह है कि सार्वजनिक जीवन का दायरा अपनी संरचना और चरित्र में बदल चुका है। क्षेत्रीय और सांस्कृतिक अस्मिताओं की राजनीति ने 'राष्ट्रीय राजनीतिक दायरे' में कदम रख दिया है और वह उसे पुनर्परिभाषित कर रही है। पचास और साठ के दशक की भाँति अब 'राष्ट्र' के विचार को उसके सामाजिक और सांस्कृतिक घटकों से अलग करके एक पृथक राजनीतिक श्रेणी के रूप में सूत्रबद्ध करना मुमकिन नहीं रह गया है। जनता राजनीति में रँग चुकी है। एक-दूसरे से भिन्न नाना प्रकार के हित सेकुलर पहलुओं की उपेक्षा करके सांस्कृतिक अस्मिताओं के आधार पर अलग-अलग सामाजिक-धार्मिक संरचनाओं के तहत दबाव डाल रहे हैं। पहले से ही कमजोर हो चुका राजनीतिक-नौकरशाह प्राधिकार इन दावों से नहीं निबट सकता। एक अर्थ में यह संकट प्रतिनिधित्व की प्रणाली का संकट है : अर्थात किसी एक पार्टी, व्यक्तित्व अथवा सामाजिक गठजोड़ द्वारा 'राष्ट्रीय प्रतिनिधित्व' करने का विचार जातीयताओं और क्षेत्रों की संख्यात्मक समानुपातिकता में तार-तार हो गया है।

अब यक्ष प्रश्न यह है कि क्या मौजूदा दलीय और निर्वाचन-प्रणाली में इतना दम बाकी रह गया है कि उसके सहारे समूचा राजनीतिक तंत्र इस संकट को हल कर सके? संस्थागत प्रतिनिधित्व की प्रणाली में तो ये संभावनाएँ कम-से-कम दिख रही हैं। १९७१ के बाद से हर सरकार की राजनीतिक वैधता का ग्राफ गिरा है। चुनाव के जरिये सरकारें बनने के बावजूद जाहिर है कि दलीय प्रणाली चुनाव के रास्ते से भारतीय समाज में हो रहे भारी संरचनागत बदलावों के साथ राजनीतिक तालमेल नहीं बिठा पायी है। जाहिर है कि दलीय और निर्वाचन प्रणाली को अब गैरदलीय और गैरचुनावी संगठनों और आंदोलनों के सहारे की जरूरत है। इसके लिए संस्थागत लोकतंत्र को अपना आधार पार्टियों और चुनाव के परे नागरिक समाजों में भी विकसित करना होगा। व्यापक सार्वजनिक दायरे में विकसित हुए उन नये तरह के संगठनों से वैधता प्राप्त करनी होगी जो समाज के संरचनागत परिवर्तनों की माँग के कारण उभरे हैं।

दूसरे, चुनाव के पहले या बाद में विभिन्न राजनीतिक दलों में कामचलाऊ गठबंधन तो बनते रह सकते हैं लेकिन यह संभावना लगभग नहीं है कि दलों का एक खुला गठबंधन सरकार बनाये, उसे चला भी ले और पूरी अवधि के लिए सत्ता

में टिकने लायक वैधता भी हासिल कर ले। ऐसा इसलिए है क्योंकि दल अपने समर्थकों की सामाजिक-सांस्कृतिक पहचान को ही उत्तरोत्तर सामने ला रहे हैं। वे उन हितों को जोड़ने के लिए काम नहीं करते जो उनके बीच साझा हैं और जिन पर राजनीतिक स्तर पर समझौता हो सकता है। ऐसा लगता है कि किसी गठबंधन का सफलता से चलना तभी मुमकिन होगा जब राज्यतंत्र अर्थव्यवस्था की समस्याओं को बुनियादी तौर पर सुलझा लेगा ताकि राजनीति अर्थव्यवस्था के दबावों से मुक्त हो सके और अर्थव्यवस्था खुद को सँभालने में सक्षम बने। दूसरे शब्दों में गठबंधन तभी सफल और टिकाऊ हो सकते हैं जब परिस्थितियाँ परिपक्व हो जायें और आर्थिक नीतियों के बारे में बहस परिणामवादी नजरिये से की जाने लगे न कि प्रतिमानवादी नजरिये से। तीसरे, यह उम्मीद भी पूरी नहीं हो सकी है कि प्रशासनिक और आर्थिक सुधारों के कार्यक्रम अर्थव्यवस्था की सफलता-असफलता के दबावों से राजनीतिक व्यवस्था को मुक्त कर देंगे। बजाय इसके 'सुधार' एक विवादग्रस्त राजनीतिक मुद्दा बने हुए हैं और अर्थतंत्र की अनसुलझी समस्याएँ सीधे-सीधे स्पर्धात्मक और आंदोलनात्मक राजनीति का केंद्र बनायी जा रही हैं।

अर्थव्यवस्था की सापेक्ष स्वायत्तता बनाये रखने के लिए सरकार द्वारा किये गये आर्थिक उपायों का परिणाम अभी तक स्पष्ट नहीं हो पाया है। सामाजिक संरचनागत गतिरोधों की वजह से राज्य-प्रबंधित अर्थतंत्र में विकास के फायदे व्यापक जनता तक नहीं पहुँच पा रहे हैं। इसी बाधा के कारण नयी बाजार अर्थव्यवस्था में गरीबी की रेखा के नीचे गुजर-बसर कर रहे सामाजिक रूप से वंचित तबकों का प्रवेश नहीं हो पा रहा है। आज वर्तमान राजनीतिक प्रशासनिक कार्यसूची की माँग यह है कि ये संस्थागत गतिरोध हटाये जायें और उनके लिए मौजूदा आर्थिक-राजनीतिक संरचनाओं के लोकतंत्रीकरण और विकेंद्रीकरण का कार्यभार संपन्न किया जाये।

क्या संकटग्रस्त भारतीय राज्य और उसकी संस्थाएँ ऐसी कार्यसूची बना कर लागू कर सकती हैं? फिलहाल अपराध और भ्रष्टाचार राजसत्ता द्वारा हल किये जा सकनेवाली बाहरी समस्याएँ न रह कर सत्ता का आधार ही बन गयी हैं। ऐसे में यह सोच पाना मुश्किल है कि तमाम अच्छे इरादों और कानूनों के बावजूद राजनीतिक और दलीय व्यवस्था में वास्तविक सुधार या राजनीतिक और आर्थिक सत्ता के विकेंद्रीकरण की सच्ची कोशिशें राजनीतिक-अफसरशाही के स्तर पर हो सकती हैं। इस परिस्थिति में एक दूसरी संभावना भी निहित है। अभी हमने जिन संरचनात्मक बदलावों की चर्चा की है उनसे निकली हुई ताकतों ने मौजूदा दलीय व्यवस्था के बाहर 'गैरपार्टी' और 'गैरचुनावी' संगठनों और आंदोलनों की राजनीति को जन्म दे दिया है। चूँकि संकट का स्रोत राजनीतिक प्राधिकार द्वारा समाज में हो रहे परिवर्तनों से तालमेल कर पाने की अक्षमता में निहित है इसलिए उस संकट का शमन, राज्य-व्यवस्था के बाहर से उपलब्ध होने की पूरी संभावना है। अर्थात नागरिक समाज की राजनीति इस संकट के समाधान का एक रास्ता बन सकती है।

संदर्भ और टिप्पणियाँ

१. इस आलेख में मैंने *सेमिनार,* १९८० में प्रकाशित अपने लेख 'सोशल बेसिस ऑव पालिटिकल क्राइसिस' की सामग्री का काफी इस्तेमाल किया है।

२. अतिसरलीकृत मार्क्सवाद का मतलब यहाँ मार्क्सवादी विश्लेषण की उस विधा से है जो इतिहास के विश्लेषण को सामाजिक-आर्थिक बदलावों की प्रक्रिया में से उभरनेवाले सतही स्वत:सिद्ध विरोधाभासों पर आधारित करती है। यह विश्लेषण समाज के संगठन के आंतरिक नियमों में परिवर्तन को नहीं देखता जबकि यह परिवर्तन इन विरोधाभासों के पीछे होता है। अक्सर ऐसा विश्लेषण वैज्ञानिक विश्लेषण की बजाय शुद्ध विचारधारात्मक माँगों की वजह से किया जाता है। ठीक इसी अर्थ में मार्क्स ने 'वलगर' शब्द का इस्तेमाल उस राजनीतिक अर्थशास्त्र की आलोचना करने के लिए किया था, जिसकी इतिहास की व्याख्या किसी विचारधारा की उतरन लगती है, वैज्ञानिक विश्लेषण का औजार नहीं।

ई.जे. हाब्सबाम के लेख 'कार्ल मार्क्स'स कंट्रीब्यूशन टु हिस्टोरियोग्राफी, राबिन ब्लैकबर्न (सं) में संकलित, *आइडियोलाजी इन सोशल साइंस,* पृष्ठ २६५-३०५, फोंटाना कालिंस, (पेपरबैक) लंदन, १९७२ में अतिसरलीकृत मार्क्सवाद की निम्नलिखित विशेषताएँ दी गयी हैं (पृष्ठ २७०-२७१) :

१. यह आर्थिक मुद्दे को मूलभूत मुद्दा मानता है और उस पर अन्य सभी मुद्दों को निर्भर कर देता है।

२. यह 'आर्थिक आधार' और 'अधिरचना' के बीच प्रभुत्व और निर्भरता का सीधा संबंध बतलाता है।

३. उसकी सारी ऐतिहासिक व्याख्याएँ इसी सूत्र-वाक्य से निकलती हैं कि 'सारे समाजों का अभी तक का इतिहास वर्ग-संघर्ष का इतिहास है।' इस दृष्टि का अनुमोदन 'कम्युनिस्ट घोषणा-पत्र' के पाठ से किया जाता है।

४. यह इतिहास के नियमों के बारे में उच्चस्तरीय और दीर्घकालीन सामान्यीकरणों को एक यांत्रिक नियतत्त्ववाद तक सीमित कर देता है, यह जतलाते हुए कि इतिहास में कोई विकल्प नहीं मिलता।

५. विषय-वस्तु और खोज-बीन के मुद्दों में यह उन विषयों पर तो निर्भर करता है जो मार्क्स की रुचि के थे, पर इनका अध्ययन करने के लिए मार्क्स द्वारा प्रयोग की गयी पद्धति में उनकी कोई दिलचस्पी नहीं होती। अपने विश्लेषण में यह मार्क्स द्वारा यूँ ही की गयी टिप्पणियों का ज्यादा सहारा लेता है, मार्क्स के विचार की एकात्मक संपूर्णता का नहीं।

हाब्सबाम के अनुसार हालाँकि अतिसरलीकृत मार्क्सवाद ने 'पारंपरिक इतिहास के गढ़ों में उनके महत्त्वपूर्ण हिस्सों को ध्वस्त करने के लिए तैयार किये गये बौद्धिक विस्फोटक मुहैया कराने में ऐतिहासिक भूमिका निभायी है', पर मार्क्सवादी इतिहास-दर्शन पर इसका प्रभाव अब कम हो रहा है। इसलिए हाब्सबाम अतिसरलीकृत मार्क्सवाद के प्रभाव से 'मार्क्स की परिपक्व विचारधारा' को अलग करने का पुरजोर समर्थन करते हैं।

३. इस विश्लेषण में हेबरमास द्वारा विकसित 'वैधता प्राप्त करने की समस्याएँ' और 'वैधता प्राप्त करने के संकट' की अवधारणा का प्रयोग किया गया है। आधुनिक राज्य के सामने आयी इस समस्या पर हेबरमास का विश्लेषण मैक्स वेबर की राजनीतिक वैधता की धारणा के एक महत्त्वपूर्ण विकास का प्रतिनिधित्व करता है और यह संकटग्रस्त राजनीतिक प्राधिकार की समस्याओं को समझने के लिए विश्लेषण का एक ज्यादा उपयोगी ढाँचा है। (युरगन हेबरमास, 'लेजिटिमेशन प्राबलम्स इन माडर्न स्टेट', संकलित *कम्युनिकेशन एंड द इवोल्यूशन आफ सोसाइटी* में पृष्ठ १७८-२०५, हइनमान, लंदन, १९७९), ४, ५, ६, नंबर की टिप्पणियाँ

देखें जिनमें हेबरमास की 'वैधता' प्राप्त करने की समस्या की धारणा का विस्तार किया गया है।

४. 'वैधता का अर्थ है राजनीतिक व्यवस्था द्वारा सही और न्यायपूर्ण होने के दावे के समर्थन में पर्याप्त तर्कों का होना।' इस अर्थ में हेबरमास आगे कहते हैं, 'वैधता एक ऐसा दावा है जिसकी अभिपुष्टि पर विचार किया जा सकता है, और वैधता प्राप्त करना वह प्रक्रिया है जिसमें एक पक्ष अपनी वैधता पर जोर देता है और दूसरा पक्ष इससे इंकार करता है। इस तरह से वैधता की समस्या एक राजनीतिक व्यवस्था की स्थायी समस्या बन जाती है। (हेबरमास, उपरोक्त, पृष्ठ १७८-१७९) हम वैधीकरण की प्रक्रिया में आयी कमजोरी की बात तब करते हैं जब ऐसी स्थिति आ जाती है कि राजनीतिक सत्ता को मिलनेवाली वैधता की आपूर्ति लगातार कम होती जाती है और उसके द्वारा किया गया वैधता का दावा स्वत: स्वीकार्य नहीं रह जाता।

५. आर्थिक समस्याओं को हल करने में लगातार असफलता से राजनीतिक प्राधिकार की वैधता का दावा कमजोर पड़ जाता है। जब शासन करनेवाला प्रभु-वर्ग यह अहसास करता है कि आर्थिक समस्याएँ उनके अपने स्थापित हितों को खतरे में डाले बगैर हल नहीं की जा सकतीं, तो वैधता के लिए वह जिस चाल का सहारा लेता है, वह है आर्थिक मुद्दों का राजनीतिकरण। तब वह परिवर्तनकामी लफ्फाजी का सहारा लेता है ताकि उसकी वह असमर्थता या अनिच्छा छिप जाये जिसकी वजह से वह उन महत्त्वपूर्ण प्रशासनिक और आर्थिक कदमों को उठाने में नाकाम हो रहा है जिनसे उसके पूर्व स्थापित हितों को क्षति पहुँचने का अंदेशा होता है।

६. जैसा कि हेबरमास ने कहा है—वैधता की प्रक्रिया पर अमल का क्षेत्र राजनीतिक व्यवस्था ही है, इसलिए राजनीतिक सत्ता की वैधता राजनीति के दो स्तरों से मिलनी चाहिए—राजनीतिक नौकरशाही (आर्थिक प्रभु-वर्ग) और व्यापक जन समाज। वैधता की समस्याएँ तभी उठती हैं जब राजनीतिक सत्ता के वैधता के दावे को किसी एक या दोनों स्तरों से चुनौती मिलती है। वैधता की समस्या तब संकट बन जाती है जब राजनीतिक सत्ता को दोनों हलकों से वैधता पानी होती है और वैधता पाने के उसके आधार, उच्च-वर्ग और आम जनता, दोनों ही क्षेत्रों में एक साथ प्रभावशाली नहीं रह सकते।

७. यह एक निर्णायक बिंदु है जहाँ राजनीतिक सत्ता को सिर्फ प्रभु-वर्ग की मुहर उसकी अपनी वैधता को सही ठहराने के लिए नाकाफी लगने लगती है। इस बिंदु पर वैधता की समस्या आमतौर पर संकट का रूप धारण कर लेती है। इसका सीधा कारण यह होता है कि अब प्रभुवर्गीय दायरों और व्यापक जन समुदाय, दोनों से एक साथ वैधता हासिल करना जरूरी होता है। जब राजनीतिक प्राधिकार इस नयी परिस्थिति का मुकाबला नहीं कर पाता और नयी वैधता पाने के लिए अपने आधार नहीं बदलता तो ऐसे में सामान्य वैधता की प्रक्रिया निरर्थक हो जाती है। ऐसे में वह या तो फौरी शक्ति के आधारों से खुद घिर जाता है जो बजाय जनता की वफादारी जीतने के राजनीतिक शक्ति की जोड़-तोड़ करते हैं या उस राजनीतिक-अफसरशाह उच्च-वर्ग के दबाव में आ जाता है जो वैधता के क्षय को अपने शिकंजे में फँसी राजसत्ता द्वारा दमन के तौर-तरीकों से पूरा करने की कोशिश करते हैं। एक तीसरी संभावना, जो फिलहाल कहीं नजर नहीं आती, यह है कि अब तक चुपचाप स्थापित राजसत्ता की वैधता को चुनौती दे रहा कोई लोकप्रिय क्रांतिकारी आंदोलन सामने आये और इस प्रक्रिया में वैधता और नतीजतन राजनीतिक सत्ता हासिल करे।

८, रजनी कोठारी, 'द कांग्रेस सिस्टम इन इंडिया', *एशियन सर्वे ४ (१२)*, दिसंबर १९६४, 'द कांग्रेस सिस्टम आन ट्रायल', *एशियन सर्वे* ७ (२), फरवरी १९६७, 'द कांग्रेस सिस्टम रिविजटेड, ए डिसेनियल रिव्यू', *एशियन सर्वे १४ (१२)*, दिसंबर १९७४. रामाश्रय राय का 'डायनामिक्स आफ वन पार्टी डामिनेंस इन एन इंडियन स्टेट', *एशियन सर्वे ८ (७)*, जुलाई

१९६८, गोपाल कृष्ण का 'वन पार्टी डामिनेंस, डेवलपमेंट एंड ट्रेंड्स' *पर्सपेक्टिव्स १२(१)* १९६६ भी देखें।

९. इस खंड में आँकड़े पूर्ण संख्याओं में दिये गये हैं। ये सिर्फ मुद्दे को रेखांकित करने के लिए इस्तेमाल किये गये हैं। चुनावी आँकड़ों के अलावा इस खंड के बाकी आँकड़ों को एक बेहद उपयोगी पुनर्रचना से लिया गया है जिसे आशीष बोस ने अलग-अलग स्रोतों से जुटाया है (खासतौर पर जनगणना की लघु पुस्तिकाओं से)। *इंडियाज अरबनाइजेशन १९०१-२००१*, (दूसरा संस्करण), टाटा मेकग्रा हिलस लिमिटेड, नयी दिल्ली, १९७८

१०. यह निष्कर्ष सबसे पहले बशीरुद्दीन अहमद ने निकाला था कि भारतीय निर्वाचक मंडल का सामाजिक-जनसांख्यिकीय चरित्र क्रांतिकारी ढंग से बदल चुका है और इस परिवर्तन के राजनीति की प्रक्रिया पर दूरगामी असर होंगे। उनका 'द इलेक्टोरेट', *सेमिनार,* अप्रैल १९७७ देखें। निर्वाचक मंडल के बदलाव के बारे में आँकड़े इसी लेख से लिए गये हैं।

११. राजनीतिक प्रवृत्तियों के बारे में जो आँकड़े दिये गये हैं, वे विकासशील समाज अध्ययन पीठ, दिल्ली के १९७१ के चुनावों के अध्ययन के आँकड़ों की फाइलों से हैं। इस अध्ययन को भारतीय समाज-विज्ञान अनुसंधान परिषद के आर्थिक सहयोग से किया गया था और इसे बशीरुद्दीन अहमद और धीरूभाई शेठ ने मिल कर संचालित किया।

१२. इन आँकड़ों के विस्तृत विश्लेषण के लिए देखें : *ईपीडब्ल्यू* के वार्षिकांक, संख्या ५-६-७, १९७५ में प्रकाशित मेरा लेख 'स्ट्रक्चर ऑव रेडिकलिज्म'।

१३. व्यवस्थागत संकट मुख्य तौर पर तब पैदा होता है जब शासन करने की संस्थागत संरचनाओं, अर्थव्यवस्था और समाज में हुए संरचनागत परिवर्तनों में असंगति बढ़ती चली जाती है। इसकी शुरुआत सत्तर के दशक के प्रारंभ में हुई थी और तभी से यह प्रक्रिया न केवल जारी है वरन् और गहरी हुई है। १९७७ और १९८९ में गैरकांग्रेस पार्टियों की जीत ने भी इस पर कोई असर नहीं डाला। संकट की व्यवस्थागत प्रकृति का पता तब चलता है जब १९७१ के बाद से सरकारें बदलने और दलीय प्रणाली में आये महत्त्वपूर्ण परिवर्तनों के बावजूद राजनीतिक प्राधिकार को आवश्यक वैधता नहीं मिल पाती। इस तरह १९७१ के बाद की सभी सरकारें न केवल इस संकट का शिकार दिखती हैं वरन् इसे गहन करने में योगदान करती हुई भी लगती हैं। इन अर्थों में यह संकट किसी एक पार्टी की कारस्तानी नहीं है। मैंने १९७१ से १९९१ के बीच संकट के तीव्र होने की इस प्रक्रिया का विस्तृत वर्णन *सेमिनार* के सितंबर १९९१ के अंक ३८५ में प्रकाशित अपने लेख 'क्राइसिस ऑव रिप्रेजेंटेशन' में किया है।

आजादी के बाद भारत में उदारतावादी लोकतंत्र अपनाया गया जिसके सुदृढ़ीकरण में भारतीय समाज के पारंपरिक बहुलतावाद ने महत्त्वपूर्ण भूमिका निभायी। लेकिन भारत के बहुसांस्कृतिक स्वरूप के कारण वेस्टमिंस्टर प्रणाली और वैकासिक मॉडल में कुछ विकृतियाँ भी पैदी हुईं। इनके गर्भ से लोकलुभावन और जनमत-संग्रही राजनीति निकली जिन्होंने उदारतावादी लोकतंत्र के लिए आवश्यक संस्थागत विन्यास को छिन्न-भिन्न कर दिया। दिखावे की राजनीति और अधिनायकवादी मंसूबों का बोलबाला हो गया। दूसरी तरफ स्पर्धात्मक राजनीति ने जनता के बहुसंख्यक तबकों को अधिकार चेतना से संपन्न भी किया। नये नेतृत्व ने पुराने ढाँचे को ठुकराया, लेकिन वैकल्पिक ढाँचा बनाने में सफल नहीं हो पाया। फलस्वरूप, भारतीय लोकतंत्र संकट में फँस गया। इसमें अंतराष्ट्रीय शक्तियों की भी भूमिका रही। सवाल यह है कि क्या भारत की बहुसांस्कृतिक धरोहर ही लोकतंत्र की वैधता के इस क्षय को रोकने में कारगर भूमिका निभा सकती है?

बहुसांस्कृतिक समाज और मध्यमार्गी राज्य के प्रभाव में गिरावट

रजनी कोठारी

लोकतंत्र की उदारतावादी अवधारणा के लिए जरूरी है कि राजसत्ता के आपसी संबंधों को एक खास नजरिये से देखा जाये। इसी नजरिये के तहत सत्ता के सदुपयोग और दुरुपयोग पर संयम और नियंत्रण रखा जाता है। विभिन्न तबकों और 'हित-आधारित समूहों' के बीच सत्ता के व्यापक फैलाव के लिए भी इसी नजरिये से प्रेरणा मिलती है। यह नजरिया जनता के इन हिस्सों के बीच विवादों और मतभेदों के शांतिपूर्ण समाधान के जरिये संतुलन कायम करने पर आधारित होता है। हालाँकि, लोकतंत्र की उदारतावादी अवधारणा को अपने मूलभूत प्रतिपादन में पूरी तरह से कभी लागू नहीं किया जा सका और व्यवहार में यह मुक्त 'बाजार' के तहत हितों की आपसी होड़ बन गयी। उदारतावादी राजनीतिक प्रणाली ने जैसे-जैसे जड़ें पकड़ीं, वैसे-वैसे संस्थाओं के एक संयोजन के जरिये लोकतांत्रिक राज्य की इस किस्म का विकास हुआ। उसकी व्यावहारिक संस्कृति अपना आकार ग्रहण करती चली गयी। कुछ निश्चित मानक बनाये गये, परंपराओं का निर्धारण हुआ और उन्हें लागू करने के लिए कुछ नियम-कानूनों का प्रतिपादन किया गया। इससे संस्थागत

ढाँचे को वैधता मिली। इसी वैधता और प्राधिकार के कारण सत्ता की होड़ को व्यापक मान्यता मिली। इसकी ज्यादतियों और केंद्रीकरण को रोका जा सका।

इतिहास का यह एक खास दौर था। इसमें आधुनिक राष्ट्रीय राज्य को एक सामाजिक संस्था का रूप दिया जा रहा था। लोकतंत्र की उदारतावादी अवधारणा द्वारा प्रदत्त राजनीतिक व्यवहार के संस्थागत रूप ने उस दौरान विकसित हो रही कई तरह की प्रक्रियाओं को संयमित और व्यवस्थित करने में महत्त्वपूर्ण भूमिका निभायी। दुनिया के विभिन्न क्षेत्रों में पुराने किस्म के राज्यों का अंत इन्हीं प्रक्रियाओं ने किया। इन्हीं के कारण राज्य का सामाजिक संस्था के रूप में उदय हो सका। राजनीतिक भागीदारी के आधार व्यापक हुए। विभिन्न रियासतों द्वारा चलाये जानेवाले आर्थिक कारोबार पर राज्य की पकड़ बनी। वर्ग, जातीयता और राष्ट्रीयता-संबंधी विवादों में राज्य न केवल एक मध्यस्थ, बल्कि एक पंच के रूप में उभरकर आया।

राज्य की नयी अवधारणा

राज्य की इस नयी अवधारणा ने आधुनिक युग में सत्ता और समाज के रिश्तों में तीन महत्त्वपूर्ण परिवर्तन किये। पहला, हर प्रमुख विधिक-राजनीतिक इकाई में एक भू-क्षेत्रीय केंद्र का उदय हुआ। इसके चारों तरफ अस्मिताएँ गठित हुईं। इन्हीं के साथ राजनीतिक संबंधों (विभिन्न परिधियों और उपकेंद्रों) का ताना-बाना खड़ा हुआ। यही भू-क्षेत्रीय केंद्र राज्य की वैधता का बुनियादी स्रोत बन गया। दूसरा, राज्य का नया केंद्र हर जगह उदीयमान राजनीतिक ढाँचे का आधिकारिक केंद्र अर्थात राष्ट्र बना और उसने अपनी अंदरूनी और बाहरी सीमाओं को परिभाषित किया। तीसरा, राज्य का केंद्र परिधि की तरफ फैलने लगा और सामाजिक और आर्थिक कार्यों को चलाने और विभिन्न मतभेदों को सँभालने की कोशिश में एक तरह के जन-समाज (मास सोसायटी) का उदय हुआ। इस समाज में समरूपीकरण और मानकीकरण की नैसर्गिक प्रवृत्तियाँ थीं। राज्य के कामों का निरंतर फैलाव होने से इसके प्रबंधकीय और प्रशासकीय कार्यभारों का ही नहीं, व्यावसायिक और लोकहितकारी रुझानों के विस्तार का रास्ता भी खुला।[१]

राष्ट्रीय राज्य ने केंद्रीकरण और राष्ट्रीयकरण करने और बहुलतावादी समाज के विभेदों को एक जन-समाज के समरूप खाँचे में ढालने की भूमिका निभायी। एक तरह से राष्ट्रीय राज्य ने इन तीन बुनियादी प्रवृत्तियों का सुदृढ़ीकरण करते हुए उन्हें और मजबूत किया। इस जिम्मेदारी को पूरा करने के लिए राज्य को अपनी एकजुटता और अपने घटकों को अनुशासित करने की गारंटी करनी पड़ी ताकि वह राष्ट्र-समुदाय में अपने राष्ट्र का अकेला वैधानिक प्रवक्ता बन सके। राज्य को अपनी सीमाओं की अखंडता, अपनी अर्थव्यवस्था और अपनी संस्कृति की रक्षा के लिए राष्ट्रीय सुरक्षा का एक ढाँचा भी बनाना पड़ा। अपनी सुरक्षा पर आये संकट के

अनुपात में उसने बल और सैनिक शक्ति का सहारा लिया। इससे राज्य-तंत्र के और कठोर होते जाने का अंदेशा पैदा हुआ और राज्य और नागरिक-समाज के बीच रिश्तों का खुलापन घटते चले जाने का खतरा उत्पन्न हो गया।

दुनिया की राजनीति में महत्त्वपूर्ण भूमिका निभानेवाले देशों में लोकतांत्रिक संस्थाएँ लगातार मजबूत होती गयी हैं। दूसरे, दुनिया में हर जगह लोकतांत्रिक आवेग और ऊर्जावान हुए हैं। आमतौर पर इन्हीं दो कारकों के दम पर आधुनिक राज्य की शक्ति को नियंत्रण में रखा जा सका है। लेकिन, इसके बावजूद एक भूमंडलीय परिघटना के रूप में तकनीकी तंत्र और कारपोरेट सेक्टर की शक्ति और इनके साथ-साथ जन-राजनीति के दबाव के चलते यह नियंत्रण अब कहीं ज्यादा कठिन होता जा रहा है। आंतरिक उथल-पुथल और बाहरी दबाव के कारण से या सिर्फ नेताओं के अवसरवादी, अस्थिर चित्त या अहंमन्य रवैये की वजह हो, दुनिया के एक बड़े हिस्से में उदारतावादी लोकतंत्र जाहिरा तौर पर कमजोर पड़ गया है।

दूसरी ओर ताज्जुब की बात यह है कि ऐतिहासिक शक्तियों के ऐसे संगम के बावजूद उदारतावादी लोकतंत्र अपनी मानवीय व्यवस्था और मूल्य-प्रणाली की शक्ल में करोड़ों लोगों के लिए आज भी बरकरार है। और तो और, इन प्रतिकूल हालात में भी दुनिया में इस व्यवस्था के नये समर्थक पैदा होने लगे हैं। इनमें ऐसे तत्त्व भी शामिल हैं, जिन्होंने पहले कभी उदारतावादी लोकतंत्र को ठुकरा दिया था।

आधुनिक राष्ट्रीय राज्य के दायरे में शुरू से ही जन-आधारित लोकतंत्र के सर्वसत्तावादी रुझानों और उसी लोकतांत्रिक विचारधारा के मुक्तिकामी पहलुओं के बीच टकराव होता रहा है। यह एक ऐसा संघर्ष है जो अब बेहद नाजुक दौर में पहुँच रहा है। ज्यादातर लोकतांत्रिक समाजों का प्रभु-वर्ग शक्ति के प्रयोग और वितरण में उदारता दिखाने के अपने मूल संवेग को छोड़ता जा रहा है। वह जनता के अभूतपूर्व राजनीतिकरण की चुनौती के मुकाबले अपनी राजनीति को टिकाने के लिए सस्ते लोकलुभावनवादी हथकंडे अपनाने के चक्कर में फँसता दिख रहा है। सांस्कृतिक बहुलता से संपन्न समाजों के संदर्भ में ये मुद्दे और अधिक प्रमुख और व्यापक हो जाते हैं। इनका रूप और पेचीदा हो जाता है।[२] समस्या के इस खास तरह के विन्यास पर मैं यहाँ विस्तार से चर्चा करूँगा। मैं पहले इस समस्या को कुछ प्रश्नों के रूप में रखूँगा, फिर उस पर भारत के विशेष संदर्भ में रोशनी डालूँगा।

बहुलतावादी समाजों में 'विकास और लोकतंत्र'

बहुसांस्कृतिक समाजों में विकास और लोकतंत्र के उत्थान-पतन के बारे में अभी तक कोई उपयुक्त सिद्धांत सामने नहीं आया है। इन समाजों में जैसे-जैसे लोकतंत्र निचले स्तर तक पहुँचता है, वह और निष्प्रभावी होता जाता है। उसे संचालित करनेवाला प्रभु-वर्ग कहीं अधिक अलगाव में पड़ जाता है। वह नाना प्रकार के

ध्रुवीकरणों और जमीनी मसलों से निपटने में नाकाम होता चला जाता है। विडंबना यही है कि लोकतंत्र की सामाजिक-आर्थिक परिकल्पनाएँ धरती पर उतारे जाने की जितनी संभावना बनती है, व्यवस्था जनता की समग्र माँगों को इन परिकल्पनाओं से जोड़ने में नाकाम होती जाती है। वह इस काम के लिए जरूरी सार्थक तौर-तरीकों को ईजाद करने में अक्षमता प्रदर्शित करती है। नतीजतन, काम करके दिखाने की बजाय दिखावे की राजनीति होने लगती है। धोखे की इस राजनीति को अधिनायकवादी शार्टकट अपनाने के लिए मजबूर होना पड़ता है और जब इससे भी काम नहीं चलता तो अंत में केवल अस्तित्व बचाने की राजनीति ही रह जाती है।

इस दुखद स्थिति से उपजनेवाले इन सभी मुद्दों की गंभीर जाँच-पड़ताल जरूरी है :

१. क्या बहुजातीय और बहुलतावादी समाजों में प्रभावी राजनीतिक समुदाय द्वारा स्वयं को वर्ग और जाति की प्रबल संरचनाओं तक ही सीमित रखने और परिधि के लोगों को प्रज़ा और उपनिवेश की तरह मानना अपरिहार्य है। एथेंस का लोकतंत्र और आधुनिक पश्चिमी लोकतंत्र इस प्रवृत्ति के उदाहरण हैं। संयुक्त राज्य अमेरिका का लोकतंत्र जब बहुजातीय बना अथवा जब ग्रेट ब्रिटेन और कनाडा की राजनीति प्रभावी रूप से बहुजातीय हो गयी तो वहाँ भी ऐसा ही हुआ। अफ्रीका, दक्षिण-पूर्व एशिया के ज्यादातर देशों और भारतीय लोकतंत्र के साथ भी यही हुआ है।

२. क्या उदारतावादी राज्यतंत्र औपनिवेशिक शोषण के लाभों के बिना अपने निचले वर्गों की माँगों को पूरा कर सकता है? क्या आंतरिक उपनिवेशवाद बाहरी उपनिवेशवाद का विकल्प हो सकता है?

३. बहुजातीय समाज में वर्ग का तत्त्व अपनी भूमिका कहाँ तक निभाता है?

४. इसके बाद गरीबी और आर्थिक विकास का सवाल आता है। उदार अंतर्राष्ट्रीयतावाद पर आधारित वैकासिक सिद्धांत ने इस सिलसिले में हमें एक बनी-बनायी समझ भेंट की है कि जो दरिद्र समाज अपने आंतरिक संसाधनों से बचत नहीं कर पाते, उन्हें बाहरी मदद का सहारा दिया जाता है। इस मदद में आसान ऋण और दीर्घकालीन ऋण, वरीयता के आधार पर व्यापार समझौते और प्रौद्योगिकी का हस्तांतरण शामिल है। (पश्चिम की उदारतावादी राजनीति को भी किसी जमाने में बाहरी संसाधनों की मदद मिली थी पर उसमें उपनिवेशवाद के लंबे दौर और उसके शोषणकारी हस्तांतरणों की भूमिका थी।) लेकिन क्या इससे यह प्रकट नहीं होता कि संसाधनों के इन हस्तांतरणों से आंतरिक विषमता और अन्याय में बढ़ोतरी हुई है और क्षेत्रीय, जातीय और वर्गीय परिधियों के संदर्भ में आंतरिक उपनिवेशवाद की समस्या बढ़ी है?

५. इसके अलावा जातीयता और वर्ग का संपूर्ण प्रश्न भी सामने खड़ा है। उदारतावादी लोकतंत्र में सांस्कृतिक और जातीय बहुलता की समस्या उस समय तक परेशान नहीं करती जब तक राजनीतिक समुदाय उच्च और मध्यवर्ग तक सीमित

रहता है। तब तक लोकतंत्र का काम समायोजन और सहयोजन की राजनीति से चलता रहता है। लेकिन जब राजनीति निचले तबकों तक पहुँचती है अर्थात जन-युग में प्रवेश करती है और जब जातीय मतभेद वर्गीय या नववर्गीय चरित्र ग्रहण कर लेते हैं, तब समस्या गंभीर हो जाती है। इसी पृष्ठभूमि में निचले स्तर पर आमूलवादी यानी परिवर्तनकामी प्रवृत्तियाँ पैदा होने और ऊपरी स्तर पर अधिनायकवाद की प्रक्रिया शुरू होने की परिघटना को समझा जा सकता है। वामपंथी (अथवा आमूलवादी) दलों के खत्म हो जाने या व्यवस्था के अंग बन जाने की परिघटना को भी इसी पृष्ठभूमि में समझा जाना चाहिए।

६. उच्च और मध्यवर्ग में सीमित रहनेवाला अर्थात प्रभु-वर्ग के अंदर से उभरनेवाला राजनीतिक समुदाय जब जन-समाज में संक्रमण करता है, तो इस प्रक्रिया में जाति की बदलती हुई प्रकृति भी प्रकट होती है। जाति के जड़ और श्रेणीबद्ध ढाँचे का एक-दूसरे से होड़ में लगे हुए गठजोड़ों के ढाँचे में संक्रमण होता है जिसमें लोकतांत्रिक राजनीति महान उत्प्रेरक की भूमिका निभाती है। इस दौरान समाज-व्यवस्था के बड़े हिस्से का राजनीतिकरण होता है जो उसे कई तरह के समायोजनों की क्षमता प्रदान कर देता है। इसी आधार पर राजनीतिक प्रणाली का विस्तार होता है। राजनीतिकृत हो चुके निचले तबके को इस प्रक्रिया में ऐसे संस्थागत माध्यमों की जरूरत पड़ती है जिनसे अभिजातवर्गीय प्रभुत्व को चुनौती दी जा सके। संस्थागत माध्यमों को उदाहरण के तौर पर अन्याय की भरपायी करनेवाले कानून पास करने और जाति-आधारित सर्वहितकारी राजनीति की व्यापक प्रक्रिया के रूप में समझा जा सकता है।[३] जब ऐसा नहीं हो पाता तो जाति और सामुदायिक अस्मिताओं में निहित मतभेद संस्थागत दायरे से बाहर आ कर विचार-विमर्श के बिना ही सीधे और हिंसक तरीके से आपस में टकराने लगते हैं।

७. यही बात क्षेत्रीय मतभेदों के बारे में भी सही साबित होती है। चूँकि इन्होंने सामान्यतः संस्थागत रूप नहीं लिया है, इसलिए उन्हें सुधारने की उम्मीद बहुत कम है। इसीलिए इसका नतीजा औपनिवेशिक संबंधों के रूप में निकलता है। तीसरी दुनिया के एक बड़े हिस्से में यह नजारा पिछड़े क्षेत्रों के अस्तित्व या किसी समृद्ध क्षेत्र के पिछड़े अंश या संघीय शासन के तहत किसी पिछड़े राज्य के रूप में देखा जा सकता है।

८. राजनीतिक प्रक्रिया की इन असंख्य सांस्कृतिक अभिव्यक्तियों की चुनौती का सकारात्मक जवाब न दे पाने के कारण राजनीतिक प्रभु-वर्ग लोकलुभावनी और जनमत-संग्रही राजनीति का सहारा लेता है। वह धीरे-धीरे संस्थागत मध्यस्थों और (बड़ी राजनीतिक व्यवस्था में) संचालन और संचार के संघीय ढाँचे को नकारने लगता है। इसके बाद उसके पास कुल मिलाकर करिश्माई और जनता से सीधी अपील का हथकंडा ही बचा रहता है। इसी के साथ 'जन-समाज' एक अधिनायकवादी राजनीतिक प्रणाली और उसके शिकंजे में फँसी राज्य-व्यवस्था का पोषक बन जाता है। लोकलुभावनी राजनीति की तरफ उठाये गये इस कदम से अन्य

क्षेत्रों में तनाव बढ़ता है। इसमें सत्ता के शीर्ष पर बैठे अभिजनों और उसके सूबेदारों की कार्यशैली भी अपना योगदान करती है। धार्मिक अल्पसंख्यकों और भाषा और क्षेत्रवाद की राजनीति पर इसका असर विशेष रूप से खराब पड़ता है क्योंकि हाशिये पर पड़े समूहों में भी ये समूह सर्वाधिक संवेदनशील होते हैं। इन समूहों (आर्थिक से ज्यादा सामाजिक) के प्रति चिंता प्रदर्शित करना एक लाभदायक खेल में बदल जाता है। परिणामस्वरूप, संभावनाओं और संसाधनों के सामान्य विस्तार के जरिये बहु-धार्मिक और बहु-नस्ली राजनीतिक प्रणाली बनाने की दीर्घकालीन प्रक्रिया खंडित हो जाती है। स्थानीय समुदायों में तनाव बढ़ता है और उन कारकों को महत्त्वहीन बना दिया जाता है जो संबद्धता और संघटन के पक्ष में काम करते हैं।

९. तनाव पैदा करनेवाली ये सभी प्रक्रियाएँ और राजनीति की मध्यमार्गी भूमिका का ह्रास असल में मनमुटाव, संकीर्ण अलगाववाद और उसकी कोख से पैदा होनेवाले विखंडन का बीज बोता है। इसे रोकने के लिए ज्यादा-से-ज्यादा दमन का सहारा लेते हुए सामाजिक प्रबंधन के मुद्दे को कानून-व्यवस्था और सुरक्षा के मुद्दों में बदलने का हथकंडा अपनाया जाता है। इसी के साथ क्षैतिज (अंतर-सामुदायिक) और ऊर्ध्व (राज्य और जनता के बीच) हिंसा को बढ़ावा दिया जाता है। हालाँकि यह परिघटना राजनीतिक चेतना में वृद्धि और निचले तबके और परिधि पर स्थित समुदायों के राजनीतिकरण के माहौल में होती है, फिर भी इसके लिए लगातार लोकलुभावन हथकंडों और बेहद अमूर्त किस्म की जज्बाती अपीलों का सहारा लेना जरूरी हो जाता है। विदेशी खतरे या आंतरिक विपक्ष से खतरे का राग अलापा जाता है। यह अपील युद्ध या राजनीतिक हत्याओं सरीखी असाधारण स्थितियों में तो गले उतर जाती है, पर इसका तर्क ज्यादा दिनों तक नहीं टिकता।

१०. इस तरह के लोकलुभावन नाटक की राजनीति अभिजात वर्ग की परस्पर सहमति और खेल के निश्चित नियमों पर आधारित राजनीतिक प्रक्रिया को भी नष्ट कर देती है। कोई भी राजनीतिक प्रणाली न्यूनतम मूल्यों और लक्ष्यों को माननेवाले आधिकारिक प्रभु-वर्ग के बिना नहीं चल सकती। लोकलुभावनवाद जनता और अभिजात वर्ग, दोनों की भूमिका को नष्ट कर देता है।

११. दरअसल, सर्वहितकारी न्याय को भी उसी तरह संस्थागत रूप दिया जाना चाहिए जिस तरह उदारतावादी स्वतंत्रताओं और उन धारणाओं को दिया गया है जिनकी मिसाल 'कानून की नजर में सब बराबर हैं' जैसी उक्तियों में मिलती है। संसदीय लोकतंत्र या आर्थिक विकास से सर्वहितकारी न्याय अपने आप नहीं आ जाता। इसका राष्ट्रीय विकास की योजना और राज्य के ढाँचे की प्रकृति में सचेत समावेश करना पड़ता है।[४] इस काम में असफल रहने पर उदारतावादी स्वतंत्रता भी व्यापक जनता के लिए किसी काम की नहीं रह जाती। समानता एक खोखला नारा लगने लगती है और उसका प्रयोग उपलब्ध स्वतंत्रता का हरण करने के लिए होने लगता है। इस स्थिति में गरीबों को लाभ पहुँचाने की बजाय उनकी उम्मीदों को बढ़ा कर इसी आधार पर उनकी वफादारी और वोट हासिल किये जाते हैं।

१२. व्यवस्था विचारधारात्मक रूप से तो न्याय पर आधारित रहती है, लेकिन संस्थाकरण से वंचित होने के कारण उस पर शिक्षित-अर्द्धशिक्षित और अन्य प्रभावशाली लोगों के संबंधियों का दबाव पड़ता है। यह दबाव राज्य के उपकरण में सामान्य क्षमता से ज्यादा तनाव पैदा कर देता है। इससे भारी संख्या में लंपट तत्त्व व्यवस्था में घुसपैठ कर लेते हैं। ये लोग अर्थव्यवस्था पर बोझ बन जाते हैं। इस तरह शहरी मध्यवर्ग की परजीविता की शुरुआत होती है।

१३. पश्चिमी लोकतंत्रों में उदारतावादी राजनीतिक प्रणाली की खामियों की भरपायी करने के लिए ही लोकहितकारी राज्य और (कारपोरेट सेक्टर के लोकतांत्रिक संस्करण के रूप में) पब्लिक सेक्टर की रचना की गयी है। लेकिन नवजात राज्य यह काम इतनी कुशलता से नहीं कर पाये। उनके पास न तो सुसंरक्षित संस्थागत उपकरण थे और न ही वे परंपराएँ थीं जो उन्हें निजी अतिक्रमण और भ्रष्ट आचरण से बचा सकतीं। कल्याणवाद और विकासवाद, दोनों उत्तरोत्तर ताकतवर होते हुए राज्य द्वारा साधन-संपन्न वर्ग को लाभ पहुँचाने के उपकरण बन गये। ऐसे राज्य में नियोजित विकास मौजूदा असमानताओं और न्याय-संबंधी विषमताओं को और मजबूत करता है। शिक्षा, स्वास्थ्य, सहकारिता, आदि सभी कुछ दुराचरण, हानि और अभाव के शिकार हो जाते हैं। ऊपर से राज्य का उपकरण अधिकाधिक विराट रूप लेता चला जाता है।

१४. यही नियम जमीनी संघर्षों और विवादों पर भी लागू होता है। ये संघर्ष कुछ देशों में वंचित तबकों, मजदूर वर्ग और किसानों के शक्तिशाली आंदोलनों के रूप में विकसित हो चुके हैं। इन आंदोलनों के दबाव ने इसी अवधि में पश्चिमी दुनिया में लोकतांत्रिक प्रक्रिया के अंदर मजबूत सामाजिक और आर्थिक तत्त्वों का समावेश किया है। इन तत्त्वों ने समाज के आधार और अर्थव्यवस्था की सतह से ले कर राष्ट्रीय स्तर तक अपना असर डाला है। इन्होंने राज्य की प्रकृति को बदला है और प्रभु-वर्ग का स्वरूप और संरचना भी परिवर्तित की है। लेकिन, इसके बावजूद कालांतर में मुनाफा कमाने को उत्सुक कारपोरेट पूँजीवाद के प्रभाव के तहत पश्चिमी दुनिया की लोकतांत्रिक प्रक्रिया में अंतर्राष्ट्रीय सैन्यीकरण और नये तकनीकतंत्रीय रुझान ने सेंध लगा ली। तकनीकतंत्रीय रुझान राजनीतिक प्रक्रिया की जगह प्रबंधकीय और तकनीकतंत्रीय मूल्यों को स्थापित कर रहा है। फिर भी, पहले हासिल की जा चुकी लोकतांत्रिक उपलब्धियाँ पूरी तरह से नष्ट नहीं हुई हैं। दरअसल, पश्चिम के मुकाबले विकासशील विश्व के बड़े हिस्से में राष्ट्र की संस्था को उपलब्ध करना बहुत कठिन साबित हुआ है। इन दूर-दूर तक फैले हुए राज्यतंत्रों को एकीकृत करना आसान नहीं था। ऊपर से यहाँ का राज्य तंत्र भाषा, जातीयता, धर्म और जाति के विभेदों से भरा हुआ था। इन पहलुओं ने राज्य को राष्ट्र बनने से रोका। असल में इन क्षेत्रों का राज्य-सरकार और सत्तारूढ़ गुट का पर्याय बन कर रह गया। जाहिर है कि इन बहुसांस्कृतिक, बहुभाषी और वास्तव में बहुराष्ट्रीय समाजों में राज्य की संरचना और गठन के बारे में बुनियादी पुनर्विचार की जरूरत

है क्योंकि इसी दायरे में न्याय, लोकतंत्र और सामाजिक परिवर्तन का संघर्ष किया जाना है।

१५. विकासशील देशों में मध्यमार्गी राज्य और लोकतांत्रिक मूल्यों के इस क्षय को कई महत्त्वपूर्ण अंतर्राष्ट्रीय प्रवृत्तियों ने और बढ़ाया है। तीसरी दुनिया के स्थानीय प्रभु-वर्ग की महत्त्वाकांक्षाओं और शोषण को चुनौती देनेवाले स्रोतों को व्यवस्था का अंग बनने के खगोलीय प्रयासों के बीच काफी हद तक अनुकूलता दिखायी दे रही है। इसका सबसे महत्त्वपूर्ण वाहक तीसरी दुनिया के समाजों का सैन्यीकरण रहा है। तीसरी दुनिया में उठे कई नारों को भी अंतर्राष्ट्रीय रणनीति के तौर पर हड़प लिया गया है। उदाहरण के लिए 'बुनियादी जरूरतें', 'आत्मनिर्भरता', 'विकास की वैकल्पिक रणनीति' और यहाँ तक कि 'नयी अंतर्राष्ट्रीय अर्थव्यवस्था' का नारा भी। यह सब विकासशील देशों को विकास का ऐसा मार्ग अपनाने के लिए प्रेरित करने के मकसद से किया जा रहा है जिसमें विश्व के संसाधनों पर कम-से-कम बोझ पड़े और नतीजतन मौजूदा अंतर्राष्ट्रीय व्यवस्था को कम-से-कम तनाव झेलना पड़े।

१६. सैन्यीकरण और अंतर्राष्ट्रीय वैकासिक रणनीति की नयी अवधारणा के साथ तीसरी दुनिया को एक खास हद में रखने का नया सिद्धांत गढ़ा गया है।[५] इसके पीछे नजरिया यह है कि विकसित देशों ने जो जीवन-स्तर और जीवन-शैली हासिल की है, उसे तीसरी दुनिया के अतिक्रमण से बचाना चाहिए और अगर जरूरत पड़े तो इसके लिए तीसरी दुनिया के देशों में सीधी दखलंदाजी भी करनी चाहिए। इस नये सिद्धांत में कई तरह की रणनीतियाँ शामिल हैं। उनमें दुनिया में नये सत्ता-केंद्रों को विश्व-व्यवस्था का अंग बनाने से ले कर संसाधनों के प्रश्न पर अपनाये जानेवाले कूटनीतिक हथकंडे और प्रौद्योगिकी हस्तांतरण का मॉडल भी शामिल है। यह मॉडल उन्हें एक बार फिर इन सत्ता-केंद्रों के अमीर देशों पर निर्भर ही नहीं, बल्कि उनका बेहद ऋणी बना देता है। इसके अलावा इसमें तीसरी दुनिया की वास्तविक या संभावित चुनौती के खिलाफ रणनीतिक 'प्रतिरक्षा' का सिद्धांत भी है।[६] ये सभी हालात तीसरी दुनिया में उदारतावादी और समतावादी आंदोलनों के लिए गंभीर खतरा पैदा करते हैं क्योंकि इनसे जनता के व्यापक तबकों को स्वतंत्रता और समता की संभावना पहले से कहीं ज्यादा दूर लगने लगती है।

१७. संस्थागत दृष्टि से विकास के इस सिद्धांत ने केंद्रीकृत संस्थाओं में बढ़ते विश्वास को बल दिया है। दरअसल, मुक्त समाज के उदारतावादी सूत्रीकरण और वर्गविहीन समाज के कम्युनिस्ट सूत्रीकरण ने भी सामाजिक लक्ष्यों की प्राप्ति के लिए केंद्रीकृत नौकरशाही की भूमिका को स्वीकार किया है। इसी कारण से जन-भागीदारी के मूल्यों की प्रमुखतावाले जमाने में भी जन-भागीदारी का कोई खास अर्थ नहीं था। विकसित देशों के अंदर सामाजिक प्रक्रियाओं में नागरिकों की भागीदारी की क्षमता गंभीर रूप से सीमित हो गयी है क्योंकि तकनीकतंत्रीय राज्य के विकास के साथ ज्यादातर संस्थाओं का बेहद केंद्रीकरण हो गया है। इस अर्थ में औपचारिक रूप से लोकतांत्रिक देश (उनमें से ज्यादातर) और वे देश, जो प्रकट

रूप से लोकतांत्रिक केंद्रवाद में विश्वास करते हैं, के बीच ज्यादा फर्क नहीं रह गया है। जहाँ तक तीसरी दुनिया के देशों का सवाल है, उनमें से ज्यादातर घरेलू और अंतर्राष्ट्रीय क्षेत्र में अधिनायकवादी प्रवृत्तियों के शिकार हैं। यह सब विकास के नाम पर हो रहा है। इस दौर में विकासवाद राज्य के लिए सबसे महत्त्वपूर्ण तर्क के रूप में उभरा है। विकास-संबंधी संपूर्ण चिंतन में यह परिस्थिति प्रमुख सैद्धांतिक परिवर्तन की गुंजाइश प्रदान करती है।

१८. यहाँ दो और सैद्धांतिक परिवर्तनों का उल्लेख किया जा सकता है। इनसे एक विचारधारात्मक प्रवृत्ति के क्षरण को और बढ़ावा मिल रहा है जिसकी वजह से दुनिया के बड़े हिस्से में गरीब और विस्थापित हाशिये पर फेंके जा रहे हैं। पहला परिवर्तन तो यह है कि अब 'प्रगति के सिद्धांत' में दिलचस्पी घट गयी है। इस सिद्धांत के मुताबिक माना जाता था कि प्रगति और आधुनिकीकरण के फल पूँजीवादी वृद्धि और विकास की गतिशीलता के माध्यम से हर व्यक्ति तक और हर जगह पहुँच जायेंगे। लेकिन नये भूमंडलीय चिंतकों के सोच पर अब यह बात हावी नहीं रह गयी है। इस सोच की जगह अब राष्ट्रीय और अंतर्राष्ट्रीय सुरक्षा पर जोर, संसाधनों के प्रवाह के आश्वासन, समाज के निचले तबके, 'सामाजिक आंदोलनों' और आमूलवादी दायरों से उठनेवाली माँगों पर नियंत्रण और अंतर्राष्ट्रीय स्तर पर बननेवाली और क्षेत्रीय स्तर पर लागू होनेवाली दमन की तकनीकों के जरिये आतंकवाद पर काबू पाने की कोशिशों ने ले ली है। जो वैकल्पिक दृष्टिकोण पेश किया जाता है वह औद्योगिक स्तर पर सक्षम, 'मजबूत' और शक्तिशाली राज्यों का है। ऐसे राज्यों को सूबेदारों की भूमिका निभानी होगी और उस अंतर्राष्ट्रीय मध्यवर्ग के लिए उपभोग और जीवन-शैली के पैकेज प्रदान करने होंगे जो जोर-शोर से नयी सहस्राब्दि में प्रवेश करना चाहता है। तकनीकतंत्रीय भविष्य के इस मॉडल में उन लोगों की कोई जगह नहीं है जिनकी नयी प्रौद्योगिकी और संसाधनों तक पहुँच नहीं है। ये लोग कचरे या परजीवियों की तरह फेंक दी जानेवाली फालतू चीज समझे जानेवाले हैं।

१९. एक अन्य उल्लेखनीय सैद्धांतिक परिवर्तन अभी-अभी शुरू हुआ है। यह विकास की रणनीति और प्रौद्योगिकी के भीतर हो रहा है। यह परिवर्तन विकास के औद्योगिक तरीके और उसके बुनियादी ढाँचे पर जोर देने के सिद्धांत के महत्त्व को कम करता जा रहा है। विकास की औद्योगिक शैली में आर्थिक ऊर्जा के नवीकृत न हो सकनेवाले पारंपरिक संसाधनों पर निर्भरता प्रमुख थी। औद्योगिक विकास ने शहरी इलाकों में स्थित आधुनिक कारखाने को उत्पादन और प्रबंधन के विशिष्ट प्रारूप की तरह ग्रहण किया था। इसके विपरीत अब ग्रामीण इलाकों, उनकी कृषि व्यवस्था, वानिकी, सूखी और परती जमीन के नये तरीके से शोषण, और पानी, बिजली और ऊर्जा स्रोतों के दोहन के लिए नयी परियोजनाओं पर जोर दिया जा रहा है। यह नया और विशिष्ट प्रारूप नवीकृत हो सकनेवाले गैरपारंपरिक प्राकृतिक संसाधनों के विकेंद्रित प्रबंधन पर आधारित होगा। यह परिवर्तन एक हद तक उस

नयी अंतर्राष्ट्रीय अर्थव्यवस्था का फलितार्थ है जिसमें एक तरफ माँग से ज्यादा औद्योगिक उत्पादन की समस्या है और दूसरी तरफ कारखाना आधारित उत्पादनों (कपड़ा, इस्पात या मशीनी माल) का मुनाफा घटता जा रहा है। यह एक हद तक ऊर्जा–नीति में आये उस दीर्घकालीन परिवर्तन का भी परिणाम है जिसमें पेट्रोरसायन और यहाँ तक कि नाभिकीय ऊर्जा की बजाय वनों, ऊर्जा और नाइट्रोजन–संवर्धन पर जोर दिया जा रहा है। किसी हद तक यह अमीर देशों की बदलती उपभोग प्रणाली का भी परिणाम है जिसके कारण वहाँ खेतिहर उत्पादों, भोजन और श्रम–प्रधान लेकिन बेहद नफीस ढंग से संसाधित उत्पादों की माँग बढ़ रही है। इस माँग को कथित 'अनौपचारिक' क्षेत्र के बाहर विकेंद्रित खेती के जरिये ही पूरा किया जा सकता है।

२०. इसीलिए जमीन, जंगल, परती और पहाड़ी इलाकों के पारंपरिक संसाधनों का नये सिरे से आकलन किया जा रहा है। इसी वजह से सामुदायिक संसाधनों, जैसे गाँव की साझा जमीन, वगैरह के उदारीकरण, निजीकरण और अधिग्रहण की प्रक्रिया के माध्यम से उपनिवेशीकरण का दौर एक बार फिर चल निकला है। ये सभी काम ग्रामीण इलाकों में आसानी से किये जा सकते हैं क्योंकि वहाँ के संसाधन किसी–न–किसी प्रकार से आज भी निजी हाथों में ही हैं। इसके अलावा, वहाँ इस काम को निर्यात और जैव–प्रौद्योगिकी जैसे तकनीक और जीन–संबंधी संसाधनों के आधुनिकीकरण के नाम पर सही भी ठहराया जा सकता है। इसमें भूमि–परिसीमन पर अभी शुरुआती पाबंदियाँ मददगार हो सकती है। कुल मिलाकर नयी प्रौद्योगिकी का यह प्रभाव कारपोरेट क्षेत्र और बहुराष्ट्रीय निगमों की बढ़ती हुई ताकत में मददगार ही साबित होने जा रहा है।

२१. इन कारणों से धीरे–धीरे राज्य की भूमिका घटती जा रही है। सत्ता निजी कंपनियों के हाथों में पहुँचती जा रही है। राज्य और पूँजीपति वर्ग के रिश्तों के बारे में समग्र चिंतन महत्त्वपूर्ण बदलाव के दौर से गुजर रहा है। शुरुआत में विचार यह था कि राज्य निगरानी का काम करेगा और बाजार पूरे कारोबार को अपने हाथ में ले लेगा। साथ में वह लोक कल्याणकारी विचारधाराओं के प्रभाव में राज्य की अधिक सकारात्मक भूमिका को भी स्वीकार करेगा। कुछ विकासशील, विशेष कर देर से उद्योगीकृत हो रहे देशों में तो राज्य ने बहुराष्ट्रीय कंपनियों से सीधा संबंध बना लिया था क्योंकि वहाँ का पूँजीपति वर्ग कमजोर था। पर अब स्थिति यह नहीं रह गयी है। हाल ही में तीसरी दुनिया के आगे बढ़ने और विश्व–बाजार में शामिल होने के साथ ही राज्य की भूमिका फिर बदल गयी है। अब वह एक बार फिर अंतर्राष्ट्रीय शक्तियों का एजेंट बन रहा है। उदारीकरण और निजीकरण के मॉडल को स्वीकार करने के साथ बाजार ने एक बार फिर आर्थिक हितों के सरपंच की भूमिका अपना ली है।[७]

२२. राज्य की भूमिका में होते ह्रास और नये प्रौद्योगिकीय दबाव में आर्थिक गतिविधियों के बहुराष्ट्रीयकरण की इन दो प्रक्रियाओं के साथ हम जनोन्मुखी

राजनीति के युग का पतन भी देख सकते हैं। आर्थिक रूप से यह अराजनीतिकरण और 'राजनीति की आमतौर पर गिरती साख' का परिणाम है। आंशिक रूप से यह गरीब तबके को हाशिये पर फेंके जाने का नतीजा भी है। वजह साफ है, 'भविष्य' की तरफ बढ़ रही इस व्यवस्था को इन वंचितों की कोई जरूरत नहीं है।

२३. इसके बावजूद हकीकत यह है कि यह जनजागरण का दौर भी है। दबी-कुचली आबादी द्वारा अपने अधिकारों पर उत्तरोत्तर जोर देने और समाज के निचले हिस्से में सामाजिक उथल-पुथल का दौर है। यही वह मोड़ है जिस पर बहुलतावादी समाजों की लोकतांत्रिक प्रक्रिया अत्यधिक समस्याग्रस्त दौर में प्रवेश कर रही है।

उनकी विविधता इस प्रक्रिया से टकरा कर नये तरह की विकृतियाँ पैदा कर रही है। अब सांप्रदायिक, संकीर्णतावादी और कट्टरपंथी ढर्रे पर नयी चेतना फैलाने का प्रयास हो रहा है ताकि राष्ट्रवादी मूल्यों को अंधराष्ट्रवादी भावना से नष्ट किया जा सके और जरूरी आर्थिक मुद्दों से ध्यान हटाया जा सके। कोशिश की जा रही है कि आदर्शवाद और युवाओं के आवेश और भावनाओं को बहुसंख्यक या किसी अल्पसंख्यक समुदाय के सामुदायिक हितों और अस्मिताओं की रक्षा में लगा दिया जाये। एक बार अगर ऐसा हो गया तो विविधता विखंडन में पतित हो जायेगी और 'हर कीमत पर एकता' कायम करने का दुराग्रह छा जायेगा।

२४. लोकतांत्रिक प्रक्रिया के इस पतन में एक तत्त्व चुनावी राजनीति का सांप्रदायिकीकरण भी है। अभी तक नागरिक अधिकारों और जनता के लिए अवसरों के विस्तार के लिए चुनावी राजनीति को अहम समझा जाता था। सांप्रदायिक और कट्टरपंथी अपील के प्रभावी होने के साथ सत्तारूढ़ गुट की यह प्रवृत्ति बनती जा रही है कि जनता में राष्ट्रीय एकता और सुरक्षा के प्रति गहरी बेचैनी पैदा कर अपना आधार मजबूत किया जाये और चुनावी लड़ाई को जनमत-संग्रही उपकरण में बदल दिया जाये, अथवा चुनाव की लोकतांत्रिक प्रक्रिया से ऐसी अंधराष्ट्रवादी या फासीवादी शक्ति पैदा की जाये जो मौजूदा शासन को उखाड़ कर ज्यादा क्रूर शासन स्थापित करे।[८] इतिहास में इसकी कई मिसालें मौजूद हैं।

२५. इन सभी परिवर्तनों का मिला-जुला प्रभाव एशिया और अफ्रीका की सांस्कृतिक अस्मिता और सभ्यतामूलक मूल्यों के लिए खतरा पैदा कर रहा है। लातीनी अमेरिका को इस प्रक्रिया में जो तकलीफ उठानी पड़ रही है, वह तो कुछ और अलग और उत्कट किस्म की है। इन गरीब समाजों के पारंपरिक रक्षाकवच भी उनकी आँखों के सामने तार-तार होते लग रहे हैं। उनका प्रौद्योगिकीय ज्ञान नष्ट किया जा रहा है, उनकी पारंपरिक जीवन-शैली और साझा धरोहर को कमजोर किया जा रहा है।

जिस धार्मिक और ब्रह्मांडीय चिंतन के दम पर ये समाज तेजी से हो रहे परिवर्तनों के आघात को झेल पाये और जीवित बने रहे, उसी चिंतन को आधुनिकीकरण के सिद्धांत पर आधारित विचारधारात्मक विन्यास से नष्ट किया जा

रहा है। आधुनिकीकरण के इस सिद्धांत की उत्पत्ति पश्चिम में बहुत पहले हुई थी और इसका नया रूप विकासशील देशों के लिए विकास के सिद्धांत के रूप में सामने आ रहा है।[९]

भारत की स्थिति

पूरी दुनिया में सिर्फ कुछ ही समाज ऐसे हैं जहाँ आधुनिक युग के केंद्रीकरण और समरूपीकरण के जबरदस्त दबाव के बावजूद राज्य को मानव-स्वतंत्रता और सामाजिक न्याय का एक उपकरण बनाया जा सका है। यह सही है कि इन सभी समाजों में लोकतंत्र नये-नये खतरों का सामना कर रहा है लेकिन इन्हीं समाजों में वे विशिष्ट गुण भी मौजूद हैं जिनके कारण सर्वसत्तावादी प्रवृत्तियाँ संयमित की जा सकी हैं।

नि:संदेह विकासशील देशों में इस तरह के मध्यमार्गी राज्य का प्रमुख उदाहरण भारत है। मैं इस आलेख में भारतीय राज्य की उत्पत्ति के पूरे इतिहास में नहीं जाना चाहता। न ही मैं उन बुनियादी सांस्कृतिक रीति-रिवाजों पर चर्चा करना चाहता हूँ जिन्होंने इस तरह के विकास को स्थायित्व दिया। मैंने इस प्रश्न पर अन्यत्र विचार किया है।[१०] मैं यहाँ भारत के मध्यमार्गी राज्य और लोकतांत्रिक राजनीतिक प्रणाली की पड़ताल करना चाहता हूँ कि ये दोनों १९४७ से (और १९७५ के बाद दुर्बल की स्थिति में) कैसे काम कर रहे हैं। मैं उसकी शक्ति के क्षय के कारणों पर चर्चा करना चाहता हूँ। मैं उन्हें एक जागरूक नागरिक वर्ग की तरफ से उठती उन संरचनागत परिवर्तनों की माँगों की चुनौतियों से जोड़ कर देखना चाहता हूँ जिन्हें अंजाम दे पाने में भारत का पश्चिमीकृत प्रभु-वर्ग अपने को अक्षम पा रहा है।

भारतीय मॉडल

यथार्थपरक मूल्यांकन करने के लिए हमें दो बातें दिमाग में रखनी होंगी। पहली बात यह कि जब भारत एक राष्ट्र के तौर पर वयस्क हुआ तो वह उन शक्तिशाली मानवतावादी परंपराओं का उत्तराधिकारी बन चुका था जो पश्चिमी जगत और पश्चिम की चुनौती के जवाब में पुनर्जाग्रत पूर्वी जगत की अन्योन्यक्रिया से पैदा हुई थीं। इन मूल्यों में कुछ प्रमुख मूल्य ऐसे थे जिन्हें इसी अन्योन्यक्रिया के परिणामस्वरूप आत्मसात कर लिया गया था। ये स्वतंत्रता और लोकतंत्र, राष्ट्रीय आत्मनिर्णय और आत्मनिर्भरता, समानता और सामाजिक न्याय, गरीबों और व्यापक समाज की सेवा के मूल्य थे। ये मूल्य गाँधी की स्वराज्य की अवधारणा में एक साथ संश्लेषित थे।

दूसरी बात यह है कि भारतीय नेतृत्व ने इन मूल्यों को साकार करने के लिए विकास का एक विशिष्ट मार्ग चुना और उसी को अपना संकल्प बनाया। हाँ, यह जरूर है कि भारतीय नेतृत्व ने इस बात पर विचार नहीं किया कि अंतत: इसके

परिणाम क्या होंगे। एक अर्थ में यह ठीक ही था क्योंकि अगर नेतृत्व को अपने द्वारा चुने गये मार्ग के सभी परिणामों का अनुमान होता, तो वह इतनी निर्भीक और ऐतिहासिक यात्रा शुरू करने का साहस भी न करता। मानव-इतिहास की कुछ युग प्रवर्तक घटनाओं के पीछे एक कारण यह भी रहा है कि उन परिवर्तनों के उत्प्रेरक और उन्हें शुरू करनेवालों को अपनी कार्रवाई के संपूर्ण परिणामों का अनुमान ही नहीं था। यही स्थिति समकालीन भारत की भी रही। यहाँ जो मॉडल अपनाया गया, उसने समय के साथ ऐसे आकस्मिक परिवर्तन किये जिनसे सर्वथा नवीन और अतीत से कतई असंयुक्त संरचनाओं ने जन्म ले लिया। इस मॉडल ने ऐसे मुद्दों को उघाड़ा जिनके बारे में अनुमान भी नहीं लगाया जा सकता था। उसने ऐसी द्वंद्वात्मकता पैदा की, जिसे झेलना अब व्यवस्था के बस की बात नहीं रह गयी है। लेकिन फूँक-फूँक कर कदम उठाते हुए और ढीले-ढाले ढंग से अपनी दिशा तय करने से अच्छा था कि इतिहास की धारा के साथ चलते हुए उसमें हस्तक्षेप किया जाता और इस दौरान उठनेवाली चुनौतियों का सामना किया जाता।[११]

विकास के भारतीय मॉडल की विशिष्टता का अहसास रखनेवाले लोग आसानी से देख सकते हैं कि पहली पीढ़ी के नेताओं ने जो कदम उठाये, वे न तो कायरतापूर्ण थे और न ही बहुत ज्यादा चौकन्ने होकर उठाये गये थे। यह एक ऐसा मॉडल था जिसमें चार मौलिक उद्देश्यों के लिए काम करने का संकल्प निहित था :

पहला उद्देश्य था, एक बेहद जटिल और विविधतामूलक सामाजिक ढाँचे का राष्ट्रीय संघटन करना। दूसरा उद्देश्य था, उस आबादी का जीवन-स्तर बढ़ाने के लिए आर्थिक विकास करना, जिसकी आय का स्तर एक सदी से स्थिर था या गिरता रहा था। तीसरा उद्देश्य था, उस समाज में सामाजिक समानता कायम करना जो सदियों से असमानता के सिद्धांत पर आधारित था। चौथा उद्देश्य था, एक ऐसी संस्कृति में राजनीतिक लोकतंत्र कायम करना, जो दर्जे और सामाजिक श्रेणीक्रम पर आधारित थी और जहाँ सत्ता एक छोटे से प्रभु-वर्ग के हाथों में केंद्रित थी। दुनिया में और कहीं भी इतने विकट कामों का बीड़ा इतने बड़े स्तर पर नहीं उठाया गया था। इसके अलावा यह ऐसी योजना थी जो भारतीय अतीत के अवदानों से भी हटकर थी। अतीत से भारत को जो धरोहर मिली थी, वह अराजनीतिक, चौतरफा, विस्तृत, अनुदार और श्रेणीक्रम पर आधारित समाज की थी। हालाँकि, इस धरोहर में वे महत्त्वपूर्ण तत्त्व भी थे जो लोकतंत्रीकरण की प्रक्रिया में सहायक सिद्ध हुए। फिर भी यह मानना पड़ेगा कि विविध उद्देश्यों को एक साथ ले कर चलने की नेतृत्व की इसी प्रवृत्ति के कारण ही भारत की समृद्ध विरासत की सर्जनात्मक संभावनाओं का उपयोग हो सका।

भारत ने अभूतपूर्व ढंग से इन सभी कार्यों को एक साथ उठाया। उसने लोकतांत्रिक राजनीतिक प्रक्रिया को संपूर्ण कार्य-योजना का केंद्रीय तत्त्व बनाया और राष्ट्र-निर्माण, आर्थिक विकास और समतावादी समाज-व्यवस्था बनाने जैसी

अन्य प्रमुख प्रक्रियाओं को लोकतांत्रिक प्रक्रिया पर आश्रित कर दिया। लोकतांत्रिक सिद्धांत ने एक ऐसे सामाजिक ढाँचे को बदलने की कोशिश की जो सदियों से दकियानूसी और जड़ होकर अपनी आंतरिक जीवंतता खो चुका था। इसके लिए सत्ता का आधार उत्तराधिकार में मिले दर्जे की बजाय संख्या की शक्ति को बनाया गया। संख्या मे छोटी लेकिन पारंपरिक रूप से जमी हुई द्विज जातियों के खिलाफ अब तक प्रजा समझी जानेवाली जातियों की चेतना को जगाया गया। जाति और सामुदायिक संबंधों में कर्मकांडीय और तबकाई विभाजनों के खिलाफ जाति और धर्म से निरपेक्ष रहनेवाले तत्त्व को प्रधानता दी गयी। चौधराहट से उपजनेवाले संरक्षण और सत्ता के पुराने ढाँचे को अस्त-व्यस्त किया गया।

लोकतांत्रिक सिद्धांत से उपजे मूल्यों, उनके द्वारा पोषित संस्थाओं और उन्हें धरती पर उतारनेवाले व्यावहारिक राजनीतिक रूपों ने मिल-जुल कर अतिविविध, तरह-तरह से विभाजित और मूलतः बहुल और खंडित सामाजिक ताने-बाने को जोड़ने का सूत्र प्रदान किया। यह भारत में लोकतंत्र की बहुत बड़ी उपलब्धि थी क्योंकि उसने असंख्य विविधताओं और विभेदों से अपनी एकता की शक्ति अर्जित की थी। उसे एक नेता या एक पार्टी या एक विचार के तहत किसी निर्जीव एकरूपता के साँचे में देश को ढालने की जरूरत नहीं थी। वास्तव में भारत के अब तक के अनुभव के अनुसार (इसमें उन अवधियों को भी शामिल किया जा सकता है जब भारत अपने बुनियादी मॉडल से अलग हटा था) कहा जा सकता है कि सिर्फ इसी तरह से राष्ट्रीय संघटन का लक्ष्य हासिल किया जा सकता है। इतनी बड़ी विविधता को इस तरह एकीकृत करने में लोकतांत्रिक राजनीतिक प्रणाली की अहम भूमिका है। अब मैं भारतीय प्रणाली के संरचनात्मक चरित्र और उसकी जीवंत संस्कृति की पड़ताल करूँगा।

कांग्रेस-प्रणाली

भारतीय व्यवस्था ने दो प्रत्यक्षतः विपरीत राजनीतिक और मनोवैज्ञानिक दबावों के इर्द-गिर्द अपना आकार ग्रहण किया। एक तरफ स्थिति यह थी कि सभी लोग सहमति और सहयोग की आवश्यकता पर जोर दे रहे थे। यह प्रवृत्ति विशेष कर राजनीतिक विखंडन और फूट के लंबे इतिहास की याद दिलाते हुए संघटन का तर्क प्रस्तुत करती थी। इसी दौरान प्रतिद्वंद्वितामूलक दलीय राजनीति के अबाध विकास और सामाजिक और प्रशासकीय ढाँचे में कई स्तरों पर उसकी घुसपैठ से प्रतियोगिता और असहमति का त्रिभेदित और अतिविविध ढाँचा पैदा हुआ। इस संरचना ने अपने को अब तक के सर्वाधिक नये रूपों में प्रकट किया। विपक्ष से ले कर सत्तारूढ़ वर्ग तक में कई तरह के सामाजिक और राजनीतिक गुटों का उदय हो गया। राष्ट्र-निर्माण का एक विलक्षण तरीका पैदा हुआ जिसमें गुटों की बदलती संरचना के बीच मतैक्य की सतत तलाश की जानी थी। यह तरीका कई तरह से अनेकता में एकता ढूँढ़ने की भारत की लंबी परंपरा का ही वर्तमान रूप था।

भारत के शासक वर्ग का निर्माण एक बहुत छोटे और समरूप (उच्च वर्गीय, अंग्रेजी शिक्षित) विशिष्ट वर्ग से हुआ था। इसी शासक वर्ग से विपक्षी तत्त्व भी निकले। इस स्थिति को निम्न प्रक्रियाओं ने और मजबूती प्रदान की :

(अ) कांग्रेस पार्टी के शासन का दौर बहुत लंबा रहा। कांग्रेस के ढाँचे और उसके द्वारा बनाये गये सरकारी संरक्षक ढाँचे के भीतर विपक्ष की असरदार संरचनाएँ उभरीं।

(ब) कांग्रेस ने आत्मसातीकरण की ऐसी प्रक्रिया अपनायी जिसके तहत उसने चुन-चुन कर अन्य सामाजिक वर्गों के नेताओं को सत्ता के ढाँचे में सहयोजित किया।

(स) कांग्रेस के प्रभुत्व को चुनौती देनेवाले तत्त्वों का कांग्रेस के भीतर समाजीकरण हो गया।

भारत में विभिन्न समूहों-उपसमूहों को इकट्ठा करके एक ढीले और अनियत संगठनात्मक ढाँचे में समायोजित करने की खास परंपरा रही है। यह प्रवृत्ति पारंपरिक भारतीय समाज की सांस्कृतिक पद्धति को प्रतिबिंबित करती है। नतीजतन, प्राधिकार के ऐसे विखंडित और अनियत ढाँचे का उदय हुआ जिससे निकलनेवाला विपक्ष और भी अधिक विखंडित था। जाहिर है कि इस विपक्ष का स्वरूप भी शासनरत समूह जैसा ही लगता था। इसी परिस्थिति के कारण पक्ष-विपक्ष में दृष्टिकोण और दायरे का फर्क करना मुश्किल हो गया। सभी इकाइयों को शासक वर्ग के रूप में परिभाषित करने जैसी हालत पैदा हो गयी।[१२]

यहाँ यह ध्यान रखना जरूरी है कि हमारी राजनीति में विपक्ष को उसकी हैसियत से कहीं ज्यादा महत्त्व दिया गया।[१३] यही कारण था कि सत्ता में आने की क्षीण संभावना होने के बावजूद विपक्ष का मनोबल और सक्रियता बन रही। इसके अलावा विपक्ष के कुछ प्रमुख नेताओं को कांग्रेस के शासक वर्ग (विशेष कर नेहरू) ने निजी तौर पर खासा महत्त्व दिया। इन्हीं सब कारणों से निराशा और कटुता की भावनाएँ अवांछित रूप नहीं ले सकीं। लेकिन, इसका एक खराब नतीजा यह निकला कि विपक्ष के नेताओं और कार्यकर्ताओं की बीच खाई चौड़ी होती चली गयी। विपक्षी नेतृत्व सत्ता प्रतिष्ठान द्वारा मिले संरक्षण कवच में कार्यकर्ताओं के आमूलवादी रुझानों से अप्रभावित बचा रहा।

इन सब परिस्थितियों से मिल कर बने उस बौद्धिक माहौल के लोकतांत्रिक और प्रतिस्पर्धात्मक चरित्र के अनुसार ही हमारी दलीय प्रणाली विकसित हुई। इसने एक बार फिर भारतीय लोकतंत्र को कई अन्य देशों की 'एक दलीय' प्रणाली से अलग स्वरूप प्रदान कर दिया। एक दलीय राज्य का मॉडल तो शुरू से ही कांग्रेस के लिए अनावश्यक था। लगातार शासन करने और पूरे देश में फैले होने के कारण कांग्रेस के हाथों में सत्ता का जबरदस्त केंद्रीकरण अवश्य हुआ लेकिन इसकी परिणति अधिनायकवाद में नहीं हुई, क्योंकि चुनाव-प्रक्रिया स्वतंत्र रूप से काम कर रही थी। सहमति के आधार पर काम करनेवाली पार्टी के भीतर कई तरह के गुट सक्रिय

थे। विपक्ष लगातार दबाव डालता रहता था। लोकतांत्रिक मान्यताओं की रक्षा करना, कानून के राज का सम्मान करना, बेवजह के टकराव टालना और हितों के संतुलन के लिए विभिन्न गुटों को एक साथ रखना नेतृत्व का सामान्य स्वभाव बन गया था। सहमति पर आधारित पार्टी के रूप में कांग्रेस का विकास करने और उसे मजबूत बनाने के लिए व्यापक आंदोलनात्मक राजनीति को जिलाये रखा गया। असंतोष से बचने और एकता कायम रखने के नाम पर अधिनायकवादी पार्टी-प्रणाली लागू करने के किसी भी सुझाव को स्पष्ट तरीके से ठुकरा दिया गया। भारत का 'एक दलीय शासन' सहमति के प्राधिकार पर आधारित था, न कि सिर्फ नागरिक अथवा फौजी ताकत की दम पर।[१४]

प्राक-आधुनिक काल की विरासत

सत्ता और बहुलता एवं प्रभुत्व और असहमति के बीच यह रिश्ता भारत के इतिहास और संस्कृति की बुनियादी विशेषताओं की देन था। भारत की ऐतिहासिक संस्कृति की खास बात इसकी महान विविधता और बहुरूपता रही है। इन विशेषताओं को हमारे यहाँ एक साथ बाँध कर और सहेज कर रखा गया है। इसकी कई वजहें रही हैं। इनमें भारत में एक-एक करके आने और बसनेवाले जातीय और धार्मिक समूहों की विविधता की भूमिका है। हिंदू धर्म द्वारा आध्यात्मिक संघटन के लिए धर्मप्रचारी चरित्र अपनाने की बजाय उदार ग्रहणशील चरित्र अपनाना भी इसमें शामिल है। एकताबद्ध करने के लिए किसी धर्मशास्त्रीय या सतत सेकुलर परंपरा का अभाव भी इसका एक कारण है। और, सबसे ऊपर उस सामाजिक प्रणाली के बेहद विभेदीकृत चरित्र का भी एक वजह के रूप में उल्लेख किया जा सकता है जिसने अस्मिता और आपसी निर्भरता के बहुआयामी ढाँचे में कार्यात्मक श्रेणियाँ, स्थानिक विशिष्टताएँ और कर्मकांडजनित दूरियाँ पैदा कीं। इन सबका नतीजा यह रहा कि विभिन्न प्रणालियों और जीवन-पद्धतियों के बीच सतत सहअस्तित्व की एक प्रणाली विकसित हुई। उपसंस्कृतियों और परंपरागत निष्ठाओं को स्थायित्व मिला और एक रुक-रुक कर उभरनेवाले अस्थायी और खंडित राजनीतिक केंद्र का उदय हुआ।

इनमें से कई रचनाएँ निश्चित रूप से नयी हैं। उन्होंने भारत के आधुनिक संविधान की विभिन्न राजनीतिक संरचनाओं के माध्यम से आकार ग्रहण किया है। ये राजनीतिक संरचनाएँ हैं—पार्टी और चुनावी प्रणाली, राजनीति और प्रशासन की संघीय प्रणाली (जिला, ब्लॉक और गाँव के स्तर तक), विधायिकाएँ और राजनीति को प्रभावित करनेवाली जाति और सांप्रदायिक संरचना। देखने की बात यह है कि ये कई स्वरूप भारत में अपेक्षाकृत हाल में ही उभरे हैं लेकिन फिर भी इन्हें इतनी जल्दी वैधता और किसी हद तक संस्थागत रूप मिल गया है। इसका श्रेय सिर्फ विविधता और असहमति की उस लंबी भारतीय परंपरा को दिया जा सकता है, जिसमें चुनौती के मुताबिक अपने आपको ढालने और परिवर्तन के माध्यम से निरंतरता बनाये रखने का स्वभाव निहित है।[१५]

इन नयी संरचनाओं के अनुकूल सभी स्तरों पर भारी संख्या में सामाजिक और राजनीतिक संगठन उभरे। इनका उद्देश्य भागीदारी, संसाधनों और मान्यताओं के लिए (प्रमुख) सत्तारूढ़ पार्टी पर दबाव डालना था। ये संगठन विशिष्ट नीतिगत स्तर पर परिवर्तन और उसके मुताबिक प्रशासनिक कार्रवाई भी चाहते थे। इस तरह के दबाव डालने का प्रमुख उपकरण दलीय प्रणाली थी। इस काम के लिए या तो कांग्रेस पार्टी के भीतर कार्यरत विभिन्न गुटों के माध्यम से या बाहर से व्यक्तिगत स्तर पर या अन्य राजनीतिक दलों के माध्यम से दबाव बनाया गया। चूँकि कांग्रेस पार्टी की व्यापक समूहगत संरचना में विचारधारा और हितों के लगभग सभी रंग शामिल थे, इसलिए कांग्रेस के बाहर के विरोधी समूहों और पार्टी के भीतर उनसे मिलते-जुलते सोचवाले गुटों में जल्दी ही संरचनात्मक संबंधों की एक शृंखला बनती गयी।[१६]

इस तरह सत्तारूढ़ पार्टी की आंतरिक कार्य-प्रणाली को संचालित करने में विपक्ष ने भी भूमिका निभायी। यह लंबे समय तक भारतीय प्रणाली का विशिष्ट गुण बना रहा। इस प्रणाली की वजह से ही कांग्रेस सत्ता में टिकी रही क्योंकि इससे पार्टी में समय-समय पर परिवर्तन होता रहा। संसदीय और शासकीय अधिकारी भी बदलते रहे। इससे विपक्षी दलों में एक क्षमता-बोध भी पैदा हुआ, हालाँकि पूरे बीस साल तक उन्हें सत्ता मिलने की संभावना क्षीण रही। इसी के साथ शासक दल के भीतर असंतोष उठते रहे और कांग्रेस के बाहर मौजूद विपक्ष की बहुदलीय प्रकृति की वजह से अभिव्यक्ति का आसान मार्ग पाते रहे। इसी असंतोष की मदद से गैरकांग्रेसी गठजोड़ फरवरी १९६७ में हुए चौथे आम चुनाव के बाद कई राज्यों और आपातकाल के बाद केंद्र में सत्ता में आया।

एकत्रीकरण का यह मॉडल क्षैतिज था। खास बात यह थी कि दूसरी तरफ यह मॉडल इस एकत्रीकरण को भंग करनेवाली नियोजित ऊर्ध्वगामी रणनीति पर आधारित था। इसका मतलब यह था कि प्रभु-वर्ग का मध्यवर्ती हिस्सा विवादों को सुलझाता था और ज्यादातर मामलों को नीचे के स्तर पर ही निपटा देता था ताकि वे जमा होकर ऊपर न जाने पायें। इस तरह उसकी भूमिका केंद्र को संकीर्ण दबावों और स्थानीय झगड़ों से बचाने की थी। मध्यमार्गी (उदारतावादी) राज्य के विकास का यह बेहद महत्त्वपूर्ण पहलू था।[१७]

इस प्रक्रिया के माध्यम से दलीय प्रणाली ने नियोजित विकास में अंतर्निहित केंद्रीकरण और वेस्टमिंस्टर मॉडल में निहित नौकरशाहाना नियंत्रण की प्रवृत्तियों को संभाला और संशोधित किया। कांग्रेस ने आर्थिक ढाँचे और राष्ट्र-निर्माण में जनता की गोलबंदी को नौकरशाही और विचारधारात्मक आग्रहों द्वारा हासिल करने की बजाय उसे राजनीतिक भागीदारी के साथ सक्रिय रूप से जोड़ दिया। समय बीतने के साथ इस मॉडल में खुलापन आता गया। नये समूह और पार्टियाँ सत्ता में आयीं। इस तरह राष्ट्रीय सहमति का दायरा व्यापक हआ और सभी पार्टियों के मताग्रही और उग्र तबकों का परिष्कार हुआ। सत्ता ने राजनीति के महान मध्यस्थ की भूमिका

निभायी। यह प्रणाली तरह-तरह के राजनीतिक दबावों के बावजूद भारत में दो दशक और उससे ज्यादा समय तक चलती रही।

क्षरण और पतन

लोकतांत्रिक राष्ट्र-निर्माण के इस मॉडल की कार्य-प्रणाली में अमल के दौरान अंतर्विरोध पैदा होने ही थे क्योंकि यह प्रणाली सामाजिक संरचना में धीरे-धीरे बहुत बड़े, आकस्मिक और सर्वथा नवीन परिवर्तन कर रही थी। ये बदलाव मुख्य रूप से सामाजिक क्षेत्र में हुए। उसकी अनिवार्य वजह एक खुली राजनीतिक प्रणाली का निरंतर कार्यरत रहना था जो परंपरागत रूप से वंचित समुदायों को शक्ति का अहसास दे रही थी, उन्हें इस व्यवस्था के तहत अपने अधिकारों के प्रति सचेत बना रही थी और पारंपरिक विशेषाधिकार और प्रभुत्व में क्रमिक परिवर्तन ला रही थी। यह संघर्ष सिर्फ राजनीतिक नहीं था। इसमें सबसे पहले आर्थिक पुनर्रचना और संसाधनों और अवसरों के पुनर्वितरण की माँग शामिल थी।

सतह से उठती चुनौती

स्थापित विशेषाधिकारों के खिलाफ ऐसी चुनौती की उम्मीद विकास के उस मॉडल में ही की जा सकती थी जो सामाजिक विविधता के राजनीतिकरण पर आधारित रहा हो और साथ ही उस मॉडल की गतिशीलता का अंतर्निहित गुण भी यही हो।[१८] हालाँकि, राष्ट्र-निर्माण के भारतीय दृष्टिकोण के लिए इस गुण को आवश्यक मान लिया गया था फिर भी दुर्भाग्यवश नेतृत्व इस संभाव्यता को संस्थागत और कार्यक्रमगत अभिव्यक्ति दे पाने में असफल रहा। परिणामस्वरूप, संस्थाएँ और कार्यक्रम जल्दी ही जड़ और खोखले होते चले गये और सामाजिक यथार्थ की पुनर्रचना करने में नाकाम हो गये। ऐसा होने के साथ ही वे एकता और व्यापक भागीदारी के उपकरण बनने की बजाय विशेषाधिकार और सत्ता के केंद्रीकरण के औजार बन गये।

नेतृत्व ने गरीबी, बेरोजगारी और जीवन-स्तर की विषमताएँ दूर करने जैसे बुनियादी कामों के लिए जो माध्यम अपनाये, उनका झुकाव सकल विकास-दर हासिल करने की तरफ ज्यादा रहा। इसके लिए विकास के यथेष्ट बुनियादी ढाँचे और आधुनिक क्षेत्र का निर्माण किया जाना था। नेतृत्व को उम्मीद थी कि यह सब फैल कर नीचे तक रिसेगा और हर व्यक्ति, यहाँ तक कि निचले स्तर पर स्थित व्यक्ति भी, राष्ट्रीय उद्यम में हिस्सेदारी करते हुए उससे लाभान्वित हो सकेगा। लेकिन इस धारणा को जमीन पर उतारने के लिए कोई व्यवस्थित प्रयास नहीं किया गया। राष्ट्र-निर्माण की योजना और विकास के मॉडल में सर्वहितकारी न्याय अंतर्निहित नहीं किया जा सका।[१९]

आर्थिक विकास का यह मॉडल उन्हीं वर्गों के लिए आकर्षक था, जिनको इससे

फायदा पहुँचता था। इसलिए ये वर्ग अपनी समृद्धि को राष्ट्रीय समृद्धि समझते थे। इन वर्गों में पूँजीवादी संरचना में शामिल व्यावसायिक, औद्योगिक, वित्तीय और प्रबंधकीय तबके और गाँव के धनी किसान ही नहीं हैं, बल्कि निम्न-मध्यवर्ग का एक बड़ा हिस्सा भी शामिल है। इस वर्ग को राज्य के उपकरण के मध्य और निचले हिस्से के व्यापक विस्तार के साथ इन्न वर्गों के साथ समायोजित होने का मौका मिला। यह बादवाला वर्ग ही पूर्णतः अनुत्पादक और लंपट वर्ग साबित हुआ। यह खजाने पर लगातार बोझ बनता गया और सरकारी तंत्र को और अंततः अर्थव्यवस्था को अक्षम बनाने की महत्त्वपूर्ण वजह साबित हुआ। विकास का यह मॉडल शिक्षित वर्ग को उत्पादक रोजगार न दे सका। बल्कि उसने उन्हीं को परजीवी बना दिया।

ऊपर की प्रतिक्रिया

यही थीं वे परिस्थितियाँ जिनमें लोकलुभावन राजनीति की जड़ छुपी हुई थी। इन्हीं की वजह से राज्य के माध्यम से ही सब कुछ हासिल करने की माँग बढ़ती चली गयी। आर्थिक विकास के इस मॉडल से जब सभी के लिए सचेत रूप से औसत किंतु समान गति से संभावनाओं का विस्तार नहीं हो पाया तो वह राजनीतिक प्रक्रिया के माँगोंवाले अंश को बढ़ावा देने लगता है। धीरे-धीरे उसके जुड़ाववाले आयाम दरकिनार होते जाते हैं। दूसरी तरफ होता यह है कि विकेंद्रित और विकसित ढाँचा खड़ा करके नेतृत्व माँगों को अलग-अलग करने में अक्षम हो जाता है। वह नीतियों की बुनियादी खामियों और व्यवस्था की कार्यक्षमता का निरंतर पतन रोकने के उपाय के तौर पर अपरिपक्व आश्वासनों की राजनीति शुरू कर देता है। जनता को गुमराह और दिशाहीन करने की यह राजनीति फौरी परिणामों की माँग से पैदा होती है और जल्दी ही धोखाधड़ी में बदल जाती है। इससे व्यवस्था की वैधता का तेजी से क्षय होता है। प्रतिक्रिया में केंद्र में बैठे व्यवस्थापक जनता के असंतोष और अलगाव के दबाव और दमन के माध्यम से छुटकारा प्राप्त करने की कोशिश करते हैं। पिछले दस साल से भी अधिक समय से भारत में यही प्रक्रिया चल रही है।

केंद्रीकरण एक जमाने में सुसंबद्ध और अनुशासित प्रभु-वर्ग द्वारा उद्देश्यपूर्ण हस्तक्षेप का उपकरण समझा जाता था, आज वही केंद्रीकरण अस्तित्व बचाने की सचेत रणनीति बन गया है। यह रणनीति व्यवस्था के निचले स्तर से जान-बूझ कर हाथ खींच लेने पर आधारित है। इसका परिणाम दलीय प्रणाली, संघीय ढाँचे और उन पर आधारित व्यापक संबंधों के टूटने के रूप में हुआ है। इसी कारण केंद्र पर दबाव भी उत्तरोत्तर बढ़ा है। खास बात यह है कि ठीक ऐसे मौके पर ही केंद्र से उम्मीदें बढ़ती जाती हैं, जब उसमें व्यवस्था के विभिन्न अंगों से अच्छा काम कराने की क्षमता समाप्त हो जाती है।

बढ़ती उम्मीदों के दौर में अच्छा काम करने में नाकाम व्यवस्था के अंदर बुनियादी संरचनागत परिवर्तनों की जरूरत होती है। लेकिन, बजाय इसके व्यवस्था

में दिखावे की राजनीति शुरू हो जाती है। गरीबों और विस्थापितों को लक्ष्य कर जानबूझकर बिखरी हुई लोकलुभावन बातें की जाती हैं। समाजवाद (जो घट कर राष्ट्रीयकरण और राज्य के स्वामित्व में सीमित रह जाता है) के नाटकीय नारे उछाले जाते हैं और विकासवाद को मुख्य उद्देश्य के रूप में खुल कर उभारा जाता है। राज्यवाद का एक नया रूप विकसित होता है जो दावा करता है कि सामाजिक रूप से उपेक्षित और बेसहारा लोग राज्य और एक मजबूत केंद्रीय सत्ता के हाथों में ही सुरक्षित रह सकते हैं। इस राज्यवाद से ऐसी राजनीतिक प्रणाली पैदा होती है जो जनता से सीधा संबंध बनाना चाहती है और करिश्माई नेताओं को एकता और अंधआस्था का प्रतीक बना देती है। यह प्रक्रिया मध्यवर्ती और मध्यस्थता करनेवाले ढाँचों के महत्त्व को घटा देती है।

१९६९ में कांग्रेस के विभाजन के बाद के वर्षों में नये राजनीतिकों ने कुछ को छोड़ कर बाकी सभी मध्यस्थ ढाँचों को तहस-नहस कर दिया। केंद्र और विभिन्न परिधियों के बीच स्थित मध्यवर्ती बफर प्रणालियाँ काफी कमजोर हो गयीं। इस नये नेतृत्व ने काम करने के जो पैमाने निर्धारित किये थे, राजनीतिक प्रणाली उन पर खरी नहीं उतर पायी और उसने जन-असंतोष को ज्यादा-से-ज्यादा ऊपर की तरफ बहाना शुरू कर दिया। पहले यह जन-असंतोष पार्टी और अन्य इकाइयों से सरकार की तरफ मुड़ा और आखिरकार राष्ट्रीय-क्षेत्रीय प्रभु-वर्ग से प्रधानमंत्री की तरफ। नतीजा यह हुआ कि मार्च १९७७ में जब कांग्रेस के सत्ता से हटने की नौबत आयी तो विभिन्न स्तरों पर संस्थाओं को आपस में जोड़नेवाली सत्ता की संरचना इस काबिल नहीं रह गयी थी कि व्यवस्था को उसका सहारा मिल पाता।

विभिन्न घटकों को रातो-रात जोड़ कर बनायी गयी जनता पार्टी शून्य में कूद पड़ी। लेकिन पार्टी ने इस शून्य को भरने के लिए कुछ नहीं किया। दरअसल, उसने तो सत्ता और प्राधिकार का वास्तविक संघीय और विकेंद्रित ढाँचा बनाने का सुनहरा मौका ही गँवा दिया। नये शासन में जनता की आकांक्षाएँ पूरा करने और उन्हें नये तरह के विकास की तरफ मोड़ने के लिए आवश्यक ऐसे नीतिगत संशोधन भी नहीं किये गये जिनसे यह ढाँचा मजबूत हो सकता। आर्थिक विकेंद्रीकरण के लिए उपाय जरूर हुए। लेकिन उनके अनुरूप राजनीतिक ढाँचा न होने से उलटा असर ही पड़ा। इन उपायों ने प्रभुत्वशाली हितों, बड़े किसानों और गाँवों की प्रगति-उन्मुख जातियों को मदद पहुँचायी। इस वजह से स्थापित शहरी हित नाराज हो गये और उन्होंने जवाबी हमला कर नयी तरह की राजनीति को पराजित कर शासन को अस्थिर कर दिया।

जनता पार्टी शासन ने भी अपने पूर्ववर्ती और बाद में आनेवाले कांग्रेस शासन की भाँति आर्थिक राहत देने की कोशिशें कीं। लेकिन अंततः इस शासन ने उस केंद्रीकृत राजनीतिक प्रणाली के खतरे सामने ला दिये जो बेचैन और अधीर मतदाताओं को पैदा कर रही राजनीतिक प्रक्रिया को नियंत्रित करने की कोशिश कर रही थी। इसी प्रक्रिया ने व्यापक सामाजिक टकराव पैदा किये थे और सरकार के

काम को ही वैधता का प्रमुख आधार बना दिया था। एक केंद्रीकृत प्रणाली मूलतः इन चुनौतियों का सामना करने में अक्षम होती है। ऐसी प्रणाली सभी असंतोषों को विभिन्न स्तरों पर और अलग-अलग और विकेंद्रित तरीके से हल करने की बजाय जमा होने देती है और फिर उन्हें सत्ता के केंद्रीय उपकरण की तरफ मोड़ देती है। यह प्रणाली गरीब और कमजोर तबके पर होनेवाले दमन के रूप में स्थापित हितों की प्रतिक्रिया को रोक पाने में भी समान रूप से अक्षम है। यह विवादों को निपटाने के लिए संस्थागत ढाँचे के बाहर धन-बल या गुंडागर्दी का सहारा लेती है। केंद्रीकृत राजनीति विखंडनकारी और एकता की विरोधी ताकतों से निपटने के लिए अनुपयुक्त होती है। वह हाशिये पर पड़े लोगों में एक तरह का अलगाव-बोध पैदा करती है। इन परिस्थितियों में लोकतांत्रिक राजनीतिक प्रणाली में अंतर्निहित विवादों और चुनौतियों से निपटने का एक ही तरीका बच रहता है, और वह है बल-प्रयोग। इसी कारण इस आलेख में अभी तक उठाये गये लगभग सभी सैद्धांतिक मुद्दे भारतीय संदर्भ पर भी सटीक बैठते हैं।

विपक्ष

भारतीय विपक्ष ने भी कुछ ऐसा राजनीतिक रवैया अपना रखा है कि उससे लोकलुभावनवाद और व्यवस्था के केंद्र पर अतिरेकपूर्ण जोर देने की संस्कृति को ही बढ़ावा मिला है। विपक्ष पर सत्ता में बैठे लोगों को हटाने के लिए अन्य मुद्दों को गौण कर देने की प्रवृत्ति लगातार हावी होती चली गयी है। परिणामस्वरूप, विपक्षी कतारों में एक तरफ तो बुनियादी मुद्दों पर पर्याप्त सहमति है, लेकिन दूसरी तरफ भारी संरचनात्मक और संगठनात्मक अनिश्चितता भी है। इस वजह से राजनीतिक प्राधिकार और उसकी गरिमा का क्षय हो गया है। लोकतंत्र की अस्पष्ट अवधारणा ने निष्ठाओं के बदलते ढाँचे को बढ़ावा दिया है। इसने व्यक्तियों और समूहों की अंतःक्रिया (जो दलीय प्रणाली के व्यापकतर ढॉचे के बने रहने तक प्रभावी रही थी) को पूरी तरह विकृत कर दिया है। इसने सत्तारूढ़ गुट के खिलाफ लगातार बदलते गठजोड़ पैदा किये हैं। इन गठजोड़ों से तादात्म्य स्थापित करना जनता के लिए निरंतर कठिन होता जा रहा है। इसी वजह से विपक्ष के नेताओं के बीच सत्ता के लिए आपाधापी और स्वयं को चर्चा में रखने के लिए होड़ हो रही है। विपक्ष का हर व्यक्ति जनता का ध्यान अपनी तरफ खींचने में लगा हुआ है। यही है वह पृष्ठभूमि जिसमें सत्तासीनों को पदच्युत करने के लिए एक के बाद एक लगातार बढ़ते आंदोलनों का आग्रह पैदा होता चला जाता है। चूँकि लोकतंत्र में प्रतिनिधित्वमूलक भाव ही नहीं, बल्कि जनमत-संग्रहीभाव भी निहित है, इसलिए सामूहिक कार्रवाई (भीड़ की कार्रवाई समेत) को अक्सर जायज ठहरा दिया जाता है और इस प्रकार विरोध की अभिव्यक्ति के संवैधानिक तरीकों की प्रमुखता कमजोर पड़ जाती है।[२०]

संस्थाओं का संकट

संस्थाओं के पतन और क्षरण की इस प्रक्रिया के कारण महत्त्वपूर्ण व्यक्तियों और उनके द्वारा निजी सुरक्षा की भावना पर बहुत ज्यादा जोर दिया जाने लगा है। यही कारण है कि ये लोग निजी समस्याओं के हल के लिए सार्वजनिक जीवन के दायरों का इस्तेमाल करने लगे हैं। भारत में पिछले कई सालों से यही हो रहा है। यह दौर संस्थाओं के तीव्र क्षरण का दौर रहा है। इस दौरान नेतृत्व पर तो बहुत जोर दिया गया है, पर संस्थाओं, उनकी स्वायत्तता और विश्वसनीयता पर बहुत कम। इससे न सिर्फ राज्यतंत्र के अहम अंगों, जैसे दलीय प्रणाली, संसद, नौकरशाही, कानून-व्यवस्था बनाये रखने के उपकरणों और न्यायपालिका के प्रभाव और मनोबल का क्षरण हुआ है, बल्कि उसी के साथ मनमानेपन और ऊपर से टपके हुए नेताओं की बेहद पक्षपाती और दुस्साहसी दखलंदाजी बढ़ गयी है। इससे भी ज्यादा बुरी बात यह है कि उसने सार्वजनिक जीवन के दायरे की सिलसिलेवार उपेक्षा की है और सत्ता को निजी तरक्की का साधन बना कर राज्य को संरक्षण और मुनाफे का उपकरण बनाने की प्रवृत्ति विकसित कर दी।[२१] एक बार ऐसा हो जाने के बाद राजनीतिक प्रणाली का पूरा ताना-बाना जड़ता का शिकार हो जाता है। राज्य के अहम अंगों के प्रति किसी भी तरह की निष्ठा या प्रतिबद्धता के दावे से रोष पैदा होता है और राष्ट्रीयता की गहन भावनाएँ बिखरने लगती हैं। अंततः सत्ता की संरचना टूट-फूट जाती है।

यही वह बुनियादी संकट है जिसका भारत सामना कर रहा है। यानी व्यापक परिवर्तन के बावजूद उसका संस्थागत क्षरण हो रहा है। ध्यान रखने की बात है कि यह राष्ट्र-निर्माण के भारतीय मॉडल की विशिष्टता ही है जो तीसरी दुनिया के ज्यादातर समाजों से उसे अलग करती है। यही वह विशिष्टता है जो हमें एक ऐसा शक्तिशाली बुनियादी ढाँचा खड़ा करने की क्षमता प्रदान करती है जो निजी प्रेरणाओं और आकांक्षाओं को व्यवस्थित करते हुए उन्हें उदार बना सकता है। ऐसे ढाँचे से मेरा तात्पर्य एक अनोखी दलीय प्रणाली, एक नियमबद्ध प्रशासकीय और न्यायिक ढाँचे, एक निष्पक्ष योजना-तंत्र, विभिन्न स्तरों पर काम करनेवाली स्वायत्त संस्थाओं और स्वयंसेवी इकाइयों के एक बड़े जाल और तथ्यपूर्ण आलोचना और बहस के एक बहुलतावादी आधार से है। हम भारतवासियों ने सांस्कृतिक और ऐतिहासिक रूप से भी अपनी विविध अस्मिताओं और पर्याप्त वैचारिक अस्पष्टता को व्यवस्थित करने में उल्लेखनीय क्षमता प्रदर्शित की है। हमारे यहाँ निश्चित नियमों और परंपराओं पर आधारित सुव्यवस्थित श्रेणीबद्ध ढाँचा तैयार किया गया था। भारत की सेकुलर परंपरा ने भी हमें यथेष्ट वैचारिक लचीलेपन का अवसर प्रदान किया, लेकिन इसी परंपरा ने हमेशा एक व्यवस्थित करनेवाली प्रक्रिया पर भी जोर दिया। आधुनिक युग में भी यही परंपरा जारी रही और राष्ट्र-राज्य को एक व्यवस्थित करनेवाली प्रणाली मानकर नये बौद्धिक वर्ग के विचारों और आदर्शों पर आधारित एक नयी अखिल भारतीय सांस्कृतिक परंपरा स्थापित हुई। इसी परंपरा पर भारतीय

राष्ट्रीय कांग्रेस और नया राज्य आधारित था। शुरुआती दो दशकों का व्यवस्थित विकास संस्थागत कारणों की वजह से ही हुआ। लेकिन यह भी एक सच्चाई है कि समय के साथ एक विशेष संस्थागत उपादान बेकार हो जाता है और सामाजिक परिवर्तन के मार्ग में बाधा बनने लगता है। तब उसकी पूरी तरह मरम्मत और उसे बदलने की जरूरत पड़ती है। साठ के दशक के अंतिम वर्षों में कांग्रेस का ढाँचा, औपनिवेशिक नौकरशाही, कानून लागू करने और न्याय करनेवाली प्रणाली और योजना-उपकरण इतने ही अनम्य और अनुदार हो गये थे। उनमें आबादी, समाज और मनोसांस्कृतिक स्तर पर होनेवाले व्यापक परिवर्तनों के समक्ष नयी सामाजिक संरचना और एक न्यायिक और मानवीय समाज उपलब्ध कराने की क्षमता नहीं रह गयी थी। इसलिए व्यवस्था के सक्रिय ढाँचे में परिवर्तन की जरूरत महसूस हुई।

साठ के दशक के अंत में श्रीमती गाँधी द्वारा 'सिंडीकेट' और 'महागठजोड़' के खिलाफ संघर्ष भारत की ऐतिहासिक प्रक्रिया के इसी तनाव को परिलक्षित करता है। दुर्भाग्यवश इंदिरा गाँधी ने इस संघर्ष में अपनी निर्णायक विजय के बाद एक नयी संस्थागत रणनीति नहीं बनायी। नयी राजनीतिक प्रणाली बनाने के लिए मौजूदा संस्थागत ढाँचे को तोड़ना जरूरी हो सकता है पर यह अपने में साध्य नहीं हो सकता। इसके बाद एक नया संस्थागत मॉडल भी प्रस्तावित करना पड़ता है। गाँधी और माओ ने भी तो यही काम किया था। एक तरह से नेहरू ने भी यही किया था। इसके लिए उन्होंने एक हद तक गाँधी की विरासत का और एक हद तक नये सोच पर आधारित आधुनिक विश्व में भारतीय राज्य की भूमिका-संबंधी अपने विचारों का सहारा लिया था। लेकिन तीसरी दुनिया के ज्यादातर नेता यह जिम्मेदारी निभाने में असफल रहे।

आज का भारत राष्ट्र-निर्माण के अगले चरण की तरफ संक्रमण कर रहा है। उसके सामने संस्थागत क्षरण और नयी संस्थागत संरचना के निर्माण का केंद्रीय मुद्दा खड़ा है। लोकतांत्रिक राजनीतिक प्रणाली से पैदा हुए सामाजिक परिवर्तनों से निकली गत्यात्मकता को आत्मसात करने के लिए श्रीमती गाँधी द्वारा अपनाये गये तरीके ने पुराने संस्थागत ढाँचे को बेकार तो कर दिया, लेकिन वह इसकी जगह नया ढाँचा खड़ा नहीं कर सका। बल्कि उसने पुराने ढाँचे की जगह संस्थाओं और परंपराओं को महत्त्वहीन करने की प्रवृत्ति पैदा की और साथ-साथ उत्तरोत्तर व्यक्तिवादी और जनमत-संग्रही राजनीति अपनायी। दूसरी तरफ उसने राजनीति को अधिकाधिक संकीर्ण बना दिया और राजनीतिक और आर्थिक मुद्दों पर अखिल भारतीय प्रभु-वर्ग की बजाय अपने स्थानीय सूबेदारों से मिल कर मामले सुलझा लेने की प्रवृत्ति पैदा की।

पूर्ववर्ती भारतीय मॉडल का बुनियादी जोर एक ऐसी एकीकृत प्रणाली बनाने पर था जो एक बेहद बिखरे और विकेंद्रित समाज के यथार्थ के प्रति भी संवेदनशील थी और राज्य के परिक्षेत्र के बाहर स्वैच्छिक प्रयासों की बड़ी भूमिका को अनुमति भी देती थी। यह भारत की उस सहजात विविधता के आधार पर एकता स्थापित

करने का मॉडल था जो एक स्वैच्छिक भावना से युक्त जनगणों और उनके विशाल भौगोलिक क्षेत्र से उपजी थी। यह मॉडल इसलिए बनाया जा सका था क्योंकि एक विलक्षण दलीय प्रणाली हमारे लिए लगातार सुलभ रही। इसी प्रणाली ने यह सुनिश्चित किया था कि वेस्टमिंस्टर मॉडल में अंतर्निहित विकासवादी धारा और नौकरशाही को दैवी बनाने की केंद्रोन्मुखी प्रक्रिया[२२] जनता द्वारा डाले गये दबावों के जरिये संयमित बनी रहे और उसे समायोजन और सहमति की संस्कृति से ओतप्रोत किया जा सके। लेकिन बुनियादी संस्था के तौर पर कांग्रेस पार्टी के पतन, उसे नौकरशाही द्वारा प्रतिस्थापित कर दिये जाने और निजी करिश्मे के उभार ने व्यवस्था को संकट के दौर में धकेल दिया।

मूल्यों का संकट

लेकिन समस्या का एक और भी आयाम है। व्यवस्था में कुछ खास मूल्यों, चरित्रगत मान्यताओं और राजनीतिक आचरण के नियमों का समावेश करने के बारे में नेतृत्व की प्रकृति और क्षमता भी कम महत्त्वपूर्ण नहीं समझी जा सकती। गाँधी का उदाहरण सामने है कि उन्होंने किस तरह प्रेरणादायक निजी आदर्श कायम किये और देसी प्रतीकों और अस्मिताओं पर आधारित नैतिक मान्यताओं का प्रसार किया। इसके बाद नेहरू ने स्वाधीनता के बाद की राजनीतिक प्रणाली को आकार देने में निजी भूमिका निभायी। उन्होंने इस दौर की राजनीतिक प्रणाली को उन बुनियादी मान्यताओं और मूल्यों से अनुप्राणित किया जिन पर वे राष्ट्र के शिक्षक के तौर पर बार-बार जोर देते रहते थे। उन्होंने व्यवस्था को इस योग्य बनाया कि वह राजनीतिक भागीदारी, आर्थिक और सामाजिक गोलबंदी की फैलती संरचना और खुली प्रतियोगिता और आलोचना का दबाव सह सके।

गाँधी ने दर्जनों गाँधी भी पैदा किये। लेकिन नेहरू में गाँधी जैसी आत्म-प्रजनन और किसी भी तरह की असुरक्षा-ग्रंथि से मुक्त रहने की प्रतिभा नहीं थी। फिर, पटेल भी ज्यादा दिनों तक जिंदा नहीं रहे। इसके बावजूद नेहरू जिस व्यवस्था के मुख्य संचालक थे, उसने कई नेहरू और पटेल पैदा किये। पूरे देश में असाधारण किस्म के लोग उभरे और उन्होंने लंबे समय तक प्रभावी नेतृत्व प्रदान किया। ये वे लोग थे जिनके शब्द ही कानून माने जाते थे। उन्होंने अपने समर्थकों के व्यापक नेटवर्क के सहारे एक विशेष भू-भाग की राजनीतिक प्रणाली को मजबूती प्रदान की। उन्होंने पारंपरिक और विकासवादी संस्थाओं के व्यापक दायरे को गहरायी तक प्रभावित किया और लगातार विवादों और मतभेदों का निपटारा करने के लिए मध्यस्थता की। लेकिन इससे भी आगे बढ़ कर उन्होंने राजनीति में नैतिक आचार संहिता का समावेश किया और उसे सेवा, कर्त्तव्य और धर्म पर जोर देनेवाली गाँधीवादी भावना प्रदान की। राज्य की शक्ति को उदार बनाने के प्रयास का केंद्रीय तत्त्व व्यापक नैतिक आचार संहिता पर जोर देना ही होता है। इसके बिना राजनीति नियंत्रण और हेराफेरी का एक भावशून्य और मानवद्वेषी प्रयास बनने और

आखिरकार गुंडों और माफिया के कब्जे में जाने को बाध्य हो जाती है। पिछले कुछ सालों से यही हो रहा है।[२३]

अंतिम विश्लेषण में गाँधी की यह बात सही साबित होती है कि राजनीति और धर्म एक-दूसरे से गुँथे हुए हैं। राज्य या तो नैतिकता का उपकरण रहता है या उसे कुछ *प्रत्यक्षवादी* (पाजिटिविस्ट) शक्तियों का उपकरण बना दिया जाता है। फिर चाहे प्रगति या राष्ट्रीय गौरव का मामला हो, या संपूर्ण जनता के भाग्य का प्रतिनिधित्व करने का दावा करनेवाले व्यक्ति का गौरव हो, जब भी राज्य अपने नैतिक आग्रहों और उनके साथ अनिवार्यत: आनेवाली प्रेरणाओं और नियंत्रणों से रहित हो जाता है तो उसके सर्वसत्तावादी होने में कोई शक नहीं रह जाता, भले ही उसका कानूनी संविधान कुछ भी हो।

नैतिक आयाम

आज जरूरत यह है कि हम ऐसे ही कुछ व्यापक मुद्दों पर पुनर्विचार करें क्योंकि यही हमारे युग के केंद्रीय प्रश्न हैं। कुछ दशक पहले ये प्रश्न हमारे चिंतन, अध्ययन और विमर्श के अंग थे। लेकिन राजनीति के कथित वैज्ञानिक अध्ययन के माहौल में इनका महत्त्व घटा दिया गया था। यह ऐसे दौर में हुआ है जब ज्यादातर समाजों की आधार-भूमि दरक रही है, सत्ता के प्रयोग पर लगे पारंपरिक संयमों का क्षय हो रहा है और सांस्कृतिक और जातीय अस्मिताएँ तेजी से छीज रही हैं।

यही वजह है कि दुनिया के बड़े हिस्से में धार्मिक अस्मिताओं के समर्थन में पुनरुत्थान हो रहा है। आधुनिक राज्य के खिलाफ अक्सर धार्मिक विद्रोह होते रहते हैं। कई तरह से यह जनता की उस चेतना के विकास का लक्षण है जिसमें वह किसी मसीहा की आध्यात्मिक अनुयायी बनने की इच्छा से ग्रस्त लगती है। मोरक्को से इंडोनेशिया तक हो रहा इस्लामी पुनरुत्थान, अन्य क्षेत्रों में धार्मिक उग्रवाद की शुरुआत और तीसरी दुनिया के कई देशों में आधुनिकीकरण के खिलाफ देशी प्रतिक्रियाओं द्वारा पैदा की गयी समस्याओं का स्तर इस चेतना के विकास में ही निहित है।

शायद इसी बिंदु पर एक उत्तर-आधुनिक और उत्तर-धमनिरपेक्षी समाज की तरफ संक्रमण की योजना बनाने में भारत की विशिष्ट भूमिका उभरती है। जैसी कि ऊपर चर्चा की जा चुकी है, भारत सामाजिक बहुलतावाद की परंपरा में गहरायी तक पैठा हुआ है। यह (पश्चिमी लोकतंत्र के कोरे राजनीतिक बहुलतावाद से अलग है)। उसकी एकता की अवधारणा उन बिखरी हुई अस्मिताओं और साझा मूल्यों पर आधारित है, जो निश्चित सिद्धांत या सरकारी पुरोहित तंत्र के बिना एक गैरधार्मिक परंपरा से संपन्न हैं। इसके अलावा उसमें द्वैधता को सहन करने की काफी क्षमता है। साथ में प्रश्न उठाने की गहरी परंपरा भी है। इन सभी गुणों के कारण भारत महान संक्रमण से गुजर रहे विश्व पर अन्य समाजों की तुलना में अपनी छाप छोड़ने के लिए ज्यादा अच्छी स्थिति में है। इसका असली परीक्षण आधुनिक युग की

प्रत्यक्षवादी प्रवृत्तियों के केंद्रीकरण-संबंधी प्रभावों को रोकने और विशेष तौर पर उस राजनीतिक क्षेत्र में इन प्रभावों को मंद करने में होगा, जहाँ लोकलुभावनवाद ने संस्थाओं और मूल्यों के लिए खतरा पैदा कर रखा है। इस तरह के कई संकेत हैं कि केंद्रीकृत और लगातार दमनकारी होते जा रहे राज्य और गरीब और जातीय अल्पसंख्यकों के स्थानीय संगठनों पर आधारित विरोध और अवज्ञा के विभिन्न आंदोलनों, किसान आंदोलन और क्षेत्रीय स्वायत्तता और सत्ता के विकेंद्रीकरण के आंदोलनों के बीच के मौजूदा संघर्ष से एक ऐसा वैकल्पिक ढाँचा भी उभर सकता है जो भारत की स्वदेशी संस्कृति, उसकी महान विविधता और अनिवार्यत: विकेंद्रित चरित्र के लिए ज्यादा संवेदनशील हो। भारत का समाज प्रधानत: ग्रामीण है। इसमें आधुनिक राज्य और आधुनिक अर्थव्यवस्था द्वारा आरोपित समरूपीकरण के खिलाफ काफी संचित शक्ति और दृढ़ता है। यह समाज नये-नये ढाँचों के निर्माण में सहायक हो सकता है। इसी तरह एक व्यापक नैतिक संहिता के प्रति इसका झुकाव भी इसमें हो सकता है क्योंकि यह संहिता सत्ता के इस्तेमाल को संयमित और उदार बनाती है।[२४]

केंद्रीकरण और विकेंद्रीकरण के दबावों का यह टकराव राष्ट्रीयता (और अंतर्राष्ट्रीय स्तर पर सक्रिय बड़ी शक्तियों) सहित विभिन्न क्षेत्रों में चल रहा है। शक्तिशाली हितों की तरफ से राजनीतिक प्रणाली में परिवर्तन और उसका पुनर्निर्माण करनेवाली शक्तियों के खिलाफ जबरदस्त प्रतिक्रिया हो रही है। यह प्रतिक्रिया अर्थव्यवस्था और राजनीतिक प्रणाली के साथ-साथ गांव और शहरी क्षेत्रों में भी जारी है। लगता है कि इस मुद्दे पर संघर्ष छिड़ गया है और सक्रिय जमीनी शक्तियों को बहुत दिनों तक दबाये रख पाना संभव नहीं है। हालाँकि परिस्थिति के बेहतर होने से पहले उसके काफी बिगड़ने की संभावना है। इस संघर्ष की दिशा इस बात पर ज्यादा निर्भर होगी कि अपने को उदार लोकतंत्र और न्यायसंगत सामाजिक ढाँचे के लिए प्रतिबद्ध महसूस करनेवाला मध्यवर्ग वैकल्पिक राजनीतिक प्रणाली के लिए संघर्ष करनेवाली शक्तियों का कितना असरदार ढंग से समर्थन करता है और इस दौरान वह देश को आंतरिक क्षरण और संभावित विखंडन से किस तरह बचाता है।

भारत में वामपंथी रुझानवाली बौद्धिक परंपरा का मुख्य तर्क यही रहा है कि विभिन्न तबकों के हित आपस में मिल जाते हैं और फिर आधुनिकीकरण में व्यस्त अफसरशाही-आधारित राज्य से मिलनेवाली पहचान के मुकाबले ज्यादा प्रामाणिक पहचान की तलाश करते हैं। जब तक प्रामाणिकता की यह तलाश नयी राजनीतिक और आर्थिक व्यवस्था के ढाँचे में परिवर्तित नहीं हो जाती और संस्थागत रूप नहीं ले पाती तब तक आमतौर पर धार्मिक पुनरुत्थान के साथ जुड़ी कट्टरता और मतांधता को नहीं टाला जा सकता, उससे सिर्फ कुलीन तंत्रों और सैनिक जुंता जैसे तत्त्वों की ही ताकत बढ़ती है। या फिर लोकतांत्रिक समुदाय और उदारतावादी प्रभु-वर्ग से छल-कपट करनेवाले जड़ों से कटे युवकों का आतंक बढ़ता है। दरअसल,

लोकतांत्रिक समुदाय और उदारतावादी प्रभु-वर्ग ही वे शक्तियाँ हैं जो एक-दूसरे को संयमित करती हुई परस्पर प्रयास से जनतांत्रिक राष्ट्र-निर्माण के लिए व्यापकतम संभव सहमति की गारंटी कर सकती है।[२५]

संदर्भ और टिप्पणियाँ

१. यह सही है कि राज्य का भौतिक और किसी हद तक विधिक सुदृढ़ीकरण *एंशिएंट रेजीम* के दौरान हुआ था। लेकिन इसका रूप या तो भू-क्षेत्रीय इकाई का था या फिर नौसैनिक शक्तियों के संदर्भ में व्यापारिक शक्ति के रूप में इसका सुदृढ़ीकरण हुआ। अंतर्राष्ट्रीय स्तर पर वेस्टफैलिया (१९४८) की संधि ने आधुनिक राष्ट्र-राज्य को वैधता प्रदान की। हालाँकि प्रतिद्वंद्वी दावों को निपटाने के लिए हस्तक्षेप करनेवाली इकाई के रूप में यह पहले पूँजीपति वर्ग और सामंतों के बीच और इसके बाद पूँजीवाद और सर्वहारा के बीच के विवाद निपटाता था। विभिन्न वर्गों और रियासतों के मध्य एक सत्ता के रूप में राज्य का विकास फ्रांस की क्रांति के बाद और फिर औद्योगिक क्रांति के बाद हुआ। इसमें यूरोपीय सत्ता और विचारधारा के विश्वव्यापी प्रसार का योगदान है।

२. *एंशिएंट रेजीम* के निर्माताओं ने या तो राज्य की व्यापारिक अवधारणा पर जोर दिया था या प्रशासनिक। पहले का उदाहरण सामुद्रिक शक्तियाँ और दूसरे का उदाहरण जर्मनी और रूस थे। आधुनिक राष्ट्रीय राज्य के बारे में खास बात यह है कि उसने इन भूमिकाओं को राज्य की अवधारणा में निहित मानकर एक सामान्य सिद्धांत के रूप में अपनाया। ये भूमिकाएँ किसी महत्त्वाकांक्षी और स्वप्नदृष्टा शासक (जर्मनी के फ्रेड्रिक महान, रूस की कैथरीन महान और चीन के थंग राजवंश सरीखे शासकों) के कामों का परिणाम नहीं थीं।

३. पश्चिमी लोकतंत्र के राजनीतिक लोकलुभावनवाद से इसे अलग करके देखा जाना चाहिए।

४. जातीयता से संबंधित ऐतिहासिक अन्याय को दुरुस्त करने का सर्वाधिक असाधारण उदाहरण मलेशिया के 'भूमि-पुत्र' आंदोलन में देखा जा सकता है। भारत में कर्नाटक के पूर्व मुख्यमंत्री देवराज अर्स ने इस राजनीति का सफल इस्तेमाल किया था। इसके विस्तृत दस्तावेजी प्रमाणों के लिए देखें : जेम्स मेनर, 'प्रेगमेटिक प्रोग्रेसिव्ज़ इन रीजनल पॉलिटिक्स, द केस ऑव देवराज अर्स', *ईपीडब्ल्यू,* वार्षिकांक (१९८०)

५. देखें : जोसे ए सिलवा मिशेलेना, 'इशूज इन कंपरेटिव एनालेसिस ऑव डेवलेपमेंट एंड अंडरडवलेपमेंट', संकलित रजनी कोठारी (सं.), *स्टेट एंड नेशन बिल्डिंग, ए थर्ड वर्ल्ड पर्सपेक्टिव,* नयी दिल्ली, १९७६

६. अंतर्राष्ट्रीय वैकासिक रणनीति पर आलोचनात्मक रुख के लिए देखें : नयी अंतर्राष्ट्रीय विकास रणनीति पर संयुक्त राष्ट्र सिम्पोजियम पर मेरी रपट। यह गोष्ठी शेवर्निगेन (नीदरलैंड) में जुलाई १९७९ को हुई थी, *यूएन डाक्यूमेंट।*

७. पूँजीवादी विकास में राज्य की भूमिका की बदलती हुई समझ की ऐतिहासिक समीक्षा के लिए देखें। मेरा लेख, 'एनजीओज़, द स्टेट एंड वर्ल्ड केपिटलिज्म', *स्टेट अगेंस्ट डेमोक्रेसी,* अजंता, नयी दिल्ली, १९८८

८. सांप्रदायिक लक्ष्यों के लिए चुनावी और लोकतांत्रिक राजनीति के इस्तेमाल के विस्तृत विश्लेषण के लिए देखें : उक्त संकलन में मेरा लेख 'कम्युनिलज्मि, द न्यू फेस ऑव इंडियन डेमोक्रेसी'।

९. उक्त संकलन में प्रकाशित आलेख 'स्टेट एंड नेशन बिल्डिंग इन थर्ड वर्ल्ड' में इस मुद्दे पर

विस्तार से विचार किया गया है।

१०. कोठारी, *पॉलिटिक्स इन इंडिया,* ओरिएंट लांगमैन, नयी दिल्ली, १९७० 'पालिटिकल कल्चर' पर अध्याय।

११. इस और इसके बाद आये मुद्दों पर मेरे व्याख्यान 'इंडिया, एन एसेसमेंट' में विचार किया गया है, विक्रम साराभाई स्मृति व्याख्यान, इंडियन इंस्टीट्यूट ऑव मैनेजमेंट (अमदाबाद, १९८०, मीमियोग्राफड)।

१२. इन मुद्दों पर पहली बार 'अपोजीशन इन इंडिया' में विचार किया गया। संकलित, राबर्ट ए. डाल (सी), *रेजीम्स एंड अपोजीशन* (न्यू हैविंस, १९७२)।

१३. मोरिस-जोंस ने पहली बार इस मुद्दे की तरफ ध्यान खींचा था। देखें—उनकी रचना 'पार्लियामेंट इन इंडिया' (१९७५)।

१४. इस दलीय प्रणाली का पूरा मॉडल दो चरणों में विकसित हुआ 'पार्टी सिस्टम', *इकनॉमिक वीकली,* xiii (३ जून, १९६१) और 'द कांग्रेस सिस्टम इन इंडिया', *एशियन सर्वे,* ४, १२, (दिसंबर १२६४)। इसके योजनागत प्रस्तुतीकरण के लिए देखें, डब्लूएच मोरिस-जोंस, 'डामिनेंस एंड डिसेंट', *गवर्नमेंट एंड अपोजीशन,* (१४ अगस्त १९६९)।

१५. *स्टेट अगेंस्ट डेमोक्रेसी,* के लेख 'व्हाई हेज इंडिया बीन डेमोक्रेटिक' में इन सभी मुद्दों पर विचार किया गया है।

१६. कोठारी, 'पार्टी सिस्टम', उपरोक्त, मोरिस-जोंस, 'डोमिनेंस एंड डिसेंट', *वही*।

१७. इस पर पहली बार 'पॉलिटिक्स इन इंडिया' में विचार किया गया था, *वही*।

१८. इस मुद्दे को *एन एजेंडा फार इंडिया* (दिल्ली, १९८०, तीसरा संस्करण) में उठाया गया था। इस शब्द को पहली बार बशीरुद्दीन अहमद ने अपने लेख 'क्राइसिस ऑव चेंज' में उठाया था, सेमिनार सीसी xLii (अक्तूबर १९७९)।

१९. इस पूरे मुद्दे पर देखें—मेरा लेख 'इंटीग्रेशन एंड परफारमेंस, टू पाइवोट्स आफ इंडियाज मॉडल आफ नेशन बिलिडंग', शुरुआती आलोचना के लिए देखें फ्रेंसाइन फ्रेंकेल, 'डेमोक्रेसी एंड पॉलिटिकल डेवलपमेंट, पर्सपेक्टिव फ्राम द इंडियन एक्सपीरिएंस', *वर्ल्ड पॉलिटिक्स,* xxi ३, (अप्रैल, १९६९)।

२०. ये टिप्पणियाँ केवल गैरकांग्रेसी दलों के लिए ही नहीं हैं। संजय गाँधी ने तो जनता सरकार के प्रशासन को परेशान करने के लिए हिंसा और गुंडागर्दी समेत आंदोलन के जिन तौर-तरीकों का इस्तेमाल किया था, उसने विपक्ष के सभी रिकार्डों को पीछे छोड़ दिया था। राज्य स्तर पर कांग्रेस विपक्ष के रूप में दबाव डालने के सभी हथकंडों का इस्तेमाल करती रही है और इसमें अक्सर उसके केंद्रीय नेताओं की मौन सहमति भी होती थी।

२१. देखें : मेरे लेख 'द फेलियर आफ ए सिस्टम : पॉलिटिक्स एज प्राइवेट इंटरप्राइज,' *द टाइम्स आफ इंडिया* (१० अप्रैल, १९७५)। इसके अलावा देखें मेरा लेख : 'डेमोक्रेटिक पालिटी एंड सोशल चेंज इन इंडिया, क्राइसिस एंड अपोर्चुनिटी', एलाइड पब्लिशर्स नयी दिल्ली, १९७६)।

२२. वेस्टमिंस्टर माडल-संबंधी मेरे इस विचार से मॉरिस-जोंस सहमत नहीं हैं। मेरी आलोचना 'डेमोक्रेटिक पॉलिटी एंड सोशल चेंज इन इंडिया' में मॉरिस-जोंस ने अपनी असहमति पहली इंडो-ब्रिटिश मीटिंग में पेश की थी। १९७८ में दिल्ली में हुई इस बैठक की रपट 'फ्यूचर आफ डेमोक्रेसी' (नयी दिल्ली, १९७८) में छपी थी।

२३. मैंने अपने लेख 'व्हियर आर वी हेडिंग', *इंडियन एक्सप्रेस* (२० नवंबर १९८१) में बड़ी स्पष्टता से इन बातों को पेश किया है। इसी को बड़े आलेख के रूप में देखें : 'डेमोक्रेसी एंड फासिज्म इन इंडिया', *स्टेट अगेंस्ट डेमोक्रेसी, वही*।

२४. वैकल्पिक राज्य-तंत्र के लिए ग्रासरूट्स आंदोलनों में चली बहस के विस्तृत दस्तावेजों के

लिए देखें : *लोकायन* के विभिन्न अंक, १३ अलीपुर रोड, दिल्ली–११००५४

२५. यह आलेख तैयार करने में मैंने भारतीय राजनीति पर अपने पहले के विश्लेषण और ताजा विश्लेषण को एक साथ रखने की कोशिश की है। मेरा पहले का विश्लेषण 'व्यवस्था' की व्यावहारिक संस्कृति का सकारात्मक विवेचन है जबकि हाल में मैंने उसी संस्कृति के नये रूप पर ज्यादा आलोचनात्मक दृष्टिकोण अपनाया है। यह विवेचन राजनीतिक विकास के संपूर्ण भारतीय मॉडल–संबंधी कुछ बुनियादी सवालों और उन सैद्धांतिक अवधारणाओं (इनमें मेरी भी कुछ अवधारणाएँ शामिल हैं) से उत्पन्न हुआ है जिन पर वह मॉडल आधारित था। मुख्य रूप से मैंने अपनी हाल की कुछ विवेचनाओं की मदद ली है। इसमें मुख्य रूप से जून १९८० में ब्रिटेन में हुए भारत–ब्रिटेन विनिमय–३ के लिए तैयार किया गया एक आलेख (अप्रकाशित) और कुछ अन्य आलेख शामिल हैं। उचित या अनुचित जो भी कहें, पर यह आलेख मैंने विदेशी अकादमिक श्रोताओं को लक्ष्य करके लिखा था, जिनके बारे में (उचित या अनुचित जो भी कहें) मेरा मानना है कि वे भारतीय यथार्थ से जितना कटे हुए रहते थे, अब उससे कहीं ज्यादा कटे हुए हैं। इसलिए अगर इस प्रक्रिया में मैं अपने पहले के विश्लेषण पर ज्यादा निर्भर रहा, तो मुझे इसके लिए कोई अफसोस नहीं है। इसकी एक वजह तो यह है कि विश्लेषण के स्रोतों का प्रलेखन आवश्यक था और दूसरी यह है कि कुछ अपवादों को छोड़ कर भारत–संबंधी अधिकांश विदेशी लेखन में भारत–संबंधी भारतीय चिंतन और लेखन पर ध्यान न देने की प्रवृत्ति है (इन अपवादों में सबसे सशक्त में मॉरिस–जोंस खुद हैं)। भारतीय चिंतन और लेखन के प्रति उपेक्षा की एक वजह तो यह है कि विदेशी क्षेत्रों के विशेषज्ञ एक दूसरे के लेखन को अपना आधार बनाते हैं और विशेष तौर पर अमेरिका में तो अध्ययनकर्ता एक टोले की तरह व्यवहार करते हैं। लेकिन इसकी एक वजह यह भी है कि भारतीय चिंतन की ज्यादातर अभिव्यक्ति मीडिया में होती है जो अकादमीय नहीं है। फिर यह अभिव्यक्ति हमेशा अंग्रेजी में नहीं होती। कुल मिलाकर मैंने पिछले कुछ सालों से विदेशी पत्रिकाओं और पुस्तकों में नहीं लिखा है। अगर मुझे इसका अपवाद बताने को कहा जाये तो मैं मूल रूप से मॉरिस–जोंस के सम्मान में प्रकाशित किये गये एक संकलन के लिए लिखे गये परचे का उल्लेख करूँगा, हालाँकि उसके बाद मैंने उसमें काफी संशोधन किया।

भारत की दुनिया बदल रही है। परंपरागत भारतीय राज्य जिस सांस्कृतिक बहुलता से शक्ति प्राप्त करता था, आधुनिक राष्ट्र–राज्य उसकी जगह अमेरिकी किस्म की 'मेल्टिंग पॉट' सरीखी बहुलता को आधार बनाना चाहता है। संक्रमण की इस कोशिश के गर्भ से नयी राजनीतिक संस्कृति निकल रही है जिसमें राज्य का विकास और शक्ति ही समाज के विकास और मजबूती का पर्याय बन गया है। राज्य ही जातीय और धार्मिक विवादों का मध्यस्थ बन गया है, भले ही उसका रवैया कितना भी भेदभावपूर्ण क्यों न हो। इस नयी संस्कृति में हमारी विविधता निम्न स्तर की समरूपता में बदल गयी है जिसके कारण इतिहास के ढलान पर पूरा समाज हाँफता–सा चला जा रहा है।

नयी राजनीतिक संस्कृति

आशीष नंदी

पिछले कुछ वर्षों से भारतीय सार्वजनिक जीवन में राष्ट्र–राज्य की भूमिका प्रधान हो गयी है और वह हमारी राजनीतिक संस्कृति का प्रमुख लक्षण बन गया है। आजादी के बाद के चालीस वर्षों और आज के हालात में फर्क यह है कि राजनीतिक परिदृश्य में राष्ट्र–राज्य पहले भी महत्त्वपूर्ण था, लेकिन तब उसके प्रभामंडल का श्रेय कई तरह की दूसरी शक्तियाँ भी बँटा लेती थीं। अब तो वह अकेले दम पर इस कदर हावी हो चुका है कि सार्वजनिक जीवन की कोई और ताकत उसके सामने टिकने में असमर्थ है। चाहे कला और साहित्य–संबंधी विवादों के निपटारे का सवाल हो या खेल–कूद में हमारे पिछड़ेपन की समस्या हो, जीवन के लगभग हर पहलू को राष्ट्र–राज्य के तत्वावधान में भारतीय राज्य ने अपने अधिकार–क्षेत्र में ले लिया है।[१]

औपनिवेशिक संस्कृति के संसर्ग में रही और पश्चिमी ज्ञान की खुराक पर पली कई भारतीय पीढ़ियाँ इसी दिन का इंतजार कर रही थीं। वे चाहती थीं कि उनके पास एक शक्तिशाली राज्य हो जो न सिर्फ गैर–भारतीय उत्पीड़कों से उनकी सुरक्षा करे बल्कि एक सर्वमान्य आदर्श की हैसियत से समाज में मध्यस्थता कर सके और साथ में समाज–परिवर्तन की केंद्रीय जिम्मेदारी भी उठाये। अब प्रतीक्षा की घड़ियाँ समाप्त हो गयी हैं लेकिन इस राष्ट्र–राज्य के स्वागत में कोई खास उत्साह दिखायी नहीं दे रहा है। कारण यह है कि राष्ट्र–राज्य के प्रश्न पर ही भारतवासियों में मतभेद पैदा हो गये हैं। दरअसल औपनिवेशिक छत्रछाया में पले लोगों को तो अभी तक

यकीन ही नहीं हो पा रहा है कि एक दुर्जेय राष्ट्र-राज्य उनके सामने खड़ा है। उनकी निगाह में भारत अब भी छोटा-सा और परेशानियों से आक्रांत एक ऐसा नवस्वाधीन राष्ट्र है जो आंतरिक विग्रहों और बाह्य षड्यंत्रों के बीच झूल रहा है। उनके विचार से भारत अभी तक स्वयं अपने भाग्य का नियंता नहीं बन पाया है। उनकी निगाह में इसका कारण यह है कि उसके पास और अधिक ताकतवर राष्ट्र-राज्य, और भी प्रचंड सैन्य-शक्ति तथा कहीं अधिक विस्तृत शहरी-औद्योगिक आधारभूमि नहीं है।

दूसरी तरफ कुछ लोग ऐसे भी हैं जो भारतीय राज्य की नवविकसित शक्ति के प्रति सचेत होते हुए भी उस चेतना को किसी अवधारणात्मक परिप्रेक्ष्य में फिट नहीं कर पा रहे हैं। उन्हें लगता है कि नागरिकों की मुट्ठी में बंद सत्ता रिस-रिस कर राज्य-तंत्र में जमा हो गयी है, और यह राज्य-तंत्र अपनी ही महाकायता और नौकरशाही-प्रधान केंद्रीकरण के फेर में फँसा हुआ है। वे इस खुशफहमी में हैं कि भारतीय राज्य में आंतरिक सुधारों के जरिये इस गड़बड़ी को दुरुस्त किया जा सकता है। दरअसल इन लोगों का चिंतन उन्नीसवीं शताब्दी के उस यूरोपियन सपने की देन है जिसका आदर्श राजसत्ता को हासिल करना था चाहे वह क्रांति के जरिये हासिल की जाये या मतदान के जरिये। आधुनिक राष्ट्र-राज्य को सार्वभौम समाजशास्त्रीय नियति मानने के कारण ये लोग भारत के सामाजिक और सांस्कृतिक प्रभावों की 'स्थानीय प्रकृति' से चिंतित रहते हैं क्योंकि उनके विचार में इसी स्थानीयता ने राष्ट्र-राज्य की प्रगति में विकृतियाँ पैदा की हैं। इन स्थानीय विकृतियों के हटते ही यह राज्य अधिकांश भारतवासियों के सच्चे हितों का प्रतिनिधित्व करते हुए जनसामान्य को उत्तम जीवन और रहन-सहन की सुविधाएँ बाँटने लगेगा।

एक तीसरे तरह का चिंतन भी है लेकिन इसके अनुगामियों की संख्या कम है। इनमें गाँधीवाद और उत्तर-माओ मार्क्सवाद के अवशेषों का प्रतिनिधित्व करनेवालों से ले कर ऐसे कार्यकर्ता और विद्वान तक शामिल हैं जिनकी कोई बँधी-बँधाई विचारधारा नहीं है। ये लोग किसान आंदोलनों के उदय और विभिन्न अल्पसंख्यक समूहों द्वारा आत्मनिर्णय के दावों को समझने की कोशिश कर रहे हैं। इन अल्पसंख्यक समूहों के दायरे में जनजातियों से ले कर भूमिहीन मजदूर और अछूत तक आते हैं। ये तीसरी तरह के लोग अब सोचने लगे हैं कि भारतीय राष्ट्र-राज्य की असली समस्या उसकी असफलता नहीं, बल्कि उसकी सफलता है। किसी भी उत्तर-औपनिवेशिक समाज की स्वाभाविक बेचैनियाँ इस राज्य में एक रोग की हद तक बढ़ गयी हैं। आज देश जिन विकट समस्याओं से जूझ रहा है, उनके पीछे स्वाधीनता के समय अपनाये गये राज्य-गठन के लक्ष्य को पूरी तरह प्राप्त करने में रह गयी कोई खामी नहीं है, बल्कि वह लक्ष्य तो कमोबेश हासिल कर लिया गया है। दरअसल असली समस्या स्वयं यह लक्ष्य और इसमें अंतर्निहित दृष्टि ही है। एक महान भारतीय राष्ट्र-राज्य का दिवास्वप्न पहले कभी भले ही आकर्षक रहा हो, पिछले कुछ वर्षों से इसकी चमक फीकी पड़ गयी है।

सवाल यह उठता है कि भारतीय राष्ट्र-राज्य के स्वप्न-भंग की शुरुआत कब

हुई? इस सवाल का जवाब भारतीय राज्य के प्राक्-औपनिवेशिक, औपनिवेशिक अथवा उत्तर-औपनिवेशिक इतिहास में नहीं मिलेगा। यह जवाब तो भारतीय राज्य में अंतर्निहित अवधारणा की और / अथवा उसके मिथक की बदलती हुई संरचना में टटोला जाना चाहिए। इसका उत्तर-आधुनिकतावादी दृष्टि की लगातार बढ़ती हुई अक्षमता में मिल सकता है जिसके कारण पचास और साठ के दशकों का जोश-खरोश कायम नहीं रखा जा सका। आखिर इन्हीं दशकों की आधुनिकतावादी दृष्टि के ताने-बाने से भारतीय राष्ट्र-राज्य के प्रचलित मिथक को बुना गया था।

पारंपरिक राज्य बनाम राष्ट्र-राज्य

प्राक्-औपनिवेशिक भारतीय राज्य तत्संबंधित शास्त्रीय व्याख्याओं के खाँचे में फिट होने से इंकार करता रहा है। इसे सिद्धांतजन्य यथार्थ की तरह देखना गलत होगा। इतनी वैविध्य-संपन्न सभ्यता किसी राजनीतिक सिद्धांत को व्यवहार में लागू करके नहीं बनायी जा सकती। इस सभ्यता पर किसी एक सांस्कृतिक केंद्र का वर्चस्व कभी नहीं रहा। भारत में सांस्कृतिक रूप से सुपरिभाषित और आंतरिक रूप से सुसंगत राज्य-संबंधी अवधारणा केवल पाठ्य-पुस्तकों की चीज है। वहाँ भी इसका सृजन एक तरह की घटनोत्तर सैद्धांतिक कारीगरी का ही परिणाम रहा है।[२]

आम धारणा के विपरीत भारत में राज्य के पारंपरिक विचार का विकास आसानी से नहीं हुआ है। इस विचार को सैद्धांतिक अर्थ प्रदान करने से ले कर इसके तथ्यात्मक यथार्थ को मूल्यगत जामा पहनाने तक कई तरह की दिक्कतें पेश आयी हैं। तत्कालीन राजनीतिक व्यवहार की बुनियाद पर राजनीतिक व्यवस्था धीरे-धीरे बन रही थी। दरअसल, इसी बनती हुई व्यवस्था को घटनोत्तर दृष्टि के अनुसार औचित्यपूर्ण ठहराने के लिए राज्य के विचार का इस्तेमाल किया गया। यह विचार अक्सर भारतीय राजनीति की अंतर्निहित विविधताओं और अंतर्विरोधों को अपने में समेटने की भूमिका अंजाम देता था। यह यथार्थ से निपटने का माध्यम था और इस रूप में यह एक अस्त-व्यस्त राजनीतिक यथार्थ की सुव्यवस्थित तस्वीर जैसा था।

लेकिन, स्वाधीनता के बाद की पहली पीढ़ी के भारतीय नेतृत्व ने राज्य की इस अवधारणा को नहीं अपनाया। जवाहरलाल नेहरू, वल्लभभाई पटेल और बाबा साहब आंबेडकर में कितने भी विचारधारात्मक मतभेद रहे हों, लेकिन वे तीनों एक ऐसे राज्य की स्थापना पर एकमत थे जो सत्रहवीं शताब्दी के बाद यूरोप में पनपी राष्ट्र-राज्य की अवधारणा से थोड़ा ही अलग था। भारत में आजकल प्रचलित राज्य के विचार को संस्थागत आधार देने में इन तीनों की निर्णायक भूमिका रही है। उन्होंने गाँधी-पूर्व और गाँधीवादी दौर की राज्य-संबंधी अवधारणाओं को स्वीकार करने से इंकार कर दिया था, खासतौर पर राज्य के उन विचारों को जो अंग्रेजी राज्य से पहले के प्रयोगों और अनुभवों पर आधारित थे। स्वाधीनता के पश्चात उभरे अभिजात वर्ग की राज्य-संबंधी अवधारणा राजनीतिक रूप से 'विकसित' समाजों में प्रचलित अवधारणा से उधार ली गयी थी। इसका आधार 'तर्कणावादी' और

अधि-राजनीतिक था। यह वर्ग पश्चिमी दुनिया में पिछले तीन सौ वर्षों के दौरान पनपे राष्ट्र-राज्य से पूरी तरह प्रतिबद्ध था। वेस्टफेलिया की संधि, उन्नीसवीं सदी में ब्रिटिश और फ्रांसीसी प्रभुत्व की स्थापना तथा बिस्मार्क द्वारा जर्मनी में रचित एक शास्त्रोक्त राष्ट्र-राज्य का इस अवधारणा के विकास में महत्त्वपूर्ण योगदान था। चूँकि हमारा अभिजात वर्ग राज्य के इस विचार में निहित समस्याओं से अनभिज्ञ नहीं था, इसलिए उसने भारत की तथाकथित अभागी और आदिम विविधताओं के साथ अस्थायी समझौता करके थोड़ा मिलावटी विचार विकसित किया। उसे यह उम्मीद थी कि वक्त के साथ यह विविधता विलुप्त हो जायेगी और आधुनिक राष्ट्र-राज्य अपने विशुद्ध स्वरूप में उभर आयेगा।[३]

कुछ लोग इस समझौते को पाखंड की ठेठ हिंदू प्रवृत्ति का परिणाम भी मान सकते हैं। लेकिन, यह सही है कि यह समझौता राज्य के उस पारंपरिक विचार को हाशिये पर डालने में कामयाब हो गया जिसे प्राक्-औपनिवेशिक शासकों ने इस देश की विरलता और विविधता को समेटने के लिए गढ़ा था। नये अभिजात वर्ग ने शासन-कला की आयातित धारणा से काम चलाना चाहा। लेकिन उसने इस कला का उन जरूरतों के साथ तालमेल बिठाने का यत्न किया जो उसकी निगाह में इस देश की जरूरतें थीं। साथ में, उसने वैधता हासिल करने के लिए भारत की महान सांस्कृतिक परंपरा का मुहावरा भी अपनाया।

पश्चिमी शासन-कला के इस भारतीय अनुकूलन की प्रक्रिया में से दो तरह की उम्मीदें निकलीं। दोनों का ताल्लुक आदर्श समाज की धारणा से था। यह एक ऐसे समाज की धारणा थी जिसे भारतीय राज्य की नयी विचारधारा में निहित आधुनिक राष्ट्र-राज्य के मुताबिक होना था। पहली उम्मीद यह थी कि आधुनिकीकरण के साथ-साथ भारतीयता का और अधिक सुसंगत रूप उभरेगा तथा विविधता कम होती चली जायेगी जिससे भारत पर शासन करने में अधिक सुविधा होगी। दूसरी उम्मीद थी कि आगे चल कर राष्ट्र-राज्य के समझौतामूलक रूप का स्थान सार्वभौम शासन-कला के मुताबिक चलनेवाला राष्ट्र-राज्य ले लेगा। और, तब वह अपनी विचारधारा से तालमेल बिठाने के लिए समाज को मनाने, गोलबंद करने अथवा मजबूर करने का काम कर सकेगा।

ये उम्मीदें राज्य की औपचारिक विचारधारा में ही नहीं, बल्कि शहरी-अर्धशहरी मध्यवर्गीय राजनीतिक संस्कृति में भी अभिव्यक्त हो रही थीं। इस संस्कृति का निर्माण और विकास भारतवासियों ने शिक्षा और राजनीतिक संस्कार-निर्माण की प्रणालियों के जरिये किया था। इस संस्कृति पर औपनिवेशिक राज्य-प्रणाली का गहरा प्रभाव था, और वह शासन-प्रणाली के क्षेत्र में यूरोपीय उपलब्धियों से अभिभूत थी। विभिन्न जातीय और धार्मिक समूह, खासतौर से हिंदू पुनरुत्थानवादी, शायद राष्ट्र-राज्य की इस धारणा को साफ समर्थन न देते लेकिन औपनिवेशिक प्रभाव के कारण उन्होंने भी इसे हाथो-हाथ लिया। हिंदू पुनरुत्थानवादियों ने राज्य की देशज हिंदू अवधारणा का दावा पेश नहीं किया। वे केवल आधुनिक राष्ट्र-राज्य

को भारत के अतीत में दिखाने की चेष्टा करते रहे। ब्रिटिश राज्य की जारज संतान होने के नाते उन्होंने गैर-हिंदू अल्पसंख्यकों और पश्चिम के साथ वही सुलूक करना चाहा जो उनके खयाल से पश्चिम ने गैर-पश्चिम तथा अपने ही अल्पसंख्यकों और कमजोर तबकों के साथ किया था। गाँधी के हत्यारे की मार्मिक लेकिन दयनीय वसीयत से यह साफ झलकता है कि हिंदू पुनरुत्थानवादी बिस्मार्क के जर्मन राज्य जैसा भारत बनाना चाहते थे और उन्हें लगता था कि आत्मशक्ति, उपवास और अहिंसा जैसे विचारों के अंधानुकरण के कारण गाँधी इस परियोजना के साथ भितरघात के जिम्मेदार हैं।

राष्ट्र-राज्य की आधुनिक अवधारणा ने अब सार्वजनिक जीवन पर अपनी चौधराहट कायम कर ली है। चालीस वर्षों में इसके साथ अनगिनत निहित स्वार्थ बँध गये हैं। आज का लगभग पूरा भारत राष्ट्र-राज्य को ही राज्य की एकमात्र वैध और संभव अवधारणा मान बैठा है। इसका महत्त्व इतना ज्यादा बढ़ गया है कि इसने भारतीय सभ्यता के अन्य सभी पहलुओं के ऊपर सर्वांगीण प्राथमिकता हासिल कर ली है। वह इतना क्षमतावान हो चुका है कि राज्य की आवश्यकताओं के साथ टकरानेवाली भारतीय समाज की सभी माँगों का प्रतिरोध कर सकता है। उसने हर तरह से समाज को राज्य के साथ तालमेल बिठाने के लिए मजबूर कर दिया है।

इस प्रकार राज्य और समाज के बीच का संबंध उलट जाने से राज्य के विचार को ठोस रूप मिला है। अब राज्य की उपस्थिति पहले से कहीं ज्यादा तथ्यपूर्ण और ऐतिहासिक तात्पर्य से युक्त प्रतीत होने लगी है। स्वाधीनता के समय स्थिति कुछ भिन्न थी। उस समय भारतवासियों ने राज्य के जिस विचार की रचना की थी, वह एक तरह के मिथकीय गुण से संपन्न था। शास्त्रीय भारतीय राज्य और महाकाव्यात्मक परंपराओंवाले राज्य की भाँति इसकी प्रकृति ऐतिहासिक न होकर स्मृतिजन्य थी। लेकिन सवाल यह है कि विदेशी प्रभाव से आक्रांत होने के पहले यदि कोई सर्वगुण-संपन्न भारतीय राज्य-तंत्र मौजूद था तो देशज इतिहासकार इससे हौव्वे की भाँति क्यों बिदकते रहे? कहीं ऐसा तो नहीं था कि देशज लोगों की पैनी निगाह ने इस आदर्शीकृत अतीत की मिथकीय प्रकृति की असलियत जान ली थी। चीनी किसानों की अनुभवजन्य बुद्धि ने भी तो प्राचीन स्वर्ण युग-संबंधी अवधारणा की वास्तविकता पहचान ली थी। मिथकीय संरचनाएँ अपने प्रति आवेश और निष्ठा को जन्म देती हैं, लेकिन आदर्शीकृत भारतीय राज्य ने कुछ अलग ही तरह के मनोभावों को पैदा किया। जब कोई भारतीय श्रद्धा-भाव से रामराज्य की चर्चा करता है तो वह भगवान राम के शासन की ही नहीं, वरन एक मर्यादा-संपन्न राज्य-तंत्र की मिसाल भी पेश कर रहा होता है। लेकिन, शायद ही किसी भारतीय को रामराज्य धरती पर उतार लाने का यकीन रहा हो। महाकाव्यात्मक संस्कृति में रामराज्य का विचार तो पारलौकिक और इहलौकिक के बीच, भावातीत और नित्य के बीच तथा संभव और असंभव अतीत के बीच सूत्र का काम ही कर सकता है। जाहिर है कि यह विचार भविष्य के किसी व्यावहारिक लक्ष्य की रूपरेखा न होकर वर्तमान की

आलोचना का एक औजार भर था।

रामराज्य के अलावा ऐतिहासिक तथ्य के रूप में भी कुछ राज्य लोकमानस में मिथक बन कर अंकित हैं। इतिहास-सम्मत ढंग से सोचनेवालों के लिए भी चंद्रगुप्त मौर्य, अशोक और अकबर के राज्यों का महत्त्व इतिहासकारों द्वारा किये गये वर्णन से कहीं अलग है। उनकी इतिहास-बुद्धि राष्ट्रीय आंदोलन द्वारा गढ़ी हुई राजनीतिक चेतना के माध्यम से बनती है। वे वर्तमान की सामाजिक आलोचना के लिए इतिहास के जरिये एक कसौटी प्राप्त करना चाहते हैं। इस व्याख्या का सूत्रीकरण मैं अपने शब्दों में इस तरह करना चाहूँगा : भारत के अतीत का कभी कोई छोर नहीं रहा और जब तक उसका सिलसिला अतीत से जुड़ा रहेगा, भारत के वर्तमान और भविष्य का छोर भी पकड़ में नहीं आयेगा।

आज परिस्थिति बदल गयी है। अब भारतीय राष्ट्र-राज्य उतना स्मृति-विषयक न रह कर मुख्यत: एक जमीनी यथार्थ बनता जा रहा है। एक जमाने में उसकी अस्पष्टता और अव्यवस्था, उसका सुविचारित धुँधलका और स्वयं को परिभाषित करने अथवा अपनी अवधारणात्मक सीमाओं को सुस्पष्ट करने के मामले में उसकी अक्षमता यथार्थवादी भारतीय राजनीतिवेत्ताओं को चिढ़ाती रहती थी। लेकिन अब उसकी स्पष्ट व्यावहारिक परिभाषाएँ उभरने लगी हैं जो आधुनिक मानसिकता के अनुकूल बैठती हैं। कभी भारतीय राजनीतिक संस्कृति के विस्तृत दायरे में कई तरह के विकल्प रहते थे। लेकिन इस नयी परिघटना ने उनकी संख्या बहुत घटा दी है।

इस मामले में गाँधी को उदाहरण के रूप में पेश किया जा सकता है। मैं यहाँ अस़ली गाँधी की चर्चा कर रहा हूँ, उनके नामधारियों की नहीं। गाँधी ने हिंदुस्तानी को भारत की राष्ट्रभाषा बनाने का आग्रह किया था। कुछ लोग कह सकते हैं कि हिंदुस्तानी तो मुख्यत: हिंदी और उर्दू का मिला-जुला नाम है। हिंदुस्तानी को बोलचाल की हिंदी अथवा बोलचाल की उर्दू साबित करने के लिए ऊँचे दर्जे की बहस भी की जा सकती है। इन विवादों का भी कोई अंत नहीं है कि हिंदुस्तानी देवनागरी में लिखी जानी चाहिए या अरबी में? उसके पास अपना कोई साहित्य है या नहीं? कौन-कौन-सी भाषाएँ हिंदुस्तानी के नजदीक हैं? हिंदी उसके ज्यादा नजदीक है या उर्दू? और यह कि हिंदुस्तानी सबकी भाषा होते हुए भी किसी की भी क्यों नहीं है? असलियत यह है कि इस भाषा को चाहनेवालों और इसे ठुकरानेवालों की संख्या कम और कमतर होती जा रही है।

लेकिन, राष्ट्रभाषा के रूप में हिंदुस्तानी का दावा भाषायी राजनीति में जिस तरह की गुंजाइश पैदा कर सकता है, वह हिंदी का दावा नहीं कर सकता। हिंदी एक अधिक सुपरिभाषित भाषा है। उसका साहित्य उर्दू साहित्य से एकदम अलग है (हालाँकि किसी जमाने में ऐसा नहीं भी था)। हिंदी कई रूपों में बोली जाती है जिनके जरिये हिंदी बोलनेवाले का सामाजिक दर्जा पहचाना जा सकता है। अंग्रेजी की दुनिया में भी ऐसा ही होता है। एक खास तरह की खराब हिंदी बोलनेवाले का दर्जा दूसरी तरह की अच्छी हिंदी बोलनेवाले के दर्जे से ऊँचा समझा जा सकता है।

अंग्रेजी की भाँति हिंदी भी कुछ समुदायों को भाषायी कौशल के जरिये राजनीतिक-आर्थिक लाभ उठाने का मौका दे देती है। हिंदी के जरिये एक समुदाय को राजनीतिक गोलबंदी का आधार भी मिल जाता है (भारत के राजनीतिक भूगोल में अब 'हिंदी प्रदेश' और 'काऊ बेल्ट' जैसी अभिव्यक्तियाँ प्रचलित हो चुकी हैं)। हिंदुस्तानी भी भारतीय बहुलता का प्रतिनिधित्व करती है लेकिन उसका तरीका हिंदी द्वारा भारतीय बहुलता का प्रतिनिधित्व करने के तरीके से अलग है।

मैंने यह उदाहरण भारत की राष्ट्रभाषा अथवा आधिकारिक भाषा के सवाल पर बहस शुरू करने के लिए नहीं दिया है। हिंदी क्यों चुनी गयी, हिंदुस्तानी क्यों नहीं चुनी जा सकी, और इसके पीछे क्या राजनीति थी, इस पर बहुत कुछ कहा जा सकता है। जिस समय राष्ट्रभाषा का चुनाव हुआ, उस समय हिंदी को भी कई लोग कई भाषाओं का एक मिला-जुला रूप ही समझते थे, एक ऐसा रूप जिसमें सामाजिक-राजनीतिक और भौगोलिक सीमाएँ घुल-मिल गयी थीं। मैंने तो यह उदाहरण उस राजनीतिक चेतना को चिह्नित करने के लिए दिया है जो कभी भारतीय राजनीतिक संस्कृति का केंद्र थी, लेकिन जो आज लगातार हाशिये पर खिसकती जा रही है। इसी चेतना के प्रभाव में हमारे संविधान-निर्माता न केवल 'राष्ट्रभाषा' जैसी अभिव्यक्ति से बचे, बल्कि उन्होंने हिंदी और अंग्रेजी समेत सभी प्रमुख क्षेत्रीय भाषाओं को आधिकारिक भाषाएँ घोषित कर दिया। अगर यह संविधान आज तैयार किया जाता तो उसमें वही लिखा जाता जो अक्सर अनजाने में कहा जाता है, यानि कि हिंदी हमारी राष्ट्रभाषा है, अंग्रेजी अतिरिक्त आधिकारिक भाषा है, अन्य प्रमुख भारतीय भाषाएँ क्षेत्रीय भाषाएँ हैं, और बाकी सब बोलियाँ अथवा स्थानीय भाषाएँ हैं।

इस उदाहरण से साफ है कि हिंदुस्तानी से जुड़ा रवैया राजनीतिक बहुलता के पारंपरिक भारतीय मुहावरे के ज्यादा निकट था, और हिंदी जैसी सुपरिभाषित भाषा से जुड़ा रवैया उपराष्ट्रीय संस्कृतियों और विभिन्न हितों को एक केंद्र के साथ जोड़ने की हामी राष्ट्र-राज्य प्रणाली के ज्यादा अनुकूल है। पहलेवाली प्रवृत्ति अगर केंद्र का औचित्य उसकी परिधियों के संदर्भ में परिभाषित करती है, तो दूसरी प्रवृत्ति परिधियों का औचित्य केंद्र के संदर्भ में सिद्ध करती है। पहली प्रवृत्ति परिधियों के बिना केंद्र की संकल्पना नहीं कर सकती और उसके लिए केंद्र का महत्त्व परिधियों के आधार पर की गयी संरचना के रूप में ही है। दूसरी प्रवृत्ति परिधियों की संकल्पना केंद्र के बिना नहीं कर सकती क्योंकि उसके लिए परिधियों का महत्त्व केंद्र के विस्तार, उपकरण और घटक के रूप में ही है। पहला विचार परिधियों की स्वायत्तता और गरिमा को एक स्वयंसिद्ध और अनुल्लंघनीय तथ्य मानकर चलता है। दूसरा विचार परिधियों के प्रति अधिक साम्राज्यिक और उपयोगितावादी नजरिया अपनाता है। उसकी निगाह में सभ्यता के सभी आधार मूलत: केंद्र में ही निहित हैं।

सरकारी भाषा के चुनाव का यह उदाहरण भारतीय राजनीतिक संस्कृति में हो रहे एक और परिवर्तन की तरफ इशारा करता है। इसके अनुसार शास्त्रोक्त और लोक के बीच और 'उच्च' और 'निम्न' के बीच संबंधों की प्रत्येक परंपरा आधुनिक

राज्य के संपर्क में आ रही है। राष्ट्र-राज्य की प्रणाली में कुछ ऐसी बात है कि उसे किसी भी संस्कृति को उसके उच्च और निम्न घटकों में बाँट कर उच्च का महिमामंडन और निम्न का अवमूल्यन करना ही पड़ता है। उच्च संस्कृति आमतौर पर निम्न की अपेक्षा अधिक सुपरिभाषित और स्थायित्व लिये हुए होती है। वह कई क्षेत्रीय संस्कृतियों को अपने में समेटती हुई नीतिगत उद्देश्यों के लिए उन्हें एक जगह जोड़ देती है। यह संस्कृति मुख्यतः प्रभु-वर्ग की संस्कृति है। इस वर्ग के साथ राज्य को एक कामकाजी और लेन-देन का रिश्ता बनाना ही पड़ता है। किसी समुदाय की जीवन-शैली का एकरूपीकरण करते समय उच्च संस्कृति अपने ऊँचे शास्त्रोक्त दर्जे के कारण उस समुदाय के लिए अनर्थकारी होने के आरोप से बच निकलती है।

यह प्रक्रिया बताती है कि दक्षिणी गोलार्ध की दुनिया के अधिकांश राष्ट्र-राज्यों की तरह भारतीय राष्ट्र-राज्य भी अपनी मुख्य पहचान के रूप में शास्त्रीय संस्कृति को पेश करने में व्यस्त है। उसकी कोशिश उस संस्कृति के साथ एक राजनीतिक तालमेल बिठाने की है। दूसरी तरफ यही राष्ट्र-राज्य जमीन से जुड़ी संस्कृति के प्रति अधिकाधिक उपेक्षा भाव से ग्रस्त रहता है क्योंकि यह संस्कृति उच्च संस्कृति की भाँति न तो संग्रहालय और मंच पर प्रदर्शित की जा सकती है और न ही उसका अभिरक्षण किया जा सकता है। हमें समझ लेना चाहिए कि खुद को जनता का हिमायती बतानेवाले विकास-विशेषज्ञ और सामाजिक कार्यकर्ता जब भारतीय मिजाज के हठीलेपन की चर्चा करते हैं या जब वे ज्ञानार्जन के प्रति भारतीय अरुचि का रोना रोते हैं तो उनका मंतव्य क्या होता है। दरअसल, उस समय वे भारतीय जीवन-दर्शन और संस्कृति के दैनंदिन स्वरूपों को कोसते हुए आधुनिक औषधि, कृषि विज्ञान और वानिकी के प्रति आम लोगों के अविश्वास से दुखी हो रहे होते हैं। लेकिन, जब यही लोग भारतीय चित्त की उदारमना प्रवृत्ति की चर्चा करते हैं तो उनका इशारा उच्च संस्कृति के श्रुति ग्रंथों, कुछ उपनिषदों और वेदांत से होता है। तब वे उस ब्राह्मणवादी रवैये की प्रशंसा कर रहे होते हैं जो आधुनिकता के उगते सूरज को सलाम करने के लिए तत्पर रहता है।

इस विश्लेषण से मेरा तात्पर्य साफ हो गया होगा। उच्च संस्कृति और राष्ट्र-राज्य की महानगरीय संस्कृति के इस मिश्रण पर हमारी राजनीतिक संस्कृति कुछ वर्षों से अधिकाधिक निर्भर होती जा रही है। ब्राह्मणवादी और गैर-ब्राह्मणवादी के बीच, शास्त्रोक्त और लोक के बीच और धर्मग्रंथों द्वारा निर्देशित तथा प्रचलित व्यवहार के बीच का आपसी आदान-प्रदान और पारंपरिक द्वंद्व अब हमारी संस्कृति का प्रमुख लक्षण नहीं रह गया है। राजनीतिक संस्कृति उस बहुलतावाद से कट गयी है जिससे भारतीय राज्य की सांस्कृतिक अवधारणा निकली थी और जिसने विविध जीवन-शैलियों और नाना प्रकार की राजनीतिक संस्कृतियों के जरिये वैधता हासिल की थी। इसके विपरीत राज्य की नयी संस्कृति भारतव्यापी, शहरी और मध्यवर्गीय किस्म के सांस्कृतिक उपादानों पर ज्यादा-से-ज्यादा निर्भर होती जा रही है। यही

हमारी उभरती हुई 'भीड़ संस्कृति' है जो अंतर्राष्ट्रीय बाजारू संस्कृति का ही हिस्सा है। यह देश के विविध क्षेत्रों में प्रचलित संस्कृतियों का स्वाभाविक मिश्रण न होकर अमेरिकी 'मेल्टिंग पॉट' की भाँति एक अभिज्ञेय और सुसंबद्ध संस्कृति है।

राष्ट्र-राज्य की विचारधारा और राष्ट्रवाद

पुराने सांस्कृतिक बहुलतावाद से हट कर 'मेल्टिंग पॉट' वाले बहुलतावाद को अपनाने के साथ-साथ राज्य और समाज के संबंधों में चार परिवर्तन हुए हैं। इनमें ऐसा कोई परित्रर्तन नहीं है जो केवल भारत की विशिष्टता ही हो। तीसरी दुनिया के किसी भी बहुजातीय और वैविध्य-संपन्न समाज के लिए ये परिवर्तन अपरिहार्य माने जा सकते हैं। यह भी कहा जा सकता है कि इन्हीं परिवर्तनों के दबाव से भारतीय राज्य-तंत्र तीसरी दुनिया के सामान्य राज्य-तंत्रों जैसा हो गया है और वैसी ही समस्याओं का सामना भी कर रहा है। अर्थात भारत अपनी गरीबी अथवा शहरी-औद्योगिक विकास की धीमी रफ्तार के कारण नहीं बल्कि राज्य और समाज के बदलते हुए संबंधों के कारण सही अर्थों में तीसरी दुनिया का एक सामान्य देश बन रहा है।

पहला परिवर्तन तो यह है कि हमारा प्रभु-वर्ग राज्य के विकास को ही समग्र विकास का पर्याय समझने लगा है। उसकी यह प्रवृत्ति बढ़ती जा रही है। राज्य ने न केवल सभी संसाधनों को अपने अधीन कर लिया है वरन वह उन्हें अधिकाधिक निगलता चला जा रहा है। अगर राज्य द्वारा अपने ऊपर किये गये खर्च का हिसाब लगाएँ तो साफ हो जायेगा कि उसने किस कामयाबी के साथ विकास के सभी प्रचलित लक्ष्यों को अपने साथ जोड़ लिया है। वह मुख्यत: स्वयं का ही विकास करने में व्यस्त है। ग्रामीण प्राथमिक स्वास्थ्य-सेवा जैसे विकास के परंपरागत क्षेत्रों में निवेश का अधिकांश हिस्सा राज्य की विभिन्न शाखाओं के हाथ में रख दिया जाता है, चाहे वह राज्य-प्रशासन हो, सरकारी नौकरी के पेशागत क्षेत्र हों, पब्लिक सेक्टर की औषधि-निर्माता कंपनियाँ हों या 'राष्ट्रीयकृत' आयुर्विज्ञान शिक्षा और स्वास्थ्य अनुसंधान और स्वास्थ्य-नियोजन की प्रक्रिया हो।

हमारी सबसे ताजा और शानदार उपलब्धियाँ प्रतिरक्षा, उससे संबंधित प्रौद्योगिकी और उससे जुड़े कर्मियों के क्षेत्र में मानी जाती हैं। प्रभु-वर्ग इन उपलब्धियों को विकास के रास्ते में विचलन न मानकर उसका नैसर्गिक अंग मानता है। चूँकि देश की आंतरिक उथल-पुथल के नाम पर दमनकारी मशीनरी को और मजबूत करने के तर्क में ज्यादा दम नहीं है इसलिए पड़ोसी देशों से लगी सीमाओं पर खतरे की भीति पैदा कर दी जाती है। इस तरह यह मान लिया जाता है कि भारतीय राष्ट्र-राज्य को जितना शक्ति-संपन्न किया जायेगा, देश के टिके रहने की उतनी ही गारंटी होती चली जायेगी। कांग्रेस सरकारों द्वारा शुरू की गयी यह प्रवृत्ति भारतीय जनता पार्टी के नेतृत्ववाली गठजोड़ सरकार द्वारा उत्तरोत्तर और मजबूत की जा रही है। यह सरकार तो साफ-साफ 'नरम राज्य' के मुकाबले युयुत्स

प्रवृत्तियोंवाले निर्मम और 'कठोर राज्य' की वकालत तक करने लगी है।

दूसरा परिवर्तन राज्य की सेकुलर और तर्कबुद्धिवादी प्रक्रिया को उस सहिष्णुता का पर्याय मान लेना है जो दरअसल जातीय और सांस्कृतिक विविधता की देन है। यह चिंतन दिनोदिन प्रभावी होता चला जा रहा है। इसके कारण आधुनिक भारतीय मानस में यह आग्रह बैठ गया है कि राष्ट्र की अधिकाधिक मजबूती ही अल्पसंख्यक संस्कृतियों के राष्ट्रीय मुख्यधारा में संघटन की सूचक होगी और केवल तभी विविधताओं को ठोक-पीट कर उनका समतलीकरण करते हुए जातीय विग्रहों से निपटा जा सकेगा। इस तरह जातीय सहिष्णुता के लिए राज्य पर निर्भरता बढ़ गयी है। लगभग प्रत्येक जातीय विग्रह और अंतरधार्मिक विवाद राज्य के पास मध्यस्थता के लिए ले जाया जाता है। चूँकि आधुनिक राज्य जातीयताओं से दिक्कत महसूस करता है, विशेष कर राज्य की माँगों के साथ तालमेल न बिठा पानेवाली जातीयताओं से इसलिए राज्य की मध्यस्थता निष्पक्ष नहीं रह पाती। अक्सर जातीय हिंसा के संदर्भ में सत्तारूढ़ दल, विपक्ष, पुलिस, नौकरशाही और एक हद तक न्यायपालिका भी एक पक्ष लेती हुई नजर आती है। दुनिया-भर के राज्य इस मुश्किल से गुजरते रहे हैं। संकोच के साथ ही सही, लेकिन निश्चित रूप से ये सब जातीय गुट या धड़े राज्य की इस पक्षधरता का राजनीतिक लाभ उठाते हैं।[४]

तीसरा परिवर्तन विज्ञान और प्रौद्योगिकी के महाप्रतिष्ठानों के साथ राज्य के घनिष्ठ और अनुल्लंघनीय रिश्तों के रूप में सामने आया है। राज्य विज्ञान और प्रौद्योगिकी पर केवल इसलिए निर्भर नहीं है कि उसके बिना उसकी दमनकारी मशीनरी ज्यादा प्रभावी नहीं हो सकती, बल्कि इसलिए भी कि वह इन क्षेत्रों की उपलब्धियों के माध्यम से स्वयं को वैज्ञानिक ज्ञान का आगार और देशज असंगतियों का नकार साबित कर सकता है। ये उपलब्धियाँ जितनी दर्शनीय होती हैं, राज्य को उतनी ही वैधता दिलाती हैं।

अक्सर सरकारी विज्ञप्तियों, प्रदर्शनियों, सभाओं आदि में वैज्ञानिक प्रकृति का गुणगान किया जाता है। सत्ता और ज्ञान के रिश्ते में वैज्ञानिक प्रकृति का यह आदर्श केंद्रीय भूमिका निभाता है। यह विचार श्वेतांगों द्वारा असभ्यों को सभ्य बनाने के महाअभियान की देन तो था ही, इसका स्रोत उन्नीसवीं शताब्दी के सुधार आंदोलनों में भी निहित था। ये सुधार आंदोलन धार्मिक भी थे और सेकुलर भी। राममोहन राय, बंकिमचंद्र चट्टोपाध्याय, स्वामी विवेकानंद और सैयद अहमद खान जैसे चिंतक और समाज-सुधारक मानते थे कि पश्चिमी वैज्ञानिक परंपराएँ इस उपमहाद्वीप की देशज संस्कृतियों में प्राण फूँक देंगी और केवल तभी समकालीन विश्व में उनके टिकने की गारंटी हो सकेगी। यूरोप द्वारा वैज्ञानिक तर्कबुद्धि की संस्कृति के 'सफल' प्रयोग के संदर्भ में इन चिंतकों को भारतीय समाज अंधविश्वासी, जड़ और अराजनीतिक परंपराओं के दलदल में फँसा हुआ लगता था।

आज स्थिति यह है कि पश्चिम और पूर्व का यह सभ्यतामूलक अंतर चेतना में जज्ब हो गया है।[५] चौथा परिणाम यह है कि इस आख्यान को पुराने भारत के

खिलाफ बेहतरीन ढंग से इस्तेमाल किया जा रहा है। इस प्रक्रिया ने वैज्ञानिक प्रकृति और सांस्कृतिक विकास के सिद्धांतों को दुधारी तलवार की शक्ल दे दी है। इसका एक पक्ष नवअभिजात वर्ग की सांस्कृतिक श्रेष्ठता के प्रमाणस्वरूप प्रौद्योगिकी और संगठन के क्षेत्र में भव्य उपलब्धियों की सतत खोज करता रहता है और दूसरा पक्ष दैनंदिन जीवन की अधोगति (या प्रतिगामिता) और असंगतियों के भीषण उदाहरण खोज कर गैर-आधुनिक भारत की सांस्कृतिक निकृष्टता का सबूत पेश करता रहता है। हमारी विविधता अब निम्न स्तर की समरूपता में बदल गयी है। यह एक ऐसी समरूपता है जिसके प्रभाव में इतिहास के ढलान पर पूरा समाज हाँफता-सा चला जा रहा है। इस काफिले में आगे-आगे मुट्ठी-भर आत्मविश्वासी 'सिद्धपुरुष' हैं और उसके पीछे, काफी फासले पर बाकी सब लोग घिसट रहे हैं।

इन परिवर्तनों के दो प्रमुख राजनीतिक-सांस्कृतिक परिणाम निकले हैं। इनमें पहला परिणाम है लोकतांत्रिक प्रक्रिया और राजनीति के प्रति आधुनिक भारत के कुछ तबकों में बढ़ता हुआ अधैर्य। इन लोगों को लोकतंत्र में अभी यकीन है, लेकिन उन्हें लगता है कि लोकतंत्र ने अपनी सीमा तोड़ कर समाज के विवेकहीन तथा पुराणपंथी तत्त्वों को शक्ति-संपन्न बना दिया है। इस अधीरता का एक नतीजा राजनीति से कतराते हुए समस्याओं को प्रौद्योगिकी और प्रबंधन के जरिये हल कर लेने की प्रवृति में निकलता है। इसके विपरीत समाज के निचले तबकों ने लोकतांत्रिक संस्थाओं और चुनावी राजनीति में अधिक विश्वास प्रदर्शित किया है।

दरअसल चुनावी राजनीति के कारण हमारे परंपरागत सामाजिक प्रभुओं के रंग-रुतबे में कमी आयी है। आपसी होड़वाली जन-राजनीति के प्रति इन लोगों की बेचैनी का यह एक महत्त्वपूर्ण कारण है। १९३० के दशक में ही यह प्रक्रिया शुरू हो गयी थी। स्वाधीनता के बाद चुनावी राजनीति ने इसे किस तरह तेज किया, यह कहानी सभी को पता है। लेकिन आधुनिक भारत में इस बेचैनी की क्रमशः व्याप्ति की अनुभूति कम लोगों को ही है। इस विकलता के शिकारों में एक तरफ विभिन्न पेशों से जुड़े लोगों, मीडिया, वैज्ञानिकों और उद्योगपतियों की नयी पीढ़ी से मिल-जुल कर बना नवशहरी अभिजन वर्ग है। इस वर्ग के मन में उन्नीसवीं शताब्दी के ब्रिटिश प्रभुजनों जैसा डर बैठा हुआ है कि अगर विशेषज्ञों और अत्याधुनिक ज्ञान से लैस लोगों के हाथ में सत्ता की बागडोर सीधे-सीधे न सौंपी गयी तो लोकतंत्र स्वयं ही स्वतंत्रता और तर्कबुद्धि के लिए खतरा बन जायेगा भले ही इसके लिए लोकतांत्रिक प्रक्रिया की उपेक्षा ही क्यों न करनी पड़े। दूसरी तरफ दाएँ और बाएँ बाजू के विभिन्न रेडिकल तत्त्व हैं। इनका नेतृत्व भी मुख्यतः आधुनिकीकरण में व्यस्त प्रभु-वर्ग से निकले कुछ व्यक्तियों के हाथों में है। ये लोग स्पर्धात्मक जन-राजनीति में न टिक पाने के कारण राजनीतिक केंद्र से धकिया दिये गये हैं और अब जनता के हिमायती बन कर पुनः राजनीति के मंच पर उभरना चाहते हैं।

दूसरा परिणाम है भारतीय राष्ट्रवाद द्वारा इन परिवर्तनों से तालमेल बिठाने की शुरुआत। स्वाधीनता संग्राम की विरासत के रूप में यह राष्ट्रवाद आधुनिक पश्चिम

की राजनीतिक आलोचना ही नहीं था, बल्कि इसमें एक सशक्त बौद्धिक और सांस्कृतिक आलोचना भी निहित थी।

भारतीय सभ्यता के समन्वयवादी चरित्र की देन यह आलोचना पश्चिम को पश्चिमी और देशज यानी दोनों श्रेणियों के संदर्भ में समझने और उसका सामना करने की कोशिश थी। इन विचार-श्रेणियों को विविध स्रोतों से लिया गया था। पश्चिमी तर्कबुद्धिवाद के जरिये कई भारतीय पश्चिमी संदर्भों में ही पश्चिम की अक्षमताओं को देख पाये थे। समाजवादी और उदारतावादी विचार-श्रेणियों के जरिये आधुनिकता की आंशिक आलोचना की गयी थी। भारतीय परंपराओं और परंपरा के विशेषज्ञ वाहकों की निगाह में पश्चिमी विचार अनैतिक, जाति-संहारवादी और दार्शनिक रूप से त्याज्य था। इन सबसे ऊपर गाँधी और उनके अनुयायियों ने एक अलग विचार-श्रेणी प्रस्तुत की थी। इस विचार-श्रेणी ने संस्कृति के पारंपरिक आधार का आह्वान किया लेकिन साथ ही वह उसकी खामियाँ देखने के प्रति भी हमेशा सतर्क रही और इस तरह पश्चिम की ही नहीं बल्कि भारतीय परंपरा के कुछ पहलुओं की भी आलोचना करती रही।

इस राष्ट्रवाद में स्वाभाविक रूप से पश्चिमी राष्ट्रवाद की आलोचना निहित थी। स्वतंत्रता-पूर्व के कुछ भारतीय चिंतकों ने इस आलोचना की रूपरेखा भी बना ली थी। लेकिन कई भारतीय और पश्चिमी प्रेक्षकों को भारतीय राष्ट्रवाद की एक चीज पसंद नहीं आयी। उनका सवाल था कि यह राष्ट्रवाद हितों पर आधारित ठोस राजनीतिक लेन-देन को अपना आधार बनाने से इंकार क्यों करता है। स्वाधीनता आंदोलन द्वारा विकसित राष्ट्रवाद की विशेषता उसकी मद्धिम आवाज, सहनशीलता और खास तरह की सहमतिमूलकता थी। यह राष्ट्रवाद बहुत ठोस और सुपरिभाषित किस्म का नहीं था। इन्हीं खूबियों के कारण इसमें से पश्चिमीकृत भारतीयों को अत्यंत प्रिय लगनेवाले और विविधताओं के समतलीकरण पर आमादा 'परिपक्व' राष्ट्रवाद की आलोचना निकलती रहती थी।

भारतीय राष्ट्र के इस मिजाज का बेहतरीन उदाहरण राष्ट्रगान के रूप में देखा जा सकता है। हमारे दोनों राष्ट्रगान (रवींद्रनाथ टैगोर का 'जन गण मन' और बंकिमचंद्र चट्टोपाध्याय का 'वंदे मातरम्' बांग्ला में हैं। (पाकिस्तान के सांस्कृतिक नायक मोहम्मद इक़बाल द्वारा उर्दू में रचित गीत 'सारे जहाँ से अच्छा' तीसरे राष्ट्रगान के रूप में स्वीकृत होते-होते रह गया है।) इस लिहाज से भारत एक विलक्षण राष्ट्र है कि उसके राष्ट्रगीतों में से एक भी राष्ट्रभाषा में नहीं है।

राष्ट्रगानों की यह विविधता बताती है कि हमारा राष्ट्रवाद एक संपूर्ण परिभाषा में बँधने के लिए तैयार नहीं था। एक उत्तर-औपनिवेशिक समाज का राष्ट्रगान होने के बावजूद 'जन गण मन' दुनिया का सबसे कम राष्ट्रवादी गान है। वह भारतीय सभ्यता की उन्मुक्त और उग्रराष्ट्रवाद रहित अवधारणा के प्रशस्ति गान के रूप में उभरता है। 'वंदे मातरम्' भारतमाता की ही नहीं बल्कि 'धरती माता' की भी आराधना है।

'जन गण मन' की छवि बिगाड़ने की कोशिश बार-बार की जाती रहती है। यह साबित करने के प्रयास किये जाते रहते हैं कि यह गीत मूलत: ब्रिटिश सम्राट जार्ज पंचम की प्रशस्ति में लिखा गया था। यह दुराग्रह भारतवासियों की बदलती हुई मानसिकता की तरफ इशारा करता है। जाहिर है कि कट्टर नवराष्ट्रवादियों को 'जन गण मन' पसंद नहीं आ सकता। इनमें से कुछ राष्ट्रगान को अनिवार्य बनाने का आग्रह करके इसमें कट्टरता की कमी की भरपायी करना चाहते हैं। यह काफी लोकप्रिय माँग है और इसे राष्ट्रगान की आत्मा के खिलाफ समझनेवाले लोगों की संख्या बहुत कम है।[६]

भारतीय मानस पर राष्ट्रवाद का विचार अपनी सार्वभौम अवधारणा और सार्वभौम अंतर्वस्तु के रूप में छाता चला जा रहा है। इसके कारण हम देशभक्ति की अपनी पारंपरिक व्याख्या में आस्था खोते चले जा रहे हैं। राज्य, शासन और एकता की हमारी अपनी धारणा अब हमें प्रभावित नहीं करती। समाचार माध्यमों के निरंतर संपर्क में रहनेवाले शहरी मध्यवर्ग के पास समकालीन राजनीतिक विचारों को ग्रहण करने की सुविधा सबसे ज्यादा होती है। इस वर्ग को यकीन हो चला है कि राष्ट्रवाद की मानक और प्रचलित परिभाषा न माननेवाले देश अंतर्राष्ट्रीय जगत में अधीनस्थता के लिए अभिशप्त हैं और उन्हें अंतत: हाशिये पर चले जाना होगा। शहरी मध्यवर्ग की पूर्ववर्ती पीढ़ियों द्वारा उठाये गये 'विविधता में एकता' अथवा 'सहअस्तित्व' जैसे नारों को घिसा-पिटा मानकर त्याग देने के लिए तैयार है।

भारतीय मध्यवर्ग का एक हिस्सा हमेशा से ही एक धर्म, एक भाषा, एक संस्कृतिवाले राष्ट्र-राज्य की कामना करता रहा है। उसके विचार में पश्चिमी समाज भी इसी तरह के राष्ट्र-राज्य रहे हैं। स्वतंत्रता आंदोलन की मुख्यधारा ने इस मॉडल को अपनाने से इंकार कर दिया था क्योंकि राष्ट्रीय नेतृत्व अपने राजनीतिक उद्देश्यों के लिए एक वैविध्य-संपन्न समाज को गोलबंद करना चाहता था। वह भारतीय सभ्यता के प्रति प्रतिबद्ध महसूस करता था। उसकी निगाह में यह सभ्यता सामाजिक विविधता पर निर्भर थी। वह एक ऐसे देश में नागरिक समाज (सिविल सोसाइटी) के भविष्य को ले कर चिंतित था जहाँ एक स्तर पर सभी लोग अल्पसंख्यक हैं। यह चिंतन अब धीरे-धीरे कमजोर होता जा रहा है और उसकी जगह लेने के लिए बहुसंख्यकवाद कदम बढ़ा रहा है। इसका नेतृत्व उन कट्टरपंथी-नवराष्ट्रवादियों के हाथ में है जिन्हें हम राष्ट्रीय स्वयंसेवक संघ या संघ परिवार के नाम से जानते हैं। इन तत्त्वों को आगे बढ़ने की जमीन बाजार आधारित मध्यवर्गीय जनसंस्कृति के पनपने से मिली है। मीडिया और उसके हथकंडों के जरिये जनमानस के रुझान बदलने की तरकीब आजमा कर ये तत्त्व राजनीति पर हावी हुए हैं, लेकिन इस प्रक्रिया में इन्हें आंतरिक रूप से तरह-तरह की समस्याओं का सामना करना पड़ा है। मध्यवर्गीय जनसंस्कृति से लाभ उठाने के लिए उन्हें खुद को उसी तर्ज पर मोड़ कर अपने कई वैचारिक पहलुओं को ठंडे बस्ते में डाल देना पड़ा है।

कुल मिलाकर स्वतंत्र भारत को जिस राष्ट्रवाद की विरासत मिली वह महासंघ

के विचार पर आधारित था। आधुनिकीकरण में व्यस्त मुट्ठी-भर प्रभुओं के बीच सिमटे हुए एक विचार की खातिर पूरे भारत के नागरिक हितों को कुर्बान करने के लिए कोई तैयार नहीं था। लेकिन राष्ट्रवाद का यह तात्पर्य अब बदल रहा है। अब ऐसे भारतवासियों की संख्या अच्छी-खासी हो गयी है जो नवराष्ट्रवादियों से सच्चे भारतीय होने की सनद हासिल कर सकते हैं। यही लोग आज के आधुनिक भारतीय हैं। इनके पास एक अखिल भारतीय चेतना है और ये राष्ट्र-राज्य की संस्कृति से पूरी तरह प्रतिबद्ध हैं। अपनी छोटी-छोटी स्थानीय सांस्कृतिक आधारभूमियों से उखड़े हुए इन लोगों के तार अभिजन संस्कृति से जुड़े हैं। इन 'सच्चे' भारतवासियों ने राजनीतिक परिदृश्य में भारतीयता की एकदम नयी अवधारणा का योगदान किया है। खास बात यह है कि इस नयी भारतीयता में ऐसा कोई तथ्यात्मक यथार्थ निहित नहीं है जिसकी केंद्रीय प्रवृत्ति को आँकड़ों के जरिये व्याख्यायित अथवा एक आत्म-चेतन कृति के रूप में स्वीकार किया जा सके।

राष्ट्रीय एकता-अखंडता और जातीय हिंसा की भारतीय समस्या का बहुत कुछ संबंध राष्ट्रवाद के इन दो रूपों के बीच के अंतर से है। यह समस्या राष्ट्रवाद के देशज रूप की साख घटते जाने के कारण पैदा हुई है। आज के भारत में राष्ट्रीय एकता की परिभाषा पहले से कहीं कम नकारात्मक रह गयी है। अब भारतीय अस्तित्व अपनी अलग-अलग जीवन-शैलियों पर पहले से कहीं कम भरोसा करने लगा है, और पाठ्य-पुस्तकोंवाले राष्ट्र-राज्य पर उसका संदेह घटता जा रहा है। अब नागरिक समाज से संबंधित नाना प्रकार की भारतीय अवधारणाओं के लिए गुंजाइश कम होती जा रही है और कभी अपने अलग-अलग सुर गुँजानेवाले भारतीय धरती-पुत्रों पर एक आवाज में बोलने का आग्रह छाता जा रहा है।

पत्थर की लकीर

भारतव्यापी मध्यवर्गीय चेतना, विविधताओं को समतल कर देनेवाले राष्ट्रवाद और केंद्रीकरण में जुटे हुए राष्ट्र-राज्य के विकास के कारण एक खास तरह की राजनीतिक संस्कृति उभर आयी है। यह राष्ट्रपति प्रणाली और चुनावी राजनीति के चक्र के अनुकूल बैठती है। भले ही हमारा मॉडल वेस्टमिंस्टर प्रणाली का हो लेकिन उसकी अंतर्वस्तु बदल कर जनमत-संग्रह जैसे लोकप्रियता के सर्वेक्षणों पर आधारित चुनावों की हो गयी है। हम अमेरिका की भाँति निर्वाचन के माध्यम से अपना संप्रभु चुनने की तरफ जा रहे हैं। हमारी ज्यादातर प्रमुख राजनीतिक पार्टियाँ चुनाव लड़ने की मशीन बन कर रह गयी हैं।

इस प्रक्रिया में चुनावी राजनीति का चक्र बड़ा महत्त्वपूर्ण है। पहले चुनाव होता है जिसमें निर्णयकारी या त्रिशंकु किस्म की जीत हासिल करने के बाद आधा शासन-काल बीतते-बीतते या उससे भी पहले विजेता का समर्थन-आधार सिकुड़ जाता है। फिर विपक्ष अथवा सत्तारूढ़ गठजोड़ का एक हिस्सा विपक्ष के आवरण में या दोनों की कोई मिली-जुली संरचना अगले राष्ट्रीय चुनावों में सत्ता हासिल

करके इस चक्र को पुनः शुरू करती है। इस पूरे नाटक में समाचार-माध्यमों, मध्यवर्ग के अस्थिर रवैये और अपरिपक्व बाजारू संस्कृति की भूमिकाएँ निर्णायक होती हैं।

हर सरकार बड़ी अदा के साथ सत्तारूढ़ होती है। आशाओं और उत्साह का ठिकाना नहीं रहता। शासन के पहले दौर में उसके पैर जमे हुए लगते हैं। प्रेस में उसकी तारीफों के पुल बाँध दिये जाते हैं और बुद्धिजीवी तबके और शहरी मध्यवर्ग का भरोसा उसके साथ हो जाता है। इस दौरान सरकार की लगभग हर आलोचना आधारहीन ही नहीं, कभी-कभी भ्रांत भी लगती है। आधी शासनावधि गुजरते-गुजरते सरकार उम्मीदें पूरी नहीं कर पाती और उसकी लोकप्रियता में गिरावट शुरू हो जाती है। इस दूसरे दौर में सरकार को दिया जानेवाला कोई भी समर्थन बेईमानीपूर्ण और निहित स्वार्थी प्रतीत होता है। कैसी भी लुभावनी नारेबाजी और समाचार-माध्यमों का कितना भी प्रायोजित इस्तेमाल सरकार की साख नहीं उठा पाता। अधिकांश चिंतनशील भारतीय इस अवधि में अंदेशा जताते रहते हैं कि पता नहीं यह निराशोन्मत सरकार क्या कर बैठे और कहीं हमारे लोकतंत्र का दूरगामी भविष्य ही खतरे में न पड़ जाये।

सत्तर के दशक की शुरुआत से ही यह चुनावी-चक्र राजनीति की एक पत्थर की लकीर जैसा बन गया है। तभी से चुनाव ज्यादा-से-ज्यादा लुभावने नारों और वायदों पर निर्भर होते जा रहे हैं। समाचार-माध्यमों में प्रायोजित खबरों की कारस्तानी से सरकारों और व्यक्तिगत प्रतिष्ठाओं को उठाया-गिराया जाने लगा है। प्रधानमंत्री इंदिरा गाँधी ने चालाक और शहरी नौकरशाहों तथा अपने राजनीतिक सलाहकारों की मदद से इस संस्कृति की दागबेल डाली थी। उनके सलाहकार मंडल की खूबी यह थी कि वे मीडिया को पटा कर और उसके जरिये मध्यवर्ग को अपनी ओर मोड़ने में माहिर थे। उनकी कार्य-शैली कुछ इस तरह की थी कि पहले वे कुछ रेडिकल मुहावरे अपनाते थे और फिर उन्हें लोकप्रिय करके उनके माध्यम से वैधता हासिल करते थे। समाचार-माध्यमों को इस तरह इस्तेमाल करने का यह पहला उदाहरण था। भारतीय राजनीति में पहली बार 'प्रतिबद्ध नौकरशाहों', महत्त्वाकांक्षी अकादमीशियनों, पत्रकारों और राष्ट्रीय आंदोलन की पृष्ठभूमि से वंचित दरबारी राजनीतिकों का गठजोड़ उभरा था।

पत्रकारों और उनकी गतिविधियों को प्रायोजित करनेवालों ने न जाने कितनी आकांक्षाएँ भड़का दीं। जो अंदेशा था वही हुआ। कुछ ही सालों में बांग्लादेश युद्ध की जीत और पोकरण में परमाणु परीक्षण जैसी जबरदस्त प्रचारात्मक और वोट-खींचू सफलताओं के बावजूद जनता सत्तारूढ़ दल से निराश हो गयी। अतृप्त आकांक्षाओं ने उतनी ही बड़ी कुंठाओं को जन्म दिया। लोगों की निगाह में न केवल पूरी शासन-प्रणाली संदिग्ध हो गयी बल्कि सत्ता के गलियारों में फैले भ्रष्टाचार ने उन्हें क्रोधित कर दिया। १९७३-७४ में सरकार की वैधता को चुनौती देनेवाले कई लोकप्रिय आंदोलन फूट पड़े। सन् १९७५ में आपातकाल घोषित करके इंदिरा गाँधी ने साबित कर दिया कि वे राजनीति में टिके रहने की लड़ाई हार चुकी हैं।

जनता पार्टी की सरकार भी ठीक इसी नक्शे-कदम पर चली। १९७७ में उसके सत्तारूढ़ होते समय दिखायी देनेवाला अतिउत्साह डेढ़ साल में काफूर होने लगा। नये शासक पुरानी कांग्रेस के सांगठनिक ढाँचे की ही देन थे। न उन्हें जनता की राय अपने पक्ष में करनी आती थी और न ही राजनीति के बाजार पर उनकी कोई पकड़ थी। इस सरकार का चुनावी-चक्र और भी छोटा साबित हुआ नतीजतन इंदिरा गाँधी १९८० में सत्ता में लौटीं लेकिन उन्होंने फिर पहलेवाली गलतियाँ दोहराईं, और १९८४ में सत्तारूढ़ हुए उनके पुत्र राजीव गाँधी ने भी यही रास्ता अपनाया।

राजीव गाँधी ने शुरुआत साफ छवि के साथ की थी। उनका रिकार्ड विमान दुर्घटना में मारे गये अपने 'बहुप्रशंसित' भाई की तरह अर्ध-आपराधिक किस्म का नहीं था। किसी किस्म की राजनीतिक पृष्ठभूमि न होना राजीव के लिए और भी अच्छी बात थी। इसलिए जब लोगों ने उन्हें बेहद भ्रष्ट प्रतीत होनेवाली व्यवस्था के मुकाबले रख कर देखा तो पाया कि वे तो 'मिस्टर क्लीन' हैं। राजीव के बारे में आम धारणा बन गयी कि उनके इराके नेक हैं, वे किन्हीं निहित स्वार्थों में नहीं फँसे हुए हैं, और वे पुराने किस्म की राजनीति से हट कर अधिक खुली राजनीति करना चाहते हैं।

लेकिन जैसे-जैसे राजीव गाँधी की राजनीतिक किस्मत बिगड़ी, वैसे-वैसे वे ठीक उसी तरह व्यवहार करने लगे जैसे सत्ता पर पकड़ ढीली होने पर उनकी माँ करने लगी थीं। राजीव के अंदर आया यह परिवर्तन राजनीति की इस पत्थर की लकीर की ताकत का एक और सूचक बन गया। एक बार फिर रैलियों के लिए किराये पर भीड़ ढो कर लायी जाने लगी। असंतुष्टों पर उसी तरह के तीखे हमले किये जाने लगे। देश के भाग्य को अपनी सरकार की स्थिरता से जोड़ कर राजनीतिक प्रक्रिया का गला घोंटने की कोशिशें फिर से की जाने लगीं। अंतर्राष्ट्रीय पैमाने पर भारत-विरोधी साजिशों की भीति फैलाने का घिसा-पिटा हथकंडा आजमाया जाने लगा।

राजनीति का यह अनुल्लंघनीय नियम भारतीय राजनीति की व्यापकतर समस्याओं के साथ अंतर्ग्रंथित होकर अपना काम करता है। शासन-काल के दूसरे दौर में अर्थात जब कोई सरकार पतन की तरफ जा रही होती है तो लगने लगता है कि सार्वजनिक जीवन की सभी संस्थाएँ इसी दबाव की शिकार हो गयी हैं। लेकिन वास्तव में ऐसा होता नहीं है। दलीय प्रणाली और निर्णयकारी संरचनाओं में गिरावट जरूर आती है, लेकिन कई अन्य संस्थाएँ इस पतन का प्रतिरोध करती रहती हैं। न्यायपालिका, नौकरशाही और सशस्त्र सेनाओं के कुछ शीर्ष हिस्से इस संस्थागत क्षय का मुकाबला करते रहते हैं, भले ही उन्हें इस कोशिश में हमेशा कामयाबी न मिलती हो।

बहरहाल सरकार का वजूद मूलतः राजनीतिक होता है और राजनीतिक स्वास्थ्य से ही उसे अपनी उछाल मिलती है। 'पत्थर की लकीर' के तहत व्यवस्था की राजनीतिक तबीयत में गिरावट को नयी सरकार का उत्साह और पुरानी सरकार के

ध्वस्त होने का नाटकीय प्रभाव अस्थायी तौर से ढँक लेता है। इस लीपापोती में बुद्धिजीवी तबका और शहरी मध्यवर्ग उत्साह से भाग लेते हैं। व्यवस्था की कमजोरी पर पर्दा डालने की यह कोशिश अपने आप में एक टिप्पणी है जो किसी प्रधानमंत्री के कार्यकाल के पहले हिस्से के जोश और दूसरे हिस्से की हताशा को काफी कुछ व्याख्यायित कर देती है। इस कोशिश में ही यह निहित है कि सरकारें अपने जोशो-खरोशवाले दिनों को यूँ ही बरबाद करने के लिए अभिशप्त होती हैं। इस गुंजाइश का सदुपयोग ऐसे राजनीतिक उपादानों की रचना में किया जा सकता है जिनके जरिये राष्ट्रीय सहमतिवाले कुछ लक्ष्यों को वेधा जा सके अथवा चुनाव में मिले जनाधार को कायम रखा जा सके। ये उपादान कम-से-कम यह प्रतीति तो करा ही सकते हैं कि सरकार कुछ कर रही है। लेकिन लगता है कि सरकार के अच्छे दिन ऐसे ही गुजर जाने के लिए आते हैं।

राष्ट्रपति-प्रणाली की प्रवृत्तियोंवाली व्यवस्था शुरुआती दो वर्षों के सुखाभास के साथ-साथ इस अनुभूति का भी शिकार रहती है कि उसकी चुनावी जीत मीडिया को पटाने तथा मध्यवर्ग की राय को अपने पक्ष में करने के हथकंडों की नतीजा है। इस मानसिकता से जाने-अनजाने दो नतीजे निकलते हैं। सरकार का नेता औपचारिक राजनीतिक प्रक्रिया के प्रति संदिग्ध हो जाता है और उससे कतराने के तरीके खोजने के लिए औपचारिक राजनीति के बाहर से आये 'विश्वस्त' सलाहकारों से घिर जाता है। वह राजनीति में रचे-बसे भारतवासियों को गैर-राजनीतिक मसलों में फँसाये रखना चाहता है ताकि उनका अराजनीतिकरण हो सके। तब केवल रिश्ते-नातेदार, घनिष्ठ मित्र, तकनीकशाह और आधारहीन राजनीतिक ही उस प्रधानमंत्री को उसकी इच्छित गैर-राजनीतिक विश्वसनीयता उपलब्ध करा पाते हैं। चूँकि राजनीतिक प्रक्रिया अपनी भ्रष्टता और अव्यवस्था के कारण काम की नहीं लगती इसलिए क्रिकेट टूर्नामेंटों और एशियाड जैसे खर्चीले आयोजनों, भारत महोत्सव और अपना उत्सव जैसे सांस्कृतिक तमाशों तथा अंतरिक्ष उड़ानों और अंटार्कटिका अभियान जैसी प्रौद्योगिकी-प्रधान यात्राओं के जरिये जनता को प्रभावित करने की कोशिश की जाती है। इन आयोजनों से सरकार को अस्थायी रूप से अराजनीतिकृत, अखबारों और टीवी के शौकीन मध्यवर्गों का समर्थन मिल जाता है। कंप्यूटरों और २१वीं शताब्दी के हसीन सपने उन्हें मोह लेते हैं। पश्चिमी देशों के संपन्न उपभोक्ता वर्ग के जीवन-स्तर को छू लेने का भ्रम फैल जाता है।

लेकिन यह चमक-दमक राजनीति की जगह नहीं ले पाती। वह पहला मौका मिलते ही अपना रंग दिखा देती है। राजनीतिक प्रक्रिया को जबरन दबा तो दिया जाता है, लेकिन इसी कारण उस पर नजर रखना मुश्किल भी हो जाता है। इसी वजह से 'बहुत गंदी' करार दे कर किनारे फेंक दी गयी राजनीति को अपनाने के लिए राजीव गाँधी जैसे नेता मजबूर हो जाते हैं। एक बार फिर पड़ोसी देशों के शैतानी इरादों का पुराना राग अलापा जाता है। भितरघातियों के साथ साज-बाज करके भारत को अस्थिर करने पर आमादा महाशक्तियों और विदेशी ताकतों और

अल्पसंख्यकों की साँठगाँठ की तरफ इशारा करनेवाली भावनाओं के रूप में विदेशी-द्वेष भड़काया जाने लगता है। अपनी स्वायत्तता और लोकतांत्रिक अधिकारों पर राज्य के अतिक्रमण का विरोध करनेवाली संस्थाओं पर लगातार हमले होने लगते हैं।

इस सस्ती राजनीति और उसकी अंतहीन तिकड़मों के खिलाफ जबरदस्त प्रतिक्रिया भी होती है। ऐसे समय में जब मूल्यों को अव्यावहारिक करार दे दिया गया हो तभी राजनीतिक मूल्यों को बुलंद करनेवाले लोग सामने आते हैं। कांग्रेस नेतृत्व से विद्रोह करके उभरे विश्वनाथ प्रताप सिंह ने ऐसे ही मौके पर राजनीति को नैतिकता का स्पर्श दिया था जब उसे नैतिकता की बहुत जरूरत थी। उस समय सार्वजनिक जीवन में ईमानदारी पर सतत जोर दे कर पश्चिम बंगाल के मुख्यमंत्री ज्योति बसु, अपने भगवा वस्त्रों के साथ पवित्रता की छवि देनेवाले आंध्र के नंदमूरक तारक रामराव और मूल्य-आधारित राजनीति के आग्रहों के साथ कर्नाटक के पूर्व मुख्यमंत्री रामकृष्ण हेगड़े पहले ही क्षेत्रीय स्तर पर विरोध के प्रतीक बन चुके थे। ऐसे विकट समय में वी.पी. सिंह राष्ट्रीय व्यवस्था के अंदर इन बेचैनियों और कुंठाओं का जवाब बन कर उभरे।

वी.पी. सिंह के राजनीतिक कौशल की सीमाएँ साफ थीं और उनकी दृष्टि में गहरायी नहीं थी। वे सचेत रूप से जयप्रकाश नारायण की नकल करते हुए प्रतीत होते थे। जेपी ने भी सत्तर के दशक के मध्य में एक नैतिक अभियान का राजनीतिकरण करके श्रीमती गाँधी की सरकार को ध्वस्त किया था। इन कमियों के बावजूद ऐसा लग रहा था कि अगर वी.पी. सिंह आगे न आते तो व्यवस्था ने अपने लिए कोई-न-कोई वी.पी. सिंह रच लिया होता क्योंकि खुद वी.पी. सिंह राजीव गाँधी की विज्ञापित छवि की प्रतिछाया ही थे। इसी छवि ने राजीव गाँधी को चुनाव में जीत दिलायी थी। वी.पी. सिंह को राजीव की राजनीतिक नैतिकता के चौखटे में फिट करके देखा जाने लगा था। इस दृष्टि से वी.पी. सिंह के रूप में हमें अतिनाटकीय राजनीति के खतरों के खिलाफ एक तरह की चेतावनी ही मिली थी।

पचास के दशक से ही कई टिप्पणीकार राज्य और राष्ट्र-निर्माण के सवाल पर दलील देते रहे हैं कि हमारे अंदर निर्वैयक्तिक किस्म के स्वहित-आधारित राजनीतिक यथार्थ की अनुभूति नहीं है। इन टिप्पणीकारों ने राजनीतिक विकास के संपूर्ण न होने का यह भी एक कारण बताया है। हमारा प्रभु-वर्ग भी अक्सर कौटिल्य के अर्थशास्त्र की तर्ज पर कठोर राजनीति-आधारित शासन-कला के स्वर्णिम दिन लौटाने की उम्मीदों में डूबा रहता है। १९८४-८५ में राजनीति को स्वच्छ करने के वायदे के साथ उभरे राजीव गाँधी प्रभु-वर्ग की निगाह में राजनीति में अकुशल प्रशिक्षु के समान ही थे। इसके बावजूद उनकी मासूमियत ही मतदाताओं के लिए मुख्य आकर्षण का स्रोत बन गयी। कई लोगों को लगा कि वे अपनी माँ के कुटिल हथकंडों की अति को दुरुस्त करेंगे। लेकिन राजीव गाँधी राजनीति की प्रचलित संस्कृति की धारा में ही बह गये और अपनी उम्मीदों भरी भूमिका उन्होंने विश्वनाथ

प्रताप सिंह और उनके बाद आनेवाले शासकों के लिए छोड़ दी।

राजनीति के उस अटल अनुल्लंघनीय नियम के बावजूद आज पीछे मुड़ कर देखने पर लगता है कि उस जमाने में राजीव गाँधी के लिए कई विकल्प खुले हुए थे। वे चाहते तो नैतिक राजनीति की माँग को पूरा करने की कोशिश कर सकते थे। अपने कार्यकाल के पहले दौर में उनके पास इस तरह की गुंजाइश थी। अपने दल-बदल विरोधी कानून के लिए उन्हें खूब प्रशंसा मिली थी। यह कानून विधायकों और सांसदों द्वारा निहित स्वार्थों के अधीन होकर दल-बदल करने की प्रवृत्ति की रोकथाम के लिए बनाया गया था हालाँकि स्वयं राजीव और उनकी पार्टी की कई राज्य इकाइयाँ यह खेल खेलती रही थीं। वे चाहते तो अपनी राजनीति में एक लुभावनी नैतिकता और पटकथा का समावेश कर सकते थे। बेहद खर्चीला चुनाव अभियान चलाने के बाद उनके पास चुनाव के लिए धन बटोरने के तरीकों को बदलने का मौका था ताकि उन्हें पूँजीपति घरानों के चंदे और प्रतिरक्षा सौदों के कमीशन पर निर्भर न रहना पड़े। उन्हें ध्यान रखना चाहिए था कि चुनाव के लिए कोष जमा करने का यह तरीका जोखिम भरा हो चला है। अखबारवाले इन घोटालों पर अपनी पैनी नजर गड़ाए रहते हैं। वैसे भी वे स्वयं और उनकी माँ अखबारों की इस बढ़ी हुई ताकत का बेहतरीन राजनीतिक लाभ उठा चुके थे। राजीव चाहते तो कांग्रेस संगठन से कई बेहद बदनाम अपराधी तत्त्वों को झाड़ कर बाहर कर सकते थे। उस समय उनके खिलाफ आवाज उठाने की हिम्मत किसी में नहीं थी। लेकिन राजीव ने कुछ नहीं किया। उनका सारा वक्त सांस्कृतिक, राजनीतिक और प्रौद्योगिकीपरक तमाशों में ही खर्च हो गया।

राजीव गाँधी के इस हश्र से जाहिर था कि अब हर अगला चुनाव सार्वजनिक जीवन को उत्तेजित रखने के लिए अभिशप्त हो गया है। अंतर्राष्ट्रीय मामलों में सरकार उग्रता भड़काती रहेगी और अल्पसंख्यकों, असहमति की विचारधाराओं और वैकल्पिक जीवन-शैलियों को संदिग्ध समझा जाता रहेगा। समाचार-पत्रों और नागरिक अधिकार संगठनों पर भी दबाव बढ़ेगा। जैसे-जैसे जनता का सरकार के खिलाफ क्षोभ बढ़ेगा, वैसे-वैसे सरकार पलट कर अपना शिकंजा सख्त करेगी। नब्बे के दशक में कोई भी सरकार इस प्रवृत्ति का अपवाद साबित नहीं हुई है। वी.पी. सिंह के शासन-काल और उसके बाद गुजरे दस वर्षों के दौरान राजनीति में तीन नये परिवर्तन हुए। पहला, प्रदेश स्तर पर राजनीति का प्रभावी ढंग से क्षेत्रीयक़रण हो गया और उत्तर प्रदेश और बिहार जैसे अपवादों को छोड़ कर ज्यादातर राज्यों में दो प्रमुख दल उभर आये। इसके कारण केंद्रीय स्तर पर द्विदलीय प्रणाली की बजाय दो गठजोड़ोंवाली राजनीति उभर आयी। दूसरा, कट्टरपंथी नवराष्ट्रवादी अपनी बहुसंख्यकवादी सांप्रदायिक राजनीति को मध्यवर्ग के गले उतारने में एक हद तक कामयाब हो गये। उन्हें सीमित किस्म का लेकिन दो में से एक गठजोड़ का नेतृत्व करने लायक समर्थन आधार मिल गया। तीसरा, लंबे अरसे से अपनी जगह बनाने के लिए संघर्ष कर रहे पिछड़े वर्गों और दलित जातियों ने

राजनीति में अपना सिक्का जमा दिया। क्षेत्रीयकरण, गठजोड़ों की राजनीति, बहुसंख्यकवादी राजनीति और मध्यवर्ती और निचली जातियों के उभार ने ऊपर बतायी गयी प्रवृत्तियों को तो मजबूत किया ही बाजार आधारित संस्कृति के और भी प्रसार के लिए रास्ता बनाया। बाजार में माल बेचनेवालों ने मध्यवर्ग को उपभोक्ता वर्ग के रूप में देखा और राजनीति के बाजार में इसी वर्ग ने राजनीतिक शख्सियतों की मार्केटिंग को और आगे बढ़ाया।

कुछ वर्ष पहले मार्क्सवादी ट्रेड यूनियन नेता ए.के. राय ने भारतीय राजनीति की बदलती हुई मनोवैज्ञानिक आवश्यकता और उसे पूरा करने के लिए जरूरी नये राजनीतिक व्यक्तित्व की तरफ इशारा करनेवाली एक बात कही थी।[७] उस समय वे १९३७ से १९८० तक यानी सबसे ज्यादा समय तक केंद्र में कैबिनेट मंत्री रहे कांग्रेस नेता बाबू जगजीवन राम को श्रद्धांजलि दे रहे थे। जगजीवन राम के राजनीतिक और प्रशासनिक कौशल के प्रति गहरा आदर रखते हुए ए.के. राय ने कहा था कि भारतीय राजनीतिक प्रणाली में बाबूजी के लिए एक खास स्थान था, हालाँकि संभवत: राजनीति के उस पुराने योद्धा को शायद उस स्थान का सदुपयोग करने की तरकीब मालूम नहीं थी। राय दरअसल कहना यह चाहते थे कि पचास साल के सफल राजनीतिक जीवन के बाद भी बाबूजी अपने अंत समय में वक्त से पिछड़ने की अनुभूति के शिकार हो गये थे। अपनी उच्चस्तरीय योग्यताओं और परिष्कृत व्यक्तित्व की मदद से बाबूजी राजनीति के औपनिवेशिक दौर में तथा उसके बाद शहरी और ग्रामीण भारत में समान रूप से कामयाब होते चले गये थे। उनका चेहरा फोटोजेनिक नहीं था, धोती पहने हुए वे देखने में अनगढ़ से लगते थे। नाम के आगे 'बाबू' लगे होने से वे अपने युग की उदीयमान राजनीतिक संस्कृति के लिए विजातीय प्रतीत होते थे। उनकी शैली भी मंद और शांत किस्म की थी। वे अपनी सत्ता के लिए पारंपरिक सांगठनिक और संस्थागत प्रक्रियाओं पर निर्भर रहते थे। खासतौर से उन्हें जाति और गुटीय गठजोड़ों पर तो महारत हासिल थी। वे राजनीतिक भ्रष्टाचार को भी अपने ढंग से इस्तेमाल कर लिया करते थे। असल में इन्हीं तमाम खूबियों ने मिल कर उनके अंदर वह क्षमता पैदा की थी जिसके कारण वे तीस के दशक के आखिरी वर्षों से सत्तर के दशक के मध्य तक राजनीति में प्रभावी रूप से जमे रह सके। पर उनकी यही योग्यताएँ १९८६ में मृत्यु के समय तक उनके काम की नहीं रह गयी थीं। राजनीति में ये खूबियाँ और प्रवृत्तियाँ अभी भी प्रासंगिक थीं, लेकिन कुछ दूसरी तरह की योग्यताएँ लोक-जीवन के शीर्ष स्तर पर रहने के लिए अधिक आवश्यक बन गयी थीं इसलिए समाचार-माध्यमों की निगाह में जगजीवन राम प्रधानमंत्री पद के लिए बेचे जाने या प्रचारित करने लायक नाम नहीं रह गये थे। बाबूजी की खूबियों में उस शहरी मध्यवर्ग को आकर्षित करने की क्षमता नहीं रह गयी थी जो राजनीति की शर्तें तय कर रहा था।

जैसे-जैसे जगजीवन राम सरीखे लोगों के लिए राजनीति में गुंजाइश कम हुई, वैसे-वैसे नये तरह के लोगों के लिए उसके रास्ते खुले। इन लोगों में अलग तरह

की खूबियाँ थीं। पिछले कुछ वर्षों में इन खूबियों के एक खास मिश्रण ने राजनीति में प्रमुखता प्राप्त कर ली है। इस मिश्रण का उल्लेख करना इसलिए जरूरी है क्योंकि यह न केवल परंपरागत राजनीति के छत्रपों के मुकाबले खड़ा हुआ है बल्कि राजनीतिक प्रणाली में निहित नियमों की सीमा रेखाओं पर कार्यरत 'सदाचार निरपेक्ष' अथवा 'शुद्ध राजनीतिवाली' खूबियों के जोड़ की प्रति-राजनीति कर रहा है। योग्यताओं के इस नये समुच्चय का प्रतिनिधित्व करनेवाले लोगों को जाति और अन्य पारंपरिक निष्ठाओं की राजनीतिक भूमिका की जानकारी बहुत कम है। वे पारंपरिक जीवन-शैली और चिंतन के तौर-तरीकों से सीधे परिचित नहीं हैं। संगठनों और संस्थाओं की चर्चा करते समय उन के दिमाग में मुख्यतः आधुनिक संगठन और संस्थाएँ होती हैं। ये लोग सैम पित्रोदा और रोमी चोपड़ा सरीखे होने के बावजूद राजनीति में पैठे हुए हैं। उनके नामों का पहला अंग्रेजी शब्द आज की राजनीति में बिलकुल फिट है। हालाँकि किसी जमाने में यही बातें उनकी राजनीतिक अयोग्यताएँ बन सकती थीं।

जगजीवन रामों और सैम पित्रोदाओं के बीच राजनीतिक कारकुनों की ऐसी कई किस्में मौजूद हैं जो राजनीति की गुजरी हुई संस्कृति की देन होने के बावजूद उस शैली की राजनीति का वक्त खत्म हो जाने का अहसास भी रखती हैं। इन कारकुनों ने नयी शैली के राजनीतिक औजारों से खुद को लैस करने के लिए खूब हाथ-पैर मारे हैं ताकि नये अंदाज के साथ तालमेल बिठा सकें। इनमें से कुछ लोग पिछले कुछ वर्षों में खुद को उभारने में सफल भी हुए हैं। ये वही लोग हैं जिन्होंने अपराध और राजनीति के बीच एक आसान रिश्ता कायम कर लिया है। संभवतः इन लोगों ने आधुनिक प्रौद्योगिकी और अपने पक्ष में राय प्रायोजित करने की 'सदाचार-निरपेक्ष' यांत्रिक तार्किकता की राजनीतिक कामयाबी से प्रेरणा ग्रहण की है। इन लोगों की कार्यशैली इसी तार्किकता की परिणति लगती है।

आज मनोविज्ञान की दुनिया में दिवंगत एरिक फ्राम के सिद्धांत चलन में नहीं हैं, लेकिन उनकी एक अवधारणा वर्तमान भारतीय परिस्थिति के लिए प्रासंगिक लगती है। एरिक फ्राम आज होते तो उन्हें भारतीय राजनीति में लगभग वैसा ही बाजारोन्मुख चरित्र देख कर संतोष होता जिसके बारे में वे अक्सर कहा करते थे कि इस तरह के लोग बिकाऊ माल का नहीं बल्कि अपने व्यक्तित्वों का व्यापार करते हैं।[८] यह कहा जा सकता है कि ऐसे लोगों की कोई तय परिभाषा नहीं होती बल्कि वे बदलते हुए संदर्भों, राजनीतिक उपयोगिता अथवा लाभ के मुताबिक स्वयं को समायोजित कर लेते हैं।

फ्राम ने जिस बाजारोन्मुखता की चर्चा की थी वह एक मध्यवर्गीय बाजार आधारित समाज में भारतीय अंतश्चेतना की लाक्षणिक विकृति भी हो सकती है। इस सूत्रीकरण से भारतीय संस्कृति में अंतश्चेतना के उतार-चढ़ाव के अध्येताओं को आश्चर्य नहीं होना चाहिए। राजीव गाँधी को राजनीति के बाजार में बेचनेवाली विज्ञापन एजेंसी 'रेडइफ्यूजन' के अरुण नंदा सरीखे लोगों ने जब गर्व से कहा था

कि उनके पास बिक्री के लिए एक अच्छा उत्पाद है[1] तो अच्छेपन की उनकी अवधारणा का आधार बिक्री योग्य होने में निहित था और यह बिक्री-योग्य विक्रेयता एक खास तरह की अभिज्ञेयता से जुड़ी थी। यह अभिज्ञेयता ही खरीदनेवाले लोगों को बेचे जा रहे उत्पाद के अंदर अपनी विचारधाराएँ, अपने आदर्श और अपनी आकांक्षाएँ आरोपित करने के लिए प्रेरित करती है। इसी अभिज्ञेयता के कारण विक्रेता अपने उत्पाद की अंतर्वस्तु रातो-रात जनता की माँग के हिसाब से बदल डालने का लचीलापन हासिल कर लेता है।

जगजीवन राम जैसे लोग गिरगिट की तरह रंग बदलने में माहिर होते थे। वे अपनी राजनीतिक निष्ठा का सौदा तो कर सकते थे, लेकिन उनकी अंतश्चेतना बिकाऊ नहीं थी। वे अपने व्यक्तित्व को किसी जनसंपर्क सलाहकार के निर्देश पर लोकप्रियता सर्वेक्षण की जरूरतों के हिसाब से नहीं बदल सकते थे। इस लिहाज से देखें तो भारतीय राजनीति की नयी आवश्यकताएँ अन्य स्पर्धात्मक लोकतांत्रिक प्रणालियों जैसी ही लगेंगी। इन सभी लोकतंत्रों के राजनीतिक नेता अपनी कुछ-कुछ अतिशयोक्तिपूर्ण लेकिन मध्यवर्गीय छवि पेश करने में माहिर हैं। साथ में ये लोग इस छवि को बौद्धिक, नैतिक और राजनीतिक स्पर्श भी देते रहते हैं। इस संदर्भ में अटल बिहारी वाजपेयी की शख्सियत को ताजा उदाहरण के रूप में लिया जा सकता है। जगजीवन राम के विपरीत वाजपेयी ने स्वयं को अपनी महत्त्वाकांक्षाओं और अपनी पार्टी की जरूरतों के हिसाब से बिकने-योग्य बना लिया है। राजनीति की माँग के लिहाज से वे स्वयं को ही बदलने की कोशिश करते रहे हैं और उनकी यह कोशिश असफल होते-होते कामयाब होती रही है। पिछले दो चुनावों से उनका यह बदला हुआ व्यक्तित्व राजीव गाँधी की ही तरह राजनीति के बाजार की विक्रेयता-संबंधी कसौटी पर काफी हद तक खरा उतर रहा है। उनकी पार्टी और उनके बीच का संबंध स्पष्ट न होकर संकुल है। उनकी पार्टी भाजपा और मातृ संगठन राष्ट्रीय स्वयंसेवक संघ उनकी विक्रेयता से लाभ भी उठाते हैं पर उन्हें बहुत ज्यादा बदल कर पूरी तरह स्वायत्त आधार प्राप्त कर लेने से रोकते भी हैं। बदलने की कोशिश करके भी न बदल पानेवाली राजनीतिक शख्सियत अगर देखनी है तो लालकृष्ण आडवाणी को देखा जा सकता है। वैसे उनकी यह असफलता स्वाभाविक ही थी। उन्होंने अपनी कट्टरपंथी हिंदू छवि नब्बे के दशक की शुरुआत में बनायी थी और वे दशक के अंत में गठजोड़ों के जमाने के लायक उदार और सर्वस्वीकार्य छवि बनाने की कोशिश करने लगे। लेकिन छवियाँ मुश्किल से बनती हैं और इतनी जल्दी नहीं बदलतीं। यही कारण था कि वे वाजपेयी से पिछड़ गये।

किसी भी विशाल, संकुल और खुली प्रणाली के तहत विभिन्न छवियों में स्वयं को व्यक्त करने के लिए राजनीतिक नेताओं को व्यवस्था-तंत्र के बाहर से उठनेवाले असहमति के स्वरों का विश्लेषण करना पड़ता है। वे स्वर इस तंत्र की ही विचारधारा की पदावली के निंदात्मक रूपों की भाषा इस्तेमाल करते हैं। आजकल उदारतावादी लोकतंत्रों में ऐसे विश्लेषणों को पैकेज के रूप में उपलब्ध कराने का

धंधा जोरों पर है। इन विश्लेषणों की निगाह में आदिवासियों और देहाती गरीबों के बीच काम करना गाँधीवादी पुरातनपंथ अथवा वामपंथी दुस्साहस होता है। ये विश्लेषण जातीय माँगों को कट्टरपंथ के रूप में चित्रित करते हैं और सभी किसान आंदोलन उनके लिए कुलकों की दावेदारी के अभियान बन जाते हैं। असहमति को इस भाँति परिभाषित करते ही व्यवस्था को असहमति के ऐसे प्रवक्ताओं से निपटने के लिए दो रास्ते मिल जाते हैं जो आमतौर पर किसी बँधे-बँधाये पूर्वानुमान में फिट नहीं हो पाते। सबसे पहले इन असहमतों द्वारा अपने लोकतांत्रिक अधिकारों के इस्तेमाल की क्षमता सीमित कर दी जाती है, और इसके लिए उनके खिलाफ मध्यवर्ग की प्रायोजित सहमति गढ़ ली जाती है। निरंकुश तंत्र की भाँति उनके अधिकारों को मंसूख नहीं किया जाता बल्कि मुखर नागरिकों को 'गढ़ी गयी विस्मृति' के जाल में फँसा कर अधिकारों को 'व्यतीत' हो जाने दिया जाता है। दूसरा तरीका इन असहमतों को यदा-कदा व्यवस्था का अंग बना लेने की मौन सहमति का है। इस तरीके से राजनीतिक विरोधियों के मुँह बंद करने का मकसद हल हो जाता है और व्यवस्था के खुलेपन की तस्दीक भी हो जाती है क्योंकि तब असहमति के प्रवक्ता अपने दम पर व्यवस्था में स्थान बनाते हुए दिखते हैं।

इस संदर्भ में शो बिजनेस राजनीतिक मुख्यधारा के लिए तैयार माल की तरह नेताओं को उपलब्ध कराने की भूमिका अदा करता है।[१०] रजतपट पर फिल्मी हीरो अपने पराक्रम से हमेशा से अच्छे नागरिक की परंपरागत धारणा और परंपरा की श्रेष्ठता स्थापित करने की जिम्मेदारी निभाता रहा है। हीरो जन-संस्कृति (मास कल्चर) के तहत स्थायित्व का चरम प्रतिमान पेश करता है। अमेरिकी लोक-जीवन में रोनाल्ड रेगन के धूमधाम से प्रवेश से काफी पहले दक्षिण भारत में एम.जी. रामचंद्रन और करुणानिधि जैसे लोग राजनीति के प्रमुख प्रतियोगी बन चुके थे।[११] फिर दिसंबर १९८७ में रामचंद्रन की मृत्यु के बाद जिन दो महिलाओं में उनके उत्तराधिकार को ले कर कड़ा संघर्ष हुआ, वे भी प्रशिक्षित फिल्म अभिनेत्रियाँ थीं। आंध्र प्रदेश की राजनीति में प्रमुख भूमिका निभानेवाले रामराव भी एक अवकाशप्राप्त अभिनेता थे। संसद में टीवी और फिल्मी दुनिया से आये लोगों की संख्या भी पिछले दिनों काफी बढ़ी है। मशहूर खिलाड़ी, विज्ञान के प्रबंधक, प्रचार-लोभी कलाकार और ऐसे ही कई गैर-राजनीतिक लोग राजनीति की बाजारू संस्कृति को गढ़ने में योगदान दे रहे हैं। यही लोग जनता की राय को उत्तरोत्तर अस्थिर करने के कारक भी बनते हैं।

लोकतंत्र और आजादी

भारतीय राजनीति की संस्कृति को विलक्षण भी माना जा सकता है और उसे विश्वव्यापी लोकतांत्रिक राजनीति की संस्कृति के निचोड़ के रूप में भी समझा जा सकता है। संचार के साधनों के साथ-साथ राजनीतिक चेतना का अंतर्राष्ट्रीयकरण होता

जा रहा है इसलिए आज हम एक अंतर्राष्ट्रीय लोकतांत्रिक समुदाय के वजूद में होने की बात कर सकते हैं। अलग-अलग सांस्कृतिक सीमाओं के बावजूद इस समुदाय में कुछ आड़ी-तिरछी धाराएँ बहती रहती हैं और संस्कृतियों में एक तरह का लेन-देन चलता रहता है।

मसलन समाचार-माध्यमों के जरिये और आधुनिक प्रबंधन के महारथियों के निर्देशन में राजनेताओं की खरीद-फरोख्त की कला सबसे पहले अमेरिका में सिद्ध की गयी थी। लेकिन यह प्रक्रिया अपनी तार्किक परिणति के रूप मे भारत में भी आ पहुँची है। आज हमारे यहाँ फिल्म स्टूडियो से निकलनेवाला रास्ता सीधा करिश्माई राजनीतिक नेतृत्व तक जाता है। इसी तरह खेल-कूद के प्रदर्शन को राष्ट्रीय एकता का आधार और राष्ट्रीय पराक्रम का मानक बनाने का सफल प्रयास सबसे पहले संभवत: आस्ट्रेलिया में हुआ था, लेकिन उसके बाद से इस प्रक्रिया का सबसे मुखर प्रवक्ता दक्षिण एशिया बन गया है। इन उदाहरणों की रोशनी में हाल के भारतीय अनुभवों को लोकतांत्रिक शासन की विश्वव्यापी समस्या के रूप में देखा जा सकता है।

मुझे लगता है कि हर आधुनिक राज्य के भीतर अँधेरे कोनों में कहीं जनता का डर बैठा हुआ है। उदारतावादी लोकतांत्रिक राज्यों में यह डर एक मौलिक शक्ल अख्तियार कर लेता है।

देखा जाये तो हर लोकतंत्र जनमानस में अपने लिए जगह बनाने की कोशिश पर टिका होता है, अर्थात समस्याएँ जो भी हों, हर लोकतंत्र उदारतावादी मूल्यों से प्रतिबद्ध होता है और जनता के राजनीतिक विवेक पर भरोसा करता है। लेकिन दूसरी ओर हर लोकतंत्र इन मूल्यों को जनता से बचाने के लिए विस्तृत संस्थागत बंदोबस्त पर भी निर्भर होता है। इससे शक होता है कि जनता में विश्वास की आड़ में दरअसल एक पुराना डर छिपा रहता है। आधुनिक राज्य जनता के भोलेपन से डरता है कि वह कभी भी भीड़ में बदल सकती है (ध्यान रहे कि फ्रांसीसी क्रांति के बाद और मताधिकार के विस्तार के समय ब्रिटिश प्रभु-वर्ग भी इसी तरह के अंदेशों का शिकार था)। वह जनता की अधकचरी प्राथमिकताओं, चंचलता और अस्थायी प्रकृति से डरता है (इसलिए फ्रांस में लुभावने नारों की राजनीति करने के महारथी चार्ल्स द'गाल ने लोकलुभावनवाद पर संस्थागत सीमाएँ आरोपित करने की तरकीबें ढूँढ निकाली थीं)। वह सदाचार-निरपेक्ष तथा षड्यंत्रकारी ताकतों की प्रधानतावाली अंतर्राष्ट्रीय राजनीति के संदर्भ में आम नागरिकों की जज्बाती कमजोरी से डरता है (राजीव गाँधी के शासन-काल में राष्ट्रीय सुरक्षा के लिए जिम्मेदार लोगों का डर और परमाणु निशस्त्रीकरण के संबंध में हेनरी किसिंजर की शंकाओं को याद कीजिए)। इसी तरह उसे यह डर भी रहता है कि उसके नागरिक अंतर्राष्ट्रीय पूँजीवाद की चमक-दमक के चक्कर में न फँस जाये। (इंदिरा गाँधी के शासन-काल के रेडिकल दौर का मुख्य मुहावरा इसी डर में से निकला था)।

नागरिकों में विश्वास और अविश्वास के इस मिश्रण से निकलनेवाले द्वैध के

बारे में कई अनुमान लगाये जा सकते हैं। एक अनुमान तो यह हो सकता है कि उदारतावादी और लोकतांत्रिक मूल्यों से प्रतिबद्ध होने के बावजूद आधुनिक राज्य लोकतंत्र और आजादी को अलग-अलग करके देखता है। वह आजादी को आवेगहीन और तर्कसंगत यथार्थ-बोध में निहित मानता है और उसे इतिहास के प्रगतिमूलक सिद्धांत के आशावाद के साथ बाँध देता है। इस तरह लोकतांत्रिक व्यवस्था से प्रतिबद्धता के साथ यह आशा जुड़ जाती है कि जनता एक दिन सत्रहवीं शताब्दी के पश्चिमी ज्ञानोदय से उत्पन्न मूल्यों को आत्मसात कर ही लेगी, क्योंकि केवल इन्हीं मूल्यों पर वास्तविक शासन कला की भित्ति खड़ी हो सकती है। और जब तक जनता इन्हें आत्मसात नहीं करती तब तक पितृतुल्य सख्ती के साथ इन मूल्यों को उपलब्ध करने की कोशिश की जायेगी। अर्थात एक खुले समाज में भी आधुनिक राज्य नागरिकों से आजादी और तर्कबुद्धि के प्रति अपनी निष्ठा सिद्ध करने की अपेक्षा करता है। नागरिकों को ऐसा करने के लिए आजादी और तर्कबुद्धि के राज्य द्वारा प्रदत्त अर्थों को ही मानना होता है, साथ में उन्हें ध्यान रखना होता है कि वे राज्य से आजादी और तर्कबुद्धि के विविध अर्थों को मानने का ज्यादा आग्रह न करें।

लेकिन भारतीय अनुभव कुछ अलग किस्म का है। यहाँ लोकतंत्र और आजादी के बीच संबंध अभी अंतिम रूप से तय नहीं हो पाया है और संभावनाओं के द्वार खुले हुए हैं। आधुनिक संचार-तंत्र की पहुँच अभी इस देश में सीमित ही है। इसलिए ऐसे भारतवासियों की संख्या बहुत ज्यादा है जो लोकतांत्रिक अधिकारों की मौजूदगी से ही संतुष्ट होने के लिए तैयार नहीं हैं। ये लोग एक मुक्त समाज से संबंधित अपनी विविध दृष्टियों को जमीन पर उतारने अथवा उन दृष्टियों की सुरक्षा के लिए इन अधिकारों का इस्तेमाल करना चाहते हैं। लोकतंत्र और आजादी हमारे यहाँ कुछ लोगों की निगाह में अभी परस्पर भिन्न अवधारणाएँ हैं। लेकिन चूँकि हमारे बाजारोन्मुख समाज अथवा सांस्कृतिक 'मेल्टिंग पॉट' का आकार अभी बहुत छोटा है और ज्यादातर हिस्सा विशाल देहाती प्रदेश से आच्छादित है, इसलिए यह प्रवृत्ति समाज के एक छोटे से अंश में ही पायी जाती है। अधिकांश भारतवासियों की निगाह में अभी भी आजादी और भागीदारीवाला लोकतंत्र एक-दूसरे के अभिन्न अंग हैं।

भारतीय जनता का आधुनिक हिस्सा समझता है कि अंततः इस देश को उदारतावादी लोकतंत्र के पश्चिम यूरोपीय अनुभव की प्रतिकृति ही बन जाना है, तभी वह सत्रहवीं शताब्दी के ज्ञानोदय से इक्कीसवीं सदी के शुरुआती दौर के प्रोद्योगिकीय पूँजीवाद तक का रास्ता तय कर सकेगा। लेकिन आधुनिकतावादियों के दायरे से बाहर के लोग देश का भविष्य इस तरह पूर्वनिर्धारित नहीं मानते। उनके लिए विज्ञान के बढ़ते कदम या विकास के दर्शनीय सोपान ज्यादा महत्त्वपूर्ण नहीं हैं, बल्कि वे अपने लोकतांत्रिक भविष्य की गारंटी को भागीदारीवाले लोकतंत्र से जोड़ते हैं। भारत में विकास और आधुनिक विज्ञान-संबंधी विचारों के खिलाफ

बढ़ता हुआ प्रतिरोध असल में इन विचारों और लोकतांत्रिक प्रक्रिया के बीच अंतर्विरोध की ही देन है। आजादी के विचार को वैज्ञानिक तर्कबुद्धि और सफल विकास में पूरी तरह अंतर्निहित माननेवालों को यह अंतर्विरोध विनाशकारी लगता है। लेकिन जो लोग इस घिसी-पिटी धारणा की भित्ति को अपने चारों ओर दरकते हुए देख रहे हैं, उनके लिए यह स्वागत योग्य है क्योंकि इससे ज्ञान-प्रणालियों और सामाजिक हस्तक्षेप के तरीकों का विविधीकरण और राजनीतिकरण हो रहा है।

संदर्भ और टिप्पणियाँ

यह लेख मूलतः १९८८ में लिखा गया था जब मैं वाशिंगटन डी. सी. के वुडरो विल्सन सेंटर फार स्कालर्स में कार्यरत था। लेख में प्रस्तुत विचार और वक्तव्य अनिवार्यतः सेंटर के न होकर लेखक के ही समझे जाने चाहिए। बाद में नयी सदी के पहले महीने में इस लेख को संशोधित और परिवर्द्धित किया गया।

१. कुछ साल पहले एक मूढ़ भारतीय राजदूत ने फिल्मकार जी. अरविंदन की एक फिल्म सोवियत संघ में प्रदर्शित होने से रोक दी थी। फिल्म का विषय था शिव का 'अर्धनारीश्वर' रूप, अर्थात ब्रह्मांड में पुरुष और नारी रूपों की एकता और अंतःपूरकता। राजदूत महोदय का ऐलान था, 'हम अर्धनारी नहीं बल्कि पूर्ण पुरुष हैं।' देखें : सुनील सेठी, 'टी.एन. कौल स्क्रेप्स फेस्टिवल फिल्म', *संडे मेल,* ६ मार्च १९८८

२. देखें : के.पी. जायसवाल, *हिंदू पॉलिटी, ए कांस्टीट्यूशनल हिस्ट्री आफ इंडिया इन हिंदू टाइम्स,* (बंगलूर प्रिंटिंग एंड पब्लिकेशन, १९४३)।

३. जवाहरलाल नेहरू, *द डिस्कवरी आफ इंडिया,* (बंबई, विकास, १९७२)।

४. देखें : असगर अली इंजीनियर, *भिवंडी-बाम्बे रायट्स, एनालिसिस एंड डाक्यूमेंटेशन,* (बंबई इंस्टीट्यूट आफ इस्लामिक स्टडीज, १९९४)। इस विचार के और विकास के लिए देखें : आशीष नंदी, 'द पॉलिटिक्स आफ सेकुलरिज्म एंड द रिकवरी आफ रिलीजस टॉलरेंस', *आलटरनेटिव्ज,* १३ (१९८८), १७७-९

५. उदाहरणार्थ देखें : प्रफुल बिदवई,, 'रूलिंग आन नेशनल एंथम', *टाइम्स आफ इंडिया,* १८-२९ अगस्त, १९८६; मधु किश्वर, 'ए क्राइसिस आफ आइडेंटिटी', *इलेस्ट्रेटिड वीकली आफ इंडिया,* ८ मार्च १९८७

६. आशीष नंदी, *द इंटीमेट इनेमी, द लॉस एंड रिकवरी आफ सेल्फ अंडर कालोनियलिज्म,* (नयी दिल्ली, ऑक्सफर्ड यूनिवर्सिटी प्रेस, १९८३)।

७. ए.के. राय, 'रिटर्न आफ जगजीवन राम', *स्टेट्समेन,* २८ जुलाई १९८६

८. एरिक फ्राम, *द सेन सोसाइटी,* (न्यूयार्क, होल्ट, राइनहार्ट एंड विंस्टन, १९५५)।

९. *इंडियन एक्सप्रेस,* २४ फरवरी १९८५

१०. मीडिया भी इस बात को समझ गया है। उदाहरणार्थ देखें : इकबाल मसूद, 'मीडिया हायप, द ओपिएम ऑव द मासेज', *इंडियन एक्सप्रेस,* १ जनवरी १९८४; खालिद महमूद, ''मर्द' द एम.पी.', *टाइम्स आफ इंडिया,* १ दिसंबर, १९८५; गीता डॉक्टर, 'सिनेमा वार ब्रोक्स आउट', *संडे आब्जर्वर,* २ अगस्त १९८७; और 'द मेन हू प्लेड गाड एंड वन' *स्टेट्समेन,* १७ जनवरी १९८८

११. यहाँ हमें तमिलनाडु की राजनीति में आये फिल्मी सितारों की पहली पीढ़ी और नये राजनीतिक मीडिया व्यापारियों के बीच फर्क समझना पड़ेगा। उस पीढ़ी ने संगठित राजनीति की शर्तों को लाँघने के लिए अपने फिल्मी आधार का इस्तेमाल नहीं किया था, लेकिन बाद की पीढ़ी ने ऐसा ही किया। पहली पीढ़ी के दौर के विश्लेषण के लिए देखें : राबर्ट हार्डग्रेव, *व्हेन स्टार्स डिसप्लेन गॉड्स,* (ऑस्टिन, टेक्स, सेंटर फार एशियन स्टडीज, १९७५)

नेहरू और राधाकृष्णन से आगे के भारत की रचना हाई-टेक अभिजात वर्ग के बस की बात नहीं है। आधुनिकतावादी और 'उत्तर-आधुनिक' गणित का सारी दुनिया में पराभव हो रहा है। राष्ट्र-निर्माण के भारतीय उद्यम की पुनर्रचना का हरावल तो सिर्फ वे गरीब और बहुसंख्यक युवजन ही बन सकते हैं जो नयी दिल्ली के केंद्र से हटकर वर्ग, स्त्री और जातीयता के उभरते हुए सवालों के आस-पास एक बड़ा आंदोलन गोलबंद करेंगे। इस पुनर्रचना की आधारभूमि यह मान्यता होगी कि विविधता भारतीय समाज के लिए एक नैसर्गिक स्थिति है, द्वैधता हमारी सांस्कृतिक प्रवृत्ति है और अस्मिताओं की बहुलता हमारे राज्य के देहधारण की प्रक्रिया का आधार है।

लोकतांत्रिक पुनर्रचना के आधार

रजनी कोठारी

भारत बदलाव के दौर में है और इस बदलते हुए भारत की दो व्याख्याएँ संभव हैं। जाहिर है कि इस संक्रमणकालीन भारत का भविष्य विकासमान है जिसमें हस्तक्षेप की दो अलग-अलग रणनीतियाँ हो सकती हैं। पहली व्याख्या तो यह है कि हमारी आँखों के सामने जो भारत है वह जीर्ण-शीर्ण हो चुका है, इस उपमहाद्वीप की भित्ति दरक रही है, अपने पड़ोसी राष्ट्रों और राज्यों से इसके संबंध अच्छे नहीं हैं, यह भौगोलिक और सामाजिक रूप से भीतर ही भीतर टूट रहा है, और इसे राजनीतिक रूप से एक रखना नामुमकिन है। सांस्कृतिक स्तर पर और यहाँ तक कि सभ्यता के रूप में भी इस पर कई तरह के दबाव पड़ रहे हैं जिनसे इस सभ्यता का पारंपरिक संतुलन और टिकाऊपन गड़बड़ा सकता है। हालाँकि, कई लोगों का यह भी मानना है कि यह सभ्यता पहले भी कई तरह के प्रहारों को झेलने के बावजूद किसी-न-किसी प्रकार टिकी रही है, लेकिन इस बार समस्या गंभीर है। भारत पर एक तरफ उपभोक्तावाद और भूमंडलीकरण का हमला हो रहा है और दूसरी तरफ नाना प्रकार के टकरावों के शुरू हो जाने से बढ़ती हिंसा की प्रवृत्ति इसके सामाजिक ताने-बाने को आंतरिक रूप से तार-तार किये दे रही है। मध्यस्थता, सुलह और बातचीत के माध्यम से विवाद निपटाने की संस्कृति लंबे समय तक भारतीय लोकतंत्र का विशेष गुण रही है, लेकिन हिंसा की यह प्रवृत्ति इस संस्कृति की क्षमताओं से परे चली गयी है। अर्थात, हम जिस भारत को जानते हैं वह सिर्फ 'संकट' में ही नहीं है,

बल्कि अपने नाश के अंतिम दौर में प्रवेश कर रहा है।

लेकिन इस संक्रमण की बिलकुल अलग तरीके से भी व्याख्या की जा सकती है कि यह सब एक नये भारत के जन्म की प्रसव-पीड़ा ही है। इस व्याख्या के अनुसार भारतीय संरचना न केवल खासी संकुल और बहुस्तरीय है, बल्कि बहुफलकीय भी है। शायद इसीलिए यह अपने किसी भी साफ-सुथरे और विश्वस्त चित्रण के प्रयास को नाकाम करती रहती है। अभिव्यक्ति की इस समस्या का एक कारण यह भी हो सकता है कि हम एक अलग तरह के यथार्थ को बौद्धिक स्तर पर समझने, सामाजिक स्तर पर उसके साथ तालमेल बिठाने और उसे स्वीकार करने में नाकाम रहे हैं। यह ऐसा यथार्थ है जो परिधि पर स्थित असंगठित समूहों और 'देसी' अभिजात वर्ग के उभरने का प्रभाव लिये हुए है। हम इसे समझने और इससे तालमेल बैठाने में इसलिए नाकाम रहे क्योंकि हम अब तक देश को शीर्ष पर बैठ कर देखने की कोशिश करते हुए निरंतर एक 'व्यवस्था' और 'व्यवस्था-परिवर्तन' की तलाश में लगे रहे हैं।

यह दृष्टिकोण न सिर्फ राष्ट्रीय स्तर के राजनेताओं, नौकरशाहों और नियोजकों का है, बल्कि अकादमिक विद्वानों और शानदार दफ्तरों के एकांत कमरों में बैठे मीडिया महंतों का भी है। इसके अलावा उन सामाजिक कार्यकर्ताओं और गैर-सरकारी संगठनों के केंद्रों में बैठे कार्यकर्ताओं की दृष्टि भी यही है जिनके जरिये सामाजिक परिवर्तन के ढेर सारे प्रक्रम चलाये जाते हैं। ये लोग अति-संचार के शिकार हैं। ढेर सारी जानकारियों और ज्ञान के बावजूद उनकी समझ बहुत कम है (वर्गीय हितों और अभिजातवर्गीय असुरक्षा के कारण सूचना और ज्ञान भी विकृत हो चुका है)।

सार्वजनिक 'चिंता' के बारे में इन स्वघोषित महाकेंद्रों में से हर एक काफी विलाप कर चुका है। हमें बताया जाता है कि कोई कानून का पालन नहीं कर रहा है। लंबे समय से स्वीकृत सार्वजनिक मान्यताओं का लगातार उल्लंघन हो रहा है। नैतिक स्तर में भारी गिरावट आ गयी है और हर व्यक्ति संविधान में उल्लिखित मूल्यों और प्रतिबद्धताओं के बुनियादी ढाँचे की अवहेलना कर रहा है। फिर भी, क्या इसकी वजह यह तो नहीं है कि आज व्यापक जनता को जिन मुद्दों का सामना करना पड़ रहा है, वे उन मुद्दों से बुनियादी तौर पर अलग हैं जिनका वह पिछले २०-२५ सालों से सामना करती रही है। कहीं ऐसा तो नहीं है कि जनता एक ऐसे संधिकाल से गुजर रही है जहाँ पूर्व-प्रचलित नैतिक आचार संहिता प्रासंगिक नहीं रह गयी है और नयी संहिता का अब तक जन्म ही नहीं हुआ है? दरअसल, मूल्यों और मान्यताओं के उल्लंघन का विलाप उस प्रभु-वर्ग की तरफ से सुनायी पड़ रहा है, जो एक ऐसी मूल्य-प्रणाली और एक व्यवस्था से बँधा हुआ है जिसका व्यापक जनता के लिए कोई अर्थ नहीं रह गया है।

हुआ यह है कि एक राष्ट्र के रूप में हमारा आत्मविश्वास खत्म हो गया है और यही इस बेचैनी का मूल कारण है। यह राष्ट्र अब तक जिस तरह के लोगों द्वारा

शासित होता रहा है, उनकी प्रवृत्तियाँ साफ तौर पर मध्यमार्गी और राष्ट्रवादी थीं। ये लोग राष्ट्र-संचालन में स्थापित मान्यताओं और पहले से तय तरीकों का इस्तेमाल करते थे। यह एक ऐसी दुनिया थी जिसमें स्थायित्व था, जिसमें 'वृद्धि' और 'विकास' की निरंतरता थी और राष्ट्र-राज्य टिकाऊ लगता रहता था। आज हमारा न सिर्फ आत्मविश्वास खत्म हो चुका है, बल्कि वह आशा भी खत्म हो गयी है जिसके कारण ज्यादातर लोगों को जीवन में कोई-न-कोई संभावना नजर आती थी। (हालाँकि बिलकुल निचले स्तर पर उपेक्षित लोगों को उस वक्त भी उम्मीद नहीं थी। इन लोगों की परवाह किसी को नहीं थी। लेकिन ऐसे वंचितों को इतना जरूर लगता था कि एक-न-एक दिन 'विकासवादी प्रतिमान' उन्हें गर्त से निकाल लेगा)। पहले हमें लगता था कि हम ऐसे राष्ट्र के अंग हैं जो किसी-न-किसी प्रकार हमें टिकाये रखेगा। हमें स्वास्थ्य, शिक्षा और अच्छे रहन-सहन की न्यूनतम सुविधाएँ मिल पायेंगी। सारे सूचकांक ऊपर चढ़ते रहेंगे-मसलन औसत आयु बढ़ती रहेगी, बाल मृत्यु-दर घटती रहेगी, लोग गरीबी रेखा से ऊपर उठते रहेंगे—मूल्य स्थिर बने रहेंगे, साक्षरता धीमी गति से ही सही पर बढ़ती रहेगी। उन शहरों का विकास होता रहेगा जो अपनी गंदगी और अपने शून्य के बावजूद कमजोर वर्गों की स्थिति में सुधार का एक मौका प्रदान करते हैं। ज्यादातर लोगों के जीवन में उद्यम के नये अवसर आते रहेंगे, मसलन नये व्यापार, दस्तकारी की वस्तुओं का विपणन, सृजनात्मक कला, डिजाइन और ग्राफिक्स की दुनिया, वैज्ञानिकों और जनता को आधुनिक विज्ञान के रहस्यों के बारे में शिक्षित करने में लगे अन्य लोगों के व्यापक प्रयोग जारी रहेंगे। दिक्कत यह है कि इस सारे कारोबार के जारी रहने और विस्तृत होते रहने के बावजूद हममें उत्साह और आत्मविश्वास की कमी हो गयी है। अब यह समस्त कार्य-व्यापार संयुक्त प्रयास का अंग नहीं लगता। ऐसा प्रतीत नहीं होता कि यह सब भारतीय समाज की तस्वीर बदल रहा है। अब इसमें पहले जैसा सहयोजन और आत्मविश्वास नहीं दिखता।

खासतौर से अब यह उम्मीद तो समाप्त हो ही चुकी है कि राष्ट्रीय समृद्धि में हर व्यक्ति को हिस्सा मिलेगा। गरीब से ले कर मध्यवर्ग तक जनता के व्यापक तबकों में असुरक्षा की भावना स्पष्ट रूप से बढ़ रही है। सिर्फ समाज का बेहद धनी वर्ग ही इसका अपवाद है जिसकी भद्दी और निष्ठुर जीवन-शैली ने लोगों के मन में अन्याय और अलगाव के प्रति आक्रोश भर दिया है। यह भावना जोर पकड़ रही है कि जो अमीर हो सकते हैं, हो जायें और जो नहीं हो सकते, उन्हें उनके हाल पर छोड़ कर भुला दिया जाये।

यह मानसिकता ऊपर चढ़ रहे मध्यवर्गीय प्रोफेशनल लोगों की भी है। इनमें न सिर्फ वकील, डॉक्टर और पीडब्ल्यूडी के भ्रष्ट इंजीनियर शामिल हैं, बल्कि अकादमीशियन, पत्रकार और गैर-सरकारी संगठनों के कार्यकर्ता और वे लोग भी शामिल हैं जिन्हें विदेशी नौकरियाँ मिल सकती हैं, या जिन्हें विदेश दौरे का अवसर मिल सकता है। लेकिन, अभी तक प्रगति की सीढ़ियाँ चढ़ने में लगे हुए इस

मध्यवर्ग में भी अधोगमन की प्रक्रिया शुरू हो गयी है। बढ़ती हुई बेरोजगारी और मुद्रास्फीति, पेट्रोल जैसी विलासिता सामग्रियों और आवास की ऊँची कीमतों के साथ-साथ शिक्षा और स्वास्थ्य जैसी आवश्यक सेवाओं में आयी गिरावट उन्हें त्रस्त कर रही है। इन स्थितियों ने प्रगति और अच्छे जीवन के बारे में उनकी पुरानी धारणाओं को गड़बड़ा दिया है।

जीवन की संभावनाओं के बारे में आत्मविश्वास और आशावाद के इस क्षय के साथ अच्छा काम कर सकने की राज्य की क्षमताओं पर सवाल खड़ा करने की प्रवृत्ति भी बढ़ रही है। अस्मिताओं, विशेष तौर पर राष्ट्रीय अस्मिताओं का क्षरण तो हो ही रहा है, संस्थागत, व्यावसायिक और अन्य द्वितीयक अस्मिताओं का भी क्षरण हो रहा है। राष्ट्रीय केंद्र अर्थात नयी दिल्ली का महत्त्व लगातार घट रहा है। उसकी गरिमा और अधिकार में भी गिरावट आयी है। प्रधानमंत्री, मंत्रियों, सचिवों से ले कर सरकार और विभिन्न आयोगों के सदस्यों और सबसे ऊपर योजना आयोग के प्रति सम्मान भी कम हो रहा है।

यही हैं वे हालात जिनमें अस्मिताओं की तलाश हो रही है। पूर्व-स्थापित अस्मिताओं के आर-पार नये संबंधों को रचने के प्रयास किये जा रहे हैं। संबंधों में हो रहे परिवर्तनों को नये ढंग से समझने की कोशिश हो रही है। जाहिर है कि चारों तरफ घोर कलह और असुरक्षा के माहौल में नये नेतृत्व के संपूर्ण अभाव और नवीन और प्रासंगिक दृष्टिकोण की कमी के कारण इस नयी समझ के प्रति लोग अभी आश्वस्त नहीं हैं। फिर भी नवीन बोध और संवेदनशीलता के लक्षण दिखायी पड़ रहे हैं। पुराने बंधनों से मुक्त होने का अहसास है, साथ में संभावित नये बंधनों को ले कर बेचैनी भी है क्योंकि ये नये बंधन मौजूदा बंदोबस्त को गड़बड़ा सकते हैं और उसकी वजह से क्षय और अराजकता का भी अंदेशा हो सकता है। पुरातन से मुक्ति और नवीन के डर की मिली-जुली अनुभूति हावी होती जा रही है। यही है वह खास तरह की मनोदशा जिसे 'स्वतंत्रता में निहित भय' का नाम दिया जाता है। और इसी में उस भय से मुक्ति की संभावना रहती है जो न जाने कब से कितने ही लोगों को नये-नये रास्ते अपनाने का जोखिम उठाने से रोकता रहा है।

चूँकि ज्यादातर लोगों के लिए भविष्य अभी भी अनिश्चित है, इसलिए उसके बारे में आशावादी या निराशावादी होने का कोई तुक नहीं है। चारों तरफ गहरी द्वैधवृत्ति छायी हुई है। वामपंथी हों या दक्षिणपंथी, धार्मिक हों या धर्मनिरपेक्ष, परंपरानिष्ठ हों या पश्चिमीकृत—सभी लोग इसकी भींच में फँसे हुए हैं। यद्यपि भारतीय व्यक्तित्व के लिए यह द्वैधवृत्ति कोई नयी बात नहीं है, लेकिन इस बार नयी प्रवृत्ति जबरदस्त रूप से बदले हुए सामाजिक और राजनीतिक माहौल में प्रकट हुई है। ऊपर से यह अहसास भी तेजी से बढ़ रहा है कि संस्थाएँ अब उम्मीद के मुताबिक कार्य नहीं कर पा रही हैं। कई लोग मानते हैं कि चीजें बिखर रही हैं, पर ऐसे लोग भी हैं जो इस घटनाक्रम को महत्त्वपूर्ण मानते हैं क्योंकि यथास्थिति में उनके लिए ज्यादा कुछ था भी नहीं।

यह स्थिति खासतौर पर शहरी इलाकों और उनमें भी बड़े शहरों में ज्यादा साफ दिखायी पड़ती है। इसे कुछ लोगों ने उत्तर-आधुनिक दुस्वप्न की संज्ञा भी दी है। शहरों में रहनेवालों की तेजी से बढ़ती संख्या का वास्तविक अभिप्राय हम अब तक नहीं समझ सके हैं। हम इस तथ्य को भी अभी ठीक से ग्रहण नहीं कर पाये हैं कि बढ़ती अशांति शहरों में स्वयं को एकदम नये तरीके से व्यक्त करेगी और बिलकुल नये तरह के समुदायों और सामाजिक विविधता की नयी अभिव्यक्तियों के उभरने की संभावना पैदा होगी। हम शहर की लंबे समय से उपेक्षा कर रहे हैं और वह भी ऐसे दौर में जब ग्रामीण क्षेत्रों और पर्यावरण की उससे भी बड़ी उपेक्षा की जा रही है। इस उपेक्षा के कारण गाँवों की कामकाजी आबादी शहरों की तरफ भागने को मजबूर है। ये स्थितियाँ हमें बिलकुल अलग तरह के मुद्दों पर ध्यान देने के लिए बाध्य कर रही हैं। ऐसे मुद्दों को आमतौर पर 'शहरीकरण' की समस्या के दायरे में नहीं समझा जा सकता।

'असंगठित क्षेत्र' का दायरा लगातार व्यापक होता जा रहा है और उसमें जाति और समुदाय की नयी संरचनाएँ उभरनेवाली हैं। गाँव से शहर आनेवाले समुदायों में पिछड़ों, दलितों और सामाजिक जड़ों से कटे हुए लोगों की उपस्थिति बढ़ रही है। बढ़ते हुए असंतोष से तमतमाये हुए लोगों और असंतुष्ट महिलाओं का समूह बढ़ता जा रहा है। लाखों-लाख बेघर बच्चे अपना श्रम और शरीर बेच रहे हैं। ध्यान देने की बात यह है कि अपनी समस्याओं से जूझते हुए पारंपरिक मान्यताओं का उल्लंघन कर रहे हैं और हम नये तरह के विचारों और आचरण-पद्धतियों के प्रयोगों में लिप्त हैं।

नयी मान्यताओं और आचरण-पद्धतियों की रूपरेखा स्पष्ट नहीं है। सामाजिक और अन्य क्षेत्रों में सक्रिय होकर नये अवसरों को हासिल कर रहे युवाओं, गरीब महिलाओं और पारंपरिक दस्तकारों और कलाकारों के सामने जाति और परिवार के सनातन ढाँचे के अलावा कोई और मॉडल नहीं है। परंतु नयी चुनौतियों का सामना करने में धार्मिक आस्थाएँ कम-से-कम उपयोगी साबित हो रही हैं। ऐसी स्थिति में हमें आर्थिक जीवन के बरक्स बिलकुल नये संदर्भों, सेकुलर राजनीति की नयी संरचनाओं और नागरिक समाज के संयोजन से दो-दो हाथ करने पड़ेंगे।

'मंडल परिघटना' का मतलब सिर्फ नौकरियों में आरक्षण और मध्यवर्ग के मन में आर्थिक अंदेशे पैदा करने से कहीं ज्यादा समझा जाना चाहिए। इस परिघटना ने ऐसे मौके पर गरीबों के राजनीतिक और सामाजिक दावे को व्यक्त किया है जब उदारीकरण की आर्थिक नीतियाँ और हिंदुत्व की सामाजिक चुनौती उसके अस्तित्व के लिए खतरा बन गयी है। लेकिन, उदारीकरण और हिंदुत्व, दोनों ही असफलताओं के अंदेशों से अभिशप्त हैं। कहना न होगा कि आज के भारत के पास सामाजिक शक्तियों के इस नये संयोजन को देने के लिए कुछ नहीं है क्योंकि ये शक्तियाँ सेकुलर अस्मिता और लोकतांत्रिक प्रक्रिया की नयी परिभाषाओं की माँग कर रही हैं।

इंदिरा गाँधी ने एक बार कहा था कि भारत में दो ही बहुसंख्यक समुदाय हैं—गरीब और युवा। गरीबों के दावे को उत्तरोत्तर दरकिनार किया जा रहा है। इस संबंध में मध्यवर्ग की नैतिक संवेदना का क्षय हो चुका है। लेकिन, जब गरीबों का बहुमत युवा हो, तो वह अपनी उपस्थिति दर्ज करके ही मानता है चाहे वह बढ़ता दावा अशांतिकारक और स्थापित ढाँचे में उथल-पुथल पैदा करनेवाला ही क्यों न हो। बहरहाल भविष्य के बारे में किसी भी ठीक-ठीक अनुमान के लिए युवा पीढ़ी की संभावनाओं और इरादों का पूरा आकलन आवश्यक है। युवाओं की सांस्कृतिक रूपरेखा और अभिप्रायों को जाति और समुदाय के संदर्भ में समझना होगा। उनकी आंतरिक संरचना और उसमें संभावित कई तरह की परस्पर विरोधी धाराओं का पूरा आकलन करना होगा।

इसी बिंदु पर वर्तमान युवा पीढ़ी के भीतर जबरदस्त तनाव और अंतर्द्वंद्व दिखायी पड़ता है। एक तरफ आर्थिक रूप में खुशहाल युवा पीढ़ी के भीतर यप्पी किस्म का उपभोक्तावाद, नशीले पदार्थों और घर-परिवार के दायरे के बाहर अभिजात-वर्गीय आमोद-प्रमोद के प्रति आकर्षण बढ़ता है। दूसरी तरफ ज्यादा-से-ज्यादा समृद्धि अर्जित करने के लिए युवा-गण नये तरह के अपराधों की शुरुआत करते दिखते हैं। युवक शक्ति-प्रदर्शन के लिए सड़क पर गुंडागर्दी और एक समुदाय या दूसरे के खिलाफ हिंसा या स्वयं अपने खिलाफ हिंसा (जैसे आत्मदाह) वगैरह का सहारा भी लेते हैं। गरीब युवाओं में बाजार और जन-संचार माध्यमों के प्रलोभन में फँसने की प्रवृत्ति रहती है। लेकिन, ज्यादा संभावना इस बात की रहती है कि वे व्यवस्था के भीतर अपनी जगह बनाने के लिए ही कोशिश करें, फिर चाहे यह जगह फुटपाथी बच्चों या बाल मजदूरों के रूप में ही क्यों न मिले।

इस व्यवस्था के दरवाजे ऐसे युवकों के लिए नहीं खुलनेवाले हैं और यह हर हाल में संकुचित (कम नौकरियाँ, ईर्ष्या और संशय अधिक) होती ही चली जायेगी। जाहिर है कि औपनिवेशीकरण करनेवाली बाहरी ताकत से एकीकृत होने की परियोजना नाकाम ही होती है। ऐसी हालत में एक नये पुनरुज्जीवन और एक नयी अस्मिता की उत्पत्ति होने की संभावना है। कम-से-कम उसकी सक्रिय तलाश तो शुरू होनी ही है। इस दौरान हितों का एक नया गठजोड़ भी उभर सकता है जो वर्ग और जातीयता के उभरते आंदोलनों से ऊर्जा ग्रहण करते हुए एक नये आंदोलन को आकार देगा। यह नया आंदोलन 'शिक्षा', नये व्यवसायों के प्रशिक्षण और संचार के नये तरह के प्रयोगों की नयी आवश्यकता पर आधारित होगा। मौजूदा उदारतावादी प्रतिमान शायद युवकों की इन जरूरतों को पूरा नहीं कर सकते, इसलिए 'ज्यादा लोकतंत्र' की अपनी तलाश को पूरा करने नयी पीढ़ी नये तरीके ईजाद कर सकती है।

वर्ग, युवा, स्त्री और जातीयता के इन्हीं उभरते सवालों की पृष्ठभूमि में आनेवाले वर्षों और दशकों में भारतीय उद्यम की पुनर्रचना की चुनौती से हमें टकराना पड़ेगा।[१] राज्य जैसे-जैसे न्याय सुनिश्चित करने और न्यूनतम सामाजिक कल्याण के कार्यों,

शिक्षा और स्वास्थ्य, आवास और बुनियादी सुविधाएँ देने की जिम्मेदारी को छोड़ता जाता है, वैसे-वैसे नये संस्थागत मॉडलों की जरूरत पैदा होती है। नयी सहकारिता, 'मजदूरों' द्वारा नियंत्रित नये संगठनों (कमानी प्रयोग उनका एक उदाहरण है) के रूप में नये स्वावलंबी समुदाय बनते हैं। नतीजतन, नागरिक समाज द्वारा प्रदत्त गुंजाइशों को नया स्वरूप देना पड़ता है। इस गुंजाइश पर अब तक एक केंद्रीकृत राज्य और एक औपनिवेशिक नौकरशाही हावी थी। नये हालात में इसे नवजीवन और नयी 'मुक्ति' मिलने की संभावना उभर आती है।

इन स्थितियों में एक नयी अलग राजनीतिक संरचना भी उभर सकती है। केंद्रीय सत्ता यानी नयी दिल्ली में ही सब-कुछ न देखने की शुरुआत पहले ही हो चुकी है। न सिर्फ जातीय अस्मिता और क्षेत्रीय आत्मनिर्णय के आंदोलन केंद्रीय सत्ता से दूर जा रहे हैं बल्कि सामाजिक और आर्थिक न्याय के आंदोलन भी उससे परे हट रहे हैं। चाहे मंडलवाद का आंदोलन हो, या विस्थापन और जबरिया बेदखल किये जाने के खिलाफ आदिवासियों का संघर्ष हो, सभी केंद्रीय सत्ता से परे हट रहे हैं। इसी क्रम में नारी का व्यक्तित्व बिलकुल नये तरह का दावा पेश कर रहा है। इस दावे में दमन के देशी ढाँचे के खिलाफ विद्रोह की गहरी भावना है। यह भावना शहरों और अंतर्राष्ट्रीय रुझानवाले नारीवादियों में नहीं पायी जाती है (हालाँकि इस बात में कोई शक नहीं कि ये दूसरे तरह के नारीवादी पहलेवाले के लिए गुंजाइश पैदा कर रहे हैं)। इसी सिलसिले में 'भारत' के फिर से उठ खड़े होने की प्रक्रिया को भी रखा जा सकता है। यह 'भारत' शरद जोशी द्वारा (कथित प्रगतिशील किसानों की तरफ से) वर्गीकृत भारत नहीं है बल्कि आदिवासी और विभिन्न देशज समूहों में पायी जानेवाली जमीनी लोकतंत्र की वास्तविक और गंभीर तलाश द्वारा निर्धारित भारत है। यह उन पारंपरिक दस्तकार समुदायों का भारत है जो भारतीय हस्तकला और संस्कृति का निर्यात करने की कोशिश में लगे शहरी और अंतर्राष्ट्रीय पूँजीपतियों से संघर्ष कर रहा है। यह उन कलाकारों, कार्यकर्ताओं और वैकल्पिक मीडिया के हिमायती लोगों का भारत है जो अपने और अपने देश के लिए नयी अस्मिता की खोज कर रहे हैं।

ये सभी मिल कर नये तरह के 'विशेष स्वार्थों' या सत्ता के गलियारों में गुटबाजी कर रहे प्रोफेशनल और व्यावसायिक समूहों के खिलाफ अर्थात विदेशी हितों से गठजोड़ करनेवाले उन देशद्रोहियों के खिलाफ हैं जो 'राष्ट्रवादी' का छद्मवेश धारण किये हुए हैं (और संस्कृति और राष्ट्रीयताओं के वास्तविक आंदोलन को राष्ट्र-विरोधी बता रहे हैं)। इसके अलावा पुराना समाजवादी शब्दाडंबर भी इन लोगों के गले नहीं उतर रहा है (इस शब्दाडंबर ने तमाम उम्मीदें जगा कर सिर्फ निराश ही किया है)। इस हालत में शक्तियों के नये गठजोड़ के उदय की संभावना उभर आयी है।

सवाल यह है कि इस नये माहौल की तासीर क्या है? यह आकलन वर्तमान पीढ़ी को विचलित कर सकता है परंतु यह उन नयी संभावनाओं और नयी उम्मीदों के द्वार खोलता है जो देश को लोकतांत्रिक आत्म-साक्षात्कार की नयी शुरुआत की

तरफ ले जायेंगी। इससे उन सामाजिक तबकों का ऊपर उठना आवश्यक हो जायेगा जिन्हें इस 'विकासशील' समाज में हाशिये पर रहने को बाध्य कर दिया गया था। आज यह तबका नयी भूमिका निभाने के लिए अग्रसर है। इतनी अनिश्चितता, इतने टकराव और इतनी द्वैधता के बावजूद इस तबके को ऊपर उठाने के साथ एक नये बोध और एक नये संसंजन का आधार तैयार होगा। भारतीय सभ्यता का एक शाश्वत सांस्कृतिक गुण द्वैध के प्रति उसकी गहरी सहिष्णुता के रूप में रहा है। आज का हाई-टेक अभिजात वर्ग किसी-न-किसी प्रकार के बुद्धिनिष्ठ गणित के अनुसार चीजों को संचालित करना और अंतर्विरोधों को दूर करना चाहता है और बीच की स्थिति को स्वीकार न करनेवाले तर्क के सहारे जीना चाहता है। इन आधुनिकतावादियों और उनके 'उत्तर-आधुनिक' उत्तराधिकारियों का युग इस देश में नहीं, दुनिया में अन्य जगहों पर भी तेजी से समाप्त हो रहा है। इसका मतलब किसी प्राचीन अतीत की तरफ लौटना नहीं है क्योंकि 'पुनरुत्थान' के लिए 'अतीत' हमेशा उपलब्ध नहीं रहता।

हमें नये तरीके से यह स्वीकार करना ही होगा कि हमारे जैसे समाजों के लिए विविधता एक नैसर्गिक स्थिति है, द्वैधता एक सांस्कृतिक प्रवृत्ति है और अस्मिताओं की बहुलता राज्य के देहधारण की प्रक्रिया का आधार है। हमें मानना होगा कि किसी एक केंद्र के बिना ही हमारी सभ्यता का अस्तित्व है। इस सभ्यता में अधिकारयुक्त नया अभिजात वर्ग तो है पर वह अधिकारवादी नहीं है। यह सभ्यता एक अनिश्चित यथार्थ की व्याख्या सही और गलत की नयी मान्यता के संदर्भ में, 'धर्म' के संदर्भ में, 'हमारे अपने लोगों के अपने कर्त्तव्यों के' संदर्भ में और नीचे से ऊपर की तरफ जानेवाली एकता की एक नयी महासंघीय अवधारणा के संदर्भ में कर सकती है।

यही है वह परिवेश जिसमें एक नये जागरण और भारतीय अस्मिता की पुनर्व्याख्या की संभावनाएँ हैं। यह परिवेश फौरी तौर पर अपनी क्षमताओं के बारे में काफी अनिश्चित है पर संभावनाओं की आहटों से भरा हुआ है। हम उस विकेंद्रित सामाजिक-राजनीतिक ढाँचे की तरफ नहीं लौट सकते जिसे इस प्राचीन देश में कभी स्थापित किया गया था। लेकिन, इस उभरते यथार्थ के प्रति ज्यादा सुसंगत एक ऐसे सांस्कृतिक स्वभाव को फिर से सक्रिय अवश्य कर सकते हैं जो एक 'राज्य' के बहुकेंद्रीय ढाँचे के लिए उपयुक्त हो। इसके लिए सैद्धांतिक प्रयासों की एक श्रृंखला की जरूरत है। इसमें राष्ट्रीय अस्मिता की पुनर्रचना, 'राज्य' की पुनर्रचना, भारत के नाम से अभिव्यक्त होनेवाले सांस्कृतिक और सभ्यता-संबंधी तत्त्वों की फिर से तलाश (नेहरू और राधाकृष्णन से आगे) शामिल हैं। इसकी भौगोलिक, सामाजिक, सांस्कृतिक, मनोवैज्ञानिक और सौंदर्यशास्त्रीय एकता की अवधारणा को फिर से गढ़ने की जरूरत भी है। इन सबके माध्यम से संघीय राजनीतिक प्रणाली को तुरंत विकेंद्रित करने और उसका नया केंद्र निर्धारित करने की जरूरत है। जरूरत इस बात की भी है कि इस प्रणाली का नीचे से संघीकरण

किया जाये। उसका क्षेत्रीय संघीकरण (पंजाब, कश्मीर और तमिलनाडु की चुनौतियों के मद्देनजर) और सामाजिक संघीकरण (मंडल की चुनौती के मद्देनजर) भी किया जाये। इसमें गहरी पारिस्थितिकीय चेतना (जैसे कि नर्मदा आंदोलन की चुनौती है) और व्यापक आर्थिक दर्शन (भूमंडलीकरण के खिलाफ संघर्ष की चुनौती के मद्देनजर) की भी जरूरत है। इस तरह एक नये और पुनर्गठित लोकतांत्रिक ढाँचे को बनाने की जरूरत है जो सामाजिक जगत में मची ताजा उथल-पुथल और पूर्ववर्ती सांस्कृतिक प्रवृत्तियों से प्रेरणा ग्रहण करता हो। इन्हीं पुरानी सांस्कृतिक प्रवृत्तियों ने भारत को शुरू से ही लोकतांत्रिक मार्ग अपनाने के लायक बनाया है।[२]

स्पष्ट है कि इस बदलते हुए भारत की दूसरी व्याख्या से हम सहमत हैं कि एक नया भारत अपने जन्म की प्रसव-पीड़ा से गुजर रहा है। इसी अवधारणा के माध्यम से हम भविष्य की एक झलक पा सकते हैं। इसके लिए हमें उन नयी शक्तियों के बारे में उपयुक्त बौद्धिक समझ विकसित करने की जरूरत पड़ेगी जो भविष्य को आकार दे रही हैं। यही इतिहास का आदेश है और इसका लाभ उठाने के लिए एक नयी राजनीतिक क्षमता की आवश्यकता पड़ेगी। बौद्धिक समझदारी और राजनीतिक कर्म का यह संयोजन ऐतिहासिक यथार्थ के प्रति सही समय पर सही प्रतिक्रिया करने के आधार पर और सही व्यक्तियों को प्रतिक्रिया करने के योग्य बना कर हासिल किया जा सकता है। विचलित होने की प्रवृत्ति छोड़नी होगी। जल्दी पहल कर देने या कार्रवाई कर देने के प्रलोभन से भी हर हालत में बचना होगा। आसक्ति और अनासक्ति के संयोजन में ही बुद्धिमानी है। यह नयी संभावनाओं के द्वार खोलती है पर उन पर कब्जा जमा कर बैठ नहीं जाती।

संदर्भ और टिप्पणियाँ

१. देखें : *डेडलस* में मेरा लेख, 'द इंडियन इंटरप्राइज टुडे', खंड १८८ नं. ४, हेमंत, १९८९

२, देखें : *स्टेट अगेंस्ट डेमोक्रेसी* में मेरा लेख, 'व्हाई हैज इंडिया बीन डेमोक्रेटिक?', नयी दिल्ली, अजंता, १९८८

लेखक, संपादक और अनुवादक परिचय

अभय कुमार दुबे : लेखक, संपादक, अनुवादक और अनुसंधानकर्ता। नक्सलवादी आंदोलन से लंबा जुड़ाव। करीब आठ साल तक भाकपा (माले) (लिबरेशन) के कार्यकर्ता। लंबे अरसे तक एक्सप्रेस समूह के **दैनिक जनसत्ता** में काम करने के बाद **विकासशील समाज अध्ययन पीठ** में भारतीय भाषा कार्यक्रम के संपादक नक्सलवादी आंदोलन, दलित आंदोलन, सांप्रदायिकता, नारी मुक्ति आंदोलन और संस्कृति संबंधी विषयों पर अध्ययन। सिनेमा और खेल पर भी लेखन। प्रमुख कृतियाँ : *क्रांति का आत्म संघर्ष : नक्सलवादी आंदोलन के बदलते चेहरे का अध्ययन*; *सांप्रदायिकता के स्रोत* (संपादित); *आज के नेता : राजनीति के नये उद्यमी* (बाल ठाकरे, कांशी राम, मुलायम सिंह यादव, लालू प्रसाद यादव, ज्योति बसु, कल्याण सिंह और मेधा पाटकर के राजनीतिक जीवन के आलोचनात्मक अध्ययन पर आधारित पुस्तक माला का संपादन और अरुण त्रिपाठी, अरुण पांडेय और अंबरीश कुमार के साथ लेखन); घोटाले में घोटाला (शेयर घोटाले पर एक प्रचार पुस्तिका); 'हंस' के महिला विशेषांक **स्त्री-भूमंडलीकरण : पितृसत्ता के नये रूप** के अतिथि संपादक; *भारत के मध्यवर्ग की अजीब दास्तान* (पवन वर्मा की कृति **द ग्रेट इंडियन मिडिल क्लास** का अनुवाद); *भारतनामा* (सुनील खिलनानी की कृति **द आइडिया ऑव इंडिया** का अनुवाद) और *पूँजी के भूमंडलीकरण से कैसे लड़ें?* (कंवलजीत सिंह की कृति **ग्लोबलाइजेशन ऑव फाइनेंस** का अनुवाद) के अलावा आठ किशोरोपयोगी पुस्तकों की रचना और दो का अनुवाद। १९९५-९६ में सामाजिक चिंतन और विमर्श की मासिक पत्रिका **समय चेतना** के चौदह अंकों का संपादन। घनश्याम शाह द्वारा संपादित पुस्तक *दलित आइडेंटिटी एंड पॉलिटिक्स* में कांशी राम के राजनीतिक जीवन पर लिखा गया लेख *एनॉटॉमी ऑव ए दलित पॉवर प्लेयर : ए स्टडी ऑव कांशी राम* संकलित।

विजयबहादुर सिंह : वरिष्ठ राजनीतिशास्त्री, भारतीय निर्वाचन प्रक्रिया के अध्ययन में विशेष योगदान, समाज-विज्ञान में अनुसंधान पद्धतियों के व्याख्याता और लोकचिंतन ग्रंथमाला के दो शृंखला संपादकों में से एक। । आजकल **विकासशील समाज अध्ययन पीठ** के निदेशक। उनकी प्रमुख कृतियों में *प्रोफाइल्स ऑव पॉलिटिकल इलीट्स इन इंडिया; पॉलिटिकल फ्रेंगमेंटेशन एंड इलेक्ट्रोरल प्रोसेस : १९९१ इलेक्शंस इन यू.पी.; इलेक्शंस इन इंडिया : डेटा हेंडबुक ऑन लोकसभा इलेक्शंस : १९८६-१९९१* (दो खंड); १९५२-८० के बीच हुए लोकसभा चुनावों और १९८२-८५ के बीच हुए विधानसभा चुनावों की *डेटा हेंडबुक्स* की शंकर बोस के साथ रचना; उत्तर (दो खंड), दक्षिण, पूर्व और उत्तर-पूर्व के विधानसभा चुनावों की चार डेटा हैंड बुक्स की शंकर बोस के साथ रचना; *बिटवीन टू वर्ल्ड : ए स्टडी ऑव हरिजन इलीट्स* (रामश्रय राय के साथ); *हिंदू नेशनलिज्म इन इंडिया : द राइज ऑव बीजेपी* (योगेंद्र के. मलिक के साथ), *सोशल एंड पॉलिटिकल साइंस रिसर्च मैथड्स* (एम.एल. गोयल के साथ) ; *डेमोक्रेसी एंड सोशल चेंज इन इंडिया : ए. क्रॉस-सेक्शनल एनालेसिस ऑव द नेशनल इलेक्टोरेट* (सुब्रत के मित्र के साथ); *प्राबल्म्स ऑव रूरल डिवेलपमेंट* (रामाश्रय रॉय और टी.एम. विनोदकुमार के साथ) और *स्टेट पॉलिटिक्स इन इंडिया : एक्सप्लोरेशंस इन कंपरेटिव पॉलिटिक्स एंड सोशल चेंज* (दो खंड) का आदित्य निगम के साथ संपादन) शामिल है।

योगेंद्र यादव : युवा राजनीतिशास्त्री। दूरदर्शन व अन्य समाचार चैनलों पर जाने-माने चुनाव विश्लेषक और लोकचिंतन ग्रंथमाला के दो शृंखला संपादकों में से एक। समाजवाद के विभिन्न रूपों के विश्लेषण से अपनी अकादमीय यात्रा शुरू करनेवाले योगेंद्र यादव अध्ययन पीठ में लोकतंत्र के तुलनात्मक अध्ययन की परियोजना चलानेवाले कार्यक्रम **लोकनीति** के निदेशक हैं। योगेंद्र के प्रमुख शोध-प्रबंधों में *कोलेटीज क्रिटीक ऑव मारक्यूज; पॉलिटिकल साइंस : पाजिटिविस्ट मेथड एंड फिलोसोफिकल क्रिटीक्स; मार्क्सिस्ट-सोशलिज्म टु डेमौक्रैटिक सोशलिज्म : आइडियॉलाजी ऑव द काँग्रेस सोशलिस्ट पार्टी : १९४३-४७; जेपीज चेंजिंग आइडियाज ऑन सोशल चेंज; सोवियत कलेप्स : इज इट मेक एनी डिफरेंस टु द इंडियन लैफ्ट?; फ्यू क्वेश्चंस फॉर गांधियंस; टुवर्ड्स एंड इंडियन एजेंडा फॉर द इंडियन लैफ्ट; रिकनफिगरेशन इन इंडियन पॉलिटिक्स : स्टेट एसेंबली इलेक्शंस : १९९३-९५; कम्पटेटिव इलेक्ट्रोल सिस्टम इन साउथ एशिया* में इंडिया नामक प्रबंध के लेखक; १९८९-९९ के बीच हुई चुनावी राजनीति पर *इकनॉमिक एंड पॉलिटिकल वीकली* के विशेषांक का आदित्य निगम के साथ संपादन; *इलेक्ट्रोरल पॉलिटिक्स इन द टाइम ऑव चेंज : इंडियाज थर्ड इलेक्ट्रोरल सिस्टम : १९८४-९९* और *अंडरस्टेंडिंग द सेकंड डेमौक्रैटिक अपसर्ज : ट्रेंड्स ऑव बहुजन पार्टिसिपेशन इन इलेक्ट्रोरल पॉलिटिक्स इन १९९०ज़* शाामिल हैं। हिंदी और अंगरेजी लेखन पर समान अधिकार रखनेवाले योगेंद्र **विकासशील समाज अध्ययन पीठ** में फैलो के रूप में कार्यरत हैं और कई अखबारों और पत्रिकाओं में

नियमित लेखन करते हैं। **सामयिक वार्ता** पत्रिका के संपादन में भी उनकी प्रमुख भूमिका है। इस संकलन में शामिल मनोहर नायक द्वारा अनूदित उनका लेख सबसे पहले मार्शल बाउटन और फिलिप ओल्डेनबर्ग द्वारा संपादित *दि इंडिया ब्रीफिंग्ज : ए ट्रांसफार्मेटिव फिफ्टी ईयर्स* में *पॉलिटिक्स* शीर्षक से प्रकाशित हुआ था।

मनोहर नायक : पत्रकार, अनुवादक और लेखक। पंद्रह वर्ष से एक्सप्रेस समूह के **दैनिक जनसत्ता** में कार्यरत। सांस्कृतिक विषयों पर लेखन। इस संकलन में योगेंद्र यादव के लेख का अनुवाद।

जवीद आलम : राजनीतिशास्त्र के वरिष्ठ विद्वान और भारत में आधुनिकीकरण पर अपनी हाल ही में प्रकाशित पुस्तक के लिए चर्चित। प्रोफेसर आलम ने लोकतंत्र, राष्ट्र-निर्माण, राष्ट्रीयता के प्रश्न और मार्क्सवाद के संदर्भ में उल्लेखनीय योगदान किया है। चुनाव-संबंधी अध्ययनों के लिए भी उनका काम महत्त्वपूर्ण माना जाता है। वे छठीं लोकसभा के चुनाव पर भारतीय समाज-विज्ञान अनुसंधान परिषद की शोध परियोजना के निदेशक रह चुके हैं। **विकासशील समाज अध्ययन पीठ** में सीनियर फैलो के रूप में निमंत्रित रह चुके जवीद आलम ने भारतीय परंपरा और सेकुलरवाद के विरोधाभास पर भी गहरी नजर डाली है। उनकी दो पुस्तकें *डिसेंट एंड डामिनेंस : पीजेंट्स एंड पॉलिटिक्स* और *इंडिया : लिविंग विद मॉडर्निटी* प्रकाशित हो चुकी हैं। इस समय वे उस्मानिया विश्वविद्यालय, हैदराबाद में प्रोफेसर हैं। उनकी एक पुस्तक *डैमोक्रेसी इन इंडिया* शीघ्र प्रकाश्य है। संकलन में शामिल उनका अभय कुमार दुबे द्वारा अनूदित लेख **वाट इज हैपनिंग इनसायड इंडियन डेमोक्रेसी** *इकनॉमिक एंड पॉलिटिकल वीकली* में प्रकाशित हो चुका है।

धीरूभाई शेठ : विख्यात राजनीतिक-समाजशास्त्री और अंतर्राष्ट्रीय पत्रिका **आल्टरनेटिव्ज़** के सह-संपादक। दिल्ली लोक अधिकार संघ के अध्यक्ष रह चुके प्रोफेसर शेठ **लोकायन** (सहभागी लोकतंत्र के लिए परियोजना) के संस्थापकों में से एक हैं। ग्रासरूट थियरी, राजनीतिक प्रणालियाँ, प्रतिनिधित्व की समस्या, भूमंडलीकरण, आरक्षण, भाषा समस्या, दलीय प्रणाली, राष्ट्र-राज्य, सेकुलरीकरण और आधुनिकीकरण के भारतीय समाज और राजनीति से संबंधों के विषय में कई मौलिक योगदानों का श्रेय। धीरूभाई की महत्त्वपूर्ण कृतियों में *सिटीजंस एंड पार्टीज : आस्पेक्ट्स ऑव कम्पटीटिव पॉलिटिक्स इन इंडिया* (संपादित); *द मल्टीवर्स ऑव डेमोक्रेसी* (आशीष नंदी के साथ संपादित) और *माइनारिटी आइडेंटिटी एंड द नेशन स्टेट* (गुरप्रीत महाजन के साथ संपादित) शामिल हैं। पिछड़ा वर्ग आयोग के सदस्य और **विकासशील समाज अध्ययन पीठ** में निदेशक और सीनियर फैलो रह चुके धीरूभाई राष्ट्रीय-अंतर्राष्ट्रीय अकादमीय पत्रिकाओं में योगदान के साथ-साथ लोकप्रिय पत्र-पत्रिकाओं (हिंदी समेत) में भी नियमित लेखन करते हैं। इस संकलन में शामिल अभय कुमार दुबे द्वारा अनूदित उनके दो लेख **क्राइसिस ऑव**

पॉलिटिकल अथॉरिटी और **सेकुलराइजेशन ऑव कास्ट एंड द मेकिंग ऑव न्यू मिडिल क्लास** क्रमशः राजेंद्र वोरा द्वारा संपादित सद्यः प्रकाशित *अंडरस्टेंडिंग पॉलिटिक्स* और *इकनॉमिक एंड पॉलिटिकल वीकली* से लिये गये हैं।

रजनी कोठारी: भारतीय राजनीति के अन्यतम व्याख्याकार और सिद्धांतवेत्ता। विकासशील समाज अध्ययन पीठ के संस्थापक। कांग्रेस के दीर्घकालीन शासन और फिर उसके क्रमिक पराभव का राजनीतिक-सामाजिक तर्क खोजनेवाली तीन रचनाओं *द कांग्रेस 'सिस्टम' इन इंडिया* और *द कांग्रेस सिस्टम ऑन ट्रायल* एवं *कांग्रेस सिस्टम रिविजिटेड : ए डिसेनियल रिव्यू* के प्रकाशन के बाद राजनीति के विकास-क्रम के लगभग हर मोड़ पर मौलिक विमर्श के लिए अंतर्राष्ट्रीय ख्याति-प्राप्त। राजनीति में जातिवाद की प्रचलित धारणा को जातियों के राजनीतिकरण के रूप में व्याख्यायित करने के साथ-साथ भारतीय लोकतंत्र के बहुलवादी चरित्र को केंद्र में रखते हुए राज्य, राष्ट्र-निर्माण, समाज परवर्तन, वैकल्पिक विश्व की परिकल्पना, सांप्रदायिकता, चुनाव संबंधी अध्ययन, सेकुलरवाद, गैरसरकारी राजनीतिक प्रक्रिया और दलित-बहुजनों के उभार के विषय में मूल्यवान अंतर्दृष्टि से संपन्न राजनीतिशास्त्र के विशाल वांङ्मय की रचना। दिल्ली विश्वविद्यालय में राजनीतिशास्त्र के प्रोफेसर रह चुके रजनी कोठारी भारतीय समाज विज्ञान अनुसंधान परिषद के अध्यक्ष, लोक अधिकार संघ के राष्ट्रीय अध्यक्ष और योजना आयोग के सदस्य भी रह चुके हैं। उनकी अनगिनत कृतियों में कुछ अत्यंत विख्यात रचनाएँ हैं : *पॉलिटिक्स इन इंडिया* (हिंदी और गुजराती में भी अनुवाद); *कास्ट इन इंडियन पॉलिटिक्स* (संपादित); *इंडियन वोटिंग बिहेवियर* (मायनर वीनर के साथ संपादित); *फुट स्टेप्स इन्टू द फ्यूचर : डायग्नॉसिस ऑव द प्रजेंट वर्ल्ड एंड ए डिजायन फॉर ऐन ऑल्टर्नेटिव*; *स्टेट एंड नेशन बिल्डिंग : ए थर्ड वर्ल्ड पर्स्पेक्टिव* (संपादित); *डेमौक्रैटिक पॉलिटी एंड सोशल चेंज इन इंडिया : क्राइसिस एंड ओपोर्च्युनिटी*; *टुवर्ड्स ए जस्ट वर्ल्ड*; *सर्वायवल इन ऐन एज ऑव ट्रांसफॉर्मेशन*; *डिसआर्मामेंट, डिवेलपमेंट एंड वर्ल्ड ऑर्डर* (गिरि देशिंग्कर के साथ संपादित); *स्टेट अगेंस्ट डेमोक्रेसी : इन सर्च ऑव व ह्यमेन गवर्नेन्स*; *ट्रांसफॉर्मेशन एंड सर्वायवल : इन सर्च ऑव ह्यमेन वर्ल्ड ऑर्डर*; *रिथिंकिंग डिवेलपमेंट : इन सर्च ऑव ह्यमेन आल्टरनेटिव्ज*; *पॉलिटिक्स एंड पीपुल : इन सर्च ऑव ह्यमन इंडिया*; *ग्रोइंग ऐम्नेज़िया : ऐन एसे ऑन पावर्टी एंड द ह्यमन कांशसनेस* और *कम्युनिज्म इन इंडियन पॉलिटिक्स* (हिंदी में भी अनूदित)। इस संकलन में शामिल उनके दो लेख **क्राइसिस ऑव मॉडरेट स्टेट एंड डिक्लाइन ऑव इंडियन डेमोक्रेसी** और **रिस्ट्रक्चरिंग इंडियन एंटरप्राइज** के रूप में सबसे पहले क्रमशः पीटर ल्योन और जेम्स मेनर द्वारा संपादित *ट्रांसफर एंड ट्रांसफार्मेशन : पॉलिटिकल इंस्टीट्यूशन इन न्यू कॉमनवेल्थ* एवं *सेमिनार* पत्रिका में प्रकाशित हुए थे। इन लेखों का हिंदी अनुवाद अभय कुमार दुबे ने किया है।

आशीष नंदी : अंतर्राष्ट्रीय ख्याति के समाज-मनोविद। **विकासशील समाज अध्ययन पीठ** में सीनियर फैलो के रूप में लंबे अरसे से कार्यरत प्रोफेसर नंदी की रचनाओं की लोकप्रियता का अंदाजा केवल इस तथ्य से लगाया जा सकता है कि उनकी मशहूर कृति द *इंटीमेट इनेमी : लास एंड रिकवरी ऑव सेल्फ अंडर कॉलोनियलिज्म* के पंद्रह पुनर्मुद्रण हो चुके हैं। समाज-मनोविज्ञान के दायरे में प्रोफेसर नंदी ने राजनीति, कला, साहित्य, संस्कृति, सिनेमा और खेल पर विशद वांड्मय की रचना की है। वे अपनी द्रुत रचनाशीलता और आधुनिकतावादी विचार-सरणियों की प्रखर आलोचना के लिए भी जाने जाते हैं। **कमेटी फॉर द कल्चरल च्वाइसेस** के अध्यक्ष आशीष नंदी की प्रमुख कृतियों में 'द इंटीमेट इनेमी' के अलावा द *न्यू वैश्यास* (रेमंड एल. आवेंस के साथ); *आल्टरनेटिव साइंसेज : क्रियेटिविटी एंड अथांटिसिटी इन टू इंडियन साइंटिस्ट*; *एट द एँज ऑव साइकोलॉजी : एसेज ऑन पॉलिटिक्स एंड कल्चर*; *ट्रेडीशंस, टायरनी एंड यूटोपियाज : एसेज इन द पॉलिटिक्स ऑव अवेयरनेस*; *साइंस, हेजेमनी एंड वायलेंस : ए रेक्विम फॉर माडर्निटी*; *द ताओ ऑव क्रिकेट : ऑन गेम्स ऑव डेस्टिनी एंड डेस्टिनी ऑव गेम्स*; *द ब्लाइंडिड आई : ५०० इयर्स ऑव क्रिस्टोफर कोलंबस* (जियाउद्दीन सरदार, क्लॉड अलवारिस और मेरिल विन डेवीस के साथ); *इल्लेजिटिमेसी ऑव नेशनलिज्म : रवींद्रनाथ टैगोर एंड इंडियन पॉलिटिक्स ऑव सेल्फ*; *प्रतिशब्द* (गुजराती में); द *सेवेज फ्रायड एंड अदर एसेज इन पासिबिल एंड रिट्रीवेबिल सेल्व्ज*; *आशीष नंदी : ए रीडर* (संपादक : डी.आर. नागराज); *क्रियेटिंग ए नेशनलिटी : द राम जन्म-भूमि मूवमेंट एंड फियर ऑव सेल्फ* (शिखा त्रिवेदी, अच्युत याग्निक और शैल मायाराम के साथ); *मल्टीवर्स ऑव डेमोक्रेसी* (धीरूभाई शेठ के साथ); द *न्यूक्लियर डिबेट : आयरनीज एंड इम्मोरलिटीज* (जिया मियाँ के साथ); *कंटेम्परेरी इंडिया* (वी.ए. पाईपनांडी कर के साथ संपादित) और द *सीक्रेट पॉलिटिक्स ऑव अवर डिज़ायर्स : इन्नोसेंस, कल्पेबिलिटी एंड पॉपुलर सिनेमा* (संपादित) भी शामिल हैं।

इस संकलन में शामिल उनके लेख अमेरिकी पत्रिका *डेडलस* में प्रकाशित **पॉलिटिकल कल्चर ऑव इंडियन स्टेट** का संवर्द्धित रूप है जिसका अनुवाद अभय कुमार दुबे ने किया है।

के.एम. मधुसूदनन : इस पुस्तक के आवरण सज्जाकार। पेंटर, फोटोग्राफर, फिल्मकार, कला समीक्षक। कई एकल और सामूहिक प्रदर्शनियाँ। मलयालम की अवाँगार्द सांस्कृतिक पत्रिका 'पच्चक्कुतिरा' (हरा घोड़ा) के कला संपादक। समकालीन चाक्षुष संस्कृति को दस्तावेजबंद करने में रुचि के कारण फिल्में बनाने की ओर झुके। पहली कथा फिल्म 'आत्म चित्र' कई अंतर्राष्ट्रीय महोत्सवों के साथ-साथ असाधारण लघु चित्रों की श्रेणी में न्यूयार्क के म्यूजियम ऑव मॉडर्न आर्ट में भी प्रदर्शित।

शब्द, तात्पर्य और धारणाएँ

विमर्श / आख्यान / कलाम (डिस्कोर्स) : इसका निपट अर्थ है दो वक्ताओं के बीच संवाद या बहस या सार्वजनिक चर्चा। लेकिन उत्तर-आधुनिक पदावली के प्रचलन के कारण समाज-विज्ञान में इस शब्द का बदले हुए अर्थ में प्रयोग किया जाता है। यहाँ विमर्श का अर्थ होता है अभिव्यक्ति के उन तत्त्वों और पहलुओं की संरचना जो अपने कुल जोड़ से भी परे जाकर कोई खास अर्थ देने की क्षमता रखते हों। इसे यूँ भी कह सकते हैं कि एक निश्चित सामाजिक संदर्भ में भाषा के जरिये किसी एक विषय के इर्द-गिर्द होती हुई बहस द्वारा व्याख्याओं, तात्पर्य और मान्यताओं के निर्माण की प्रक्रिया को विमर्श या आख्यान या कलाम का नाम दिया जा सकता है।

राज्य / आधुनिक राज्य (स्टेट / मॉडर्न स्टेट) : हिंदी में राज्य शब्द का अक्सर प्रांतों के अर्थ में इस्तेमाल किया जाता है। लेकिन ग्रंथमाला के संदर्भ में राज्य का अर्थ राजनीति की उस सर्वाधिक केंद्रीय अवधारणा से है जो राजनीतिक संस्थाओं की एक विशिष्ट संरचना के जरिये एक निश्चित भू-सीमा में अपना संप्रभुता, वर्चस्व और वैधता स्थापित करती है। राज्य की यह अवधारणा हमें पश्चिमी चिंतन से प्राप्त हुई है।

संभवत: सोलहवीं शताब्दी में सबसे पहले राज्य शब्द का एक अवधारणा के रूप में इस्तेमाल मेकियावेली ने अपनी विख्यात रचना 'प्रिंस' में किया था। बाद में सर वाल्टर रैले, हॉब्स और लॉक ने राज्य की संप्रभुता के विचार को और विकसित किया। आधुनिक राज्य की मैक्स वेबर की दी हुई परिभाषा सबसे प्रचलित और संपूर्ण मानी जाती है। उनके अनुसार इसके तीन मुख्य पहलू हैं : भू-क्षेत्रीय सीमाएँ, हिंसा पर एकाधिकार और वैधता। लोग राज्य का आदेश क्यों मानते हैं, इस सवाल का जवाब वेबर ने वैधता की धारणा का प्रतिपादन करके दिया। उन्होंने कहा कि राज्य अपने वर्चस्व को बनाये रखने के लिए अपनी वैधता की विभिन्न संरचनाएँ खड़ी करता है। कभी परंपरा के नाम पर, कभी करिश्मे के नाम पर और कभी वैधानिकता के नाम पर राज्य लोगों को आज्ञापालन की तरफ ले जाता है। दुर्खायम और फूको जैसे चिंतकों ने वैधता की बारीकियों में जाते हुए दिखाया कि राज्य के प्राधिकार की वैधता को हम कैसे आत्मसात कर लेते हैं और कैसे उसके प्रति संस्थागत सहमति कायम की जाती है। फूको के अनुसार राज्य केवल दंड विधान, कारागार और फौज-पुलिस के जरिये ही नहीं बल्कि अपनी ताकत के सांस्कृतिक रूपों

की रचना से भी जनमानस में स्वयं को स्थापित करता है।

मोटे तौर पर राज्य की अवधारणा के तीन रूप माने गये हैं : उदारतावादी-लोकतांत्रिक राज्य, यानी एक ऐसा राज्य जो विभिन्न हित समूहों की आपसी होड़ के जरिये अपनी गतिविधियाँ निर्धारित करता है और ये गतिविधियाँ बहुलता का सम्मान करते हुए सार्विक मताधिकार पर आधारित निर्वाचन के माध्यम से चलायी जाती हैं; मार्क्सवादी राज्य या समाजवादी राज्य, यानी जो मानता है कि अगर राज्य है तो उसका मतलब एक वर्ग की दूसरे वर्ग पर तानाशाही ही होगा इसलिए लोकतंत्र का बेहतर रूप बहुसंख्यक सर्वहारा का अधिनायकत्व ही हो सकता है; और, राज्य के तीसरे सिद्धांत की आधारभूमि उदारतावादी और समाजवादी अवधारणाओं से अलग हट कर सूत्रबद्ध होती है। इसके अनुसार राज्य कुछ विशिष्ट किस्म की संरचनाओं का नाम है जिनका अपना एक इतिहास होता है। ये संरचनाएँ अपनी-अपनी स्वायत्तताओं के दायरों में काम करती हैं। राज्य नागरिक समाज के दबावों से जितना मुक्त होगा उतनी ही उसकी ताकत में वृद्धि होती चली जायेगी। अर्थात राज्य में नागरिक समाज के हस्तक्षेप की सीमा ही तय करेगी कि आधुनिक राज्य 'कठोर' होगा या 'नरम', वह निरंकुशता की तरफ जायेगा या उदारता की तरफ, वह लोगों के व्यक्तिगत जीवन में ज्यादा दखल देगा या कम से कम दखल देते हुए उसके विकास के लिए सुविधाएँ प्रदान करेगा। बीसवीं सदी के मध्य के बाद उभरे भारत सरीखे राज्यों के लिए उत्तर-औपनिवेशिक राज्य की अभिव्यक्ति भी इस्तेमाल की जाती है जिसका सीधा मतलब होता है विकासवादी या वैकासिक राज्य। राज्य की एक चौथी परिभाषा भी उभरी है जिसका श्रेय नारीवादी विश्लेषकों को जाता है। उनका तर्क है कि राज्य एक ऐसी संस्था है जिसने पितृसत्तात्मक और नस्लवादी संरचनाओं को संस्थागत रूप से मजबूत किया है।

पारंपरिक भारतीय राज्य : पश्चिम से प्राप्त राज्य की अवधारणा के अनुसार राज्य की संस्था समाज और अर्थतंत्र पर हावी रहती है पर पारंपरिक भारतीय राज्य की अवधारणा में समाज सर्वोपरि रहता है और राज्य उसकी सत्ता का उल्लंघन नहीं कर सकता।

आजादी के आंदोलन के दौरान गाँधी के नेतृत्व में पारंपरिक भारतीय राज्य की इस अवधारणा को नयी जरूरतों के हिसाब से सूत्रबद्ध करने की कोशिश की गयी थी। बीस के दशक में भाषायी आधार पर देश के पुनर्गठन और भारतीय समाज की प्रवृत्तियों के अनुरूप विकेंद्रीकृत राज्य की स्थापना के कांग्रेसी संकल्प में इसकी झलक देखी जा सकती है। गाँधी द्वारा प्रस्तुत रामराज्य की प्रतीक-योजना को भी इसी संदर्भ में देखा जाना चाहिए। गाँधी स्वहित या हित-समूहों की होड़ वाले लोकतंत्र की धारणा के बजाय समाज के हित की धारणा के पक्षधर थे। वे हितों को आवश्यकताओं का पर्याय मानने से इंकार करते थे और जनता की बुनियादी आवश्यकताओं को प्राथमिकता देते थे। आजादी के बाद जिस राज्य की नींव रखी गयी, उसमें राज्य संबंधी गाँधी-विचार के पहलू कम-से-कम थे। वह न तो भाषायी आधार पर राज्यों के पुनर्गठन के सिद्धांत को मान्यता देता था, न विकेंद्रीकरण और संघवाद को एक उसूल की तरह प्राथमिकता देता था। इन पहलूओं को आधुनिक भारतीय राज्य ने बाद में आधी-अधूरी शैली में ही स्वीकार किया जिससे इनकी अंतर्निहित सकारात्मकता राज्य की संस्था को समाज के अनुरूप बनाने की तरफ नहीं ले जा सकी।

राष्ट्र या राष्ट्र-राज्य (नेशन स्टेट) : एक संप्रभु राज्य की भौगोलिक सीमाओं के भीतर समान संस्कृति, समान भाषा, समान जातीयता और समान ऐतिहासिक निरंतरता वाली जनता मिल कर एक सामूहिक सामुदायिक अस्मिता की रचना करती है, तभी संपूर्ण अर्थों में राष्ट्र बनता है।

राष्ट्र-राज्य उन्नीसवीं सदी और उसके बाद से आज के जमाने की सबसे ताकतवर राजनीतिक शक्ति है और उसी के संदर्भ में अंतर्राष्ट्रीय संबंधों का अध्ययन होता है। राज्य के साथ जब राष्ट्र जुड़ जाता है तो राष्ट्र-राज्य को संचालित करने वाले अभिजन और उसकी वैधता का बड़ा

प्रभावशाली मिश्रण तैयार होता है। राष्ट्र की अवधारणा के साथ समस्या यह है कि संपूर्ण अर्थों में राष्ट्र कभी नहीं बनता। राष्ट्र समरूपता स्थापित करने की कोशिश करता है और इसके विपरीत विविधताओं की ओर से राष्ट्र और उसे संचालित करने वाले अभिजनों को हमेशा किसी न किसी किस्म की चुनौती मिलती रहती है भले ही उनका दावा हो कि वे प्राचीन काल और स्वाभाविक रूप से राष्ट्र थे और हैं। इस तरह राष्ट्र यथार्थ में होते हुए भी अपनी अपूर्णता के कारण एक बौद्धिक और मिथकीय कारसाजी बना रहता है।

प्राय: राज्य की भीतरी विविधताओं को एक कठोर सूत्र में जोड़ने के लिए किसी बाहरी या भीतरी दुश्मन की संरचना की जाती है और टकराव की नकारात्मक मानसिकता के आधार पर राष्ट्र का वजूद टिकाने का प्रयास किया जाता है। बीसवीं सदी के आखिरी वर्षों में यूरोपीय संघ और ऐसे ही अन्य क्षेत्रीय ढाँचों के उभरने से राष्ट्र-राज्य के वर्चस्व को उल्लेखनीय ठेस लगी है। भूमंडलीकरण की प्रक्रिया के तहत अंतर्राष्ट्रीय वित्तीय पूँजी द्वारा सीमाओं के आर-पार अपने बेरोकटोक आवागमन का आग्रह करने से राष्ट्र-राज्य की अवधारणा पर परिवर्तनकारी दबाव पड़ रहे हैं। संचार क्रांति ने राष्ट्रीय संप्रभुता की धारणा को अनुल्लंघनीय नहीं रहने दिया है। इंटरनेट के जरिये एक सामान्य व्यक्ति भी एक सीमा तक राष्ट्र की सीमाओं और नियम-कानूनों से परे जा सकता है।

वैधता (लेजिटिमेसी) और वैधानिकता (लिगैलिटी) : वैधता और वैधानिकता दो अलग-अलग धारणाएँ हैं। वैधता समाज की जमीन से लोकतांत्रिक प्रथाओं, लोकतांत्रिक प्राधिकार और संस्थाओं के बारे में उठनेवाली भावनाओं से निकलती है जबकि वैधानिक निर्देश ऊपर से दिये जाते हैं। सक्षम अधिकारियों द्वारा दिये गये वैधानिक निर्देश ऊपर से नीचे की तरफ यात्रा करते हैं। जनता की मान्यता हो या न हो, उनका पालन करना ही पड़ता है। अर्थात वैधानिकता में बाध्यता का भाव रहता है और वैधता में वांछनीय के प्रति स्वाभाविक समर्थन का। मसलन, छुआछूत और दहेज को वैधानिक मान्यता नहीं है। इन प्रथाओं पर पाबंदी है लेकिन फिर भी तमाम वर्गों और समुदायों में इनका प्रचलन है। इन वैधानिक निर्देशों को वैधता तब मिलेगी जब समाज इन्हें वांछनीय और नैतिक बाध्यता के रूप में लेगा और खुद-ब-खुद इनका पालन करने लगेगा। हर समाज में वैधानिकता और वैधता के बीच संबंध-भंग की गुंजाइश रहती है लेकिन जहाँ लोगों के नजरिये और मूल्यों में परिवर्तन की कोशिश की जाती है, वहाँ पर यह संबंध-भंग ज्यादा मुखर होता है। हमारा समाज भी इसी दौर से गुजर रहा है।

प्राधिकार (ऑथॉरिटी) और सत्ता (पॉवर) : सत्ता के वैधतायुक्त प्रयोग से प्राधिकार बनता है। प्राधिकार का अनुपालन कराने के लिए ताकत के प्रयोग की जरूरत नहीं पड़नी चाहिए। प्राधिकार कानून पर आधारित हो सकता है जैसे कि नौकरशाही का प्राधिकार। परंपरा के आधार पर भी प्राधिकार बनता है लेकिन वह आधुनिक लोकतांत्रिक प्रक्रियाओं के जरिये बने प्राधिकार जैसा नहीं होता। करिश्माई प्राधिकार नियम-कानूनों पर नहीं बल्कि शख्सियत पर निर्भर रहता है। प्राधिकार विचारधारात्मक भी होता है।

सत्ता या राजसत्ता में थोपने वाला भाव निहित है। इसकी व्याख्याओं का पूरा शास्त्र विकसित हो चुका है पर मोटे तौर पर कभी बलप्रयोग और कभी राज्य के अन्य साधनों के चालाकीपूर्ण प्रयोग के जरिये आज्ञापालन सुनिश्चित करने को सत्ता की स्थापना कहते हैं।

कुछ विशेष परिस्थितियों में प्राधिकार और सत्ता के बीच का अंतर मिट जाता है। कुछ विद्वानों की मान्यता है कि प्राधिकार हो या सत्ता, दोनों को शासक वर्ग या अभिजन आम लोगों के ऊपर थोपते हैं।

अभिजन (इलीट) : सामाजिक जीवन के किसी एक क्षेत्र को या पूरे समाज को नेतृत्व देने वाले छोटे से समूह को अभिजन कहते हैं। जैसे, संस्कृति के दायरे के अभिजन को सांस्कृतिक

अभिजन कहेंगे। इसी तरह अंग्रेजीदाँ अभिजन के मुकाबले देशी भाषाओं के अभिजन के फर्क को भी देखा जा सकता है।

अभिजन की अवधारणा को मोटेतौर पर शासक वर्ग के अर्थ में समझना ठीक नहीं होगा क्योंकि शासक वर्ग तो अभिजन का एक छोटा सा हिस्सा हो सकता है और अभिजनों का एक हिस्सा शासक बन गये अभिजनों की जगह लेने के लिए संघर्षरत हो सकता है। लेकिन विभिन्न वर्गों, जातियों और समुदायों से आने के बावजूद किसी अभिजन का उद्देश्य केवल अपने वर्ग, जाति या समुदाय के हितों की देखभाल ही न रह कर पूरे राष्ट्र या समाज का किसी साझा समझदारी के आधार पर नियंत्रण करना हो जाता है। मसलन, जब यह कहा जाता है कि आजादी के बाद खास किस्म के अभिजनों ने राष्ट्र का नेतृत्व सँभाला तो उसका मतलब यह होता है कि वह अभिजन-समूह कम से कम राज्य के हस्तक्षेप के जरिये वैकासिक आधुनिकीकरण और समाज-परिवर्तन के उमूल में विश्वास करता था। यह अभिजन कई मसलों पर आपसी मतभेद भी रखता था और उनमें आपसी होड़ भी थी। इसके बाद भी भविष्य के राष्ट्र का सपना देखने के मामले में वह एक था।

लोकतंत्र में वही शासक वर्ग या अभिजन समाज की बेहतर नुमाइंदगी करता है जिसका आकार और सदस्यता व्यापक होती है। उदाहरण के लिए कहा जा सकता है कि पिछले दिनों भारतीय अभिजन-समूह के आकार में खासी बढ़ोतरी हुई है। उसमें बड़ी प्रशासनिक नौकरियों और विधायिकाओं की सदस्यता के जरिये निचली जातियों के सदस्य भी उल्लेखनीय संख्या में शामिल हुए हैं। जब कोई अभिजन-समूह उदीयमान तबकों और समुदायों के प्रतिनिधियों को अपने भीतर जगह देने से इंकार करता है तो राजनीतिक उथल-पुथल मच जाती है। तब बड़े पैमाने पर उभरे जन-असंतोष का नेतृत्व करके या तो कोई नया अभिजन उभरता है या फिर पुराने अभिजन का ही एक हिस्सा उसकी अगुआई करके अभिजनों की संरचना को बदलता है।

नागरिक समाज (सिविल सोसाइटी) : समाज का वह रूप जो राज्य की संस्था के साथ परिवार की संस्था से भी अलग माना जाता है। नागरिक समाज राज्य के मुकाबले नागरिकों के अधिकारों और उनकी सत्ता को व्यक्त करने वाली प्रक्रियाओं और संगठनों से मिल कर बनता है। इसका मकसद होता है राज्य को संयमित करना और उसे नागरिक-नियंत्रण में लाना।

नागरिक समाज की अवधारणा को प्रचलित करने में समकालीन अमेरिकी समाज-विज्ञान का खासा योगदान है। वैसे समाज-विज्ञान में अठारहवीं सदी से ही इस अभिव्यक्ति का प्रयोग हो रहा है। भारत में इसे हेगेल और ग्राम्शी द्वारा प्रयुक्त अलग-अलग अर्थों में समझा जाता है। जर्मन दार्शनिक हेगेल ने इसे बुर्जुआ समाज यानी पूँजीवादी समाज माना है जहाँ व्यक्ति अपने निजी स्वार्थ का खुला खेल खेलता है और तर्कबुद्धि पर आधारित राज्य उसे संयमित करने की भूमिका निभाता है। मार्क्सवाद और उसके अनुयायियों ने राज्य को हिंसा और उत्पीड़न का औजार मानते हुए भी नागरिक समाज के इसी मतलब को मान्यता दी और नागरिक समाज की रचना को श्रेयस्कर नहीं माना। खासकर शीतयुद्ध के जमाने में नागरिक समाज की अवधारणा सत्ता और प्राधिकार की ऐसी संरचनाओं की पर्याय बन गयी जो राज्य के प्रभाव-क्षेत्र के बाहर मानी जा सकती थीं। इस वैचारिक आग्रह के कई तरह के असर हुए। सोवियत संघ के नेतृत्व में कम्युनिस्ट खेमे ने इसे सर्वहारा के राज्य के खिलाफ पूँजीवादी साजिश के रूप में देखा। सोवियत राज्य के खिलाफ चल रहे अंदरूनी भूमिगत आंदोलनों ने कम्युनिस्ट पार्टी की हुकूमत के खिलाफ खुद को नागरिक समाज का पैरोकार करार दिया। उधर अंतर्राष्ट्रीय वित्तीय पूँजी के प्रमुख प्रतिष्ठानों, विश्व बैंक और अंतर्राष्ट्रीय मुद्रा कोष, ने इस धारणा को अर्थव्यवस्था में राज्य के हस्तक्षेप या विकास में राज्य की भूमिका को दरकिनार करने के रूप में इस्तेमाल करना शुरू किया। इन संस्थाओं के प्रोत्साहन से गैरसरकारी संस्थाओं की परिघटना प्रकाश में आयी। आज गैरसरकारी राजनीतिक प्रक्रिया, मानवाधिकार

संगठन और अन्य स्वयंसेवी संगठन नागरिक समाज के प्रभावी दायरे का निर्माण करते हैं। परंपरानिष्ठ मार्क्सवादियों की आपत्ति के बाद भी अंतोनियो ग्राम्शी जैसे मार्क्सवादी विचारकों की रचनाओं ने इस विचार को लोकप्रिय करने में हाथ बँटाया। उन्होंने नागरिक समाज के दायरे को उत्पीड़नकारी राज्य पर काबू पाने के माध्यम की तरह देखा। आजकल अमेरिकी समाज-विज्ञान ने

सार्वजनिक जीवन (पब्लिक लाइफ) : इस अभिव्यक्ति का प्रयोग आमतौर पर लोकतांत्रिक राजनीति और उसे करने वालों की सक्रियता के दायरे को बताने के लिए किया जाता है। सार्वजनिक जीवन एक नेता का तो हो सकता है पर किसी अफसर या न्यायाधीश का नहीं हो सकता। यह पद आधुनिक संसदीय राजनीति की देन है। मसलन, जब कांग्रेस अंग्रेज प्रभुओं को सिर्फ प्रतिवेदन देने की राजनीति करती थी तो भारतीय सार्वजनिक जीवन का दायरा बहुत संकुचित था। आजादी के आंदोलन में तिलक, गोखले और सबसे ज्यादा गाँधी के हस्तक्षेप ने कांग्रेस को जनांदोलन का रूप दिया जिससे सार्वजनिक जीवन का दायरा बढ़ा। लोकतांत्रिक प्रक्रिया में आम जनता की भागीदारी जैसे-जैसे बढ़ती है, सार्वजनिक जीवन का उतना ही विस्तार होता चला जाता है।

सार्वजनिक दायरा (पब्लिक स्फियर) : समाजशास्त्र में नागरिक समाज के एक ऐसे दायरे की चर्चा भी है जिसमें संस्कृति और समुदाय की विभिन्न अभिव्यक्तियाँ अन्योन्यक्रिया करती हैं। साथ ही सार्वजनिक दायरे की गतिविधियाँ किसी मुद्दे पर आम राय बनाने और उसके जरिये राज्य-तंत्र को प्रभावित करने की भूमिका निभाती हैं। सार्वजनिक दायरा सबके लिए खुला रहता है जिसमें अपने विमर्श के जरिये कोई भी हस्तक्षेप कर सकता है। फ्रेंकफर्ट स्कूल के विख्यात विचारक युरगन हैबरमास ने इस धारणा का प्रतिपादन किया था।

सेकुलर (धर्मनिरपेक्ष / जाति-धर्मनिरपेक्ष / जातिनिरपेक्ष / पंथनिरपेक्ष) : सेकुलर के समानार्थक समझे जाने वाले हिंदी शब्द दरअसल उसके सही अर्थ का निर्वाह नहीं कर पाते। इसलिए यहाँ सेकुलर, सेकुलरवाद, सेकुलरीकरण आदि का इस्तेमाल किया जा रहा है। इस अत्यंत विवादास्पद पद का सीधा मतलब होता है धर्म, पंथ या उसकी संस्थाओं से राज्य या सरकार का अलगाव। पश्चिमी देशों के लिए यह सिद्धांत चर्च और राज्य की पृथकता की तरफ ले जाता है और भारत जैसे बहुधार्मिक देश में यह राज्य की सभी धर्मों से बराबर की दूरी यानी सर्वधर्मसमभाव के रूप में सामने आता है।

धर्मतंत्र की संस्थाएँ भले ही खुद को राज्य-तंत्र से जोड़ने की कोशिश करती रहें लेकिन सेकुलर राज्य हमेशा खुद को धर्मतंत्र से अलिप्त रखेगा। सेकुलर सरकार को धार्मिक आधार पर कोई निर्णय या किसी का पक्ष नहीं लेना चाहिए और हर धर्म को अपने दायरे में सेकुलर कानून के दायरे में रहते हुए अपना प्रचार-प्रसार करना चाहिए। सेकुलर राज्य और धर्मप्राण जनता के बीच कोई विरोध नहीं होता। सेकुलरवाद का मतलब नास्तिकता कतई नहीं है। स्वयं राज्य के संचालक भी अपने निजी जीवन में किसी धर्म के अनुयायी हो सकते हैं। लेकिन जैसे ही हम सेकुलरीकरण की प्रक्रिया की चर्चा करते हैं वैसे ही इस पद का मतलब व्यापक हो जाता है। यह प्रक्रिया समाज, समुदाय और संस्कृति के स्तर पर चलती है। जैसे-जैसे समाज और समुदाय धार्मिक या सांप्रदायिक के बजाय लौकिक आधार पर अपनी पुनर्रचना करते जाते हैं सेकुलरीकरण आगे बढ़ता चला जाता है। सेकुलरवाद का सिद्धांत दुतरफा आक्रमण का शिकार है। राजनीति और सार्वजनिक जीवन में हाशिये पर चले गये धर्माचार्य और उनके बौद्धिक प्रवक्ता इस शब्द को समाजशास्त्रीय शब्दकोश से निकाल फेंकने के पक्षधर हैं। दूसरी तरफ आस्था और विचार से धर्मनिष्ठ न होते हुए भी आधुनिकतावाद के आलोचकों का मत है कि इस प्रक्रिया ने परंपरा और संस्कृति-प्रदत्त सहिष्णुता के विभिन्न रूपों का क्षय कर दिया है और उनकी भरपायी करने के बजाय नये किस्म की कट्टरताओं को बढ़ावा दिया है। आधुनिकतावाद के आलोचकों में वामपंथी और मार्क्सवादी शामिल नहीं हैं। उन्होंने अभी तक सेकुलरवाद को आलोचनात्मक नजर से देखना शुरू

नहीं किया है।

जाति (कास्ट) और जातीयता (एथ्नीसिटी) : जाति और जातीयता के बीच अंतर समझना बहुत जरूरी है। जातियाँ सनातन धर्म के तहत प्रचलित वर्ण विभाजन की देन हैं : ब्राह्मण, क्षत्रिय, वैश्य और शूद्र। अंत्यज या अछूत पाँचवाँ जाति समूह है जो वर्ण व्यवस्था के बाहर यानी अवर्ण माना जाता है। आमतौर पर सवर्ण होने के दायरे में पहले तीन वर्ण मान लिये जाते हैं जबकि कायदे से शूद्र भी एक वर्ण है इसलिए उसे भी सवर्ण समझा जाना चाहिए। हाँ, उसे उपनयन का अधिकार नहीं है इसलिए वह पहली तीन 'द्विज' जातियों के दायरे में नहीं आता। इस तरह सही विभाजन द्विज और अद्विज जातियों का हुआ। अद्विजों में भी शूद्र और अंत्यज अलग-अलग हुए। जातीयता तब बनती है जब जाति के साथ व्यापक राजनीतिक-सांस्कृतिक श्रेणियाँ जुड़ जाती हैं। इस तरह जातीयता सांस्कृतिक-राजनीतिक श्रेणी है। उसका आधार भाषा, क्षेत्रीयता, रंग-रूप, खान-पान और पहनावा, आदि होता है। जातीयता अपने आप में राष्ट्रीयता का आधार बन सकती है। एक जातीयता में सभी जातियाँ हो सकती हैं और एक से अधिक धर्म भी हो सकते हैं। तमिल बोलने वाले मुसलमान, हिंदू और ईसाई अपनी-अपनी पूजा-पद्धतियाँ अपनाते हुए भी तमिल जातीयता के दायरे में परिभाषित किये जायेंगे।

बहुलता / बहुलतावाद (प्लूरलिज़्म) : भारत ने लोकतंत्र का जो मॉडल ग्रहण किया है उसे विभिन्न हित-समूहों की आपसी होड़ पर आधारित उदारतावादी लोकतंत्र कहा जाता है। इस होड़ के जरिये व्यक्ति अपनी आजादी और विकास को सुनिश्चित करता है। कायदे से ये हित-समूह स्वायत्त और स्वयंसेवी भाव से सक्रिय व्यक्तियों की एसोसियेशनों (सभाओं) के रूप में लोकतांत्रिक दायरों में सक्रिय रहने चाहिये। लेकिन भारतीय संदर्भ में हित-समूहों का चरित्र, संरचना और परिभाषा बदल जाती है। व्यावहारिक रूप से व्यक्ति के ऊपर सामुदायिक हित हावी हो जाते हैं। यही कारण है कि भारतीय संदर्भ में बहुलतावाद का अर्थ है अनगिनत जातियों, कई जातीयताओं, कई धर्मों, कई भाषा-समूहों और कई क्षेत्रीयताओं की आपसी होड़। ऐसे बहुलतावादी लोकतंत्र में कोई एक समूह दूसरे पर संख्याबल के आधार पर हावी नहीं हो सकता। इस किस्म का बहुलतावाद आधुनिक राष्ट्र-राज्य की रचना के लिए जरूरी सामाजिक-सांस्कृतिक समरूपता हासिल नहीं करने देता। इस जद्दोजहद में दो स्थितियाँ बनती हैं : या तो एक विशिष्ट किस्म के भारतीय राष्ट्र-राज्य की रचना की जाये जो समरूपता की अनिवार्यता को ठुकराते हुए भी दुनिया के पैमाने पर राष्ट्र-राज्य के रूप में अपनी शिनाख्त करा सके या फिर किसी एक शक्तिशाली अस्मिता के वर्चस्व में बाकी सभी अस्मिताएँ खुद को समर्पित कर दें और यूरोपीय किस्म का राष्ट्र-राज्य उभरे। भारतीय संदर्भ में संवैधानिक और राजनीतिक रूप से यह तय हो चुका है कि हमारे राष्ट्र में विविधताओं का पूरा ख्याल किया जायेगा और उन पर जबरन समरूपता नहीं थोपी जायेगी पर कुछ राजनीतिक शक्तियाँ इस प्रश्न को दोबारा तय करने के लिए दबाव डाल रही हैं जिनमें राष्ट्रीय स्वयंसेवक संघ और उससे जुड़े संगठन प्रमुख हैं।

बहुसंस्कृतिवाद (मल्टीकल्चरिज़्म) : यूरोकेंद्रित और श्वेत-संस्कृति के आधार पर किये गये समरूपीकरण (मोनोकल्चरिज़्म) के खिलाफ विकसित हुआ सांस्कृतिक विविधता पर बल देने वाला वैचारिक-राजनीतिक-सांस्कृतिक आंदोलन जिसे समाज-विज्ञान में पिछले तीन दशकों में सूत्रबद्ध किया गया है।

बहुसंस्कृतिवाद मूलत: अमेरिकी परिस्थिति की उपज है। इसका जन्म श्वेत-अमेरिकी पहचान के आस-पास रचित अमेरिकीपन की शर्तों को बदलने के लिये चले प्रति-सांस्कृतिक और मानवाधिकार आंदोलनों के दौरान हुआ। अमेरिकी समाज को 'मेल्टिंग पॉट' कहा जाता है यानी विविध जातीय संस्कृतियों का एक अमेरिकी धारा में विसर्जन। 'मेल्टिंग पॉट' की धारणा के मुकाबले 'सलाद के प्याले' की धारणा रखी जाती है जिसमें एक राष्ट्र की सीमाओं में रहते हुए

भी संस्कृतियाँ अपनी अलग-अलग पहचान नहीं खोतीं। अमेरिकी संदर्भ की सीमाओं से निकालने पर बहुसंस्कृतिवाद की अवधारणा राष्ट्रवाद द्वारा आरोपित किये जो वाले समरूपीकरण के दबाव के खिलाफ काम करती नजर आती है। जाहिर है कि बहुलतावाद के बिना बहुसांस्कृतिकता की कल्पना भी नहीं की जा सकती।

यूटोपिया : यूनानी भाषा के यू और टोपोस से मिल कर बने इस शब्द का अर्थ हुआ 'कहीं नहीं'। लेकिन यूटोपिया का इस्तेमाल ऐसे कल्पित राज्य या व्यवस्था के लिए किया जाता है जो हर तरह से आदर्श और सर्वश्रेष्ठ होगा। मार्क्सवादियों के लिए साम्यवाद (सबको उनकी आवश्यकता के अनुसार और सबसे उनकी क्षमता के अनुसार) यूटोपिया है और गाँधीवादियों के लिए रामराज्य एक यूटोपिया है। राजनीति में यूटोपियाई आदर्श के बिना सारी गतिविधियाँ फूहड़ परिणामवाद में पतित हो जाती हैं।

प्रत्यक्ष लोकतंत्र (डायरेक्ट डेमोक्रेसी) : संस्थागत और प्रतिनिधिमूलक लोकतंत्र से अलग लोकतंत्र का मॉडल जो कुछ लोगों को वास्तव में 'जनता का, जनता द्वारा और जनता के लिए' प्रतीत होता है। जाहिर है कि प्रत्यक्ष लोकतंत्र की अवधारणा में जनता की सीधी और ज्यादा से ज्यादा भागीदारी का पहलू प्रधान है। इसकी प्रेरणा एथेंस और यूनान की प्राचीन राज्य-प्रणालियों से ली जाती है। अल्पजीवी पेरिस कम्यून भी एक ऐसा ही उदाहरण था। भारतीय संदर्भ में पंचायत आधारित ग्राम स्वराज के प्राचीन रूपों को भी प्रत्यक्ष लोकतंत्र के उदाहरण के रूप में पेश किया जाता है।

आधुनिकता और आधुनिकतावाद (मॉडर्निटी और मॉडर्निज़्म) : अठारहवीं सदी के दौरान यूरोप (मुख्यत: फ्रांस) में चले वैचारिक आंदोलन को ज्ञानोदय के नाम से जाना जाता है। इस आंदोलन ने जिन प्रवृत्तियों को जन्म दिया उन्हें हम आधुनिकता या आधुनिकतावाद के नाम से जानते हैं। समता और न्याय की धारणाओं के प्रचलन का श्रेय भी इसी आंदोलन को दिया जाता है। मोटे तौर पर इसे अंधविश्वास पर विज्ञान की और आस्था पर विवेक की विजय के नाम से जाना जाता है। ज्ञानोदय के विचारक मानते थे कि तर्कबुद्धि के जरिये सामाजिक, बौद्धिक और वैज्ञानिक समस्याओं का हल किया जा सकता है। वे परंपरा और संस्थागत धर्म के 'प्रतिगामी' प्रभाव की कठोर आलोचना करते थे। उन्हें मानवतावाद और प्रगति के आदर्श में भारी आस्था थी। लेकिन इसका मतलब यह नहीं था कि उन्होंने धर्म के वजूद को पूरी तरह ठुकरा दिया था। इमानुएल कांट के अनुसार ज्ञानोदय एक ऐसे आजाद और खुदमुख्तार मनुष्य को जन्म देता है जो अपने बारे में निर्णय लेने के लिए किसी के ऊपर निर्भर नहीं है। न धर्म के ऊपर, न समुदाय के ऊपर। उन्नीसवीं सदी के राजनीतिक-सामाजिक प्रयोगों ने ज्ञानोदय के वैचारिक वर्चस्व को मजबूत किया और धीरे-धीरे ज्ञान का एक नया सिद्धांत प्रकाश में आया। इतिहास का महत्त्व, प्रगति और विकास की अपरिहार्यता, सेकुलरवाद और राष्ट्रवाद का विचार भी इसी ज्ञानमीमांसा की देन है। आधुनिक राजनीति की समस्त वैचारिक और व्यावहारिक गोलबंदी इन्हीं धारणाओं के आस-पास हुई है। विचार के क्षेत्र में फ्रेंकफर्ट स्कूल के चिंतकों ने ज्ञानोदय के अंतर्निहित द्वंद्व को सामने ला कर आधुनिकता की आलोचना के द्वार खोले। भारत में इससे पहले ही गाँधी ने **हिंद स्वराज** लिख कर एशिया की तरफ से आधुनिकता की आलोचना की शुरुआत कर दी थी। पिछले तीन दशकों से 'छोटी पहचानों की बगावत', 'समुदाय की वापसी' और 'बहुसंस्कृतिवाद' की परिघटनाओं ने ज्ञानोदय के वर्चस्व को कड़ी चुनौती दी है। खास बात यह है कि यह चुनौती आधुनिकतावाद की आलोचना को आधुनिकता के व्यापक दायरे में ही संपन्न करती है। नारीवादी, अश्वेत, दलित, पर्यावरणवादी और अन्य विद्रोही विमर्शों में इस शक्तिशाली रुझान की मिसालें मिल सकती हैं।

ज्ञानमीमांसा (एपिस्टेमॉलजी) : ज्ञान का सिद्धांत जिसके तहत ज्ञान के तात्पर्य और उसे हासिल करने की विधि का विश्लेषण किया जाता है। इसे ज्ञान रचना का सैद्धांतिक विमर्श भी कह

सकते हैं।

पिरामिडीय / लंबवत / ऊपर से नीचे / स्तंभीय (वर्टिकल) : जो संरचनाएँ वर्टीकल होंगी उनमें स्वाभाविक रूप से ऊँच-नीच का भाव होगा, एक के ऊपर एक परतें या श्रेणियाँ होंगी और वे समतामूलक नहीं होंगी। जैसे, भारतीय समाज में वर्ण-जाति की संरचना पिरामिडीय है इसलिए उसे श्रेणीगत या स्तंभीय श्रेणीबद्धता भी कहा जाता है। जरूरी नहीं कि पिरामिडीय संरचनाएँ जाति की भाँति परंपरा-प्रदत्त ही हों। आधुनिक संरचनाएँ भी पिरामिडीय होती हैं जिनके सबसे बड़े उदाहरण के रूप में आधुनिक राज्य के प्रशासनिक ढाँचे को देखा जा सकता है। प्रबल प्रगतिकांक्षा भी ऊपर की तरफ गति को जन्म देती है और स्तंभीय संरचना बनती चली जाती है।

क्षैतिज / दायें से बायें (हॉरिज़ोंटल) : ऐसी संरचना या संगठन की प्रकृति प्रसारात्मक होती है। समरूपरता की प्रवृत्ति वाली यह संरचना समता की तरफ ले जाने वाली भी साबित हो सकती है। जातियों का अंदरूनी और उनका आपसी क्षैतिज संघटन उनके श्रेणीगत रूप को तोड़ता है। अर्थव्यवस्था के दायरे में समान स्तर के उत्पादन में लगी इकाइयों में क्षैतिज संघटन के उदाहरण आसानी से देखे जा सकते हैं।

अनुभवसिद्ध / तथ्यात्मक (एम्पिरीकल) : समाज-विज्ञान में सर्वेक्षणों और फील्डवर्क के जरिये तथ्य हासिल करने को एम्पिरीकरल वर्क कहा जाता है। समाज-विज्ञान की दूसरी शैली नार्मेटिव यानी सिद्धांतपरक या मानकीय मानी जाती है। इन दोनों शैलियों को आमतौर पर दो श्रेणियों के रूप में देखा जाता है। विकासशील समाज अध्ययन पीठ ने शुरू से ही भारतीय समाज और राजनीति के अध्ययन के सिलसिले में अनुभवसिद्ध अध्ययन पर बल दिया और पता लगाया कि जमीनी स्तर पर क्या हो रहा है। लेकिन एम्पिरीकरल श्रेणी में बँधने के बजाय विद्यापीठ ने अपने बौद्धिक प्रयासों को उन्हीं तथ्यों की बुनियाद पर सैद्धांतिक और मानकीय प्रयासों को भी जारी रखा।

राज्य-तंत्र (पॉलिटी) : राज्य, दलीय प्रणाली और अन्य सभी संबंधित संस्थाओं समेत राजनीतिक व्यवस्था का समस्त कारोबार।

श्रेणीगत (हायरार्कीकल) और स्तरीकरण (स्ट्रैटीफिकेशन) : जाति की श्रेणीगत संरचना में ऊँच-नीच और मातहती के संबंध अंतर्निहित होते हैं। स्तरीकरण विभिन्न स्तरों को बताता है जिसमें ऊँच-नीच के संबंध पारस्परिक होते हैं, न कि आंतरिक। आधुनिक धरातल पर श्रेणीकरण का उदाहरण मजदूर और पूँजीपति वर्ग के बीच आंतरिक मातहती के संबंध में देखा जा सकता है लेकिन मजदूर वर्ग और मध्यवर्ग के बीच का संबंध गैरबराबरी का होते हुए भी अंदरूनी न हो कर बाहरी है।

अवकरणवादी (रिडक्शनिस्ट) : यह एक ऐसा रुझान है जिसके तहत किसी परिघटना को समझने के लिए किसी एक पहलू को बुनियादी महत्त्व दे कर बाकी कारकों की भूमिका को उसी में विसर्जित कर दिया जाता है। यानी एक चाबी को ही सभी ताले खोलने के लिए इस्तेमाल करने का आग्रह रहता है। इसका एक उदाहरण वर्ग-अवकरणवाद के रूप में देखा जा सकता है जिसके तहत वर्गीय उत्पीड़न और वर्ग-संघर्ष के विचार में सभी संघर्षों और प्रश्नों को समाहित मान लिया जाता है, चाहे वे जातिगत संघर्ष हों या लैंगिक प्रश्न।

सत्तामीमांसा (ऑन्टॉलजी) : यह शब्द भ्रम पैदा कर सकता है कि कहीं इसका संबंध सत्ता या राजसत्ता से तो नहीं है। सत्तामीमांसा असल में तत्त्वमीमांसा (मेटाफिजिक्स) की एक शाखा है जो अस्तित्व की प्रकृति का विश्लेषण किन्हीं खास संदर्भों में न करके उसकी संपूर्ण सत्ता के संदर्भ में करती है। किसी एक सिद्धांत के दायरे में किसी अस्तित्व की सत्तामीमांसा से उसकी संरचना में निहित घटकों का पता लगाया जा सकता है।

व्याख्यात्मक / भाष्य (हरमेन्युटिक्स) : किसी एक पाठ या वैचारिक संरचना के अर्थों

का विवादात्मक विवेचन। हरमेन्युटिक्स सामान्य वाद-विवाद से अलग इसलिए भी है क्योंकि यह बौद्धिक व्यायाम कोई एक व्याख्याकार भी अपने आप में करता रह सकता है।

प्रत्यक्षवादी (पॉजिटिविस्ट) : समाज-विज्ञान को प्राकृतिक विज्ञानों की तर्ज पर ढालने की मंशा रखने वाली एक दार्शनिक प्रवृत्ति। यह मानती है कि प्रत्यक्ष ज्ञान ही ज्ञान है और समाज परिवर्तन के भी वैसे ही अमोघ नियम होते हैं, जैसे प्राकृतिक जगत के विकास के।

विरोधाभास (पैराडॉक्स) और अंतर्विरोध (काँट्राडिक्शन) : विरोधाभास दो परिस्थितियों या परिघटनाओं के बीच पाया जा सकता है जबकि अंतर्विरोध किसी एक परिघटना की अंदरूनी संरचना से ताल्लुक रखता है।

संस्कृतीकरण (संस्कृताइजेशन) : नीची जाति या समुदाय द्वारा द्विज समुदाय को मॉडल मान कर उसी के आचार-व्यवहार, खान-पान और पहनावे का अनुकरण करते हुए सामाजिक प्रगति का प्रयास। अगर कोई गैरद्विज जाति खास तौर से ब्राह्मणों को मॉडल बनाती है तो इसे ब्राह्मणीकरण भी कह सकते हैं लेकिन संस्कृतीकरण में नीची जातियों ने अक्सर क्षत्रियों को मॉडल माना है। वैसे कुछ जगहों पर संस्कृतीकरण को ब्राह्मणीकरण लिख कर भी काम चलाया गया है। इस सिद्धांत का प्रतिपादन एम.एन. श्रीनिवास ने किया था।

सार्वभौम (यूनीवर्सल) और पारिवेशिक / स्थानीय / विशिष्ट (पर्टीकुलर) : जो हर जगह और हर समय प्रासंगिक है, देश-काल से परे जाते हुए सार्थक है सार्वभौम की श्रेणी में आता है। मसलन, नागरिकता एक सार्वभौम धारणा है और जातिगत पहचान एक पारिवेशिक धारणा है।

लोकलुभावनवाद / लोकरंजनवाद (पॉपुलिज्म): हिंदी में इसे लोकप्रियता या लोकप्रियतावाद (पॉपुलरिज़्म) से जोड़ कर देखने की गलत प्रवृत्ति का भी चलन है। लोकप्रियता एक सकारात्मक भाव है जबकि लोकलुभावनवाद का अर्थ है संस्थागत प्रक्रिया की अवहेलना करके आम लोगों को लुभाने वाली राजनीति करना।

इस तरीके से नेता सीधे-सीधे जनता को संबोधित करने लगता है और आरोप लगाता है कि संस्थागत लोकतंत्र जनता की सेवा करने में बाधक बना हुआ है इसलिए कुछ क्षेत्रों में इसे अस्थायी तौर पर दरकिनार किया जा सकता है। इस रुझान में कश्मिाई नेतृत्व और उसके परिणामस्वरूप निरंकुश सत्ता के अंदेशे निहित हैं। दूसरी तरफ एक खास समय में लोकलुभावनवादी राजनीति उन तबकों को भी राजनीति के दायरे में लाने की वाहक हो सकती है जो सामान्य संस्थागत माध्यमों की सीमाओं के कारण लोकतंत्र में भागीदारी से वंचित बने रहते हैं। सत्तर के दशक की शुरुआत में इंदिरा गाँधी द्वारा 'गरीबी हटाओ' नारे के आसपास की गयी राजनीति इस प्रवृत्ति का सबसे प्रचलित भारतीय उदाहरण है।

अस्मिता / पहचान (आइडेंटिटी) : यह एक ऐसा दायरा है जिसके तहत व्यक्ति और समुदाय यह बताते हैं कि वे खुद को क्या समझते हैं। अस्मिता का यह दायरा अपने-आप में एक बौद्धिक, ऐतिहासिक और मनोवैज्ञानिक संरचना का रूप ले लेता है जिसकी रक्षा करने के लिए व्यक्ति और समुदाय किसी भी सीमा तक जा सकते हैं। वे खुद की और दूसरे भी उनकी अस्मिता के उसी दायरे के मुताबिक शिनाख्त करते हैं।

शुरुआत में चिंतकों का ख्याल था कि व्यक्ति का स्वायत्त वजूद अपने आप में एक असंदिग्ध तथ्य है और उसी से उसकी अस्मिता या पहचान प्रवाहित होती है। इसी विचार ने आगे जा कर उदारतावाद के केंद्र में व्यक्ति की इयत्ता को ला बैठाया। मार्क्सवाद अस्मिता की स्वायत्तता को स्वीकार न करके सामाजिक प्रक्रिया के अधीन देखता है। लेकिन वह वर्गीय संरचनाओं को छोड़ कर बाकी सभी अस्मिताओं को भ्रांत चेतना मानता है। भारतीय संदर्भ में इसकी मिसालें पिछले सौ साल में बिखरी पड़ी हैं। दलित अस्मिता एक महत्त्वपूर्ण उदाहरण है। कभी तो दलित समुदाय खुद को आदि-द्रविड़ के रूप में, कभी पतित हो चुके क्षत्रियों के रूप में और कभी नागरिक समाज

के दलित सदस्य के रूप में दखते हैं। इससे स्पष्ट है कि अन्य अस्मिताओं की तरह उनकी आधुनिक अस्मिता का कोई स्वायत्त, नैसर्गिक और स्थायी रूप नहीं है। इसी तरह राष्ट्रवादी अस्मिता भी किस्म-किस्म की होती है। बीसवीं सदी ने अस्मिता के इस विचार पर कई गंभीर प्रश्नचिह्न लगाये। चिंतकों ने पाया कि अस्मिताएँ सामाजिक-राजनीतिक-सांस्कृतिक परिवर्तनों के मुताबिक बनती-बिगड़ती रहती हैं। उन्होंने देखा कि एक समय में अस्मिता का कोई एक पहलू अधिक प्रमुखता प्राप्त करके उसकी राजनीतिक अभिव्यक्ति बन जाता है।

सामीकरण (सेमिटाइजेशन) : सामी धर्मों (मोटे तौर पर एक पवित्र किताब पर आस्था रखने वाले एकेश्वरवादी धर्म, जैसे, इस्लाम, यहूदी और ईसाई धर्म) की प्रवृत्तियों के मुताबिक किसी समुदाय या समाज का पुनर्संगठन करने की कोशिश। भारतीय संदर्भ में सामीकरण की कोशिशों को केंद्रीकरण और फौजीकरण के जरिये बहुदेववादी हिंदू समाज को एक राजनीतिक समुदाय में बदलने की मुहिम के रूप में देखा जा सकता है।

इयत्ता / खुदी / आत्म (सेल्फ) : जब कोई व्यक्ति अपने आप को 'मैं' कह कर पुकारता है तो वह अपनी इयत्ता या खुदी का हवाला दे रहा होता है। इयत्ता का मतलब होता है शरीर और मस्तिष्क से मिल कर बनने वाला वजूद जो चेतना के स्तर पर सक्रिय रहता है। इस पद का इस्तेमाल मनोविज्ञान, ज्ञानमीमांसा, व्यक्तिवाद और उदारतावाद के क्षेत्र में काफी होता है। सेल्फ एक ऐसा अस्तित्व है जो किन्हीं खास परिस्थितियों में अपनी लौकिक शख्सियत के खिलाफ खड़ा हो सकता है, अंतर्द्वंद्व का कारण बनता है और ऊहापोह को जन्म देता है। अपने प्रयासों द्वारा इयत्ता का स्तर ऊँचा करके व्यक्ति सामान्य पैमानों से परे भी जा सकता है। इयत्ता काफी लचीली संरचना है और अस्मिता के सवाल से जुड़ी होने के कारण संदर्भ के मुताबिक बदलती रहती है। एक व्यक्ति की कई इयत्ताएँ भी हो सकती हैं। समाज-विज्ञान में सामूहिक इयत्ता की अवधारणा भी प्रचलित है। सामूहिक इयत्ता व्यक्ति की निजी सत्ता को महत्त्व नहीं देती और उसे अपने आधीन करना चाहती है।

तकनीकशाही (टेक्नोक्रेटिक) और प्रबंधकीय (मैनेजेरियल) : सामाजिक-राजनीतिक-आर्थिक समस्याओं को हल करने की प्रवृत्तियाँ जो मानती हैं कि समाज और आम जनता द्वारा डाले गये लोकतांत्रिक दबावों से समग्र प्रणाली को अलग करके ही राष्ट्र-निर्माण का काम ठीक से हो सकता है। जाहिरा तौर पर यह एक अराजनीतिक रुझान है जो कुछ विशेषज्ञों के सहारे शासन चलाने में भरोसा करता है। माना जाता है कि राजीव गाँधी के जमाने में भारतीय लोकतंत्र की समस्याओं को तकनीकशाही और प्रबंधकीय शैली में हल करने की शुरूआत हुई।

रेगनोमिक्स और थैचराइजेशन : अमेरिका के राष्ट्रपति रोनाल्ड रेगन और ब्रिटेन की प्रधानमंत्री मार्गरेट थैचर द्वारा अपनायी गयी बाजारवादी नीतियों के लोकप्रिय नाम। इन नीतियों में आक्रामक निजीकरण का बोलबाला था और अर्थव्यवस्था में राज्य के हस्तक्षेप को कम से कम करने की प्रवृत्तियाँ थीं। इनके पीछे लोकहितकारी राज्य के सिद्धांत को छोड़ने का आग्रह और नियोक्लासिकल पूँजीवाद (बाजारवाद का आक्रामक रूप) की प्रेरणा थी।

□□□